冷戦と同盟

冷戦終焉の視点から

THE COLD WAR & ALLIANCES

菅英輝　編著

松籟社

冷戦と同盟——目次

第1部　冷戦秩序の変容――変化する経済秩序と「ソシアル・デタント」

第2部　冷戦体制の変容と同盟変容――存続する同盟と崩壊する同盟

第3部　冷戦の変容と日米安保――変質する日米安保体制

第4部　同盟と文化・社会変容——同盟の文化的・社会的基盤

凡例

（1）、（2）…は註番号を示し、註は章末に記載した。

〔　〕は引用者による補足を示す。

〔……〕は引用者による中略を示す。

冷戦と同盟——冷戦終焉の視点から

序章　冷戦変容と同盟変容

菅　英輝

一　冷戦の終焉と冷戦史研究――本書の特色

編著『冷戦史の再検討』を刊行してから三年が経過した。そのとき、「日本での冷戦史研究は、諸外国に比べてそれほど活発ではない」と書いた[1]。だが、この数年の間に、日本における冷戦史研究も活性化し、注目すべき研究成果が相次いで刊行されるようになっている[2]。なかでも、近年、沖縄返還交渉、日米安保条約と日米関係、日中正常化交渉をめぐる戦後史についての研究が目立つ[3]。研究の性格上、歴史研究者は、新たに解禁された公文書に制約されるため、テーマも新史料の公開状況に左右されるところが大である。

しかし、冷戦に関するこれらの研究の多くは、冷戦期全体を視野に入れた、しかもそれなりの歴史意識に貫かれた冷戦史研究というよりは、どちらかというと、政策決定過程の実証的研究という性格が強い。

そうした中、本書は、冷戦の終焉という視点を踏まえたうえで、冷戦秩序の変容に焦点を当て、同盟変容と変容に伴う諸問題の歴史的考察を行なうものである。

第一に、本書は、ヨーロッパとアジアにおける冷戦変容を相互に比較することを心掛けると同時に、冷戦秩序の変容を促す要因の中でも、先行研究で比較的看過されてきた経済的側面に焦点を当てる。具体的には、開発や経済発展が冷戦の変容にどのような影響を及ぼしたかを考察する。

第二に、冷戦の変容はデタントと不可分の関係にあるが、先行研究はデタントの担い手として、米ソを中心に考察してきた。しかし考察の対象を米ソ間のデタントに限定することによっては、なぜ冷戦に終止符が打たれることになったのかを十分に説明できないと思われる。というのは、米ソ間のデタントが進行する過程で、両超大国は核戦争の回避に加えて、核兵器を独占することによって冷戦体制を管理することに共通の利益を見出すようになったからだ。その意味で、冷戦体制の安定と維持は米ソにとって好ましい側面をもち、米ソ中心のデタントに冷戦の終焉をもたらす強い動機を見出すことは困難である。

それゆえ、冷戦の終焉という現実を踏まえるならば、米ソ中心のデタントの進展の分析だけでなく、米ソ以外の国家の挑戦や非国家的アクター間のトランスナショナルな連携運動が冷戦秩序の変容を促すという側面にも目を向ける必要がある。本書はそれゆえ、「ソシアル・デタント」、「下からのデタント」という視点を重視し、国家以外のアクターの運動にも焦点を当てることによって、冷戦の変容過程に光を当てる試みである。

第三に、本書は比較の視点を重視し、アジアとヨーロッパにおける冷戦変容が同盟関係に、それぞれどのような変化をもたらしたのかを考察する。そのさい、同盟の文化的・社会的基盤を視野に入れた検討を行なう。

同盟が形成され存続するための基盤としては、共通の敵や脅威認識の存在が指摘される。また、同盟から得られる経済的利益の存在も同盟の安定と存続には必要であると考えられてきた。しかし、冷戦期に崩壊した同盟もあれば、ソ連や共産主義の脅威が消滅した後も存続している同盟もある。だとすれば、同盟が崩壊するか存続するかは、脅威認識や経済的利害の有無だけではかならずしも説明できない部分が残る。

そこで、本書は同盟の文化的・社会的基盤にも目を向けることによって、先行研究で従来見過ごされてきた同盟の力学を解明することを目指す。

二　冷戦秩序の変容——変化する経済秩序と「ソシアル・デタント」

冷戦史研究の権威オッド・アルネ・ウェスタッドは、冷戦とは、「想定可能な最大規模の西洋エリート的プロジェクト」であり、自由主義と社会主義という「二つの対立するヨーロッパ近代思想に基礎を置いたきわめて特徴的な国際システムを形成させた現象」と定義している[4]。ウェスタッドが指摘するように、米ソ冷戦は近代性をめぐる対立の側面をもっている。それゆえ、彼によると、「冷戦の最も重要な局面は、軍事面でも戦略面でもなく、ヨーロッパ中心的なものでもなく」、第三世界における近代化をめぐる闘争であったと主張される[5]。

このような見方に立てば、冷戦の主戦場は第三世界であったことになる。それゆえ、冷戦がソ連の崩壊という形をとって終わったことを踏まえるならば、米ソの体制間競争において、どのような経過を経てアメリカ・モデルがソ連モデルよりも第三世界で優位に立つようになったのかに目を向けることが重要になってくる。

冷戦後のグローバル化の加速という視点から振り返ったときに注目されるのは、レーガン政権によって開始された新自由主義にもとづく自由化、規制緩和、民営化の推進である。そして、新自由主義路線がアジアの新興工業経済地域（ＮＩＥｓ）と東南アジア諸国連合（ＡＳＥＡＮ）以外の第三世界諸国に与えた影響は破壊的であった。一方、一九六〇年代から年率八パーセントを超える成長を続けていたＮＩＥｓやＡＳＥＡＮは七〇年代に入っても、高率の経済成長を遂げており、多国籍企業にとっては、魅力的な市場であった。これらの国は六〇年代半ばから、「開発独裁」体制の下で国家主導の輸出志向型工業化戦略（ＥＯＩＳ）へと転換する中で、保護主義的規制を緩和ないし撤廃し、関税を引き下げ、為替レートや金利の自由化、外貨規制の緩和など市場重視の政策を採用し、成果を挙げていた。

「アジアの台頭」は、七〇年代末には中国にも影響を及ぼし、中国の指導者たちは、社会主義路線から市場メカニズムを導入する「改革開放」路線への転換に踏み切った。この中国の方針転換は、社会主義モデルを採用していた第三世界諸国に大きな衝撃を与えることになった。これらの国々は社会主義と計画経済を断念し、市場経済に転換する大きな流れを作り出すことになった。

くわえて、レーガン政権が誕生すると、「レーガン軍拡」を推進したため、「双子の赤字」（貿易赤字と軍拡によって惹起される政府財政赤字の急増によって、八〇年代前半に利率が劇的に上昇し、八二年末には二二パーセントに達した。レーガン政権の高金利政策は、巨額の累積赤字を抱えていた第三世界諸国の負債額を急増させ、これらの国々の多くが支払い不能に陥った。返済のためにＩＭＦから融資を受けるには、ＩＭＦのコンディショナリティ（「構造調整」）を受け入れなければならなかった。その条件とは、外国為替と輸入についての規制の廃止、公的な為替レートの切り下げ、貿易の自由化、インフレ抑制策（金融引き締め、緊縮財政、賃金統制）、外国資本に対する規制緩和が含まれた。その結果、第三世界諸国の多くは、債務危機への対応過程で「ワシントン・コンセンサス」を受け入れることになり、新自由主義システムに組み込まれることになった。

このように見てくると、輸出志向型工業化戦略によって急速な経済成長を遂げることになったアジアの「開発独裁」体制国家に象徴される「アジアの台頭」は、社会主義モデルから自由主義モデルへの転換という大きな流れを作り出す背景をなしており、このことが冷戦秩序の変容に与えた影響を考察することは、冷戦の終焉にいたる過程を理解するために不可欠な作業である[6]。

本書第一章の秋田論文は、六〇年代半ばから七〇年代にかけて進行していた経済秩序の変容において、その象徴的な存在であるシンガポールに焦点を当て、その輸出志向型工業化戦略を分析している。新興工業諸国（ＮＩＣｓ）とＡＳＥＡＮ（一九六七年結成）加盟国は、一九六〇年から八〇年にかけて実質のＧＤＰ成長率をおよそ四倍に増大させたが、こうした東南アジアや東アジアの経済成長は、七九年に始まる中国の改革開放路線への方向転換に続き、その後八六年にヴェトナムがドイモイ政策を導入したことによって、社会主義諸国の経済システムの崩壊と資本主義的・自由主義的路線の優勢を証明するものと受け止められた。そのことが、第三世界諸国の市場メカニズム重視路線への転換と冷戦の終焉、ソ連や東欧の崩壊に与えた影響は大きい。秋田論文は、以上のような冷戦秩序の変容の文脈に位置づけることができる。

第二章の鄭論文は、同様の脈絡のなかで、日本政府の開発政策が、アジア地域秩序の形成に果たした役割とそのアジア諸国への影響を分析している。六〇年代半ばからアメリカがヴェトナム戦争のエスカレーションを進めていく中で、国際収支の大幅赤字に悩まされ、一九六八年にはポンド危機が引き金となってドル危機が発生、それは七〇年代に入って、ブレトン・ウッズ体制の崩壊をもたらすことになった。

国際収支の赤字に苦しむアメリカに協力して、アジアの非共産主義諸国の必要とする経済援助を肩代わりする役割を担ったのは日本である。その意味で、六〇年代半ばから増大する日本の経済・技術援助がＡＳＥＡＮやＮＩＣｓの輸出志向型工業化戦略を軌道に乗せるにあたって果たした役割に注目する必要がある。このような冷戦史の文脈に位置づけた時、鄭論文は、この時期の日本が、反共・反ソ・反中「封じ込め」において、アメリカのコラボレーターとして果たした役割の重要性を浮かび上がらせてくれる。

冷戦はまた、近代性をめぐる米ソ対立の側面だけでなく、覇権システムとしての冷戦という側面を有している。その中心をなすのが米ソによる核軍拡競争であった。一九四〇年以降、五〇年に及ぶアメリカの核兵器開発費用は五・五兆ドルと見積もられている。他方、ソ連は冷戦の直接コストとして、一九八〇年代末までにＤＧＰの一〇パーセント、間接コストとして七〇パーセントを支出していた。なかでも、ブレジネフ政権期は軍拡のため、ＧＤＰの二五パーセントを軍事費に支出していた。[7]核戦争の危機をはらんだ冷戦は、チャーチルが「恐怖の均衡」と称した状況を作り出した。そうした状況は、市民の間に激しい反核平和運動を巻き起こし、それは冷戦の変容をもたらした。

第三章の芝崎論文は、アジアにおける冷戦の変容と対比しながら、ヨーロッパにおける冷戦の変容の視点から、五〇年代後半から六〇年代初頭のヨーロッパ反核市民運動を分析している。芝崎はバートランド・ラッセルが主導する「百人委員会」、物理学者や科学者などから成るパグウォッシュ運動、「核軍縮キャンペーン」（ＣＮＤ）など、核兵器の実験・開発に対する市民による抗議運動を取り上げている。これらの運動はイギリス国内にとどまらず、ヨーロッパの反核・平和運動にも影響を及ぼしたこと、さらには北米その他の先進諸国に拡大していったことから、冷戦の変容を考えるさいに重要な位置を占めている。

彼らの運動が、八三年にレーガン政権が発表した戦略防衛構想（ＳＤＩ）やパーシングⅡミサイルのヨーロッパ配備問題を契機に高揚する反核・平和運動につながっていくのであり、そのことが、レーガン政権二期目に、ゴルバチョフ政権の出現と相まって、「第二次冷戦」からデタント路線への転換をもたらす背景をなす。その結果、レーガン政権の下で、戦略兵器制限条約（ＳＡＬＴⅠ、ＳＡＬＴⅡ）といった、核兵器の軍備管理や制限交渉に代わって、戦略兵器削限交渉（ＳＴＡＲＴ）のような核軍縮交渉をスタートさせることになり、それは一九八七年一二月の中距離核戦力（ＩＮＦ）全廃条約の調印に結実する。

芝崎論文は、米ソ間の国家レベルのデタント、いわば「上からのデタント」ではなく、「下からのデタント」に注目したもので、芝崎によると、市民主導の反核抗議運動は、まさに「反冷戦の意識をはらみつつ冷戦を下から変容させるダイナミズムを持った」のである。

冷戦の終焉とヨーロッパの分断の克服を分析の射程に入れた研究の圧倒的部分は対象時期を七〇年代に集中させているだけでなく、政府間交流に力点を置いたものが多い。[8]しかし同時に、そうした研究に触発されて、近年では、人の国際交流や非政府間のトランスナショナルな交流が冷戦の終焉に及ぼした影響の研究も増えている。[9]

そうした研究の多くは主として、六〇年代から七〇年代を対象としたものである。[10]だが近年、五〇年代から六〇年代まで遡って、人的交流や非国家組織間の交流を文化浸透の観点から検討する研究も現れている。たとえば、齋藤は冷戦と文化浸透を扱った近著のなかで、戦後のヨーロッパ統合から派生し、ロンドンに拠点を置いて活動した中東欧からの亡命者の組織である「ヨーロッパ運動中東欧委員会」（ＣＥＥＣ）の活動を考察している。

一九四六年九月、当時イギリスの保守党党首であったチャーチルがチューリッヒ大学で演説し、「ヨーロッパ合衆国」の設立を訴えたことは周知の事柄であるが、この演説に刺激され、一九四八年には「ヨーロッパ運動」(the European Movement)が誕生し、この運動にはチャーチルを始め、ヨーロッパ各国の有力政治家が参画した。また、前年には、イギリス国内で「統一ヨーロッパ運動」(UEM)が設立されていたが、齋藤によると、UEMの特徴は、主権委譲を伴うような超国家機構の設立によって欧州統合を目指すのではなく、政府間主義的な手法で漸進的統合を目指した。これに対して、東欧で共産化が進行する中で、西側に脱出した亡命者は、四九年に「ヨーロッパ運動」がロンドンで開催されるのにさいして、ハロルド・マクミランの支援の下に、東欧諸国を共産主義の支配から「解放」して欧州統合へ参加させることを目的として、「ヨーロッパ運動」内に亡命者から構成される委員会を設立することで合意した。こうして誕生したのが、CEECである。初代委員長には欧州統合運動に深く関与していたマクミランが就任した他、東欧出身の多くの亡命政治家・外交官はもちろんのこと、西側からもCEECの大義に賛同する多くの政治家が参加した。(11)

注目されるのは、イギリス外務省は当初、ソ連を刺激することを懸念したこと、さらにはCEEC内には超国家機構の創設による欧州統合を目指す連邦主義者を多く抱えていたこともあり、CEECの活動とは距離を置いていたことである。しかし五二年一月にCEEC主催の東欧会議が開催され、この会議が大きな反響を呼んだことから、イギリス政府は、CEECの活動を抑制・管理する必要があると考えるようになり、財政支援を決定し、人事面からも関与を深めた。(12)このことは、イギリス政府レベルでは、CEECの活動に距離を置いたのに対して、東欧からの亡命者を中心に構成される非政府組織であるCEECの活動が無視できない存在となったことを意味する。

本書に収められている都丸論文は、五六年一〇月のハンガリー動乱によって大量の難民が発生したさいに、アメリカとイギリス、それに民間の非政府組織がどのような対応をしたのかを考察している。

アメリカ政府と民間NGOは、アイゼンハワー政権が「東欧の解放」をスローガンにしていたにもかかわらず、五六年六月にポーランドで発生したポズナン暴動に続いて、ハンガリー動乱でも、彼らの抗議運動を座視する以外になかったことから、難民救援には積極的に対応し、多くの難民を受け入れた。

しかし、イギリス政府は、同年一〇月末にフランス、イスラエルと共同でスエズに軍事進攻（スエズ戦争）したが、アメリカ政府の強い反対でスエズからの撤兵を余儀なくされた。その余韻も残っており、またこの時期には、旧植民地住民の入国急増による移民制限の動きを強めていたために、イギリス政府は難民受け入れに消極的であった。

だが、注目すべきは、イギリス政府に代わって、大学生や若者が難民受け入れに立ちあがったことだ。都丸論文は、学生たちが、赤十字国際委員会、各種キリスト教団体、世界大学奉仕団などとともに、フォード財団、ロックフェラー財団と連携しながら、ヨーロッパ諸国の大学への受け入れに尽力したことを明らかにしている。都丸によると、それはやがて、五九年から六〇年にかけて国連の認定を受けた「世界難民年」の国際キャンペーン活動につながり、「同盟の枠組みやイデオロギーを超えた規範重視の国際協力」として推進されるようになったという。

その意味で、都丸論文は、芝崎論文と同じく、非国家的団体間のトランスナショナルな連携運動が冷戦秩序の変容に果たした役割に光を当てるものであり、大変興味深い。

三　冷戦体制の変容と同盟変容——存続する同盟と崩壊する同盟

近年の冷戦史研究の動向は、米ソや東西両陣営間のデタントと冷戦体制の変容との関連の考察に加えて、冷戦の変容が同盟内政治に及ぼした影響や、同盟諸国が冷戦の変容に果たした役割の研究に移行している。この問題に関しては、日本でも注目すべき研究が現れた。

青野は、ベルリン、キューバ両危機から一九六三年デタントへと至る国際政治過程を再検討する中で、トラクテンバーグ説の修正を迫る考察を行なっている。トラクテンバーグは、一九六三年の部分的核実験禁止条約（ＰＴＢＴ）交渉において、米ソ間にはベルリン・ドイツ問題の現状維持と西ドイツの非核化に関して「暗黙の合意」が成立したとして、この時点で「ドイツ問題」がほぼ解決したという解釈を打ち出した[13]。

これに対して、青野は、ドイツ問題に着目するにあたって、五つの争点（ドイツ統一、ベルリン、核不拡散、東西不可侵協定、核実験禁止）が米ソ交渉と相互に絡み合っている点に注目したうえで、西側同盟諸国の対ソ・デタントに対する態度が分裂していたため、西側同盟への配慮を重視するケネディ政権の対ソ交渉姿勢は、米ソ交渉の進展を妨げることになったことを論証し、「暗黙の合意」説の再検討を行なっている。すなわち、六三年の米ソ・デタントは同盟内政治に規定されており、米ソ交渉が再び動きだしたのは、ＰＴＢＴ締結直後の六三年六月初めからであり、それが可能になったのは、西側同盟諸国との間に合意が得られない争点を迂回して、米ソ二国間で得られる合意（軍備管理、穀物貿易、民間航空協定、領事館協定など）に交渉の軸足を移して以降のことであることを明らかにし、六三年デタントの意味と「限界」に新たな光を当てている。[14]

本書第二部では、冷戦秩序の変容に伴い同盟がいかなる変容を遂げたか、また冷戦の変容過程で崩壊する同盟と、冷戦後の今日に至るまで存続している同盟があるのはなぜかという問題関心に焦点を合わせた検討を行なっている。そのさい、アジアとヨーロッパの同盟を比較することで、変容する冷戦構造における同盟変容を多面的に考察するよう心掛けた。

まず、第五章では、マクマン論文が、冷戦下アジアにおいてアメリカが締結した六カ国（タイ、パキスタン、フィリピン、日本、韓国、台湾）、ならびに東南アジア条約機構（ＳＥＡＴＯ）諸国との同盟の起源とその展開過程を考察している。ここでは、アメリカとアジア諸国との関係においては、脅威認識や利害関係が多様なうえに、主権国家間の対等な関係ではなく、むしろパトロン＝クライアント関係にあったため、同盟の基盤は脆弱であり、冷戦の変容に伴い、その多くは機能不全に陥るか、崩壊に直面したことを明らかにしている。なかでも、ヴェトナム和平交渉が開始されると、東南アジア諸国の間には、ワシントンに「見捨てられる」のではないかとの不安が広がり、アメリカ離れ現象が起き、そのことは六七年八月のＡＳＥＡＮ結成を促した。また、七二年のニクソン訪中による米中和解は、米・タイ同盟関係を引き裂き、米・比関係を疎遠にし、米・台同盟の崩壊を招いた。さらに、ヴェトナム戦争終結に伴いＳＥＡＴＯも崩壊した。かろうじて生き残ったのは、米韓同盟と日米同盟だけであった。

マクマン論文は、冷戦変容期のアメリカとアジアの同盟諸国との関係の変化、動揺、崩壊を包括的に概観しており、第二部の導入部分として、有意義な議論を提供している。

続いて第六章では、松村論文が、アジアの共産圏の二大国である中ソ間の同盟の基盤がなぜ脆弱だったのかという問題関心から、その歴史的背景を考察している。

一九五〇年二月一四日に締結された中ソ友好同盟相互援助条約は究極的には崩壊することになるが、その歴史的経緯は、中ソ対立の激化と対応しているといってよい。それゆえ、中ソ同盟の崩壊の原因と中ソ対立の悪化の原因は相互作用を起こしながら展開したという側面があるので、松村論文を紹介する前に、まずこの側面を少し見ておきたい。

中国の冷戦史家牛軍は、中ソ同盟の態様は「起源から衰退に至るまで、根本的には両国関係の歴史的構造が決定していた」として、以下の要因を挙げている。五六年二月のフルシチョフによるスターリン批判演説にもとづく路線対立（平和共存かアメリカ帝国主義との闘争か）、スターリンの評価をめぐる対立、五八年の夏ごろから顕在化する軍事協力の分野における亀裂（国防科学技術領域での協力、核兵器の開発をめぐる技術供与問題、中国沿岸部に長波無線局を設置する件に関する所有権と管理権をめぐる対立、中国軍による金門・馬祖島への砲撃事件）、五九年八月の中印国境紛争でのソ連の中立、五八年夏に開始された「大躍進」政策をめぐる対立、六〇年〜六五年にかけての中ソ両党間の論争の公然化、六三年の米英ソ間の部分的核実験禁止条約の調印（中国はこの条約を中国の核開発を阻止するものだと受け止めた）、六五年三月の党関係の決裂。これら一連の事件の積み重ねによって、中ソ同盟は「有名無実化した」と述べている。[15]

セルゲイ・ラドチェンコも中ソ同盟崩壊の要因として、牛軍と同様な要因を列挙したうえで、最大の要因は中ソ間に存在する不平等性、すなわち中国がソ連に対等な存在として扱われなかったことにあると述べている。[16] 一方で、チャン・ジャイは、「文化的に規定された自民族中心主義」を両国の指導者たちが克服できなかったことが、同盟破綻の最大の原因であったと主張する。たとえば、ソ連の指導者たちは、中国がソ連に援助を求めながら、主権や自力更生に拘泥し、独自の社会主義路線を追求するのを理解できなかったし、他方で中国側も、ソ連の伝統的なショービニズムに強い嫌悪感を抱いた。またジャイは、指導者同士の意志疎通の欠如を問題視している。すなわち、フルシチョフは、毛沢東が中国のスターリンになったとみなし、ソ連の援助に対する感謝の念に欠けていると感じていたのに対して、毛はフルシチョフが自分を従者だとみなし、対等な相手として扱っていないとの不満を募らせたという。ジャイは同時に、共通の敵の存在が同盟関係を維持するのに十分でなかったということだと述べ、中ソ同盟の特異性を強調している[17]。

上述の研究とは異なる問題関心から、松村論文は、中ソ同盟が締結される以前にさかのぼって同盟の脆弱性の原因を探っている。朝鮮戦争が勃発する半年前に締結された中ソ同盟は、本来なら、社会主義陣営の中核として、アジアの社会主義諸国にとって歓迎すべきものであったし、西側陣営からは、中ソの団結、共産主義陣営の「一枚岩」を証明するものとして、大いなる脅威だとみなされた。しかし、中ソ同盟は朝鮮戦争以前に形成されたということもあり、有事に効果的に対処するような基盤を持っておらず、脆弱な同盟体制であっただけでなく、皮肉にも、朝鮮戦争を契機に、中ソの対立を誘発していくことになる。

松村は、この中ソ対立を生むことになった同盟の脆弱な基盤がどのように形成されたのかを一次史料を使って明らかにしている。それによると、第一に、中ソ同盟は制度化が進まず、最終的に最高指導者の判断や協議によって左右されたこと、したがって、指導者の不信感が増大するなかで、同盟が機能不全に陥ることになった。第二に、ソ連は早くから、中国に駐留していた軍隊を引き揚げることを再三中国側に伝え、中国側が逆にそれを引きとめるという状況にあったことに注目し、モスクワはソ連軍の駐留によって中国を統制する意図がなかったと主張する。この指摘は、アメリカ軍の駐留によって駐留国の外交政策を統制するという機能を同盟に付与するアメリカの同盟方式とは異なっている点で興味深い。第三に、中ソ間には、東アジア各国の共産党に対する指導は中国の責任とし、ヨーロッパではソ連が責任を持つという、「ゆるやかな分業」が存在しており、このため、役割分担があいまいで、現実の脅威に直面したときに「責任転嫁」の問題を発生させることになった。この点は、ワルシャワ条約機構内に見られるような、東欧諸国とソ連との関係とは異なっていた。第四に、ソ連はアメリカとの戦争を回避するために、朝鮮戦争への対応に見られたように、同盟の盟主としての責任を回避する傾向があった。したがって、当初は、中ソ同盟の締結にスターリンは積極的ではなかった。また、ソ連軍の中国からの撤退を同盟条約に明記したのも、米ソ戦争回避の計算がソ連側に働いた可能性がある、と松村は示唆している。

続く第七章は、アジアとヨーロッパにおける冷戦の変容の違いを明らかにするために、六〇年代の米独関係の変化を考察する。倉科論文は、アメリカが提供する「核の傘」の信頼性が揺らぐことなったデタント期の米独関係の軋轢に焦点を当てて、米独の同盟関係が揺らぐさまと、多角的核戦力（ＭＬＦ）構想によって、これをなんとか乗り越えようとする両国の対応に光を当てる。

同構想はもともと、アイゼンハワー政権期に登場したが、同政権を引き継いだケネディ大統領は、核戦力に加えて、通常戦力も増強することで拡大抑止の信頼性を図ろうとする柔軟反応戦略を採用した。だが、フランスは六〇年に核実験に成功し、六三年一月にはイギリスの欧州経済共同体（ＥＥＣ）加盟を拒否し、独自路線をド・ゴールが追求し始めた。すると、西ドイツのアデナウアー首相がパリを訪問、エリゼ条約（独仏友好条約）を締結し、フランスの行動に同調する姿勢を見せた。これに危機感を抱いたケネディは、ＭＬＦ構想を再びアデナウアーに提起し、西ドイツ首相もようやく、ＭＬＦに正式に合意した。

しかし、ケネディ政権内にも、ＭＬＦ構想に対する消極派（マクナマラ国防長官）と積極派（ボール国務次官）との立場の違いがあり、ドイツ政府内にも独仏関係を重視するアデナウアー首相とアメリカとの関係を重視する大西洋主義者エアハルトとの路線対立が加わり、しかもＮＡＴＯ加盟国の足並みもそろわないという状況の下で、ケネディ政権のＮＬＦ政策は必ずしも定まらなかった。ケネディ政権を継承したジョンソン大統領も、ＮＬＦ条約の締結を目指したが、上述のような問題を克服できずに、同構想への関心を失っていったという。

倉科論文の考察から見えてくるのは、米ソ間に「核の手詰まり」状況が生じるなか、アメリカが西欧諸国に提供する拡大抑止の信頼性が揺らぎ始めると、アイゼンハワー、ケネディ、ジョンソン政権は、同盟国に対する拡大抑止の信頼性を回復させるために、「大量報復」戦略、柔軟反応戦略をそれぞれ採用し、さらにはＭＬＦ構想を提起して、同盟国の安全保障上の不安の解消に努めたという点だ。それに対して、松村論文が明らかにしたように、中ソ同盟の場合、役割分担があいまいなうえに、危機に直面したさいに、ソ連が責任を回避し、中国にコスト負担を押し付ける傾向があったことと比べると、アメリカは、同盟内政治に悩まされながらも、冷戦の変容にともなう安全保障環境の変化に適応する努力を行なってきたといえよう。アメリカによるこうした安心供与の努力は、同盟の存続に重要であったことを示している。

倉科論文はケネディ、ジョンソン両政権の対応を中心に分析しているので、ここで、アイゼンハワー政権期にＮＡＴＯ同盟国との間に生じた、拡大抑止をめぐる相互の対応について補足しておきたい。ソ連の核戦力の拡充に伴い、一九五七年ごろになると、アメリカの核抑止力への疑念が生じ、この疑念を払拭するために、同政権は「ＮＡＴＯ核備蓄案」および中距離弾道ミサイル（ＩＲＢＭ）の配備を提案し、ＮＡＴＯに受け入れられるが、同盟諸国の不安を払拭するまでには至らなかった。アイゼンハワー政権の「大量報復」戦略は五〇年代末までには行き詰まりに直面し、戦略の転換を模索せざるをえなくなっていた。

そうした状況に直面して、アイゼンハワー政権内では、六〇年八月、ロバート・ボヴィの「超国家的核戦略構想」が提起された。小野沢の研究によると、ボヴィ構想は、アメリカの拒否権に拘束されることのない戦略的核戦力の独自保有をＮＡＴＯ諸国に認めるものであったという。ボヴィの提言は、アメリカと西欧は

「ともに全面核戦争を開始する手段を有する平等なパートナー」となることによって初めて、アメリカの戦略的報復力に信頼を持てるようになるという大胆な考えに基づいていた。[18] この点では、ケネディ政権のＮＬＦ構想が核兵器の管理・保有・運用に関する最終的決定権をあくまでアメリカが保有するとしていた点とは異なっていて、興味深い。

注目されるのは、ボヴィ提案は、「プロト柔軟反応戦略」をもう一つの柱としていたという点だ。五七年一二月のＮＡＴＯ首脳会議で、「ＮＡＴＯ核備蓄案」とＩＲＢＭの配備をパッケージとする案が承認されたが、それでも西欧諸国の拡大抑止への不安は払拭できなかった。小野沢によると、このため、政権内では、五八年半ばには、ケネディ政権が採用することになる柔軟反応戦略の萌芽ともいえる構想が検討された。ダレスはこの大胆な構想の推進に積極的だったが、アイゼンハワー大統領は、予算上の制約から、この構想が核戦力の縮小か軍事支出の増大につながるとして強く反対したため、実現しなかったという。[19]

ボヴィの「超国家的核戦略構想」はケネディ政権のＭＬＦ構想に引き継がれていくという点でも注目されるが、小野沢の研究は同時に、冷戦後にＮＡＴＯが存続したのは、「合理性の共有によって同盟関係を広範な政治的基盤に立脚させようとする契機が働き続けた」からだとし、アメリカの対西欧外交の「粘りと懐の深さ」に注意を喚起している点でも重要である。[20]

小野沢論文は、柔軟反応戦略の起源をアメリカと欧州のＮＡＴＯ加盟国との関係の展開過程の中に求めているが、実は柔軟反応戦略は、アジア情勢にも起源をもっていたことも指摘しておく必要がある。

柔軟反応戦略のアジア的起源においては、人種の問題が重要なファクターとして介在していた。ジョーンズの研究によると、五〇年代末になると、中ソ対立が顕在化する中、アメリカ軍部内に中国を攻撃してもソ連は介入しないだろうという見方が現れ、五七年の第二次台湾海峡危機を契機に、中国に核攻撃を加えて、決定的な打撃を与えるべきだとの声が高まった。国務省とダレスは、こうした軍部内の見解の台頭に危機感をいだいた。彼らは、広島・長崎への原爆投下は、アジア諸民族の間では、人種主義的な要素をもつものとして受け止められ、アジアで再び核兵器を使用することになれば、日本やインドを初め、アジア諸国がアメリカ離れを起こし、米ソ冷戦を戦うアメリカにとって大きなダメージをもたらすことになると懸念したのだ。ジョーンズは、こうした経緯を明らかにする中で、五〇年代末までには、政府や官僚組織内では、柔軟反応戦略を受け入れる環境は整っていたという。ジョーンズの研究は、柔軟反応戦略という考えが形成される過程で、「人種というものが明らかな役割を演じた」として、この戦略のアジア的起源を明らかにしている点で注目に値する。[21]

第二部の最後に収められた第八章の森論文は、冷戦終結にともなうドイツを中心としたヨーロッパの秩序の再編を考察し、新たな解釈を打ち出している。

森は、統一ドイツのNATO加盟を拒否し、中立あるいはNATOとワルシャワ条約機構の同時帰属しか認めないとの立場をとっていたゴルバチョフソ連共産党書記長が、なぜ、そしていつの時点で、容認の方向に立場を転換させたのかという問題について、先行研究を以下の二つに整理している。第一の見方は、ゴルバチョフが、九〇年五月三一日から六月一日にかけて行なわれたワシントンでの米ソ首脳会談の機会を捉えて、統一ドイツのNATO帰属を容認する方向に立場を転換したとするものである。[22] ライスとゼリコウの共著によれば、一九九〇年六月一日に開かれたワシントンでの米ソ首脳会談において、ソ連も調印した「ヘルシンキ最終議定書」をもとに、「各国は自国が属する同盟を選択できるのではないか」とのブッシュ大統領の発言に対して、ゴルバチョフが反論できずに同意してしまったことによって、統一ドイツのNATO残留が決まったとの解釈を打ち出している。[23] もう一つの見方は、ゴルバチョフはワシントン米ソ首脳会談で重要な立場を表明したものの、統一ドイツのＮＡＴＯ帰属を最終的に認めたのは九〇年七月に訪ソしたコールと首脳会談をもったときであるとする(24)。

これに対して、森は、ゴルバチョフが九〇年七月に控えていたソ連共産党大会で保守派との権力闘争に勝利するためには、アメリカ側からＮＡＴＯがソ連を敵視する同盟から変化をしたのだという見返りを引き出す必要に迫られており、そのための呼び水としてワシントンで譲歩を行ない、これを受けて、ブッシュ政権が大胆なＮＡＴＯ改革を英仏などの反対を押し切って実現したことで、ゴルバチョフは共産党大会で保守派の反対を退けることができた。その結果、ソ連は統一ドイツのＮＡＴＯ残留に応じたのだとの斬新な解釈を打ち出している。

森論文は、冷戦終結後のヨーロッパの最大の政治課題である統一ドイツ問題をめぐるＮＡＴＯ加盟国内およびソ連国内の政治過程を分析すると同時に、この同盟内政治と米ソ関係との相互作用も射程に入れることで、ヨーロッパの秩序再編の過程を明らかにしており、冷戦史研究における重要な貢献である。

四　冷戦の変容と日米安保――変質する日米安保体制

日米安全保障条約に関しては、安保締結交渉時から一九六〇年代までは、賛否両論が拮抗していて、日米安保が日本国民に受け入れられていたとはいえない。世論調査によると、六九年九月の時点で、日米安保は日本の役に立っていると回答した者は三七パーセント、役立っていないと回答した者は三四パーセントと拮抗していた。しかし、七〇年六月には、安保賛成三七パーセント、安保反対一四パーセント、七一年五月および七三年七月の調査では、ともに賛成三四パーセント、反対二〇パーセントを記録し、七四年一一月には、賛成三四パーセント、反対一八パーセントとなっている。これらの数字は、七〇年代に入って安保賛成派が優勢となっていったことを示している[25]。

そうした点に注目し、編者は、なぜ冷戦後も日米安保は存続しているのかという問題について、かつて詳細に検討したことがある[26]。拙論では、第一に、六〇年代に日米安保を日本に定着させるために「障害」になっていると日米両国政府関係者が考えてきたものが何であったかを明らかにし、彼らが、そうした「障害」をどのように克服してきたのかを考察した。第二に、日本国民のナショナリズムの管理という観点から重要であったと思われる二つの出来事を検討した。二つの出来事とは、六〇年の安保改定と七二年の沖縄返還である。

それは以下のような問題意識にもとづいていた。五一年九月八日に締結された安保条約（旧安保条約）については、日本人の間では、不平等条約であるという不満が強く、この状態を放置すれば、日米安保体制はいずれ危機に直面したと考えられる。同様に、沖縄返還は日本国民の悲願であり、この問題の適切な処理と解決なくしては、沖縄のアメリカ軍基地の使用は危うくなり、日米安保体制は深刻な危機に陥った可能性がある。それゆえ、拙論では、安保改定と沖縄返還は、日米安保から危険な刺を除去するものであり、日米安保体制への世論の抵抗を弱める働きをしたとの議論を展開した。

日米安保を日本国民に受け入れさせるにあたって「障害」だと見なされていた要因は、佐藤栄作首相の訪米を前にして六七年一一月に作成されたアメリカの文書「日本の防衛」に列挙されている。同文書は、「障害」として、①ソ連や中国から攻撃されるという意識の欠如、②憲法上の制約、③国民の間に浸透している広範な平和主義、④アジア諸国からの反発の懸念、⑤日本国民の「核アレルギー」感情、⑥資源を経済的目的から防衛目的に配分することへの反発、という六つの要因を指摘している。[27] 拙論は、これらの要因が六〇年代にどのように克服されていったのかを考察した。

第三部の最初に収められた第九章の豊下論文は、「安保の論理」を考察している。

豊下は、「占領の論理」、「片務性の論理」、「自己目的化の論理」、「自立幻想の論理」という「四つの論理」を析出し、これらの論理を批判的に論証する論考をすでに発表しているが、本書では、冷戦終結以降の日米安保関係を見ると、これら「四つの論理」が今なお「活きて」おり、逆に「安保の呪縛」が強まっているとの認識のもとに、「四つの論理」に加えて、新たに「安保村の論理」を組み込む必要があると主張する。

豊下によると、冷戦後も日米安保体制が強化されている背景に、欧米と東アジアにおける冷戦の態様と冷戦の変容過程の大きな「時差」の問題があるという。すなわち四〇年代にヨーロッパで支配的だったソ連脅威論が、日本では八〇年代に展開されたことに注目する。さらに興味深いことに、豊下は、「安保の論理」の担い手たちが、日米安保の必要性をメディアなどを介して正当化する言説を繰り返してきたこと、そして彼らの主張が世論に受け入れられていることが、日米安保体制の強化につながっているとして、「安保村」の主張と論理を詳細に分析し、刺激的な議論を展開している。

注目されるのは、こうした安保の論理を、日本国内から打破する可能性を秘めいているのは、「日米安保村」からの離脱を始めた沖縄であるとの指摘である。また、安倍政権が「領土問題」や「歴史問題」を契機に排外ナショナリズムを刺激し、「憲法改正問題」と歴史認識問題をまぜこぜにして日米安保の強化を図ろうとしていることは、アメリカにも懸念を呼び起こしているだけでなく、米中接近と韓中接近という東アジアの大きな構造的変動との緊張を生む原因になっているとして、日米安保のあり方が根本から見直しを迫られていると分析している点もまた、傾聴に値する。

次に、第一〇章の中島論文は「冷戦秩序の変容と日米安保体制」をテーマに、日米同盟の対等性のあり方をめぐる議論を分析する中で、安保改定から「七〇年安保」を経て、沖縄返還に至る時期に、現在につながる日米安保体制の枠組みが形成されたことを明らかにする。

一九五〇年代、政府・与党自民党内では、旧安保条約を日米の相互性と平等性の観点から再検討する動きが始まり、安保改定へと結実したことは周知の通りであるが、中島論文は、この間の経緯を外務省の史料を駆使して、丁重に跡付けている。中島によると、安保改定によっても、日米の相互性と対等性の問題は解消されなかったため、六〇年代に入ってからも、この問題意識は政府・与党関係者の間で受け継がれただけでなく、むしろ、高度経済成長を背景に国内では、政治的独立性を備えた日本の国家像の具体化を求める動きは強まったという。その結果、沖縄返還交渉においては、事前協議制度を含む、将来の日米安保体制の内実をめぐる諸問題が協議の対象となり、本土と沖縄との差が生じないようにすることを重視し、「返還後の沖縄と本土との法的一元化」を目指し、ほぼそれを実現したと評価する。

日米安保の制度化は、在日米軍の配置や展開に法的・制度的枠をはめるという点で、重要な意義を有するものであった。また、日米双方のそうした努力が日米安保の政治的基盤の拡大につながり、冷戦後も日米安保が存続する要因となっていると考えられる。

だが同時に、「沖縄と本土の法的一元化」を論じるとき、誰のための一元化なのかという疑問も生じる。返還後の沖縄の現実を考えると、その後本土の基地が縮小されていったのに対して、逆に沖縄の基地機能は強化されていき、いまや在日米軍基地の七四パーセントが沖縄に集中するようになっている。日米地位協定についても、依然として問題が残っているにもかかわらず、外務省や日本政府はこの問題に手をつける気がないという状況をどう考えたらよいのだろうか。

また、中島論文は、五〇年代に外務省が、日米の「対等性」の実現を目指し、相互防衛方式の条約案をアメリカ側に提示したことに注目する。だが、不平等条約の改定を目指した重光の努力はダレスに一蹴されてしまう。そして、再度の挑戦で目指した六〇年安保改定に向けた交渉では、「事前協議制」を盛り込んだ点はそれなりに評価できるとしても、五五年の相互防衛条約草案に盛り込まれていた在日米軍の撤退は議題に上らなかったし、西村熊雄条約局長が後に「汗顔の至り」と評した「極東条項」についても、五五年七月二七日の外務省試案には削減規定があったにもかかわらず、六〇年安保改定交渉では、残ることになった。

「法的一元化」を追求した結果、沖縄から核兵器を撤去させ、「核抜き本土並み」返還を実現したものの、有事の際には持ち込みを認める「密約」を受け入れたことも問題だ。それだけでなく、日本は、沖縄返還でアメリカ側が最も重視した基地の自由使用を受け入れたことによって、逆に「本土の沖縄化」が進行した点を看過すべきではないだろう。沖縄返還交渉最終方針を決定した六九年五月二八日付アメリカ側文書、国家安全保障決定覚書（ＮＳＤＭ）一三号は、「沖縄だけでなく、日本本土で利用可能な米国軍事施設の使用を最大限にするために、沖縄返還への合意が必要である」と記されているように、「本土の沖縄化」がアメリカ側の最重要目標であった。そのためには、核兵器の沖縄からの撤去は日本側からの譲歩を引き出すための交渉材料と位置付けられていたのである。(28)

もう一つ忘れてはならない点がある。編者はかつて、沖縄返還交渉のさいに、佐藤首相が日米安保の適用範囲を本土防衛から地域防衛に事実上拡大したとして、これを「第一の安保再定義」と位置付けた。先述のＮＳＤＭ一三号はまた、在日米軍基地の通常の使用が、とくに朝鮮、台湾、ヴェトナムとの関連において最大限自由であることを希望するとしていたが、日米共同声明において、「韓国の安全は日本自身の安全にとって緊要である」と表明し、さらに記者会見で、佐藤首相が「事前協議に前向きかつすみやかに態度を決定する方針である」と述べたことで、日本の安全と韓国を明示的に結びつけることになった。また、台湾に関しては、共同声明で、「台湾地域における平和と安全の維持も日本の安全にとってきわめて重要な要素である」と述べたことで、日米安保の役割を拡大する方向に重要な一歩を踏み出した。佐藤首相はまた、ヴェトナムに関しては、ヴェトナム戦争が進行中であることから、沖縄が引き続き重要な基地として使用されることを受け入れた。[29]その意味で、この時期に、「第一の安保再定義」が行なわれたとの解釈も成り立つのではなかろうか。

第三部の最終章（第一一章）の初瀬論文は、上述のような問題点も視野に入れる形で、冷戦後の「安保再定義」に始まる日米安保体制強化の流れを形成する要因を包括的に考察している。

初瀬は、冷戦後にむしろ軍事同盟の性格が強まっている要因として、以下の四点に注目する。第一は、日本国内の「安保村」（官、政、財、学、メディア）の日常業務の積み重ねがもたらす政治的効果の帰結として、軍事的意味合いの強い「日米同盟の制度化」が進んでいることである。[30]こうしたことは、一九八〇年代までは、国内の反安保政治勢力によって抑え込まれていた。しかし、一九八〇年代に入って、新自由主義経済の流れが強まり、その後八〇年代末にソ連圏が崩壊したことに伴い、また、国内では五五年体制が終焉を迎え、加えて村山富一内閣の自衛隊・安保承認、つづく日本社会党の実質的消滅、および総評の消滅によって、冷戦終結後の九〇年代には安保批判勢力は、沖縄を除くと、政治勢力として弱体化した。第二に、戦後日本の対米従属が構造化され、九〇年代にも、日米安保体制を変更できない歴史の流れが継続しているとして、「核の傘」への依存、日米共同作戦での、アメリカによる指揮権の実質的な掌握、世界情報システムにおけるアメリカの優位などを指摘している。第三に、冷戦後のイデオロギー対立のない時代において、日本国内で古典的なパワー・ポリティクスの国際感覚（軍事力信奉の復帰）が強まってきたと分析する。初瀬によると、これは日本国民への「普通の国家」意識の普及によるものだが、その前提となるのは、戦争体験の風化と戦後世代の優位である。第四に、日米安保体制は、そもそも誰の利益をどのように推進していくのかが解明されなければならないとして、経済的側面から日米安保体制が強化される要因を探っている。それによると、個別利益に加えて、新自由主義経済の普及に伴う日米間での国際経済協力体制の推進が、冷戦後の日米安保体制の経済面の基盤となっていると洞察する。

初瀬論文は最後に、「日米安保体制は誰のために、何を守っているのか」という視点から、そのバランスシート（支配・従属関係、日本の経済成長に伴う日米安保体制への支持の増大［沖縄を除く］、平和国家から「普通の国」への移行に伴う日米の軍事同盟化とその裏返しとしての批判勢力の弱体化、アメリカ主導の新自由主義体制への相乗り、市場経済の維持・拡大機能を担う日米安保体制）を考察し、日米安保体制を支えるこれらの特徴は、日本が冷戦後も再び「日米安保体制を抱きしめる」選択をした結果生じたものだと論じている。大変示唆に富む論考となっている。

五　同盟と文化・社会変容——同盟の文化的・社会的基盤

ハンス・J・モーゲンソーは「同盟は必然的に、その土台として利害の一致を必要とする」と述べている。同盟の概念を検討したランドル・シュウェラーもまた、「同盟とは友情ではなく、厳密に計算された自己の利益にもとづく効用の関係である」と定義している。(31) このように、同盟関係が効果的に機能し、存続するためには、脅威認識や利害の一致が必要であることはいうまでもない。しかし、こうしたリアリスト的な同盟観だけでは、同盟の機能や存続の基盤を十分説明できないように思われる。国民が同盟の意義を理解し、受け入れるためには、その必要性を正当化し、同盟の政治的基盤を拡大する必要がある。また、同盟や制度が世論に広く受け入れられるためには、社会的に共有された規範や価値体系が同盟国間に存在することが望ましい。それには、同盟の文化的・社会的基盤にも目を向けることが必要になってくる。

（旧）日米安保条約の締結交渉に当たったジョン・F・ダレスは、同盟を、共通の敵を想定して結ばれたタイプと、精神的な絆で結ばれたタイプとに区別していた。後者の同盟が望ましいと彼が考えていたことは明らかである。五八年九月一一日のワシントンでの藤山―ダレス会談で安保改定に同意したダレスは、その理由について次のように述べている。「自分の今迄申した所は、〔……〕米国と free and equal cooperation〔自由かつ平等な協力〕を続けようとする日本国民に対する米国の信頼の bare testimony〔明白な証左〕である。然し米国は条約上の権利よりは、goodwill〔善意〕と sense of common destiny〔共通の運命観〕から来る連帯関係を尊ぶものである。法律的権利より精神的紐帯を尊重するからである」（英語の対訳は引用者）。政治的関係が良好でなければ、同盟関係は有効に機能しないというのは、ダレスの信念であったし、そのためには、同盟は国民同士の信頼関係と連帯に根ざしたものでなければならないと考えていた[32]。

ダレスの同盟観は、サンフランシスコ国際会議での国連憲章に関する協議においても披歴された。肥田は「国連憲章五一条の創設過程から見た集団的自衛権の意味とダレスの関わり」という報告原稿の中で、国連憲章会議終了後にアメリカ下院公聴会で証言を求められたさいのダレス発言を紹介している。

「私は、第五一条の下における社会は何がしか民族主義を包摂するものと信じている。第五一条は、地理的にも制度の点でも〔……〕関係を持たない二つの国家が、単に防衛のため、或いは攻撃のために結合することを認めることを意図しているわけではない。それは五一条の精神ではない。私はサンフランシスコでの五一条についての作業を思い出す。〔……〕私はそこで一人の男性と彼の家族のイラストを使った。〔……〕そこには自分たちの間の絆を有し、お互いを守ろうとする人間のある種の自然の権利が存在する。それは単に人工的に且つ便宜的に結ばれたものとは全く異なるものである」[33]。

安保改定交渉に際して、アメリカ側が提案した草案の第二条には、旧安保条約にはなかった「経済条項」が新たに加えられており、日米のより緊密な経済協力を促進し、さらには両国および「太平洋地域」における安定と経済的福利の条件を促進することを願うと謳っている。この草案の前文にはまた、民主主義、個人の自由、法の遵守の諸原則に対する支持など、日米双方が共通の価値を追求するものであることが謳われている。現行の日米安保条約には、ほぼ同じ文言が盛り込まれた。

改定交渉に当たったマッカーサー駐日アメリカ大使は五八年一〇月四日の岸—藤山—マッカーサー会談の席上、アメリカ側草案を提示したさいに、その意図について次のように説明している。「日米安全保障関係ひいては日米関係全般を強固な持続性のある関係にするために」改定するのだ、と。大使はわざわざ、アメリカ側草案が、「単に軍事的目的のみのものではないことを示している」とか、「広汎かつ持続的な協力関係を考えている」と念を押し、さらに「利益の共同体の関係にある」ことを強調している[34]。

第四部は、これまで同盟研究のなかでほとんど光の当たることのなかった同盟の文化的・社会的基盤を考察する。従来、同盟関係の研究は、軍事安全保障や同盟を支える経済的要素の分析に集中してきたといっても過言ではない。その半面、同盟の文化的・社会的基盤の考察は同盟研究の盲点となっていた。いわば同盟研究のブラックボックスに分け入ることによって、本書は、同盟を支える人々の思考様式や文化的要素の重要性にも目を向ける必要があることを示す。

まず第一二章で、松田論文は、日米安保をささえる日米「文化・教育ネットワーク」として重要な役割を果たしている「日米文化教育交流委員会」の活動を考察する。日米文化教育交流委員会（The US-Japan Conference on Cultural and Educational Interchange 通称、カルコン）は、一九六一年六月、池田首相とケネディ大統領との合意によって成立した。日米両国の政府、財界、学界、メディア、その他様々な分野の有識者を二年ごとに一堂に集めて両国間の文化・教育交流に関する諸問題を討議し、政府や社会に対し必要な提言・勧告を行なう会議である。第一回目の東京会議が一九六二年一月に開催されて以来、五〇周年にあたる二〇一三年で二五回目を迎える。

松田論文は、六〇年代から七〇年代にかけてのカルコンの活動、特に、日本のアメリカ研究に焦点を絞り、同会議が冷戦ならびに日米同盟関係を文化面からどのように下支えしたかについての試論を展開している。同委員会の構成員が官民リベラル派の指導者から成っていたこと、討議の対象を文化・教育問題に限定したことなどが拘束要因となり、日米同盟関係の本質的問題（基地問題など）に踏み込めずにいたことなどは、カルコンの活動の限界だと指摘しながらも、同時にこうした知的交流が日米同盟を見えざるところで下支えしているとの観点から、親米派知識人の育成過程の解明を目指している。その意味で、松田論文は、これまで注目されてこなかった同盟の文化的・イデオロギー的要素に光を当てる重要な研究となっている。[35]

本書九章の豊下論文は、グラムシの知識人論にいう「有機的知識人」の概念を援用して、「安保村」を構成する「ジャパン・ハンドラー」といわれるアメリカの「知識人」と彼らのカウンターパートに位置づけられる日本の「現実主義者」と称される「日米基軸」論者の言説が、日米安保に関する「神話」を形成していく歴史的経緯を検証しているが、この点は松田論文と共通の問題関心に根ざしていると言える。[36]

国際政治学者スタンレー・ホフマンは、冷戦終結直後の一九八九年末、ベルリンの壁の崩壊、東欧の激動を目撃するなか、次のように述べた。「過去二カ月間、それまで誰一人予測していなかったことが、次々と当たり前のようになってしまった。それほど事態の展開は急だった。わずか数週間のうちに、ソ連支配下の東欧諸国における共産党支配が平和裡に崩壊し、突然ドイツ統一問題が国際的争点となったのである」。このように述べ、公職にある者や学者たちが、なぜこうした事態を予測できなかったのだろうかと問うている。

ホフマン自身の、この問いに対する回答は、西側のソ連研究者がソ連の全体主義国家イメージにとらわれすぎ、ソ連社会内で起きていることを理解するには、クレムリンの指導者の言動を分析しておれば十分だという固定観念があったからだ、というものだ。ソ連社会内で起きている重要な変化を見落としていた結果、その変化がソ連―東欧関係に及ぼす影響の程度を予測することを困難にしたという。[37]

第一三章では、藤本論文が、冷戦の変容がアメリカ社会に与えた影響を分析している。冷戦はその秩序を担ったアメリカ社会にも変容をもたらした。なかでも、アメリカの冷戦政策の帰結としてのヴェトナム軍事介入政策の挫折によって、アメリカ社会は大きな変貌を遂げた。藤本は、アメリカ史上最大の反戦運動が展開される中で、「冷戦コンセンサス」の崩壊と「正義の戦争」観の動揺が見られたことを指摘している。わけても、戦時における帰還米兵による戦争批判の中で、アメリカ軍の組織的変容とモラルの低下が進行したという。この論文では、ヴェトナム反戦帰還兵の全米的大衆組織であった「ヴェトナム戦争に反対する帰還兵の会」（ＶＶＡＷ）を対象に、ヴェトナム戦争期におけるＶＶＡＷの活動が「正義の戦争」観ならびにアメリカ軍の変容にどのようなインパクトを与えたかを、その限界も含めて考察している。[38]

第一四章では、大西洋同盟の文化的基盤を探るために、齊藤論文が、ＮＡＴＯによる情報発信の実態を考察している。ＮＡＴＯの政治的機能や軍事的役割に関する研究は多いが、戦後の西側同盟体制が構築される背景に、同盟の文化的基盤を構築する試みがあったことを指摘する研究は極めて少ない。同盟の存在を正当化し、さらに結束力を増すためには、プロパガンダ活動を含めて加盟国社会に同盟の意義を確認させることが不可欠であり、それを欠いたままではＮＡＴＯ体制が長期的に持続する保障はなかったといえよう。

齋藤論文で興味深いのは、発信されるテクストは環境変化に応じて様々に変化したことを明らかにしている点である。ＮＡＴＯ成立当初は、統合軍事機構としてのＮＡＴＯの存在意義を、同組織の下で活動する各国の部隊に提示することに力点が置かれた。しかし、五三年にスターリンが死去し、フルシチョフが平和共存路線を打ち出すと、ＮＡＴＯの発信するテクストから軍事的要素が弱まり、次第に政治協議の場や社会統合の媒体といった、同盟の政治的、社会文化的機能を強調するようになったという。この点は、すでに検討したように、旧日米安保条約から新安保条約に改定されるさいにも生じた変化であったという点で、共通性が認められる。

米欧間の共同体意識を醸成することを意図した情報発信は、六〇年代に入ると東西間のデタントが進展するなかで、世論（とくに若者たち）の間でＮＡＴＯの存在意義についての認識が弱まる傾向が見られ、ますます魅力ある発信の必要性が増大した。そうした状況に対応すべく、ＮＡＴＯの軍事的機能に代わって、その防衛的機能や文化的機能が重視されるようになった。たとえば、西側の繁栄の基盤としてのＮＡＴＯ、「自由」と「民主主義」の砦としてのＮＡＴＯ像の発信がなされるようになったという。この点は、日米安保に即して言えば、六〇年代の日本の高度成長の恩恵を日米安保の存在と結びつける、七〇年代に流布した「安保繁栄」論を想起させる。また、デタントは東西軍事バランスの成果であるという観点から、ＮＡＴＯの存在意義を世論に訴えることが重視された。

デタントによる「東方外交」の推進によって、ヨーロッパ・デタントがＮＡＴＯ加盟国の間にも広まると、ＮＡＴＯの抑止力の必要性に疑問が投げかけられるようになった。このため、一九六八年にはアルメル報告が出され、「抑止とデタントは相互補完的である」としてＮＡＴＯの必要性を正当化した。齋藤によると、七〇年代に入っても、アルメル報告にいう「抑止とデタント」を両輪とするＮＡＴＯ像が若者や大学・中学の教員に必ずしも受け入れられていないとの焦燥感から、さまざまな手段やチャンネルを駆使して、その必要性が彼らを対象に発信されたという。

齋藤は、「ＮＡＴＯが同盟の大義や必要性を発信する組織を内部に設けたのは、ソ連の軍事的脅威だけでは同盟の存在を正当化できないという認識があったためだ」と述べている。そうした努力がＮＡＴＯの環境変化への適応を可能にしたといえるとすれば、齋藤の指摘は、同盟基盤を考える場合の重要な視座を提供するものである。

(1) 菅英輝編著『冷戦史の再検討　変容する秩序と冷戦の終焉』（法政大学出版局、二〇一〇年）、一―二頁。

(2) 日本語で刊行された、近年の注目すべき冷戦史研究としては以下がある。ただし、『冷戦史の再検討』で取り上げた著書は割愛する。青野利彦『「危機の年」の冷戦と同盟』（有斐閣、二〇一二年）。中島琢磨『沖縄返還と日米安保体制』（有斐閣、二〇一二年）。妹尾哲志『戦後西ドイツ外交の分水嶺　東方政策と分断克服の戦略、一九六三年―一九七五年』（晃洋書房、二〇一一年）。松村史紀『「大国中国」の崩壊：マーシャル・ミッションからアジア冷戦へ』（勁草書房、二〇一一年）。佐々木卓也『冷戦　アメリカの民主主義的生活様式を守る戦い』（有斐閣、二〇一一年）。池田亮『植民地独立の起源　フランスのチュニジア・モロッコ政策』（法政大学出版局、二〇一三年）。山本健『同盟外交の力学　ヨーロッパ・デタントの国際政治史　一九六八―一九七三年』（勁草書房、二〇一〇年）。水本義彦『同盟の相克　戦後インドシナ紛争をめぐる英米関係』（千倉書房、二〇〇九年）。益田実、小川浩之編著『欧米政治外交史』（ミネルヴァ書房、二〇一三年）。松岡完『ケネディと冷戦　ベトナム戦争とアメリカ外交』（彩流社、二〇一二年）。松岡『ケネディとベトナム戦争　反乱鎮圧戦略の挫折』（錦正社、二〇一三年）。李東俊『未完の平和　米中和解と朝鮮問題の変容　一九六九～一九七五年』（法政大学出版局、二〇一〇年）。芝山太『日本再軍備への道、一九四五～一九五四年』ミネルヴァ書房、二〇一〇年。毛里和子「アジアにおける冷戦構造の変容と地域紛争」和田春樹他編『東アジア近現代通史』第九巻（岩波書店、二〇一一年）、九五―一二〇頁。菅英輝「東アジアにおける冷戦」和田他編『東アジア近現代通史』第七巻、四五―七〇頁。青山瑠妙「アジア冷戦の溶融としてのニクソン訪中と田中訪中」和田他編『東アジア近現代通史』第八巻、三一二―三三四頁。伊藤裕子「ベトナム戦争期の比米関係とフィリピンの戒厳令」和田他編『東アジア近現代通史』第八巻、三五四―三七九頁。Hideki Kan"The Nixon Administration's Initiative for U.S.-Japan Rapprochement and Its Impact on U.S.-Japan Relations, 1969-1974,"『法政研究』第七八巻第三号（二〇一一年一二月）、六四四―六八二頁。

(3) 楠綾子『現代日本政治史　占領から独立へ　一九四五―一九五二年』第一巻（吉川弘文館、二〇一三年）。池田慎太郎『現代日本政治史　独立完成への苦闘　一九五二―一九六〇年』第二巻（吉川弘文館、二〇一

二年）。中島琢磨『現代日本政治史　高度成長と沖縄返還　一九六〇―一九七二年』第三巻（吉川弘文館、二〇一二年）。吉次公介『日米同盟はいかにつくられたか』（講談社、二〇一一年）。神田豊隆『冷戦構造の変容と日本の対中国政策』（岩波書店、二〇一二年）。服部龍二『日中国交正常化』（中公新書、二〇一一年）。井上正也『日中国交正常化の政治史』（名古屋大学出版会、二〇一〇年）。

（4）オッド・アルネ・ウェスタッド（佐々木雄太監訳）『グローバル冷戦史：第三世界への介入と現代世界の形成』（名古屋大学出版会、二〇一〇年）、「日本語のための序章」四頁。

（5）同前、三九九頁。Odd Arne Westad, *The Global Cold War: Third World Interventions and the Making of Our Times*（Cambridge: Cambridge UP, 2005）, p. 396.

（6）ちなみに、宮城は、一九六五―七五年を「転換の一〇年」として位置づけ、一九六五年は「政治の時代」から「経済の時代」への転換点だとしている。宮城大蔵「戦後アジア国際政治史」（第八章）、李鍾元、田中孝彦、細谷雄一編『日本の国際政治学』（有斐閣、二〇〇九年）、一六一―一六五頁。

（7）Stephen I. Schwartz, ed., *The Atomic Audit: Costs and Consequences of U.S. Nuclear Weapons since 1940*（Washington D.C.: The Brookings Institution Press, 1998）, p. 3. Vladislav M. Zubok, “Why Did the Cold War End in 1989? Explanations of the ‘Turn’,” in Odd Arne Westad, ed., *Reviewing the Cold War: Approaches, Interpretations, Theory*（London: Frank Cass, 2000）, p. 356. Walter LaFeber, *America, Russia, and the Cold War, 1945-2006*（N.Y.: McGraw Hill, 2008）, p. 335.

（8）John J. Maresca, *To Helsinki: The Conference on Security and Cooperation in Europe, 1973-1975*（Durham: Duke University Press, 1985）. Wilfried Loth, *Overcoming the Cold War: A History of Détente*（N.Y.: Palgrave, 2002）. 齋藤嘉臣『冷戦変容とイギリス外交――デタントをめぐる欧州国際政治　一九六四―一九七五年』（ミネルヴァ書房、二〇〇六年）。

（9）Matthew Evangelista, *Unarmed Forces: The Transnational Movement to End the Cold War*（Ithaca, N.Y.: Cornell UP, 1999）. Sarah B. Snyder, *Human Rights Activism and the End of the Cold War*（Cambridge: Cambridge UP,

2011). Daniel C. Thomas, *The Helsinki Effect: International Norms, Human Rights, and the Demise of Communism* (Princeton, N.J.: Princeton UP, 2001). Poul Villaume and Odd Arne Westad eds., *Perforating the Iron Curtain: European Détente, Transatlantic Relations, and the Cold War, 1965-1985* (Copenhagen, Museum Tusculanum Press, 2010). Helen Laville and Hugh Wilford eds., *The US Government, Citizen Groups and the Cold War: The State–Private Network* (London: Routledge, 2006).

(10) Walter L. Hixson, *Parting the Curtain: Propaganda, Culture, and the Cold War, 1945-1961* (N.Y.: S. Martin's Griffin, 1997). 井関正久「六〇年代の旧東西ドイツ――異なる体制下における抗議運動の展開」『国際政治』第一二六号（二〇〇一年二月）、六六九―八四頁。菅英輝「序論　冷戦の終焉と六〇年代性」『国際政治』第一二六号（二〇〇一年二月）、一―二二頁。

(11) 齋藤嘉臣『文化浸透の冷戦史』（勁草書房、二〇一三年）、第五章。

(12) 同前、一八五―一九七頁。

(13) Marc Trachtenberg, *A Constructed Peace: The Making of the European Settlement, 1945-1963* (Princeton, N.J.: Princeton UP, 1999), pp. 352, 398-402.

(14) 青野『「危機の年」の冷戦と同盟』第七章。

(15) 牛軍「中ソ分裂」和田他編『東アジア近現代通史』第八巻、一三四―一五〇頁。また、チャン・ジャイは中ソ同盟崩壊の原因として、牛軍と同様の要因を挙げているが、なかでも、フルシチョフのスターリン批判演説が中ソ対立の始まりだとして、この要因を最重要視している。ジャイ「深まる中ソ対立と世界秩序中ソ同盟崩壊の原因と米中対決」菅編著『冷戦史の再検討』二四三―二五九頁。

(16) Sergey Radchenko, "The Sino-Soviet Split," *Melvyn P. Leffler and Odd Arne Westad, The Cambridge History of the Cold War* (Cambridge: Cambridge UP. 2010), Vol. II, pp. 350, 371-372. また、ラドチェンコによる中ソ対立に関する著書も参照。*Two Suns in the Heavens: The Sino-Soviet Struggle for Supremacy, 1962-1967* (Washington D.C.: Woodrow Wilson Center Press/Stanford UP, 2009). また、中ソ対立に関する以下の文献も参照されたい。

Lorenz M. Luthi, *The Sino-Soviet Split: Cold War in the Communist World* (Princeton, N.J.: Princeton UP, 2008). Mingjiang Li, *Mao's China and the Sino-Soviet Split: Ideological Dilemma* (London: Routledge, 2012).

(17) Shu Guang Zhang, "The Sino-Soviet alliance and the Cold War in Asia, 1954-1962," *The Cambridge History of the Cold War*, Vol. I, *op. cit.*, pp. 353-375, esp. 373-375.

(18) 小野沢透「アイゼンハワー政権とＮＡＴＯ――拡大抑止をめぐって」肥後本芳男、山澄亨、小野沢透編『アメリカ史のフロンティア』第二巻（昭和堂、二〇一〇年）、一七八頁。

(19) 同前、一七五―一七八頁。

(20) 同前、一八一―一八二頁。

(21) Matthew Jones, *After Hiroshima: The United States, Race and Nuclear Weapons in Asia, 1945-1965* (Cambridge: Cambridge UP, 2010), p. 460.

(22) Philip Zelikow and Condoleeza Rice, *Germany Unified and Europe Transformed: A Study in Statecraft* (Cambridge: Harvard UP, 1997). Hannes Adomeit, *Imperial Overreach: Germany in Soviet Policy from Stalin to Gorbachev* (Baden-Baden: Nomos, 1998). Adomeit, "Gorbachev's consent to united Germany's membership of NATO," Frederic Bozo, Marie-Pierre Rey, N. Piers Ludlow, and Leopoldo Nuti eds., *Europe and the End of the Cold War: A reappraisal* (N.Y.: Routledge, 2008), pp. 107-118. Angela Stent, *Russia and Germany Reborn: Unification, the Soviet Collapse, and the New Europe* (Princeton: Princeton UP, 1999). James A. Baker III, *The Politics of Diplomacy: Revolution, War and Peace, 1989-1992* (N.Y.: G.P. Putnam's Sons, 1999).

(23) Zelikow and Rice, *Germany Unified and Europe Transformed, ibid.*, pp. 271-279.

(24) Mary E.Sarotte, *1989: The Struggle to Create Post-Cold War Europe* (Princeton, N.J.: Princeton UP, 2009), pp. 177-194.

(25)『朝日新聞世論調査三〇年史』上下巻、朝日新聞世論調査室（一九七六年六月）、九二、九七、九八、一〇七、一一〇、一二七頁。

(26) 菅英輝「なぜ冷戦後も日米安保は存続しているのか」菅英輝、石田正治編著『二一世紀の安全保障と日米安保体制』(ミネルヴァ書房、二〇〇五年)、二六―六一頁。

(27) "Defense of Japan," November 8, 1967, NSF File, Japan, Visit of PM Sato-Briefing Book, November 14-15, 1967, Box 253, Lyndon Johnson Presidential Library. 菅、石田編『二一世紀の安全保障と日米安保体制』三一―四二頁も参照されたい。

(28) NSDM13, May 28, 1969; "NSC Meeting April 30-Policy Toward Japan: Briefing Memorandum," from Ambassador Brown to The Secretary and the Undersecretary; "NSSM 5: Japan Policy," April 28, 1968, Memorandum for the Office of the Vice President, Office of the Secretary of Defense, Office of the Director of Emergency Preparedness. National Security Archives, October, 2009, "Nuclear Noh Drama", archive@GWU.EDU accessed 2009/10/17. "NSSM 5: Japan Policy," April 28, 1968, Memorandum for the Office of the Vice President, Office of the Secretary of Defense, Office of the Director of Emergency Preparedness. また、「本土の沖縄化」を指摘している以下の文献も参照されたい。西山太吉『沖縄密約』(岩波新書、二〇〇七年)、五七―五九頁。

(29) 菅英輝「ベトナム戦争における日本政府の和平努力と日米関係――一九六五年～六八年」『国際政治』一三〇号(二〇〇二年五月)、九二―一〇八頁。「第一の安保再定義」という表現については、『朝日新聞』(二〇〇二年一二月二四日)掲載の編者のコメントを参照されたい。

(30) 日米同盟の制度化については、以下を参照されたい。吉田信吾『日米同盟の制度化：発展と深化の歴史過程』(名古屋大学出版会、二〇一二年)。

(31) Hans J. Morgenthau, *Politics among Nations: The Struggle for Power and Peace*, 6th edition (N.Y.: McGraw-Hill, Inc., 1985), p. 202. ランドル・L・シュウェラー「同盟の概念」舟橋洋一編著『同盟の比較研究』(日本評論社、二五〇頁)。

(32) この点の詳細な議論に関しては、菅「なぜ冷戦後も日米安保は存続しているのか」、四五―四六頁を参照されたい。また、日本の価値観外交の推進とアメリカの理念外交が同盟観に反映されていることを論じた以下の研究もある。佐々木卓也「アメリカの外交的伝統・理念と同盟――その歴史的展開と日米同盟」久保文明編『アメリカにとって同盟とは何か』（中央公論新社、二〇一三年）、三一―五二頁。中山俊宏「「理念の共和国」が結ぶ同盟――国益と価値の共鳴と相克」久保編『アメリカにとって同盟とは何か』、七七―九四頁。

（33）"Structure of the United Nations and the Relations of the United States to the United Nations," Hearings before the Committee on Foreign Affairs, House of Representatives, 80th Congress, 2nd Session, May 12, 1948, p. 300. この引用文は以下に拠る。肥田進「国連憲章第五一条の創設過程から見た集団的自衛権の意味とダレスの関わり」、日本国際政治学会アメリカ政治分科会報告、二〇一三年一〇月二七日（新潟市朱鷺メッセ）。

（34）総理、外務大臣、マッカーサー大使会談録、一九五八年一〇月四日、外務省外交史料館。

（35）この点に関しては、以下の文献も併せて参照されたい。松田武『戦後日本におけるアメリカのソフト・パワー――半永久的依存の起源』（岩波書店、二〇〇八年）。土屋由香『親米日本の構築――アメリカの対日情報・教育政策と日本占領』（明石書店、二〇〇九年）。土屋由香「広報文化外交としての原子力平和利用キャンペーンと一九五〇年代の日米関係」竹内俊隆編著『日米同盟論：歴史・機能・周辺諸国の視点』（ミネルヴァ書房、二〇一一年）、一八〇―二〇九頁。また、日米同盟に関する研究ではないが、戦後、親米日本がどのように形成されたかを論じた以下の研究、それにアメリカの消費主義文化の浸透と冷戦の終焉との関連を論じたローゼンバーグの論文も有益である。吉見俊哉『親米と反米――戦後日本の政治的無意識』（岩波書店、二〇〇七年）。Emily Rosenberg, "Consumer capitalism and the end of the Cold War," *The Cambridge History of the Cold War, III, op. cit.*, pp.489-512.

（36）この点に関する詳細な考察については、豊下楢彦「日本外交の「第三の道」に関する覚書」『法と政治』第六二巻第四号（二〇一二年一月）、一―二七頁、も参照されたい。

（37）菅英輝「冷戦史研究とポスト冷戦の世界」『大阪外国語大学　アジア学論叢』第五号（一九九五年三月三一日）、三―四頁。

（38）　六〇年代の社会運動グループ間のグローバルな連携が各国の文化変容に与えた影響を考察した以下の研究も参照されたい。油井大三郎編『越境する一九六〇年代　米国・日本・西欧の国際比較』（彩流社、二〇一二年）。また、菅「序論　冷戦の終焉と六〇年代性」『国際政治』一二六号（二〇〇一年二月）、一―二二頁では、類似の問題関心から、「六〇年代性」という概念を使って六〇年代の特徴を考察し、とくに「一九六八年」の意義を強調している。

第1部

冷戦秩序の変容

――変化する経済秩序と「ソシアル・デタント」

第1回パグウォッシュ会議、1957年7月6日～10日

1章　冷戦・開発主義とシンガポールの工業化

秋田　茂

一　アジアの工業化と冷戦――開発主義の出現

本章では、現代における「東アジアの経済的再興」(East Asian economic resurgence)の展開を導いたアジア独自の経済発展を、冷戦秩序と連動して形成・展開された輸出主導型の経済開発政策と関連づけて、世界史におけるその独自性を考察する。

最初に、第二次大戦後のアジア諸地域が有した世界史上の独自性を確認しておきたい。

第一の特徴は、政治的な脱植民地化、いわゆる植民地からの政治的独立が、東アジアと南アジアを中心に一九四〇年代末までに達成された点である。その要因は、日本の敗戦による旧日本帝国の強制的解体・崩壊と、南アジアにおけるイギリスの性急な撤退、「権力の委譲」(transfer of power)によるインド・パキスタンの分離独立、およびオランダ領東インドにおける独立戦争でのオランダの敗北とインドネシアの独立等、複合的である。第二次世界大戦、アジア太平洋戦争での戦闘・占領・戦時動員を通じた列強による植民地的秩序の崩壊は、アジア諸地域での戦間期（一九二〇―三〇年代）からの民族運動（ナショナリズム）の勃興により促進され、世界史上でも稀に見る速さで政治的独立が達成された。

この第二次大戦直後の早期の脱植民地化に対して、日本を除く欧米の旧宗主国は、影響力の温存と継続を図る手段として、新興独立諸国（旧植民地）に対して、経済援助を提供した。それを非常に巧みに行なったのが、戦後のイギリス（イギリス帝国）である。一九四九年四月の英連邦首脳会議における英連邦のコモンウェルスへの衣替え・再編と、[1]翌一九五〇年のコモンウェルス外相会議で提起された加盟諸国間の相互経済援助計画「コロンボ・プラン」[2]がその典型である。一九五〇―六〇年代のアジアは、経済援助の供与をめぐり国際競争が展開された時代である。

第二の特徴は、世界的規模での東西冷戦の展開のなかで出現した、独自の国際政治秩序である「第三世界」、非同盟中立路線の主要な舞台になったのが、一九五〇―六〇年代のアジア世界であった。ヨーロッパで一九四七―四八年に始まった米ソ冷戦は、一九四九年の中国革命による中華人民共和国の成立と、翌五〇年六月に勃発した朝鮮戦争により東アジアに波及する。[3]その後、フランス植民地帝国の解体につながったインドシナ戦争、一九五四年ジュネーヴ会議以降のアメリカによるベトナムへの「介入」の開始を通じて、アジアにおける冷戦の舞台は、東南アジアのインドシナ半島部にも広がった。[4]東南アジア条約機構（ＳＥＡＴＯ）が結成されたのも、同年九月であった。

こうした冷戦体制の構築の過程で、その周縁部として、相対的に独自の立場を維持したのが南アジア地域であった。[5]その立役者が、インド首相のジャワハルラル・ネルーと彼が追求した「非同盟中立」路線である。

それは一九五五年四月のアジア・アフリカ会議（バンドン会議）に結実した。後述するように、政治的に中立を表明した非同盟諸国は、経済外交の側面では経済援助を受け入れる対象国となった。一九五〇年代─六〇年代前半に、世界最大の被援助国となったのがインドである。従来別々の戦後史の文脈で語られてきた脱植民地化と冷戦（冷戦体制の構築）が相互に結び付いたのが[6]、軍事援助を含めた開発援助政策である。

当該期のアジア国際秩序の第三の特徴は、政治的独立を達成したアジア諸国にとって、「貧困からの脱却」、経済的自立を求めた経済開発・工業化政策の追求である。新たな政治体制の正当性を示すためにも、工業化をともなう経済開発と発展を実現して、その成果を国民に還元する必要があった。したがって、戦後独立したアジア諸国にとっては、工業化の実現は、冷戦、脱植民地化への対応と並んで重要な政策課題となった。

その際にいかなる工業化戦略を適用・採用するかが、経済政策を立案するうえで、その後の経済的軌跡・実績との関係でも重要であった。経済的豊かさ、その指標としての一人当たりＧＤＰの引上げを実現するために欠如していたのが、資本（カネ）と技術であった。その両者は、開発援助政策の二つの柱、資金援助（capital assistance）と技術協力（technical cooperation）により相互補完的にカバーされた。

経済開発を実現するために、東アジア・東南アジア諸地域において成立したのが、政府の経済への積極的介入を容認し、国家が強力な危機管理体制を構築する「開発主義」（developmentalism）である。それは、政府も国民も経済成長を最終目標に掲げた成長イデオロギーであった[7]。開発主義を可能にするには、モノの移動面での自由貿易体制（free trade regime）の確立・拡張と、カネに関する資金援助と海外投資の導入が必要であった。開発主義は、かつて「開発独裁」体制として否定的に評価されてきたが、一九七八年以降の中国政府の政策転換、改革開放政策への転換を契機に、中国経済が劇的な成長を遂げ、その過程でアジア太平洋経済圏の成長・発展が加速化されて「東アジアの経済的再興」が実現しつつある現在、積極的な再評価が不可欠である。

二　戦後アジアの国際秩序と経済開発の類型

本節では、一九五〇―七〇年代初頭のアジアを舞台に、経済発展をめざした開発主義政策を三つに類型化して考えてみたい。

(1) 輸入代替工業化戦略と「経済援助」――インドの場合

戦後発展した開発経済学においては、当初、輸入代替工業化戦略（import-substitution industrialization）が注目された。その成功例として、インド政府による五カ年計画（ネルー＝マハラノビス・モデル）が高く評価された。特に、一九五〇年代後半から六〇年代前半のインドは、第二次五カ年計画（一九五六―六〇年）と第三次五カ年計画（一九六一―六五年）を通じて、経済開発計画の「黄金期」を迎え、開発経済学で注目の的になった。第二次計画の基礎となったのが、統計学者マハラノビスの経済成長モデルであった。彼は、首相ネルーの全面的な信任を得て、強力な指導力を発揮し「ネルー＝マハラノビス戦略」と呼ばれた経済開発戦略を実施した(8)。

一九五〇年代前半の第一次五カ年計画は、インドが蓄積した巨額のスターリング残高の取り崩しに支えられて、外国からの援助にほとんど依存することなく順調に実施された。コロンボ・プランの実行をはじめとする、ネルーの積極的な非同盟外交の模索、コモンウェルスでの主導権の発揮も、こうしたインド政府独自の金融・財政的な裏付けがあって初めて可能になったのである。

だが、一九五七年にインドのスターリング残高が事実上「枯渇」し、翌五八年に外貨危機に直面してから、五カ年計画を中心とする政府主体の経済政策には、対外経済援助（economic aids）による借款の導入・獲得が重要な政策課題として組み込まれた。同年に、国際復興開発銀行（ＩＢＲＤ：世界銀行）の主導により、インドの国際収支危機を救済するために国際借款団（The Aid India Consortium）が組織された。このインド援助コンソーシウムを立ち上げるに際して、首相ネルーは一定のイニチアティヴを発揮したが、実際の援助供与国・機関との複雑な交渉は、蔵相モラルジー・デサイ（一九五八―六四年）を筆頭とするインド大蔵省や連邦準備銀行（The Reserve Bank of India: RBI）の国際金融・財政の専門家が担当した。その中心にいたのが、一九五八年八月にワシントン駐在の経済顧問、六一年には駐米インド大使（一九六一―六七年）に昇任した、首相Ｊ・ネルーの甥、Ｂ・Ｋ・ネルーであった[9]。

Ｂ・Ｋ・ネルーによれば、「インドにおける外国援助の全盛期は、第三次五カ年計画の形成期にあった」。「第三次計画中に、ほぼ五二億ドル（二四八億八〇〇〇万ルピー）相当の新規援助が約束され、実際に四二億ドル（二〇一億六〇〇〇万ルピー）が提供された。計画終了時に将来援助として活用できる約二四億ドル（一一四億二〇〇〇万ルピー）が未執行であった。この金額には、約一八億ドル（八五億ルピー）相当のＰＬ４８０〔農業貿易開発援助法〕による輸入品が含まれていない。債務返済経費を差し引いた上で総計すると、第三次計画中に実際に利用された純外国援助額は、ほぼ四八億三〇〇〇万ドル（二三〇億ルピー）、あるいはインド経済への純投資額の約二二パーセントに達した[10]」。この年平均約一〇億ドルの対インド外国援助のうち、アメリカからの援助の重要性が増大し、インド援助コンソーシウム内部でも、一九五〇年代末までインドの非同盟外交路線に批判的であったアメリカが最大の援助国として登場した。

さらにインド政府は、第三次五カ年計画に着手するにあたり、西側諸国との借款交渉をインド援助コンソーシアム経由で行なうと共に、ソ連との経済協力、資金の獲得を求めて一九五九年に二国間交渉を行なった。アメリカ国務省の推計によれば、一九五五―一九六三年度までのソ連圏（東欧諸国を含む）からの低開発諸国向けの経済援助は、二九カ国で累計四九億ドルに達した。ソ連の援助政策は、アジア諸国のなかでも特定の非同盟中立政策を掲げる国家、インド（九億八二〇〇万ドル）、アラブ連合（エジプト）（七億三六〇〇万ドル）、インドネシア（五億九四〇〇万ドル）、アフガニスタン（五億七〇〇〇万ドル）に集中して供与され、インドが最大の被援助国となった。[11]

以上の戦後インドの事例は、国家主導の輸入代替型工業化と経済開発戦略の典型である。スターリング残高が「枯渇」してからは、非同盟路線を掲げていたインドは、新たなヘゲモニー国家アメリカを含めたインド援助コンソーシアムを通じて、第三世界で最大の対外経済援助の獲得に成功した。冷戦体制下の東西対立を巧みに利用して、東西両陣営から経済開発五カ年計画の遂行に必要な資本財と技術援助を経済援助として確保したのである。

（2）民間主導の輸出志向型工業化――香港の場合

第二の経済開発の類型としてあげられるのが、アジア特有の「輸出志向型工業化」（export-oriented industrialization）である。一九六〇年代に脚光を浴びた「南北問題」論、その理論的基盤となったプレビッシュ＝シンガー・テーゼは、交易条件の改善を通じた先進国から開発途上国への所得の移転を主張していた。[12]国連貿易開発会議（ＵＮＣＴＡＤ）で輸入代替工業化を主軸とする新国際経済秩序が主張されていた時代に、アジアにおいては、それとは全く異なる輸出志向型工業化路線が出現し、追求されるようになった。

この輸出志向型工業化にも、民間資本主導型と、本章の主たる考察対象であるシンガポールに代表される国家主導型の違いを見出すことが可能である[13]。

前者の典型が、戦後もイギリスの公式植民地にとどまった香港の場合である[14]。上海から逃避・流入した資本と技術が香港現地の安価で優秀な労働力と結びついて、一九五〇年代から、香港自体で消費財を中心とする労働集約的な工業化が始まった。香港の工業化の特徴は、①産業の主導部門の短期間での交代、②中小企業の主体性にある。五〇年代前半からの綿紡績（繊維産業）とアパレル、五〇年代末から二番手として登場したプラスチック工業（玩具や造花）、六〇年代中葉から成長した電子工業、そして七〇年代にクォーツ革命により急激に伸びた時計産業、以上が香港の四大産業である。

香港経済の独自性は、自由貿易港としての自由放任主義、「小さな政府」にあった。イギリス帝国の直轄植民地として、脱植民地化とは無縁であった現地の香港政庁および総督は、経済政策の遂行にあたって「積極的非介入主義」（positive non-intervenetionism）を採用した[15]。香港の産業は、レッセ・フェール体制と低賃金労働力から、労働集約的な輸出組立産業として発展した。そうした産業では、規模の経済の原理が機能せず、中小企業が重要な担い手となった。比較的単純な組立技術、少額の資本、香港内部の下請け関係を通じた「発注ネットワーク[16]」、安価な原材料の輸入、アメリカを中心とした製品輸出市場（外需）の拡大、こうした中小企業にとって好都合な諸条件により、産業への新規の参入障壁が低く、多数の小規模企業の設立が容易な環境にあった。それらに、香港社会特有の旺盛な企業家精神が加わり、中小の民間企業を主力とする香港の工業化、経済発展が実現し、六〇年代になるとアジアＮＩＥｓの一角を占める目覚ましい経済成長を実現した。

この民間資本主導の経済発展と対照的な展開を見せ、第三の開発主義的経済発展として注目に値するのが、本章でとりあげる国家主導の輸出志向型工業化路線を積極的に採用したシンガポールである。[17]

三　歴史的背景——自由貿易体制とシンガポール

最初に、一九六〇年代半ばまでのシンガポールの存続を規定した、長期的な歴史的要因、中期的な国際政治経済秩序・冷戦体制に関わる要因、さらに短期的で地域的な政治的要因の三つを考察する。これら三要因は、相互に密接に絡まりあって、一九六〇年代後半以降のシンガポールの経済政策、工業化戦略を大きく規定することになった。

シンガポールの工業化政策の責任者として活躍し、一九五九年—一九七〇年まで蔵相（後に一九七〇—八三年国防相）を務めたゴー・ケンスイは、シンガポールが存続できた歴史的な要因として、次の四つを挙げている。[18]

1　南シナ海とマラッカ海峡の間を流れる海流により、浚渫の必要がない天然の良港を備えた、シンガポールの非常に恵まれた地理的状況。

2　イギリスの植民地時代から継続する徹底した自由貿易政策の採用——最低のコストで最大の効率を発揮したインフラの整備と維持、自由貿易港。

3　自由放任（レッセ・フェール）・自由競争原理の維持と、柔軟な事業戦略の構築、周囲の国際環境の変化への柔軟な対応。

4　相互に利益を得られる周辺の「後背地」との緊密な相互依存関係——一九三〇年代までは、東南アジア諸国、イギリス・オランダの植民地——特にマラヤ半島とスマトラ島の第一次産品経済（錫と天然ゴム）の急速な発展と連動した貿易の拡張。

このゴーの説明にあるように、シンガポールの発展を根本的に規定したのが、一八一九年にラッフルズが獲得して以来、イギリス帝国連絡路（エンパイア・ルート）の要に位置した自由貿易港としての地政学的条件である。一八六七年に、ペナン、マラッカと共にイギリス領海峡植民地（Straits Settlement）を形成し、グローバルに展開した自由貿易体制を支える拠点として機能した。

同時にシンガポールは、一九世紀末から形成されてきたアジア地域間貿易（アジア間貿易）のハブとしても決定的に重要な役割を果たした[19]。このアジア間貿易は、蒸気船の航路網と海底電信網の建設による近代的な運輸・交通のインフラ整備を前提として発展したが、さらに歴史を遡ると、欧米勢力が東南アジア地域に進出する以前から現地のアジア商人層を基軸に形成されていた、近世の海域アジア世界の通商ネットワークを基盤とした発展でもあった[20]。こうしてシンガポールは、アジア地域間貿易と世界経済とを結ぶ中継貿易（entrepôt trade）の自由貿易港として発展してきた。

第二の現地マレー半島に関わる短期的な要因として、自由貿易港としての最初の要因とも密接な関連を有する「後背地」（hinterlands）との関係が重要である。ゴー・ケンスイの解釈にもあるように、一九世紀後半以降の後背地としてのマレー半島での世界市場向け第一次産品生産の拡大が、シンガポールの対外貿易拡大に大きく寄与していた。一九五七年にイギリス領マラヤが政治的に独立してマラヤ連邦（後のマレーシア）となると、一九五九年にコモンウェルス内の自治州に昇格したシンガポールは、人民行動党（People's Action Party: PAP）の政治指導の下で、一九六三年九月にマレーシアとの政治統合をめざした。その背景には、一定の人口を抱える国内市場、後背地市場としてのマレーシアへの期待があった。しかしこの政治統合の試みは、マレー系優遇政策をとるマレーシア政府と中国系住民（華人）優位のシンガポール自治政府との対立を招き、一九六五年八月九日にシンガポールは、連邦離脱・単独独立に追い込まれた。この時点で、後背地、潜在的な国内市場を喪失したシンガポールは、存続の危機に追い込まれたのである。

第三の中期的要因としては、第二次世界大戦後の冷戦体制下におけるイギリス軍の駐留と帝国防衛との関連を考える必要がある。第二次大戦以前から、シンガポールは「スエズ以東」におけるイギリス帝国防衛体制の要として、王立海軍の主力艦を受け入れる軍港を中心として軍事基地が整備されてきた。そのため、一九四二年二月の日本軍の攻撃によるシンガポール陥落は、本国政府のチャーチルにとっても衝撃的であった。一九四七年八月にインド・パキスタンが分離独立した戦後は、王立空軍の基地整備も行なわれ、アジア太平洋地域におけるイギリスの軍事力展開の拠点としての地位を回復した。シンガポールのイギリス海軍・空軍基地はシンガポール島の一一パーセントに及び、軍事基地関連のイギリス軍による経費支出が当時のシンガポールＧＤＰの約二〇パーセントを占め、約七万人の雇用を生み出していた。その経済的対価は、当時の金額で約五〇〇〇万ポンドに相当した。後にリー・クアンユーも回顧するように、「安全保障と経済は密接な関係にあり、国の安全の確保なしには、経済面での前進もおぼつかない[21]」状況にあった。

このイギリスが「スエズ以東」で展開した軍事力の主目的は、一九四〇年代末に勃発したマレー共産党の反植民地闘争を力で抑え込む「非常事態宣言」への対応、さらに、マレーシアの結成に反発してインドネシアのスカルノが一九六三年九月に発動した地域紛争であるマレーシアとの「対決政策」（コンフロンタジ）に対抗して、過激なナショナリズムから帝国・コモンウェルスを防衛することを主眼としていた[22]。その意味で、アジア太平洋地域における脱植民地化の潮流に対抗して帝国を防衛するイギリスの帝国防衛戦略の一環として、シンガポールは決定的に重要な位置を占めていた。だが同時に、一九五四年にアメリカの冷戦戦略の下で、東南アジアにおける集団安全保障体制として東南アジア条約機構（ＳＥＡＴＯ）が結成されると、イギリスが「スエズ以東」で展開した軍事力は、アメリカを中心とする冷戦体制の中に組み込まれた。一九六〇年代半ばに、アメリカのインドシナ半島への関与が強まりベトナムへの派兵が本格化すると、シンガポールを拠点とするイギリスの軍事力は、アジアにおける冷戦体制を間接的に支える不可欠の存在となった[23]。

このシンガポールにおけるイギリスの軍事力に根本的な変更を迫ったのが、一九六七年七月にイギリス政府が防衛白書で表明した、「スエズ以東」からの駐留軍撤退の方針であった。それは翌六八年一月の議会演説で明確にされ、一九七一年三月末までに（後に同年一二月末までに延期）、段階的にイギリス駐留軍を削減・撤退させることが確定した。その背景には、イギリス本国の財政難と国際収支の危機があり、一九六七年一一月には、ポンド切下げが実施された[24]。この結果、単独の独立国家となった直後のシンガポールは、国家財政と雇用（労働力）面でさらに試練に直面することになり、軍事基地、イギリスの軍事支出に依存しない国家運営を考えざるをえない状況に追い込まれた。

四　シンガポールの工業化戦略――外資依存・輸出志向型工業化

本節では、窮地に追い込まれたシンガポール政府が追求した経済開発・工業化戦略の特徴を、政策の立案と実施で強力な政治指導力を発揮した人民行動党政権の首相リー・クアンユーと蔵相ゴー・ケンスイの政策方針と言説に着目しながら明らかにしたい。

（1）国民国家としての存続の模索――経済開発のための国家諸機構の設立

シンガポール政府首脳部は、低開発国にとって欠けているのは、資本ではなく、既存の資本を効率的に利用する高度な運営能力と組織・機構であると認識していた。この資本と人的資源とのつながりを重視する彼らは、経済開発庁（The Economic Development Board: EDB 一九六〇年設立）・シンガポール開発銀行（The Development Bank of Singapore: DBS 一九六八年設立）・住宅開発庁（The Housing and Development Board: HDB 一九六〇年設立）などの経済開発政策を推進する諸機構を、国家主導で一九六〇年代に設立した。

これらの官庁と準国家機関は、シンガポールが輸入代替政策を最初から放棄し、外国からの投資を呼び込んで「輸出志向型工業化」を推進する制度的な機構となり、特に経済開発庁は、他の政府系諸機関との調整、産業インフラの整備、商業ベースでの資金（ローン）提供などで主導的な役割を演じた。十分な規模で成熟した国内市場を持たないシンガポールにとって、他の低開発諸国が目指していた輸入代替工業化政策の採用は考えられず、輸出の発展こそが、急速な経済成長を実現し、シンガポールの将来的な存続を確保しうる唯一の選択肢であった。[25] この点は首相リーも十分認識しており、「工業化こそが唯一の生存の道」であると確

信していた。(26)

その基本方針を政策レヴェルで実現するために、リーとゴーは、政府経済顧問としてオランダ人のアルバート・ウィンセミウス（在任一九六〇―八四年）を迎えた。ウィンセミウスは、第二次世界大戦後のオランダにおける輸出主導の経済再建で手腕を発揮した産業資本家であり、シンガポール政府首脳部が求める政策課題への解決策を、実用的で現実的な観点から助言できる人材で、首相リーもウィンセミウスの手腕を高く評価していた。

輸出主導型の工業化に着手するにあたり、シンガポール政府首脳部は、先進国からの自動的な技術移転には期待できないとして、一九六〇年代に国家主導で、事実上の国営企業や政府関連企業を多数設立した。民間企業が基幹産業の開発に十分貢献できなかったため、政府系企業の役割が重視された。多くの政府系企業は、経済開発庁が開発に着手した西部のジュロン工業団地で活動を開始した。一九六八年一〇月にジュロン開発公社（The Jurong Town Corporation: JTC）に移管された工業団地では、六八年時点で二九三社が操業し、従業員数は約二万一〇〇〇名、投資額は五億八八〇〇万シンガポールドルであった。(27)ジュロン開発公社は、工場用地だけでなく、企業活動に必要な従業員のために高層住宅や商店等、産業開発に必要なインフラ装備一式を包括的に提供した。当初は、後背地としてのマレーシア市場への期待感があった。工業団地開発のノウハウを蓄積した同公社は、後の一九八〇年代末―九〇年代に、インドネシアや開放政策下の中国でのインフラ開発投資に関わることになる。

首相リーは、工業化推進にあたっての政府主導、政治的指導力の重要性について、次のように発言していた。「大半の第三世界にとって、発展は不均等で一様ではない。貿易上の優遇措置や国連貿易開発会議（UNCTAD）の決議は、農業社会の人々を教育し訓練して、産業的な都市社会に変容させる、痛みを伴うが緩やかな過程を容易にする上で重要である。しかし、決定的な要因は、人々のエスニックで文化的な性格、彼らの社会組織の凝集性、彼らの行政能力に加えて、全ての人々に熱心に継続的に努力しようという意思を抱かせる指導力である。〔……〕我々が、より平和的で安定した世界に向かわねばならないとすれば、主要国は、今、貿易と金融において一層多角的な世界の責任を共有する方向をめざすべきである[28]」と。人民行動党の一党支配を率いる彼にとっては、エリート主導の強力な政治的指導力が工業化政策の推進には不可欠であった。

(2) イギリスの「スエズ以東からの撤退」の衝撃と外資導入政策

国家主導で輸出志向型の工業化に着手していたシンガポールの戦略に大きな衝撃を与えたのが、前述の一九六七年七月の防衛白書でイギリスの労働党ウィルソン政権が打ち出した駐留軍の「スエズ以東からの撤退」の決定であった。同年一一月一八日にイギリス政府は、ポンドの切下げ（一ポンド二・八〇ドルから二・四〇ドルへ、一四・三パーセントの平価切下げ）を一方的に通告した。これによりシンガポールは、一億五七〇〇万シンガポールドル相当のスターリング残高を喪失した。「スエズ以東からの撤退」は、国際的な準基軸通貨ポンド（スターリング）への信任の低下、金融面での影響力の減退とも連動しており、六七年一一月のポンド切下げは、シンガポールが外貨準備をポンドから米ドルにシフトさせる契機となった[29]。

シンガポールに駐留するイギリス軍の存在は、首相リーが認めるように、シンガポールの安全保障の要であり、外資、特に香港からの投資を引き付ける決め手となっていた。一九六八年一月、イギリス議会での駐留軍撤退の正式発表直前に、リーはイギリス政府首脳部との会談に招聘された。シンガポールの経済的救済（イギリス軍撤退によりＧＤＰの二〇パーセント減少が予想されていた）のため援助供与に言及したイギリス首相ウィルソンに対して、その席でリーは、「安全保障が私の主要な関心事である。それが無ければ、投資もありえない。我々は、経済援助以上に投資を必要とする！」と、回答したのであった。[30]当面の安全保障政策として、シンガポールは、自国軍事力、とりわけ空軍力の一九七一年末までの整備と、イギリス・マラヤ防衛協定（The Anglo-Malayan Defence Agreement: AMDA）に代わる、マレーシアを含めたイギリス・オーストラリア・ニュージーランドとの五カ国防衛協定（The Five-Power Defense Agreement: FPDA）を締結した。

このイギリスの「スエズ以東からの撤退」は、シンガポール政府に、今まで以上に積極的な外資誘致・外資依存型の輸出志向型工業化戦略を推進させることになった。その意味で一九六八年は、シンガポールの経済政策にとって一大転換点となった。

イギリスの広大な軍事基地は、商用目的に転換されることになった。北部の海軍ドックは、イギリスの造船会社スワン・ハンター社の協力を得て、民間の造船所に転換され、船舶修理業の基盤となった。東部のチャンギ（現在の国際空港）を含む三つの英空軍基地は、経済開発庁の下で民生用に再活用されることになる。

外資導入を促進するため、一九六八年には、それまで経済開発関連の業務を一手に担ってきた経済開発庁が再編された。同庁は外資誘致の任務に専念し、新たに前述のジュロン開発公社が設立され、外国企業向けの工業団地の建設・整備がさらに推進された。インフラ整備と並行して、外国企業に対する税制上の優遇措置を盛り込んだ一九六七年の経済拡大奨励法、労働組合の活動を抑制した六八年の雇用法と労働関係修正法による労使協調路線の推進など、外国企業の進出を促し、営業しやすい法的環境の整備も行なわれた。[31]

首相リーは、この間の経緯を簡潔に「米多国籍企業とともに歩むのがシンガポールにとって最善の道であるとの結論に達した」と要約している。彼によれば、外資依存型の工業化政策に際して、二つの方針が立てられた。一つは、「地域を飛び越す」ことで、直接の後背地としてのマレーシア市場を事実上喪失したシンガポールにとって、欧米諸国や日本を「後背地」と想定し、とりわけアメリカ市場向けに付加価値の高い工業製品を輸出することで外貨（基軸通貨としての米ドル）獲得を目指した。もう一つは、「第三世界の中に第一世界のオアシスを作り出す」ことで、この目標達成のための投資環境の整備、人材育成、労使協調路線などが、魅力的な投資先としてシンガポールの経済的価値を高めることにつながった。当面は、船舶修理・金属加工・石油化学・電子部品の四業種が、重点的投資の促進分野とされた(32)。

この結果、アメリカのハイテク多国籍企業を電子部品・工業用化学・石油精製業に、日本の企業を造船・電器産業・貿易・小売りの分野に誘致することで、重化学工業と技術集約的産業の振興を通じて、一九六〇年代末―七〇年代の工業化政策は推進されることになった。リーの日本財界に向けた一九六八年のメッセージは、この間の企業誘致戦略を的確に示している。「我々は、慈善や援助のために、あなた方がシンガポールに進出して工場を設立するとは予想していない。産業を確立する上での我々の最大の問題点は、狭隘な国内市場である。それゆえ、いかなる産業も輸出志向型にならざるをえない。シンガポールに基盤を置くことで賃金あるいは輸送上の利点を有するいかなる産業も、我々にとって相互に利益をもたらすであろう。シンガポールで事業を運営するあなた方は、我々にとって最良の宣伝となる。というのも、あなた方は、世界の他の地域では不可能な、我々が提供できる利点の幾つかを例証しているからである。〔すなわち〕最低でも一〇年間は続く安定した政治。汚職のない有能で効率的な政権。空路、海路、道路と鉄道を通じた良好な交通運輸。インフレ懸念の欠如と米ドルの為替準備に支えられた通貨。専門家を待つ潤沢な産業投資資金。〔……〕現在、日本が参画した主要事業が三〇以上ある。シンガポールへの日本の投資は、産業での外国投資のほぼ一〇パーセントを占めている。石油精製に莫大な投資を行なっているイギリスを除くと、日本の投資比率が最も高い(33)」。

同様に、先進国から発展途上国への技術移転、資本投資を通じた産業基盤の移転と、それを通じた相互利益を強調するリーの発言も、先進国の多国籍企業に依存した工業化を目指すシンガポールの基本戦略を如実に要約している。「将来の開発計画が大成功を収める展望があるとすれば、開発の一〇年間で各国が達成できそうなことをより現実的に評価せねばならない。一〇年は一世代の半分以下の時間である。〔……〕こうしたトラウマから脱して、先進国と発展途上国は、彼らの利益が紛争ではなく、協力を通じて最も促進されることを認識するであろう。先進諸国が、多国籍企業や共同企業体を通じてオフショア製造業のために、資本・ノウハウ・技術を進んで移転させることで、発展途上国は喜んで、先進諸国の諸産業を潤すために彼らの貴重な資源を開放するであろう。そして、仮に産品価格が低下すれば、それにより発展途上国は、機械やノウハウのために支払うより多くの外貨を稼ぎ、貿易と開発を加速することが可能になるはずである」(34)。

他方、蔵相ゴー・ケンスイは、一九七二年に行なった演説で、一九五九年に人民行動党が政権についてからの工業化政策への着手が成功した政策的要因として、次の三点を指摘している(35)。

1　インフラの整備：ジュロン工業団地の整備（七〇〇〇〜一万四〇〇〇エーカー）――その他一三の工業団地の整備――約八〇〇〇社、九万三〇〇〇名の雇用。

2　財政上の優遇措置の提供：五年間の所得税免除、輸出収益への優遇税制、固定資産償却・借款利払い・特許料支払への軽減措置。

3　貯蓄の奨励：中央積立基金への拠出額の引き上げ（五パーセントから一五パーセントに）と政府の開発資金の確保（一九七二年で三億一〇〇〇万ドル）。

外資主導の工業化の実績は、一九六〇―七〇年代の製造業投資実績に反映されている。製造業総固定資産の累積投資額は、一九六五年の一億五七〇〇万シンガポールドルから、一九七五年の三三億八〇〇〇万シンガポールドルへと、一〇年間で二一・五倍になった。投資国は、一位アメリカ、二位イギリス、三位オランダ、四位日本、五位西ドイツで、製造業総投資額の約八割を先進国の資本が占めた(36)。

（3）ＡＳＥＡＮ・地域主義への期待感と留保

シンガポールの国家としての存続と工業化政策は、以上のようなグローバルに展開する世界経済とのリンクを基軸に構想されていた。一九六〇年代後半から七〇年代初頭の冷戦体制の下で、直近のインドシナ半島で熱戦のベトナム戦争がエスカレートしていた時期に、二〇世紀末から現代のように、周辺地域との地域経済協力に大きな期待を寄せることは現実的でなかった。だが、本来の意思に反してマレーシアとの政治的分離を余儀なくされ、イギリスの安全保障面での後ろ盾を失ったシンガポールにとって、近隣諸国、とりわけインドネシア・マレーシア両国との関係改善は不可欠であった。

この点で、単独独立直後の一九六七年八月に結成された東南アジア諸国連合（The Association of Southeast Asian Nations: ASEAN）との共存的発展は、シンガポールにとって幸運であった。

首相リーは早くも一九六八年の演説で、一九六六―六七年に設立された東南アジアと東アジアに関係する地域協力機構での相互協力を通じた経済発展の可能性に期待感を表明していた。「現在、経済発展と生活水準の向上が、地域的そして準地域的グループピングでの経済協力を通じて、より良く早期に実現できるとの認識がある。それらは、発展を補完し、資本設備の重複や稀少資源の浪費を回避するより広範な基盤となる。これは慎重な始まりであり、まだ経済協力の成果はないが、その願望を現している。新たな頭文字、アジア開発銀行〔The Asian Development Bank〕のＡＤＢ、東南アジア諸国連合のＡＳＥＡＮ、アジア太平洋評議会〔The Asian and Pacific Council〕のＡＳＰＡＣは、コモンウェルス諸国政府が立ち上げたコロンボ・プランや国連のアジア極東経済委員会〔The Economic Commission for Asia and Far East: ECAFE〕とは異なり、地域内部での地元のイニシアティヴの結果である。〔……〕特に東アジアの先進諸国との地域経済協力を通じて、より良い経済成長と人々の生活水準の向上を達成できる[37]」。

だが、蔵相ゴー・ケンスイは、一九七〇年の時点では、欧州経済共同体（ＥＥＣ）のような政府間協力を通じた地域協力には慎重な見方をとり、あくまでも民間企業や民間資本の投資チャンネルを通じた相互交流と、教育や技術者訓練など「人的資源」の育成を通じた、非経済的分野での政府間協力を提唱していた[38]。首相リーも一九七二年の時点で、「現時点で、ＡＳＥＡＮは地域経済の統合をめざしているわけではなく、その主要目的は、国内経済を強化し統合することにある。〔……〕おそらく四回にわたる閣僚会議の最も貴重な業績は、お互いが抱える諸問題への理解が深まったことにある。ＡＳＥＡＮ加盟国の上級官僚による会合や作業グループを通じて、好意的な雰囲気が生み出された。この相互理解と好意は、それがなければ対立を生む可能性があった関係を抑えるのに役立った。加盟諸国は、我々の社会経済問題の類似性を学び、それらを解決するためになぜ異なる方法が採用されるのか、その理由を互いに学んできたのである[39]」と、述べていた。ＡＳＥＡＮを通じた隣接諸国間での意見交換の緊密化、友好関係の醸成に期待しつつも、その成果にはあくまでも慎重であった。

他方で、シンガポール政府は、同じ華僑・華人経済圏に属し、一九世紀からイギリス帝国の自由貿易政策の下で、自由貿易港として発展をとげてきた香港との協力に期待を寄せていた。首相リーは、一九七〇年二月に香港を訪問した際に、香港とシンガポールの相互補完的な経済的相互利益を次のように強調していた。

「一時的な資本、経営・専門・技術技能の不足を、貸手に悪影響を及ぼすことなく借りることで補えれば有益であろう。〔……〕香港は軽工業製品で国際的なマーケティング知識を有し、東南アジアでのシンガポールのネットワークは、これら製品の物流を促進している」。香港の繊維・アパレル・靴製造・印刷出版業と、シンガポールの精油業・石油化学工業は業種が異なり相互補完的であるし、繊維・化学・プラスティックに集中するシンガポールへの香港資本の投資（一〇九社、四四〇〇万シンガポールドルで全体の五パーセント）と、香港の金融・ホテル・娯楽映画産業へのシンガポールの投資も相互補完的である[40]。リーは、旧イギリス帝国圏の貿易拠点として発展し、英語教育と中国語（漢語）教育の両方の伝統を受け継ぐ香港とシンガポールは、各種の工業製品だけでなく、社会的価値観や専門知識を含めた国際的交流の拠点として、相互に協力しながら経済発展を遂げることが可能であると、高い期待感を表明していた。

地域経済協力の早期の実現には慎重な姿勢を示したシンガポール政府首脳部であったが、製造業以外の金融・サーヴィス部門では、早くも一九六八年にオフショア市場である「アジアダラー市場」を創設し、東南アジアの金融センターの地位獲得に向けた試みに着手していた。シンガポール金融市場が本格的に発展するのは、一九八〇年代にインドネシアやマレーシアの経済開発が本格的に展開され始めるなかで、一九八四年にシンガポール国際金融取引所（The Singapore International Monetary Exchange: SIMEX）が創設されて以降であるが、将来の金融取引の拡張と金融・サーヴィス部門の育成を視野に入れた布石は、ＡＳＥＡＮを意識した上で一九六〇年代末に打たれていた。

五　アジアの開発主義と冷戦

最後に、シンガポールの工業化戦略の独自性を、冷戦秩序（冷戦体制）との関連でまとめてみたい。一九七〇年代までのシンガポール政府が採用した外資導入に依存した輸出志向型工業化戦略は、アメリカを中心とした冷戦秩序の形成・展開と緊密に結びついていたことは否定できない。首相リーも回顧録において、「冷戦中にシンガポールとアメリカの関係の方向性を決定していたのは、東南アジアへの共産主義の侵攻を抑制するという共通の戦略的利害関係であった」「アメリカは自国市場を非共産圏からの輸出に開放することで、アジアの経済成長を助けた」「東南アジア諸国連合（ASEAN）新興市場経済の繁栄の基礎は、ベトナム戦争時代に築かれた[41]」と、シンガポールの工業化と冷戦体制との連関性を的確に指摘している。その意味で、シンガポールを含めたアジアNIEs諸国の工業化は、冷戦、具体的にはベトナム戦争と同時並行的に展開し「同じコインの表と裏」の関係[42]にあった。

だが、第二に、貧困状態を克服し経済発展を図ることは、アジアNIEs諸国に限らず、政治的な脱植民地化を達成した第三世界の諸国にとって共通した政策課題であった。アジア冷戦の対極にあった改革開放政策以前の中華人民共和国においても、一九五〇年代末から六〇年代の計画経済の下で工業化政策が精力的に遂行されていた。国家がイニシアティヴを発揮する開発主義は、この時代のアジアを貫く共通した特徴であり、アジアは一足先に「開発の時代」に突入していた。問題は具体的な開発政策を実施する方策の相違であり、冷戦下の国際関係を利用して東西両陣営から経済援助を獲得したインドに代表されるように、対外経済援助が、開発政策において決定的な役割を演じた。その中で、シンガポールの独自性は、あえて援助に頼らず、民間投資、先進国の多国籍企業による資本投資に依存した国家主導型工業化を徹底的に追求した点にあった。

だが、一九七〇年代までの工業化戦略にも限界があったことは明らかである。後になって一九八〇年代中葉以降、近隣のＡＳＥＡＮ諸国にも波及する経済成長の実現、「東アジアの経済的再興」（東アジアの奇跡）は、東南アジア・東アジアの地域経済協力の緊密な展開があって初めて可能になった。シンガポール政府の工業化政策における「アジア・シフト」は、リー・クアンユーの次の首相ゴー・チョクトン政権（一九九一―二〇〇四年）の時代に明確になる。一九八〇年代に本格化した中国の改革開放政策と、一九九一年以降のインドの経済自由化政策は、シンガポールにとってもアジア地域間貿易の比重を高めることになった。その意味で、一九八〇年代末―九〇年代初頭の冷戦の終焉は、アジア諸国の経済発展に新たなダイナミズムをもたらすことになった。

（１）W.D. McIntyre, 'Commonwealth Legacy', in J. Brown and Wm. Roger Louis（eds.）, *The Oxford History of the British Empire, vol. IV, The Twentieth Century*,（Oxford: Oxford University Press, 1999）, chap.30.

（２）コロンボ・プランをめぐる最新の研究は、渡辺昭一編『コロンボ・プラン』（法政大学出版局、二〇一四年）所収の諸論文を参照。

（３）下斗米伸夫『アジア冷戦史』（中央公論新社、二〇〇四年）。

（４）Andrew Rotter, *The Path to Vietnam: Origins of the American Commitment to Southeast Asia*（Ithaca: Cornell University Press, 1987）.

（５）Robert J. McMahon, *The Cold War on the Periphery: The United States, India, and Pakistan*（New York: Columbia University Press, 1994）.

（６）Wm. Roger Louis and Ronald Robinson, 'The Imperialism of Decolonization', *The Journal of Imperial and Commonwealth History*, 22-3（1994）.

（７）末廣昭「開発体制論」中野聡他編『岩波講座　東アジア近現代通史八　ベトナム戦争の時代一九六〇―一九七五年』（岩波書店、二〇一一年）。東京大学社会科学研究所編『二〇世紀システム四　開発主義』（東京大学出版会、一九八八年）。

（８）絵所秀紀『開発経済学とインド――独立後インドの経済思想』（日本評論社、二〇〇二年）。Terence Byres（ed.）, *The Indian Economy: Major Debates since Independence*（Delhi: Oxford University Press, 1998）.

（９）B.K. Nehru, *Nice Guys Finish Second: Memoirs*（New Delhi: Viking, 1997）, Parts V, VI and VII.

（10）B.K. Nehru, 'Foreign Aid: Retrospect and Prospects', The Shastri Memorial Lectures organized by the Institute of Public Enterprise, 12-13 January 1968, New Delhi, in B.K. Nehru Papers, III-A Speeches/Writings by Him, s No.9（Nehru Memorial Library and Museum, New Delhi, India）.

（11）森田節男「ソビエトの経済援助」原覚天編『経済援助の研究』（アジア経済研究所、一九六六年）第五章。

（12）平野克己『アフリカ問題――開発と援助の世界史』（日本評論社、二〇〇九年）第一章。

（13）東アジアの国家主導開発主義の典型である韓国・台湾については、拙稿「経済援助、開発とアジア国際秩序」秋田茂編『アジアからみたグローバルヒストリー――「長い十八世紀」から「東アジアの経済的再興」へ』（ミネルヴァ書房、二〇一三年）第七章を参照。

（14）秋田茂「経済開発・工業化戦略と脱植民地化――一九四〇年代末―六〇年代中葉のインドと香港」宇山智彦編『ユーラシア近代帝国と現代世界』（ミネルヴァ書房、二〇一四年刊行予定）所収も参照。

（15）大橋英夫「香港の公共政策」沢田ゆかり編『植民地香港の構造変化』（アジア経済研究所、一九九七年）第四章。

（16）佐藤幸人「「香港工業化モデル」の提唱」小島麗逸編『香港の工業化　アジアの結節点』（アジア経済研究所、一九八九年）、第Ⅲ章五節。

（17）戦後シンガポールの政治経済については、岩崎育夫の優れた研究を参照。岩崎育夫『リー・クアンユー』（岩波書店、一九九六年）。岩崎育夫『物語　シンガポールの歴史――エリート開発主義国家の二〇〇年』（中央公論新社、二〇一三年）。

（18）Goh Keng Swee, *The Practice of Economic Growth* (Singapore: Federal Publications, 1977), chapter 1: 'Why Singapore Succeeds', pp.4-7.

（19）杉原薫『アジア間貿易の形成と構造』（ミネルヴァ書房、二〇〇一年）第一・三章。

（20）太田淳「ナマコとイギリス綿布：十九世紀半ばにおける外島オランダ港の貿易」秋田編『アジアからみたグローバルヒストリー』第三章。

（21）Lee Kuan Yew, *From Third World to First —The Singapore Story: 1965-2000* (New York: Harper Colins, 2000); リー・クアンユー（小牧利寿訳）『リー・クアンユー回顧録　下』（日本経済新聞社、二〇〇〇年）、二八頁。

（22）木畑洋一『帝国のたそがれ――冷戦下のイギリスとアジア』（東京大学出版会、一九九六年）。Saki Dockrill, *Britain's Retreat from East of Suez: The Choice between Europe and the World?* (London: Palgrave-Macmillan, 2002).

（23）永野隆行「東南アジア安全保障とイギリスの戦略的関与——歴史的視点から」小島朋之、竹田いさみ編著『東南アジアの安全保障——新秩序形成の模索』（南窓社、二〇〇二年）。

（24）Catherine R. Schenk, *The Decline of Sterling: Managing the Retreat of an International Currency 1945-1992*（Cambridge: Cambridge University Press, 2010）. ポンド切下げ前にアメリカ政府は、基軸通貨ドルの価値を維持するため、準基軸通貨であるポンドに対する支援・買支えに協力していたが、その暗黙の前提として、イギリスの「スエズ以東」の軍事力維持を要請していた。

（25）Goh Keng Swee, 'Differences in Economic Development Problems as between Singapore and Other Asian Countries', in Goh Keng Swee, *The Economics of Modernization and other Essays*（Singapore: Asia Pacific Press, 1972）, pp.113-119.

（26）リー『リー・クアンユー回顧録　下』四三頁。

（27）Ian Patrick Austin, *Goh Keng Swee and Southeast Asian Governance*（Singapore: Marshall Cavendish Academic, 2004）, pp.73-76.

（28）Lee Kuan Yew, 'Peace and Stability through Trade and Finance in East and Southeast Asia', Address at the Atlantic Institute Conference at Brussels,（1 December 1972）, in *The Papers of Lee Kuan Yew: Speeches, Interviews and Dialogues, vol. 6: 1972-1974*（Singapore: Cengage Learning Asia Pte Ltd, 2012）pp.179-188.

（29）この点については、Schenk, *The Deline of Sterling* を参照。リーは、ポンド切下げによる金融面での打撃を回顧録で強調しているが、切下げ直前に、シンガポールは米ドルへの外貨準備切替に着手していた。

（30）Lee Kuan Yew, *From Third World to First: The Singapore Story 1965-2000*（New York: Harper Collins, 2000）, p. 41; リー『リー・クアンユー回顧録　下』三六頁。

（31）岩崎『物語　シンガポールの歴史』一一六—一一七頁。

（32）Lee Kuan Yew, *From Third World to First: The Singapore Story 1965-2000* , chapter 4: Surviving Without a Hinterland.

（33）Lee Kuan Yew, 'Japanese Investments in Singapore are second only to the British', Speech at the Luncheon Held in Honour of Prime Minister Lee Kuan Yew by the Federation of Economic Organization, Tokyo, Japan（16 October 1968）, in *The Papers of Lee Kuan Yew: Speeches, Interviews and Dialogues, vol. 4: 1967-1968*, pp.440-441.

（34）Lee Kuan Yew, 'The interests of the Developed and Developing Countries are advanced by Cooperation, not Conflict', Address at the National Trades Union Congress（NTUC）Reception in Honour of Participants in the International Confederation of Free Trade Unions-Asian Regional Organization（ICFTU-ARO）Seminar on Trade Union Research,（6 May 1974）, in *The Papers of Lee Kuan Yew: Speeches, Interviews and Dialogues, vol. 6: 1972-1974*, pp.450-453.

（35）Goh Keng Swee, *The Practice of Economic Growth*, chapter 1: 'Why Singapore Succeeds', pp.8-11.

（36）岩崎『物語　シンガポールの歴史』二二九―二三〇頁。

（37）Lee Kuan Yew, 'The Economies of East and Southeast Asia', Speech at the Economic Club of New York, United States of America（20 November 1968）, in *The Papers of Lee Kuan Yew: Speeches, Interviews and Dialogues, vol. 4: 1967-1968*, pp.472-473.

（38）Goh Keng Swee, 'Regional Co-operation in Southeast Asia', in Goh Keng Swee, *The Economics of Modernization and other Essays*, pp.120-128. 一九七二年でも慎重な姿勢は変わっていない。Goh Keng Swee, 'Regional Economic Cooperation', in Goh Keng Swee, *The Practice of Economic Growth*, pp.31-43.

（39）Lee Kuan Yew, 'Understanding and Goodwill generated by the ASEAN', Address at the Official Opening of the Fifth Association of Southeast Asian Nations（ASEAN）Ministerial Meeting at the Shangri-La Hotel,（13 April 1972）, in *The Papers of Lee Kuan Yew: Speeches, Interviews and Dialogues, vol. 6: 1972-1974*, pp.42-44.

（40）Lee Kuan Yew, 'How Hong Kong and Singapore complement Each Other', Address to the Foreign Correspondents Club, Hong Kong（19 February 1970）,　in *The Papers of Lee Kuan Yew: Speeches, Interviews and Dialogues, vol. 5: 1969-1971*, pp.209-217.

（41）リー『リー・クアンユー回顧録　下』四一六―四二六頁。

（42）杉原薫『アジア太平洋経済圏の形成』（大阪大学出版会、二〇〇〇年）。

2章

「開発」問題の国際的展開と日本のアジア多国間枠組みの模索

一九五〇—六〇年代を中心に

鄭 敬娥

一 冷戦と「開発」

「開発」という言葉の歴史およびその政治的象徴を批判的に検討したエステバによると、そもそも、「何らかの対象あるいは有機体に潜在していた能力が解放されて、その対象あるいは有機体が自然で、完全な、充分に発達した形態に達するまでの過程」として日常的に使われていた開発(development)の概念を、高度に開発された側とそうではない側を序列的に位置づけたのはトルーマン・アメリカ大統領であるとされる。(1)

トルーマンは一九四九年一月の就任演説において、「我々は新しく、大胆な試みに着手しなければならない。科学の進歩と産業の発達がもたらしたわれわれの成果を、低開発諸国の状況改善と経済成長のために役立てようではないか。〔……〕われわれが構想するのは、民主的で公正な関係を基本概念とする開発計画である」[2]とし、「低開発」状態の国々を貧困から救い出すことこそアメリカの使命であると主張した。「開発」はアメリカの冷戦戦略の一環として、その覇権政策を遂行すべくキーワードとして国際政治上に登場したのである。

一方、多くの新興諸国にとって「低開発という不面目な状況からの脱出」は目指すべき政治・経済的目標の一つとなり、さまざまな形で開発計画が推進されるようになった。左翼的知識人にとってもそれは例外ではなかった。「低開発」は植民地主義の過程における略奪と資本主義的搾取の否定的産物であり、早急に改められるべき状態とされた。世界は単線的に発展する同質的な統一体であるという西欧的な進歩主義が、「開発」する側とそれを批判する側の両方の意識を占有するようになったのである。

五六年以降ソ連により仕掛けられた東西援助競争は途上国の開発問題に限って言えば、次の三つの側面を持って展開した。第一に、五〇―六〇年代において、南北問題が単なる途上国の経済的開発ではなく、これら諸国による国際経済秩序変革の動きへと発展していくなか、先進諸国に対する正当な要求として開発協力が求められるようになったことである。これを背景に第二に、そもそも第三世界に対して体制の優位を立証し、「近代化」モデルを示す必要から始まった援助競争は、六〇年代中葉になると、経済協力開発機構（ＯＥＣＤ）および開発援助委員会（ＤＡＣ）の場において、先進諸国がそれぞれの地域においてなすべき役割としての意味合いを与えられ、開発がその一つの手段として大きく浮上した。第三は、先進国と途上国を結ぶさいの触媒としての側面である。「進歩のための同盟」や米州開発銀行（ＩＤＢ）、アフリカ開発銀行（Ａ ｆＤＢ）など、この時期に登場した地域主義の形態からもわかるように、先進国は市場拡大の必要性のほかにも途上国の不満を地域的枠組みのなかで解消すべく、開発を媒介として結合を強めていった。その背景には、後者におけるナショナリズムの台頭およびバンドン会議に象徴される集団としての力の結集があった。とりわけ、アジアの多くの途上諸国において、開発は政治的独立以後の国民統合の手段として、積極的に導入すべき政策として模索されるようになった。アジアにおいて冷戦の展開が縦の時間軸であるとするならば、ナショナリズムや開発主義は地域に横たわる固有の変数として作用していたのである。

戦後、日本のアジア地域政策はこの両方の軸の関係性のなかで影響を受けてきた。とりわけ「開発」は新たにアジア諸国との関係を設定するさいに絶好のメタファーを提供した。五〇年代初頭の日本において、東南アジア開発は戦後復興のための資源開発や共産主義封じ込めというアメリカの要求に応える必要性のほかにも、これら諸国との関係修復を図るさいの手段としてもきわめて有効であった。(3) 低開発状態のアジア近隣諸国、なかでも歴史的に負のイメージを持った国々の開発を手助けするという大義名分は、自国の政治・経済的思惑を覆い隠すと同時に、国内の左翼からの批判をかわし、開発される当事国の抵抗を和らげるという効果が期待できたのである。賠償や戦後補償のプロセスが二国間の関係正常化交渉を兼ねた場合が多かったことからもわかるように、それはまさに敗戦によって絶たれたアジア外交を立て直す時期とも重なっていた。

さらに、早くも五七年に岸信介首相が日本外交の基軸として、「国際連合の重視」とともに、「自由諸国との協調」と「アジアの一員としての立場の堅持」を打ち出したように、アジアは協力すべき対象であるだけでなく、日本が拠って立つ地域的基盤としての意味合いをも持つようになった。日本の経済成長とともに、開発は自らがこれら諸国を束ねて指導的役割を遂行し、それを以って国際社会における地位の向上を図るための手段として積極的に用いられるようになったのである。

本章は、冷戦期における開発問題の国際的展開を視野に入れながら、「開発」をテコに日本が試みてきたアジアの多国間枠組みの模索を、冷戦がもっとも複雑な様相を帯びていた一九五〇―六〇年代に焦点を当てて検討するものである。そうすることによって、それが冷戦の展開やアジア地域諸国のナショナリズムといかなる関係を持ち、最終的にアジアの地域秩序形成にどのような影響を及ぼしたのを考察するのが本章の目的である。

二　日本の戦後地域構想と「東南アジア」開発

「開発」の問題をアメリカの冷戦戦略と関連付けて浮上させたのはトルーマンであったことは前述の通りである。しかし、アメリカの戦後世界秩序構成において、途上国の開発という項目はそれほど重要な位置を占めておらず、その対外戦略の重点はヨーロッパや日本の経済復興に置かれていた。中国革命以後のアジアにおける反共政策の手段においても、どちらかというと直接的な軍事介入や贈与が主であった。さらに、五〇年代前半までのアメリカは、途上国への経済支援の手段として貿易と直接投資の増加を重視し、国家による経済開発計画の推進は、政府の過度な経済介入を招いて社会主義的な計画経済に結び付きやすいとして、むしろ警戒すべきものとされた。

その意味において、とりわけアジアの開発問題を議論するには、日本の存在が重要になってくる。たしかに、中国革命と朝鮮戦争以後のアメリカの反共冷戦戦略、それに伴い必要とされた日本の経済復興と自立、そして東南アジアとの経済的提携、という三つは今なお戦後アジアと日本の関係形成を考える上で重要な要素である。(4) しかし、アメリカの冷戦戦略とそれに追従する日本という図式のみでは、戦後日本の対アジア認識のみならず、アジア諸国内部の主体的な動きが見えてこないきらいがある。日本の対東南アジア政策を概観すると、アメリカ政府の冷戦戦略との間には若干の時間的・空間的なずれが生じていたと考えられる。

日本の考える戦後秩序、なかでも今後の日本とアジアとの関わりはどうあるべきかに関する政策担当者たちの認識を見る上で、敗戦直後の外務省内に作られた「特別調査委員会」の報告書は示唆に富んでいる。(5) 同報告書は、戦後の国際経済における地域主義の台頭を予見し、その中での日本の政策的方途を模索したものであるが、特に次の三つの重要な点を指摘していた。第一に、世界経済の地域主義の動きは必ずしも経済的誘因のみではないこと、第二に、米ソ超大国を中心とした勢力圏以外にも地理的近接性や歴史、貿易関係、などの要因によって、より多様な「地域」が形成されるであろうこと、第三に、それら相互の関係は、戦前のような閉鎖的なものではなく、より相互依存を強めていくであろうというのがそれである。なかでも、第二の認識は戦後の世界経済において日本は果たしてどのような「地域」に参入し、いかなる政策を展開するかという問題と密接な関係があるといえる。これについて報告書は、アメリカ経済への過度な依存を警戒しながらも、「〔……〕日本の工業的発展は米国経済を排除する方向ではなく、それと協力し補足しつつ同時に東亜諸地域と結びつく方向、すなわち米国、日本および東亜諸国のいずれにとっても有利になるごとき方向を撰ぶべきであらう(6)」との認識を示していた。ここでは、日本、アメリカ、東亜の三角的関係がほぼ並列的に述べられており、これらの関係は必ずしも矛盾しないもの、むしろこの三者による多角的な分業体制の重要性が強調された。同様の見解は、経済安定本部による「経済復興計画第一次試案」においても見出すことができる。特記すべきは、試案において東亜の復興と日本経済の自立は一体として捉えられたのみならず、「〔……〕わが国はこれにより贖罪ができ、東亜の復興に役立つことができる(7)」として、東亜諸国との新たな関係生成における贖罪意識が示されたことである。そのさい、「東亜諸地域」とは中国、朝鮮、インド、シャム、マレー、フィリピンなどであり、あくまでも戦前の植民地統治との政策的連続性を強く意識した概念であったことがわかる。

その意味で、委員会の識者たちが当初共有していた地域秩序構想は、占領当初日本の経済的な再支配や軍事的な侵略を阻止するため、その重工業施設を賠償としてアジア諸国に移転して工業化を促進しようとしたエドウィン・ポーレー賠償使節団とは大きな隔たりがあった。しかし、このような認識のギャップは四七年を境に始まったいわゆる「逆コース」によって大きく埋められる。(8) 冷戦の戦略を最優先するアメリカの政策に便乗する形で始まったアジア諸国との関係によって、日本政府は歴史問題に向き合う必要も、「贖罪」を示す必要もなくなった。このことが冷戦後に至るまでアジア諸国との関係に禍根を残すことになるのはいうまでもない。

そして、一九五〇年代に入り、急速に注目を浴びるようになったのが「日米経済協力」による東南アジア開発であった。一般に「日米経済協力」構想の発端は、五一年一月二九日の第二回ダレス訪日時におけるマッカーサー、ダレス、吉田茂の三者会談に求められる。(9) この日、再軍備を迫るダレスに対して、吉田は経済復興・国内安定が先決であるという主張を繰り返して消極的な態度を崩さなかった。この両者のやりとりについてマッカーサーは、日本の西側陣営に対する貢献は軍事力でなく、ほかの方法によるべきだと述べて吉田を支持し、二月一六日に「日米経済協力体制」の確立についての検討を命じた。(10)

同構想はその後の日本とアジア諸国との関係を考える上で、次の二つの点で大きな意味合いを持っていた。その一つは、アジアはとりわけ中国大陸を指し示すのが通例であった日本のなかで、東南アジアの重要性を認識させたことであり、もう一つは、日本がこれら諸国に進出するさいに、「開発」が初めて政策上の重要な手段として登場し、後に「経済提携」や「経済協力」へと姿を変えていったという点である。

しかし、この時期の日本の東南アジア開発はアメリカ頼みの域を出ないものであった。特に五一年五月にGHQのウィリアム・マーカット経済科学局長が「マーカット声明」を発表したのを受け、アメリカ政府の経済的支援に対する国内の期待は一機に高まった。アメリカ政府は日本が生産動員計画に協力することによってその経済的復興を達成できるとの方向を示し、とくに東南アジアの輸出市場を開放して「経済協力」のために十分に配慮する意思があることを謳った。[11] ところが、「日米経済協力」は日本側の期待とはほど遠いものとなった。声明発表の翌月にソ連の外相マリクが朝鮮戦争をめぐって休戦提案を行なって以来、「動乱ブーム」が全面的な後退に入るなか、この問題に関するアメリカ政府の関心も急速に冷めていったのである。

その後、吉田内閣の東南アジア開発政策は五三年五月に示された「東南アジア経済協力に関する基本方針」に具体化された。その特徴は次の三点に要約できる。まず、その方法として東南アジア開発の問題が賠償交渉といわばセットとして考えられたことである。日本の賠償交渉は、それが純然たる戦争賠償ではなく、つねに経済協力や経済開発借款と抱き合わせの形で実施された。たとえば、最初に決着をみたビルマ（五四年一一月）の場合、平和条約、賠償支払、経済協力という三つの協定が同時に調印されており、この「ビルマ方式」はその後のほかの国との交渉にも継承された。二つ目に、経済協力を実施するための主体として外務省が中心に据えられた点である。吉田内閣は具体的な所管機関として、貿易振興は通産省、開発は外務省が中心となって進めることを明らかにし、この役割分担は基本的に現在まで引き継がれている。とりわけ開発の問題が外務省の所管とされたのは、それが経済の一分野ではなく、より根本的に国と国の関係のあり方、あるいは人々の感情的な側面までを考慮に入れた、国家の外交政策の一環として位置づけられたことを示していた。最後に、吉田内閣の推進した東南アジア開発の地域的対象は、今日言われる「東南アジア」とは違い、どちらかといえば南アジアに重点が置かれていた。たとえば、外務省の外郭団体「社団法人アジア協会」が五四年に発行した『アジアの経済開発』は当時の地域認識を知る上で興味深い。同書は「極東編」と「東南アジア編」の二冊で構成されており、フィリピンやベトナム、カンボジア、ラオス、中国、台湾、南北朝鮮が前者に、インド、パキスタン、セイロン、ビルマ、タイ、マレー、インドネシア、アフガニスタン、ネパールなどが後者にそれぞれ組まれていた。[12] 何を基準にこのような地域区分がなされたかは定かでないが、南アジア、なかでもインドやパキスタンに比重が置かれていたことは明らかであった。その理由は、この時代の「開発」に内包されていた二つの概念から探ることができる。一つは、「日米経済協力」のなかに元々含まれていた東南アジア地域の資源開発であり、もう一つはこの地域諸国の開発計画への協力を指すものであった。これらは密接な関連を持っており、たとえば日本の産業界の最も必要としていた鉄鉱石資源の開発を、国内の開発計画がかなり進んでいたインドやパキスタンを中心に進めることが、批判も少なく成果を上げられるという思惑が働いていた。こうして、五〇年代を通じて政府や財界が「東南アジア」という場合には、常に南アジア諸国が重要な地位を占めつづけた。[13]

総じて言えば、吉田内閣時代の東南アジア開発は掛け声に終わった印象が強い。その背景には、政府、財界、研究者たちが必ずしもアメリカと同一のアジア認識を持っていたわけではなかったことが指摘できる。とりわけ、それは中国や共産主義に対する考え方の違いとして現れた。[14] すなわち、冷戦の深化に伴い東南アジア重視にシフトするアメリカ政府に対して、日中貿易への期待を捨て切れなかった経済安定本部や通産省の官僚たちは、「政経分離」の考えをとり続けた。さらに、共産主義に対しても国内ではそれが東南アジア地域の反西欧主義、反植民地主義に由来するものと捉える傾向が強く、全面的対決を強調する考えは当時の日本には少なかった。[15] したがって、「アジアの一員」としてこれら諸国のナショナリズムに共感できるという論調が目立ち、そこから後にみるように「アジアの兄貴分」である日本が欧米諸国との間に「橋渡し」をすべきだとの主張が成立するのであった。

三　岸内閣の「東南アジア開発基金」構想とアジアのナショナリズム

対米協調に基づいた東南アジア開発という点では、吉田内閣以来しばらくこの方針は継承される。しかし、一九五七年以降の岸政権に入ると次の点でいくつかの新機軸が見られるようになった。一つは、対米交渉のさいにも「孤立した日本」ではなく、「アジアを代表する日本」たらんとする姿勢である。(16)岸政権が目指したのは日米安保体制の見直しであり、そのためには、吉田内閣以上に「アジア共産主義との対決」を前面に打ち出す必要があった。しかし、それは体制を異にするアジア諸国の残り半分との関係を困難にすることが予想された。そこで第二に、「東南アジア開発基金」構想を軸とした地域開発への積極的関与を主張し、アジア諸国との新たな関係を模索することが必要となった。

岸の東南アジア歴訪およびその基金構想案は、五〇年代中葉に入り展開した途上国の開発をめぐる国際情勢の変化を敏感に察知した動きでもあった。東西援助競争は、冷戦期の開発をめぐる国際的条件を作り上げたが、開発をめぐってアジア諸国に見られた変化も無視できない要素であった。これら国々の初期開発計画の多くは外国資本の制限や国有化など植民地時代に形成されたモノカルチャー的経済構造からの脱却を主としており、大半の国で残酷な結果に終わった。次第にアジア諸国は外資の導入を模索し、計画の立案や実施においても国際援助機関や先進諸国のイニシアティヴを認めるようになった。国民向けにそれは脱植民地化という国家目標を達成するための経済手段の一つとして正当化されたが、何よりもそうすることによってこれら諸国のナショナリズムと先進国資本の受入れとの間の矛盾がようやく妥協の道を見出したことは、その後の途上国の開発を考える上で重要な意味を持っていた。

一方、このような援助競争および途上国におけるナショナリズムの存在を背景に、アイゼンハワー政権は対東南アジア援助の中心を軍事から経済開発支援へと模索し始め、五五年には「アジア経済開発のための大統領特別基金」（以下、「アジア特別基金」）として二億ドルの予算を議会に要求した(17)。後にこの案は、アメリカ国内の財政保守主義者たちの批判を受けて議会によって一億ドルに減額されるが、二つの意味においてアジア地域での多国間機構設立への機運を高めることになった。

その一つは、初めてアジア諸国自身によって域内の経済協力に関する話し合いが行なわれたことである。二億ドル基金の使途や運営方式を討議するために、五月に主にはコロンボ・プラン参加国からなる一三カ国がインドのシムラに集まった。結果的にこの会議は当時のアジア地域における経済協力の困難を露にしたものに終わった。参加者たちは地域内の体制および発展レベルの違いを理由に多国間ベースの援助方式に総じて否定的な反応を示したほか、大国の利害ばかりが重視され、自国の利益が損なわれるという懸念を抱いたのである(18)。

もう一つ、基金案に示されたアメリカ政府の援助政策の転換は、日本政府にしても開発政策をめぐってアメリカと東南アジアとの間に新たな役割を認識させる契機を提供した。たとえば、五六年三月に高碕達之助経済計画企画庁長官がまとめた「アジア開発公社」案がそれである。高碕案は、アメリカやその他の先進国からの投資に、日本からの技術援助を結びつけることをねらいとしたものの、アジアのナショナリズムを強く意識したものであった。具体的には、二億ドルの資金においては日米折半にし、アメリカ側から総裁を出す代わりに副総裁はアジア諸国から選出する一方で、ひも付き援助を排除するなど、アジア諸国への配慮がそれである。結果的に、経済開発の検討にさいして二国間援助を原則として大規模な援助の拡大を牽制する方針を謳った国家安全保障会議（ＮＳＣ）五五〇六（「将来のアメリカの対アジア経済援助政策」）がなお影響力を持っていたアメリカ政府が、この案を受け入れることはなかった[19]。しかし、高碕案は「アジアの一員」である日本こそがアメリカの冷戦政策と東南アジアのナショナリズムを調和させ、「アジアのためのアジアによる開発」を実現できるという、新しい自己規定を模索していたことを示していた[20]。

さらに、この時期東南アジア開発をめぐる国内の議論において、欧米の資金に依存しなくても、この地域にはもはや日本の直接的投資を受け入れる環境が整ったことが論じられ始めたことは特記すべきであろう。たとえば、松村謙三自民党衆議院議員は東南アジア諸国を訪れ有力な指導者や財界との面談を行なった後の感想として、これら諸国の対日感情はそれほど悪くないという見解を披露した。その理由について彼は、欧米の旧宗主国に頼るよりは「アジアのなかにおる日本の技術、経済資本の援助を仰ぎたい[21]」との希望を各国が抱いていたことを述べた。つまり、従来のアメリカ政府の資本投入を待つばかりであった東南アジア開発論とは違い、日本独自の出資による開発推進の必要性が主張されたのである。背景には、いまだ定まらないアメリカの援助政策への苛立ちがあったが、アジア諸国の経済ナショナリズムの存在をむしろ日本が進出していく上での好機として捉える積極的姿勢があったといえる。

こうして、朝鮮戦争後に東南アジアの資源開発に積極的な利益を見出した通産省と財界の議論が、反日感情を理由に当初は消極的であった外務省を突き上げた形で出来上がったのが「東南アジア開発基金」構想であった。岸の東南アジア歴訪はこの基金案に対する地域諸国の賛同を得ることによって、多国間の地域開発に否定的なアメリカ政府の認識を覆すとともに、リーダーとしての日本の存在をアピールする目的があった。そのために彼は、東南アジア歴訪と訪米をセットとして計画した上で日程上前者を先に設定し、五七年五月二〇日からビルマ、インド、パキスタン、セイロン、タイ、台湾の六カ国歴訪に出発した[22]。基金案はアジアに多国間援助機関を作り、それを地域諸国自らが運営していくという基本的性格を有していた。そのために、意思決定のさいに平等に理事の投票資格を得る上に、出資額分だけ投票数を加算するという内容が盛り込まれた。その一方で対象国については、コロンボ・プラン加盟国をメンバーとするなど、英連邦の先進諸国やアメリカの資金拠出を容易にするための工夫が施された。

特記すべきは、基金における日本の役割である。岸は先に工業化を達成した「兄貴分」としての日本のみがアジア途上国の事情を理解させ、先進諸国との間を調整できると主張し、自国をその「架け橋」として位置づけた[23]。しかし、このような岸の説明に対して全面的な賛意を示したのは台湾くらいで、その他の諸国は総じて否定的であった。それは、岸構想が持つ根本的なディレンマ、すなわちその政治性から起因したものであった。岸は非同盟主義諸国に向けてその構想の反共性を払拭するのに努める一方で、台湾では自らの政策はあくまでも反共であることを強調するなど、基金の性格に関していちじるしく一貫性に欠けていた。こうしたことから、訪問先の国々の姿勢はアメリカを引き込んだ反共経済圏の創設という政治的意図を重視する台湾と、むしろそのような背景故に岸構想に否定的なその他の国々とに見事に分かれたのである[24]。

岸はすでに四月一七日にマッカーサー大使に手交した「東南アジア諸国経済開発のための日本の計画に対する米国の協力[25]」と題した文書において、自らの構想について共産主義国を除くアジア地域諸国の参加を求める意向を明らかにしていた。東南アジア諸国訪問に当たっても、経済的発展が共産主義の侵略からアジアを防御する手段になりうるとの考えが示されており、その反共性は否定し難いものであった。しかしながら、岸の構想が反共経済圏の樹立そのものに目的があったかといえば、それは疑問の余地がある。外務省は中国問題に対して、「将来ある時期に中共を中国大陸を現実に支配する政府として承認することは自然である」[26]と考えており、それまでの間には双方との貿易を伸張させて関係を円滑に維持したいとの認識を持っていた。岸自身、「この構想は米国からできるだけの資金を引き出して東南アジアにばらまこうというもので、米国が直接やれば民族感情を刺激するから、同じアジアの一員である日本を通じて行うところがミソなのである」[27]と回想している。すなわち、アジアにおける反共経済圏の創設は自ら限界を持っており、何よりも日本自身の利益にならないことは岸はじめ、当時の政策担当者たちに広く共有された考えだったのである。その意味で、日本は東西援助競争というアメリカの直面した新たな問題を利用して、市場や資源の確保という経済的実利を追求しようとしたといえる。

しかし、訪問先の国々から示された否定的反応は、その支持を背景にアメリカ政府との交渉に臨もうとした岸の立場を否応なく弱める結果になった。六月二一日に発表された岸・アイゼンハワー共同声明は、岸案に対して引き続き研究するとのみ述べられ、その後の検討は「ヤング委員会」に委ねられた。そして、同年九月に国務省に提出された報告書は、反日感情や日本の経済的侵略に対する恐れがある現状においては、いかなる新しい地域機関も設立すべきではないと結論づけた。興味深いことは、委員会が過度のナショナリズム同様に警戒すべきものとして、「汎アジア主義」を挙げたことである。報告書は、アジアをあまり強調することは自由主義国に対する敵愾心へと発展する恐れがあり、西側との協調が利益をもたらすという考えを弱めさせてはならないと述べた[28]。アジア諸国の反植民地主義ナショナリズムを逆手に、地域的枠組みにおける日本の指導的役割の必然性を主張したい岸であったが、アメリカ政府にとってはかえってそれが共産主義に利用されかねないという警戒心を抱かせたのである。その後、アイゼンハワー大統領が提出した援助予算案が議会によって正式に否決される一方で、六〇年一二月にはいわゆる第二世界銀行として国際開発協会

（ＩＤＡ）が設立されると、岸構想はいよいよ実現不可能なものであることが明らかになった。

四　一九六〇年代における「開発」の方法論的転換と日本の役割模索

一九五九年のフルシチョフ・アイゼンハワー会談によって一時期もたらされた緊張緩和は、翌年のソ連領空におけるアメリカ偵察機撃墜事件で一挙に冷却化し、アジアでもラオス内乱やベトナム情勢が深刻さを増すなど、六〇年代に入り冷戦は一段と予断を許さない状況となった。しかし、途上国の開発に関していえば、それに国際的正当性を与え、それを掲げる体制を支援したのは冷戦状況であり、具体的にはアジアの自由主義諸国に対するアメリカの開発援助政策であった。西側の開発モデルを途上国に植付けることは、場合によっては強い反発を受けることもあるが、軍事介入と異なって現地政府の「国家建設」のため必要とされる資金や技術を供与するという名分があったため、より受け入れやすい側面があったのも確かであった。

こうしたなか、ケネディ大統領は対途上国向け経済援助において「国家開発計画」方式の導入を新たに検討するようになった。その理論的な柱となったのはウォルト・ロストウの「発展段階論」である。すでに五七年にロストウはマックス・ミリカンとともに『提言――効果的な外交政策の鍵』と題する政策文書を発表し、明確に立案された経済援助政策の実施により、途上国が自立的な経済発展に向かって離陸（テイク・オフ）することこそが、共産主義の脅威を排除するというアメリカの国益にも合致すると主張した(29)。経済開発における政府の主導性を強調したこのような考え方は、結果としてアジアにおける「開発主義」体制を容認する方向へと作用した。

一方、六〇年代は国連において第三世界の躍進や非同盟運動の展開が目覚ましい時代であった。六四年の第一回国連貿易開発会議（ＵＮＣＴＡＤ）では、南北問題の解決案において、経済援助よりは「経済協力」あるいは「開発協力」がより一般的に使われるようになったが、それは、援助する側とされる側が対等であるというニュアンスが込められたものであり、その方法においても直接的な資金援助に代わって貿易の拡大や輸入市場開放への要求などより多様な手段が主張された。[30]

こうした状況を背景に、アジアの途上諸国においては「開発」の要求基盤が政治的なものから、より純粋に経済に立脚したものへと変化が見られた。中ソ関係悪化や中印国境紛争などによって、イデオロギーを中心とした政治的関係が疑問を持たれる中、各国は国内の治安と社会安定をより重視するようになったのである。そのさい、開発は新しい国家目標というよりは国家建設における国民統合の一つの手段として正当性を得ていき、国家が経済領域に積極的に介入していく根拠を与えた。[31]

さらに、開発の方法においても六〇年代には、一国単位ではなく従来からつながりの深い先進諸国と結びつくか、隣接した国々の間で地域協力を進めようとする志向が現れた。先進諸国が経済不況を背景に対外援助を大幅に削減し、しかもその資金を自己の主な経済圏に注ぐ傾向が目立つようになったことが背景にあった。アメリカはラテン・アメリカの経済開発を促し、アフリカは欧州経済共同体（ＥＥＣ）から準加盟国としての特恵を与えられたほか、欧州開発基金（ＥＤＧ）等を通じて援助資金が投入された。

こうした状況に危機感を抱いたアジアにおいても、経済開発をより効果的に推進するために「地域」単位による対応が試みられるようになった。その例として、六〇年には国連アジア極東経済委員会（ＥＣＡＦＥ）においてアジア経済協力機構（ＯＡＥＣ）構想が提示された。しかし、経済統合や貿易自由化よりは自国の開発計画を優先する各国の姿勢にいまだ大きな変化はみられず、それが具体化されることはなかった。[32]こうしたなか、もっとも具体的な動きを見せたのは地域開発銀行設立への要求であった。ラテン・アメリカやアフリカで次々と地域銀行が誕生するなか、六三年ＥＣＡＦＥ貿易促進会談において「輸出入資金を供給する地域銀行の設立」を求めたタイの提案が取り入れられたことから、アジア開発銀行（ＡＤＢ）設立への動きがにわかに高まった。

地域開発協力への機運が高まるにつれ、アジア諸国の期待が日本に集まるようになったのはある意味自然であった。日本の経済成長および「先進国」としての国際社会での浮上は、アジアの地域協力にもっとも現実味を与える材料であったのである。しかし、日本に対するアジア諸国の期待は単に経済的要因によるものだけではなかった。ベトナム情勢に対する危機感を強めたこれら諸国が、直接に紛争に巻き込まれていない数少ない国としての調停の役割を日本に期待したことも背景にあった。たとえば、六五年五月に訪日したマレーシアのラーマン首相は、対立するアジア諸国を団結させる上での日本の指導的役割を求めたが、同様の要請はこの時期に度々見られるものであった。このような期待の高まりに対して外務省は、日本がアジアにおける唯一の先進国であることのほかに、押しなべてナショナリズムの強いアジア諸国がそうしたバランサーの役割を西欧諸国よりも日本に頼みやすいことを指摘した。[33]東南アジア諸国が進んで日本のリーダーシップを求めたことは五〇年代においては容易に想像できなかったことであり、このような地域情勢の変化は後に述べるように、日本の対外政策に大いに影響を及ぼした。

日本の地域的役割が「責務」（burden）として表明されるのは、六三年一一月の池田勇人首相とジョンソン大統領の会談でのことであった。池田は対外援助費に対する議会の厳しい対応を説明するジョンソンに、日米両国が協力して東アジアの途上国向け経済援助に力を入れてはどうかと提案した。[34]しかし、池田の経済援助に対する積極姿勢は、必ずしもアメリカの対外政策を支持するためのものではなかった。池田は日米関係の重要性を認識していたものの、より多角的な観点に基づいて自由諸国と接触を図るべきと考えており、経済開発を重視した南北問題への関与に関心を高めていった[35]。しかし、彼は経済外交の手段においては徹底した「低姿勢」をモットーにアジア諸国との二国間関係を模索していった。その背景には、岸構想にみられたような、日本が前面に出てリーダーシップをとることへの地域諸国の懸念を緩和させる外交的必要のほかにも、世論をも抑えるという国内政治的思惑があった。つまり、アジア諸国には購買力不足の問題が横たわり、それにもかかわらず経済協力を進めようとしたら、日本の市場を開放し、とりわけ第一次産品の輸入を拡大せざるをえなくなるのが必至で、それには大いに抵抗が予想された。したがって、池田は新たな開発構想を打ち出すよりは、岸政権期の「東南アジア開発協力基金」を新たに「海外経済協力基金」として再発足させたほか、海外生産性機構や海外技術協力機構、海外青年協力隊などアジアへの援助機関の制度的整備を進めていった。池田内閣期の対アジア外交が「意図された」消極性であったと評される所以である[36]。

そのような池田に対して、東南アジア地域をもっぱら経済の対象としてのみ捉え日本の政治的役割をないがしろにしてきたと批判して登場したのが佐藤栄作であった。彼は経済力の向上とともに高まった国際的地位を背景に、それに相応しい政治力を国際舞台で発揮すべきであると主張した。首相に就任してからの佐藤は、日韓国交正常化やインドネシア・マレーシア関係の仲裁を図る一方で、ＡＤＢ設立に関しても積極的に検討する姿勢を示した。

しかし、アジア諸国のナショナリズムと地域協力への期待に一早く対応したのはアメリカであった。六五年四月にジョンソン大統領は、ボルティモアで『征服なき平和』と題する演説を行ない（以下、ボルティモア演説）、東南アジア地域諸国の自助努力を促すと同時に議会に対して一〇億ドルの資金提供を要請することを表明した。さらに、これら政策の遂行のために元世銀総裁のユージン・ブラックを代表とする特別チームを編成することも明らかにした[37]。しかし、この構想において具体的に言及されたのはメコン河流域開発だけであり、それに関わっているカンボジア、ラオス、ベトナムといったインドシナ諸国の復興が中心であったことは歴然としていた。それにもかかわらず、この演説が注目を集めたのはそれが対外援助に関するアメリカの方針の転換を示唆する画期的な出来事として受け取られたからである。ジョンソンは従来の二国間あるいは国際機関を通したものから、アジア諸国のイニシアティヴを尊重した地域主義的アプローチの支援への意欲を現したのである。このような政策は、東南アジア内で台頭しつつあったナショナリズムが過激化して地域紛争へと暴走するのを抑制すると同時に、国内の孤立主義的徴候を封じ込めるという、より現実的な必要から提起された[38]。

佐藤はこの提案に積極的に応えて、日本が主体となる受入れ機構を作るべきと考えた。この時期の佐藤政権の対東南アジア政策の背景には、以下の四つの政治・経済的考慮を指摘することができる。第一に、国際貿易の大幅な黒字化を背景に、「南」の開発の重要性が議論され始めたことである。特に、第一回ＵＮＣＴＡＤでは途上諸国の要求に対して、日本は一貫して消極的な態度で応じたことによりアジア諸国から激しい非難を浴びた。南北問題が対アジア外交の根本に触れる政治問題であるとの認識を政府関係者に喚起させた出来事であった[39]。第二に、賠償支払い完了後の新たな輸出拡大の必要である。対日片貿易に対する地域諸国の不満は高まる一方で、これら諸国の反感をなだめるためにも開発協力が必要とされた。第三に、「トンキン湾事件」や中国の核実験を目の当たりにして、東南アジアの政治安定と経済繁栄が自国の安全保障と不可分の関係にあるとの認識が政府のなかに形成されつつあった。東南アジア歴訪を終えた椎名外相は、「いまや国際不安の中心は欧州からアジア、特に東南アジアに移ってきた[40]」との見方を披露するに至ったのである。最後に、この時期の東南アジア地域への関与は新たに国際社会での地位の向上を目指す日本自身のリーダーシップの問題として捉えられるようになった。池田政権以後、アメリカによる援助の肩代わりへの圧力が強まるなかで、日本はその要求に応えながらもこの地域における積極的な役割を模索し始めたのである。

五　東南アジア開発閣僚会議の開催

一九六五年七月頃から外務省は日本主導の地域開発機構として、「東南アジア開発閣僚会議」に向けて打診を行なった。それがジョンソン演説の三カ月後であったことからも、ベトナム戦争で行き詰まったアメリカを支援するためのものであるとの批判は避けられなかった。しかし、閣僚会議そのものがアメリカの思惑あるいは後押しによって実現したかといえばそうではない。実際のところ、同会議はアメリカ政府の資金援助および日本のイニシアティヴへの支持を期待したのにもかかわらず、それが獲得できなかったことによって実現したといえる。

ボルティモア演説以後、アメリカ政府はブラックを訪日させるなど、あらゆる機会を利用してアジア開発における日本の積極的役割を求めた。しかし、それは必ずしも新しい地域機構の創設を意味するものではなかった。たとえば、七月にワシントンを訪れ、今後の日本の東南アジア開発は閣僚会議を通してその主導的役割を果たしていく考えであることを説明した椎名外相に対して、ラスク国務長官は異論はないとしながらも日本にはＡＤＢの特別基金やメコン河のナム・グム・ダムの建設資金など、より幅広い負担を考えてもらいたいことを強調した(41)。そして、発表された共同声明文には、対途上国向け経済援助では引き続きＵＮＣＴＡＤが重要であることが示され、事実上椎名の閣僚会議案は退けられた形となった(42)。議会を中心に強まった援助削減論を背景に、アメリカ政府はベトナムを中心とする東南アジアに対して、自国の援助資金ではまかないきれない財政的役割を日本に期待したのである。

この直後から、日本の態度は微妙に変化した。七月二三日に外務省は閣僚会議がジョンソン構想をきっかけにして生まれたことを認めながらも、「本来はわが国の東南アジア経済協力の基本的な姿勢を示すものであり、ジョンソン構想と直ちに結びつくものではない」[43]とした説明を行なった。椎名外相も外交演説を通して東南アジアの開発は日本の責任の下で推進されるべきであることを強調した。[44]この時点で、閣僚会議は完全にジョンソン構想とは別途に進められるようになったのである。

一方、日本が意図した地域機構の性格は具体的にそのメンバーの選定過程に現れた。椎名はブラックに対して、東南アジア全体の開発をスムーズに行なうためには、メコン河に限定しないほうがよいのではないかとの意見を述べた上で、閣僚会議の対象国はビルマ、タイ、カンボジア、ラオス、ベトナム、インドネシア、マレーシアおよびフィリピンのより広い範囲の「東南アジア」になるであろうと説明した。[45]最終的に、東南アジア開発閣僚会議に参加したのはビルマを除いたこれら諸国と日本を含めた九カ国となった。注目すべきは、以来、日本の東南アジア経済協力の対象はこの会議参加国に事実上限られるようになったことである。外務省はこれら地域においては農業の近代化が先決であるとして閣僚会議と同じメンバーで「農業開発会議」の開催を呼びかけ、同年一一月に再び東京でその会議が開かれることになった。ところが、その際オーストラリアやニュージーランド、カナダなどがオブザーバー参加の意思を伝えてきたものの、外務省はアジア自身の手で農業開発を手がけるという姿勢を維持したいとしてこの提案を断わった。さらに、第三回閣僚会議の主催国であったシンガポールが、上記一カ国のほかにインド、パキスタン、スリランカをオブザーバー招待することを提案した際にも、外務省は「マレー半島以東の各国の開発を基本思想とする同会議の性格が大きく変わる恐れがある」[46]として否定的な反応を示した。メンバーを当初の九カ国に限定することへの外務省の固執は、日本の東南アジア地域政策の対象が吉田内閣以来の南アジアを含む東南アジアから、ビルマ以東のより狭められた「東南アジア」に移ってきたことをはっきりと印象づけることになった[47]。

その背景には以下の三つの理由が考えられる。まず、外務省がメコン流域に限定しない「東南アジア」開発を求めたのには、なるべくアメリカの意向に合致させながらも同国のインドシナ政策への迎合という内外の批判をかわす必要性があった。しかし第二に、この時期の日本政府のなかには自らが主導する開発援助枠組みを作り、地域の中でリーダーシップを発揮していくべきとする議論が顕著に現れるようになったことも確かであった。たとえば、吉野外務省参事官は地域的限定に対する内外の疑問に対して、インドやパキスタンなど南アジアの国々はどの国も単独で援助を行なうことは不可能であること、これら地域は戦後一貫して主に世銀を中心に議論が行なわれ、日本も円借款を提供していることから、東南アジアとは別途に考えるべきであることを指摘した。さらに、彼は「万一東南アジア諸国の経済開発を日本のみが背負わなければならぬ場合も、アジア唯一の先進国としての日本はこれをあえて辞さないという覚悟を定めてかからねばならない」[48]ことを強調した。この主張は、外務省がアジアの地域開発をインドなどの南アジアとビルマ以東の東南アジア諸国とに分けていたこと、さらに前者には既存の多国間機構を、後者には日本主導の地域機構で対応し、後者の方により比重をかけていたことを明らかに示していた。最後に、インドやパキスタンの南アジアが除外されたのには、これら国々が日本の産業界にとってそれほどの魅力を持たなくなったことを挙げられる。六〇年代半ば以降は新たにオーストラリアが鉄鉱石の供給地として脚光を浴びるようになったのに加えて、スハルト政権との友好強化によってマラッカ海峡の安全運航が重視され、インドの影は急速に薄くなったのである。

いよいよ六六年四月六日から二日間にわたって、戦後初の日本主催の国際会議として東京において東南アジア開発閣僚会議が盛大に開かれ、同時に「東南アジア農業開発会議」の開催が決定した。日本は、農業の立て直しを通して重化学工業など関連分野をも成長させた自国の経験をこの地域開発のモデルとして普及させようとした。そもそも、農業開発会議はアメリカのＡＤＢ特別基金を当てにして提案されたものである。アメリカ政府はＡＤＢの対象とする地域的範囲があまりにも広く自国の安全保障政策と一致しないことから、同銀行の傘下に新たに一億ドル規模の援助資金を預けて直接的な影響力を行使しようとした。そして、前年のブラック来日に際して三木武夫通産相がその特別基金の使途として「農業開発基金」を提案し、ブラックがアジア諸国で初めて出された具体的な開発提案として好意的に検討することを表明した経緯があった[49]。ところで、その際ブラックは特別基金への援助はあくまでもほかの国が同額の出資を行なうことが条件であると主張した。さらに、アメリカのＡＤＢ代表理事も議会を説得するためには多年度にわたる日本の拠出額の見通しを明らかにすることが必要であると述べた上、メコン河や運輸通信等の計画に対しても積極的な参加意思を示すことを求めた[50]。

こうして、農業開発基金への内外の圧力が高まり、さらにその協力要請が農業で終わらないことが予想されるなか、日本はいかに少ない予算でアメリカの地域的役割分担の要求に対処するかという判断をせざるを得なくなった。そして、第一回農業開発会議において福田蔵相は、途上国向け援助をできるだけ早くＧＮＰ比一パーセントに到達するよう努力するとした上で、その重点地域は東南アジアになるだろうとし、海外経済協力基金による政府の直接借款供与の方針を明らかにした。農業開発基金への圧力を避けるための方便ではあったものの、日本が東南アジアに対して援助資金の具体額を明示したのはこれが初めてであった[51]。ところが、ベトナム政策に対する国内の不満が高まるなか、ジョンソンの六七年度の対外援助予算要求は議会によって大幅に削減された[52]。以後、日本は東南アジア開発援助全般に関する途上諸国の期待を一身に背負うことになる。

しかし、農業開発に独自の役割を見い出した日本政府とは裏腹に、東南アジア諸国の求める日本のそれは工業化の支援へと傾きつつあった。早くも第二回閣僚会議からは「東南アジア諸国を農業国に止めておこうとする狙いなのか[53]」といった危惧が表明された。さらに、六八年三月にジョンソンが一方的に北爆を停止し、ベトナム和平拡大パリ会議や、ニクソン・ドクトリンの発表などによってインドシナ情勢が急変するなか、参加国の関心はもっぱら「ベトナム戦後」に集中した。途上諸国はベトナムから早く抜け出すためにも、自国の生産品に対する貿易上の制限緩和および特恵待遇の供与を求めるようになった。これに対して日本は非農業部門の開発に寄与する用意を表明せざるを得なくなり、結局、農業開発会議は一回限りで終わってしまった。

こうしたなか、東南アジア開発閣僚会議そのものの性格づけや方向性について疑問が出されるようになった。長期的な観点でアジア諸国を網羅した開発はＥＣＡＦＥが担っており、地域的結集からみれば六七年に創設された東南アジア諸国連合（ＡＳＥＡＮ）が浮上しつつあった。その一方で、地域的軍事機構としては同年韓国により提唱されたアジア太平洋協議会（ＡＳＰＡＣ）が、専門家登録機関をキャンベラに設置し、社会文化センターや食料肥料技術センターを設けるなど経済協力分野においても実績を上げつつあった。ＡＤＢ内に農業開発特別基金を設置し、東南アジア漁業開発センターをバンコクとシンガポールに設置しただけの閣僚会議は独自の活動分野を見出すことが困難になってきたのである。

その後、米中接近を契機に七三年にＡＳＰＡＣが事実上自然消滅を余儀なくされるなか、再び閣僚会議に関心が集まるかのように見えた。しかし、この頃から東南アジアの天然ゴムが日本の合成ゴムに押され輸出拡大に障害をきたすなど、日本とASEAN諸国との間に一次産品をめぐる競合問題が発生した。これに対して、地域機構としての自覚が芽生えつつあったASEAN諸国は「東南アジアの中心としてはASEANがもっとも適切なものと考える。その他の集まりは、これを補完するものと受け取っている[54]」との立場を鮮明にするに至った。そして、七五年にインドシナ情勢が再び悪化すると、予定されたシンガポールでの第一〇回閣僚会議はついに開かれることなく、東南アジア開発閣僚会議は幕を閉じることになった。日本の定めた東南アジア地域概念そのものがベトナム戦争から強い影響を受けて形成されたように、閣僚会議の枠組みは同情勢の変化とともに消え失せてしまったのである。

六　日本の地域的役割模索とアジア地域秩序——結びにかえて

「開発」は冷戦の変容と密接な関連をもって展開した。五〇年代後半以降、東西両陣営は互いの体制の優位を誇示するために途上国の開発計画への支持を積極的に検討するようになった。一方、とりわけアジアの途上諸国にとって開発は政治的独立から国民統合に至るまでの脱植民地化の一連のプロセス、すなわちナショナリズムと深い関連を持っていた。南北問題の出現が当初の「援助競争」的な側面から、次第に途上諸国の先進国に対する正当な要求として「経済格差の解消」が叫ばれ、後に途上国全般において「開発主義」へと定着していくのは、冷戦と開発の接点を物語るものでもあった。

日本は冷戦および開発をめぐる国際情勢を利用してアジア諸国への積極的進出を図った。敗戦直後の日本の政策担当者たちのなかには、「対米従属論」や「経済再侵略」では片付けられない、「東亜」諸国との連帯を求める議論があったものの、共産主義封じ込めというアメリカの要求に応えるとともに、自国の新たな資源や市場の確保という現実的必要の前に急速に力を失っていった。吉田内閣の東南アジア開発政策が、基本的に冷戦を遂行するためのアメリカの資金援助に頼った資源の開発に重点が置かれたのに対して、岸政権期のそれは、アジア諸国のナショナリズムに配慮した形で西欧先進国とアジアの間の仲介的存在として新たな自己役割を求めたものであった。しかし、多くのアジア諸国は近隣諸国との関係悪化が自国の体制そのものを脅かしかねないという事情を抱えており、岸構想に対して総じて否定的な反応を返した。それは冷戦的思考による地域的枠組みそのものに対する否定でもあったといえる。このように、吉田や岸内閣の東南アジア開発政策は、基本的にはアメリカの冷戦戦略を補完する役割を負っており、その資金獲得を目的にして出発するも、その当てはことごとく外れた。結果、日本は賠償や経済協力などを通してより直接な二国間関係を模索していくようになり、その方法においても当該国のナショナリズムを刺激しないよう、開発計画への協力が主眼となっていった。

一方、六〇年代に入るとアメリカ政府において地域的枠組み重視への政策的転換が見られるようになったが、「先進国」日本に対する内外の期待もその後のアジアにおける開発の動きに、より現実味を与えることになった。これらを背景に日本は、アジア諸国を束ねて指導的役割を遂行し、国際社会における地位の向上を図るための手段として開発を積極的に用いるようになった。つまり、南北問題解決への国際的課題とアジア諸国の開発への要求とは、日本が戦後始めて主体的に国際社会に進出する糸口を提供したのである。しかし、この時期から明らかになった非同盟諸国連帯の崩壊など第三世界をめぐる新しい動きは、アジアを「反共アジア」と「共産アジア」にはっきりと分けた一方で、南北問題の展開は、これをさらに「南」と「北」とに対立させた。ベトナム情勢が不透明さを増していき、ＡＳＥＡＮやＡＳＰＡＣなどサブ・リージョナルな枠組みが模索されるなか、「開発」を課題とする東南アジア諸国が日本との結びつきを求めるという構図が六〇年代後半にできあがった。これらを背景に、佐藤政権期の東南アジア開発閣僚会議に対してアジア諸国が見せた反応は、岸の時のそれに比べてずいぶんと積極的な期待へと変わっていた。

しかし、北爆停止や米中接近といった新たな地域情勢のなか、日本はアジア諸国の工業化への要求にうまく対応できず、独自の役割を見出せないまま東南アジア閣僚会議は消滅した。日本は「アジアの一員でありながら唯一の先進国」という、開発問題において自ら設定したその立場を活用することができなかったのみならず、アジア諸国が求めたバランサーとしての役割にも対応できなかった。このことは、その後のアジアの地域協力においてリーダーの不在という問題を決定づけることになった。ASEANが地域の中核として浮上するようになったとはいえ、ヨーロッパ統合においてフランスやドイツが果たした役割を期待できる国は存在しない。その問題が結局は、冷戦終焉後もこの地域の不安定要素として働き、経済統合や地域的安全保障を議論する場さえままならないのが現状である。

閣僚会議以降、日本が表向きにアジア地域諸国間の地域的枠組みを主張することはなくなった。その後、三木武夫外相の「アジア・太平洋圏」構想や大平正芳首相の「太平洋協力構想」に見られるように、太平洋を舞台とした地域協力の模索が始まるようになる。そのさいに求められた主なパートナーは、いずれもアジア諸国からではなくオーストラリアであり、それが八九年アジア・太平洋経済協力会議（APEC）へとつながった。日本は五〇年代から六〇年代にかけて模索したアジアを対象とした地域主義の提唱とその失敗の経験によって、もはやアジアを飛び越える形でアジア太平洋地域主義を目指すようになったのである。そこに見られるのは、「アジアの一員」ではなく、どちらかというと先進国としての自己アイデンティティであった。

（1）Gustavo Esteva, "Development," In W. Sachs (ed.), *The Development Dictionary: A Guide to Knowledge as Power*, London: Zed Books, p.6.（グスタボ・エステバ「開発」、ザックス編（三浦清隆他訳）『脱「開発」の時代』（晶文社、一九九六年）、一七―四一頁。

（2）Harry S. Truman, Inaugural Address, January 20, 1949.

（3）たとえば、井上寿一「戦後日本のアジア外交の形成」日本政治学会編『年報政治学　日本外交におけるアジア主義』（岩波書店、一九九八年）、一二九―四七頁。および末廣昭「経済再進出への道――日本の対東南アジア政策と開発体制」中村政則他編『戦後日本　占領と改革六・戦後改革とその遺産』（岩波書店、一九九五年）、二一一―五二頁。

（4）Michael Schaller, *The American Occupation of Japan: The Origins of the Cold War in Asia*, (New York: Oxford University Press, 1985). 小林英夫『戦後日本資本主義と「東アジア経済圏」』（御茶ノ水書房、一九七九年）など。

（5）外務省調査局「外務省特別調査委員会概要」外務省調査局編『国内経済資料』第三輯（昭和二〇年一一月）、一五四―一五七頁。翌年、『日本経済再建の基本問題』として正式に提出される。なお、本稿では中村隆英他編『日本経済再建の基本問題　資料・戦後日本の経済政策構想』第一巻（東京大学出版会、一九九〇年）に収められているリプリント版を参照した。

（6）中村他編『日本経済再建の基本問題　資料・戦後日本の経済政策構想』第一巻、二〇〇頁。

（7）経済安定本部「経済復興計画第一次試案」中村隆英他編『経済復興計画　資料・戦後日本の経済政策構想』第三巻、一三三―一四五頁。

（8）ブルース・カミングス（中村正則監訳）「世界システムにおける日本の位置」アンドル・ゴードン編『歴史としての戦後日本』（みすず書房、二〇〇一年）、九九―一〇〇頁。

（9）大蔵省財政史室編『昭和財政史・終戦から講和まで　第三巻アメリカの対日占領政策』（東洋経済新報社、一九七六年）、五〇一頁。

（10）同構想については、鄭敬娥「一九五〇年代初頭における「日米経済協力」と東南アジア開発」『法政研究』

第七〇巻第四号（二〇〇四年二月）、一一四一―一一七八頁を参照。
（11）有沢広巳監修『昭和経済史』（日本経済新聞社、一九七六年）、三三一頁。
（12）アジア協会編『アジアの経済開発』（日刊工業新聞社、一九五七年）。
（13）河野康子「日本外交と地域主義――アジア太平洋地域概念の形成」日本政治学会編『年報　政治学・危機の日本外交――七〇年代』（岩波書店、一九九七年）、一二〇―一二一頁。
（14）末廣「経済再進出の道」、一三五―一四一頁。
（15）板垣與一「分岐点に立つアジアのナショナリズム」『アジア問題』（一九五五年一月号）。
（16）岸信介『岸信介回想録――保守合同と安保改定』（廣済堂、一九八三年）、三一二頁。
（17）アイゼンハワー政権の援助政策の転換については、Burton I. Kaufman, *Trade and Aid: Eisenhower's Foreign Economic Policy 1953-1961*, (Baltimore: John Hopkins U.P, 1982).
（18）アメリカ政府は従来通りのプロジェクト別の二国間ベースを考えていたが、アジア諸国は新国際機関の創設につながるのではないかと誤解を抱いた。大来佐武郎「一九五五年におけるアジアの国際会議」アジア問題調査会編『アジア問題』（一九五五年一二月）、七〇頁。
（19）NSC 5506, "Future U. S. Economic Assistance To Asia," January 24, 1955, *FRUS*, 1955-1957, vol. 21, pp. 16-22.
（20）高碕達之助「急がれる東南アジア開発」『高碕達之助集』下巻（東洋製罐、一九六五年年）、一一六―一一九頁。
（21）松村謙三「東南アジアを巡って」自民党政務調査会『政策月報』（一九五七年三月号）。
（22）「総理の東南アジア諸国訪問に当たっての資料」（一九五七年五月）外務省外交資料館所蔵『岸総理第一次東南アジア訪問関係（一九五七年六月）提携参考資料』外務省記録マイクロフィルムA'0153.（以下、〈第一次歴訪提携参考資料〉と略記）。
（23）同前、「総理の東南アジア諸国訪問に当たっての資料」。
（24）鄭敬娥「『岸内閣の東南アジア開発基金』構想とアジア諸国の反応」『大分大学教育福祉科学部紀要』第

二七巻第一号（二〇〇五年四月）、一七—三二頁参照。

(25) From Tokyo to Secretary of State, April 17, 1957 (611.94/4-1757).『合衆国政策文書集成・一九五七年』第三巻、一八〇—一八九頁。

(26)「世界情勢と日本の外交方針」（一九五七年五月八日付）〈第一次歴訪提携参考資料〉。

(27) 岸『岸信介回顧録』、三二〇頁。

(28) Report of the Committee on Asian Regional Economic Development and Cooperation, "Summary Recommendations," September 11, 1957, *FRUS*, 1955-1957, vol. 21, pp. 378-379.

(29) W. W. Rostow, *The Stages of Economic Growth: A Non-Communist Manifesto*, (Cambridge University Press, 1960). M. Millikan & Rostow, W. W., *A Proposal : Key to an Effective Foreign Policy*, (New York: Harper & Brothers, 1957).

(30) 稲田十一「対外援助」有賀貞、宇野重昭ほか編『講座国際政治四　日本の外交』（東京大学出版会、一九八九年）、一八三—二〇九頁。

(31) 岩崎育夫「開発体制の起源・展開・変容」東京大学社会科学研究所編『二〇世紀世界システム四　開発主義』（東京大学出版会、一九九八年）、一一六頁。

(32) 座談会「アジア経済協力機構（ＯＡＥＣ）の構想を語る（上）」『国際問題』二六号（一九六二年五月）、二四頁。

(33)『朝日新聞』（一九六五年五月一一日）。

(34) 河野「日本外交と地域主義」、一二〇—一二二頁。

(35) 吉次公介『池田政権期の日本外交と冷戦』（岩波書店、二〇〇九年）参照。

(36) Dennis T. Yasutomo, *Japan and the Asian Development Bank*, (N. Y., Praeger, 1983), p. 204. なお、菅は六〇年安保条約の第二条において「経済条項」が新たに加わったことにより、安全保障をより広義に捉える見方が生じたとし、池田の安保観は以後そのような安全保障観を日本の中に定着させる事に貢献したと論じる。

菅英輝「ベトナム戦争と日米安保体制」日本国際政治学会編『国際政治』第一一五号（一九九七年五月）、二三五頁。

(37) 鹿島平和研究所編『日本外交主要文書・年表（二）』（原書房、一九八四年）、五六〇頁。

(38) W. W. Rostow, *The United States and the Regional Organization of Asia and the Pacific, 1965-1985*, (Austin: University of Texas Press, 1986), pp. 213-214.

(39) 朝海浩一郎「国連貿易開発会議に出席して」『国際問題』第五二号、二―八頁。

(40) 東南アジア訪問を終えた椎名外相の公演（一九六四年一一月二二日）山本剛士『戦後日本外交史Ⅵ』（三省堂、一九八四年）、九八頁。

(41) 『朝日新聞』（一九六五年七月一五日）。

(42) 外務省『わが外交の近況』一〇号（一九六六年八月）、資料二八頁。

(43) 『朝日新聞』（一九六五年七月二三日）。

(44) 第四九回衆議院本会議会議録第二号（一九六五年七月三〇日）。

(45) 「椎名外務大臣とブラック米大統領特別顧問との会談の概要」（一九六五年七月五日）、外務省外交史料館所蔵『アジア開発銀行関係設立関係』外交記録マイクロフィルムNo.B'0148（B'6.3.0.41-1）。（以下、〈ＡＤＢ設立関係〉と略記）第四巻。

(46) 『朝日新聞』（一九六八年二月二日）。

(47) 末廣「経済再進出への道」ほか、波多野澄雄「『東南アジア開発』をめぐる日・米・英関係――日本のコロンボ・プラン加入（一九五四年）を中心に」近代日本研究会編『年報近代日本研究・一六』（山川出版社、一九九四年）、二一五―二三八頁。

(48) 吉野文六「東南アジア経済開発閣僚会議」『国際問題』第七三号（一九六六年四月）、一五頁。

(49) 「福田大蔵大臣とブラック米大統領特別顧問との会談要旨」（一九六五年七月五日）、〈ＡＤＢ設立関係〉第四巻。

(50)「アジア開銀特別基金問題」マニラ安川大使発（一九六七年七月一五日）、外務省外交資料館所蔵『アジア開発銀行関係　特別基金関係』外交記録マイクロフィルム No. B' 0150 (B' 6. 3. 0. 41-6).（以下、〈ＡＤＢ特別基金関係〉と略記）。
(51)「アジア開発銀行特別基金拠出取り決めに関する国内準備作業の経緯について」（一九六八年一二月一日）、〈ＡＤＢ特別基金関係〉。
(52) 川口融『アメリカの対外援助政策――その理念と政策形成』（アジア経済研究所、一九八〇年）、七二―七四頁。
(53) フィリピン代表の発言。『朝日新聞』（一九六七年四月二六日）。
(54) インドネシアのスマルリン行政管理庁長官談。『朝日新聞』（一九七三年一〇月一一日）。

3章

反核運動と冷戦の変容

一九五〇年代後半から一九六〇年代初頭におけるヨーロッパ反核市民運動とそれに対する政府の対応

芝崎　祐典

一　核兵器の登場

二〇世紀後半の政治社会における重要な変化の一つとして、それまでは国家にとって客体と見られてきた市民層が体制の制度を迂回して異議申し立ての声を挙げるようになったことが挙げられる。そうした異議申し立ては人々の生活の様々な局面に及び、その中のいくつかについては政府側がそれに応答しながら政策をたてることを余儀なくされた。そうした異議申し立ての中の一つとして、冷戦期に繰り返し見られた市民による核兵器に対する抗議運動を挙げることができる。本章はこの抗議運動に対する政府側の反応に焦点を当てることによって冷戦と同盟ついて考察する。

一九三九年九月にヨーロッパで、第二次世界大戦が勃発して以降、各国で原子力の軍事利用のための開発が本格的に進められ、その中でアメリカが諸国に先んじて兵器化に成功する。開発された核兵器は一九四五年八月、アメリカによる日本攻撃において実戦使用され、その破壊力の巨大さを現実のものとして世界に知らしめることとなった。核兵器に反対する世論の形成が明示的になったのは、この一九四五年のアメリカによる実戦使用が一つの大きなきっかけであるといえよう。

核兵器という巨大な破壊力を持つ兵器を保有したことによって、国際政治におけるアメリカの優位は軍事面においても圧倒的なものとなった。以後、国際政治上、大国であることの要件として「核兵器の保有」が筆頭にあげられるようになり、諸大国は継続して核兵器開発に力を入れるようになった。アメリカの後を追い、ほどなくして核兵器開発に成功したのがソ連であり、一九四九年に原爆保有を宣言した。西側ではついでイギリスが一九五二年に核兵器の保有に至った。

各国の核保有が進むのと並行して、最初の核保有国であるアメリカも兵器の性能向上に努めていった。こうして冷戦秩序の特徴の一つである核兵器の開発競争・軍拡競争がもたらされることになった。

以後、幸いにも核兵器が使用されることはなく現在に至っているが、それにもかかわらず一九四五年のアメリカによる原爆使用以降、市民による核兵器に対して抗議する世論が、より広範にかつ持続的であり続けたのは、冷戦初期から急増した核開発のための実験が、市民の知るところとなったことが一つの大きな要因である(1)。

冷戦期、核保有国が核兵器に関する政策を防衛政策において上位に掲げていた点を考えれば、市民からの核兵器に関するこの異議申し立ては、政府にとって決して瑣末な事柄ではなかった。

冷戦期の反核運動には二つの山があり、一つは一九五〇年代から一九六〇年代初頭にかけてみられたものであり、もう一つが一九八〇年代にヨーロッパにおいて見られた大規模な抗議運動である。第一の運動は冷戦の変容に、第二の運動は冷戦の終焉に重要な影響を及ぼしたと考えられるにもかかわらず、いずれの市民側からの抗議運動も冷戦史の中では、これまで軽いエピソードとして扱われるにすぎなかった(2)。

本章では冷戦の変容としての一九六〇年代デタントに先立ってみられた反核平和市民運動の第一の山に焦点を当てる。第二節で反核運動に友好的であった政府や国家指導者について、第三節では概ね強硬に取り締まった政府について考察する。そして第四節では選択的に対応したイギリスの事例を分析することを通じて、冷戦の変容あるいはデタントにとって市民による運動が持った意味を、そしてその冷戦史における位置を探ることを試みる。

二　反核平和運動への積極的対応

一九五〇年代から展開した反核運動の広がりは、核開発のための核実験に対する抗議として始まった。日本においては一九四五年の被爆および、その九年後の第五福竜丸事件の経験から規模の大きい平和運動が展開したが、英米ではまずは科学者を中心として核実験の及ぼす人体や環境への危険性について警鐘が鳴らされていった(3)。

その中でも特に影響力の強かったものの一つが一九五五年に物理学者のアインシュタインと哲学者のラッセルが中心となって、世界の指導的物理学者一一名が連名して宣言したラッセル・アインシュタイン宣言である。これが後に、核廃絶を唱える科学者による国際会議であるパグウォッシュ会議につながり、その第一回会合が一九五七年にカナダのパグウォッシュで開催された。その後、一九五八年一月、世界四四カ国の有力な科学者九二三六人の署名を集めた核実験停止請願書を国連に提出するなど、反核兵器の国際世論を刺激する活動を展開していった。

同年三月にはこうした国際世論を利用し、冷戦対立の中で西側に対して優位に立つことを一つの動機として、ソ連が核実験の停止を一方的に宣言し、英米に対して同様の措置をとるよう要請する行動をとった。翌四月、英米はこれを拒否するが、八月になって条件付きで一〇月末日以降の核実験を一年間停止することを発表する。そして一〇月末日から核実験停止に関する米英ソ三国会議がスイスのジュネーヴで一二月まで開催され、一定の合意がもたらされることになった。

一九六二年四月に核実験が再開されると、これに抗議したのは反核運動に関与する知識人と一般市民だけではなかった。非同盟諸国の指導者を中心として、大国による核軍拡へ向けた動きに強く抗議する意志が示されていった。その中でパキスタンのカーン大統領は一九六二年、明示的に核軍縮に賛意を表し、ラッセル平和基金（Bertland Russel Peace Foundation）の支援者として自らが名乗り出た。(4)またユーゴスラヴィアのチトーも、ラッセルの声明に明示的に共感し、その旨を表明する文書を、国際連合およびジュネーヴ軍縮会議の全加盟国に送付した。(5)

さらにガーナのエンクルマ大統領も反核の立場を示した。エンクルマは戦後、パン・アフリカニズム運動において指導力を打ち立て、アフリカの独立と統一を具体的目標とする大規模なアフリカ解放運動を展開した。こうしたことから、エンクルマは第三世界の世論形成に大きな影響力を与えうる立場にあった。

そのガーナ大統領のエンクルマが、核実験に反対する姿勢を積極的に打ち出し、パン・アフリカ会議の場で、特にフランスの核実験に対してアフリカ諸国が共同して反対する表明をしたことは、反核平和についての国際世論とって大きな意味があった。この方針には、核軍縮の運動を支援することも含まれていた。一九六二年、ガーナの首都アクラで開催された会議には、世界四〇カ国一三〇人の代表が集まり、「核兵器なき世界」の理念が唱えられた。そしてイギリスを中心として世界的に拡大を見せていた市民運動である核軍縮キャンペーン（Campaign for Nuclear Disarmament: CND）の影響のもとで形成された様々な反核市民運動の活動を積極的に支援する方針を打ち出した。(6)そして非暴力運動を幾分かでも制度化することを目指してアクラ会議に常設機関をおくことに力を入れていった。

同時にエンクルマはラッセルと密接にコンタクトをとり、核実験の停止と軍縮の両方を達成するために、グローバルな世論をより一層強く喚起するようにとの言葉を与えている。(7)またエジプトのナセル大統領にも、エジプトとイスラエルの対決は軍縮によって達成されるべきであり、ましてや核兵器の導入については避けるべきであることを主張した。(8)

反核運動にはっきりと好意的姿勢を示したもう一人の国家指導者がインドのネルーであった。インド初代首相のネルーは頻繁にラッセルと書簡を取り交わしていた。一九六一年九月、ラッセルの関与している百人委員会（Committee of 100）が市民的不服従の反核キャンペーンを開始した直後、ネルーは記者会見で、ラッセルの行動を賞賛し、核軍縮運動に賛同する考えを表明した。それに加えてネルーは、ラッセルと軍縮問題などについて話し合う私的懇談の機会まで設けている。後にインド首相になるシャストリーも、ラッセルらと外交政策問題について話し合うために訪英している。(9)

さらに一九六二年には、ガンジー平和財団（Gandhi Peace Foundation）がニューデリーで反核会議を開催し、そこにネルー首相を含めてインドの主要政治家が招待され、これに参加した。インドが一方的軍縮を表明すること自体は拒否したものの、ネルーは一貫して核軍縮を支持する姿勢を見せた[10]。

世界的影響力の高い第三世界指導者たちから、このような賛同の意を表明されたことは、ラッセルらを中心とした反核抗議運動の影響力を高めることに大いに貢献した。しかしそれらの指導者たちは、ラッセルらの活動のすべてに賛同を与えたわけではなかった。たとえばアメリカが核実験を予定している太平洋地域へ、実験に抗議するために非同盟諸国が船舶を派遣するというラッセルの提案に対して、チトーやネルーはこれに強く反対している[11]。そうした見解の相違を含みながらも基調としては、第三世界諸国は反核兵器の立場を明示的に打ち出していった[12]。核戦争が道義的に正しくないことについて、力強くかつ繰り返し国家指導者の立場にあるネルーから発されたメッセージは、冷戦期にあっても核兵器開発に不安をもつ市民らの規範形成において、無視できない役割を持ったと考えられる。

なお、ラッセルらの反核抗議運動に支持を与えた国家指導者は、わずかではあったが西側同盟内においてもみられた。たとえばニュージーランド首相ホリョークはCNDの南半球非核構想や一九六四年のフランスの核実験に対するCNDの抗議声明に関して好意的姿勢を示している[13]。

さらに明示的に核軍縮運動との親和性を示したのがカナダ政府であった。カナダの首相ディーフェンベーカーはCNDのカナダ支部の代表団と会見を持ち、カナダ政府が核実験に対しては反対の立場にあることを表明している。その他いくつかの反戦反核組織に対して、ディーフェンベーカーはカナダ政府として積極的に好意的態度を持ち続けることを約束している[14]。

ラッセルはイスラエルが核保有を推進していることを批判していたが、それにもかかわらず、イスラエル首相ベン＝グリオンはラッセルの活動を包括的に賞賛し、核戦争の脅威から世界を守る点では我々は志を同じくしていると公言した[15]。

三　反核平和運動の押さえ込み

西側諸国においては、核軍縮運動への好意的な姿勢はむしろ例外的で、多くの場合は、はっきりと否定的な対応がとられた。特に運動の背景に共産主義勢力の影響があると判断された場合においては、抗議活動が激しいものでなくとも、強硬な押さえ込みの措置が発動されていった。たとえば共産主義が主導していると判断された組織の一つである世界平和協議会（World Peace Council: WPC）は、西ドイツ政府によって閉鎖され、その指導者は起訴の後、有罪判決が下された(16)。

その他の例においても特に目立って反核平和運動を押さえ込もうとしたのが、西ドイツであった。一九六一年、国際的平和運動が結集し、サンフランシスコを出発して大西洋を渡り、西ドイツを横断しモスクワを目指す示威行進が企画され、実行に移された。この行進が西ドイツにさしかかると、西ドイツ政府はこれを徹底して押さえ込む行動をとり、首都ボンでは防衛省を取り巻いたデモ隊を検挙するという行動をとった(17)。その翌年には反核示威行動（イースターマーチ）に参加することを目的とした国外からの活動家らの入国を阻止する措置もとり始めた。その強制的な措置の中でも最も激しい様相を呈したのが一九六三年春、西ドイツとデンマークとの国境における衝突であった。西ドイツでの反核のイースターマーチに参加するために西ドイツへ入国しようとした二五〇〇人のデンマーク人を排除するために、西ドイツ政府は連邦軍兵士を投入し、断固とした姿勢をとった。放水機だけでなく、マシンガンや戦車なども投入され、塹壕まで掘られる有様であった。これに対してデンマーク政府は西ドイツ政府に対して抗議を申し入れた。また同じ年、同様に周辺各国から集まった運動家がデュッセルドルフ空港で行なった示威行動に対しても、西ドイツ政府は武力を用いてこれを解散させ、併せて西ドイツの運動指導者を逮捕した[18]。こうして西ドイツ政府は徹底して反核平和運動を押さえ込もうとする姿勢をとったのであった。

こうした西ドイツ政府の反核・平和運動に対する強硬路線と、これに対抗する市民側の対立の構図は西ドイツ国内におけるメディアと政治との関係にも鮮明に現れた。一九五六年から西ドイツの国防大臣を務めていたシュトラウスは、西ドイツは核武装すべきであるとの主張をかねてから展開しており、これに対して西ドイツの週刊誌『シュピーゲル』は、こうしたシュトラウスの政策を繰り返し批判していた。シュピーゲル側のシュトラウス批判は六〇年代になると激しさを増していった。一九六二年一〇月、同誌は特集においてＮＡＴＯの防衛体制の問題点を取り上げ、現行の防衛は核戦争を前提としていること、そして仮にソ連側の対西側攻撃が現実のものとなった場合、数日以内に「イングランドと西ドイツの大部分は破壊される」ことや、一〇〇〇万人以上の西ドイツ国民が死亡することなどが西ドイツ政府によって予測されていることなどを暴露した。これに反応したシュトラウス国防相は、直ちに編集長及び副編集長の自宅を家宅捜索させ、スペイン滞在中であった編集長を現地で拘束し逮捕するという措置をとった。その他、数名の記者を逮捕し、出版社を警察力によって一カ月あまり占拠するという強硬策をとった。後に記事の発表は事前に大臣の許可を得ていたという証言が編集者からなされたことや、あまりにも暴力的なシュトラウスの対応に対する世論の反発から、大臣側の形勢は悪化し最終的には辞任に追い込まれる事態に至った[19]。

このシュピーゲル事件は西ドイツの民主主義のあり方を改めて議論の俎上に載せただけではなく、核保有国における反核世論に対する敏感性を鋭く示すものともなった。反核世論に対する西ドイツ政府側の徹底した対決姿勢は、右に見たようにシュトラウス辞任後も継続していることから、反核運動への対応のあり方はこの時期、単にシュトラウス個人に帰すことのできるようなものではなく、政府の主流であったとみることができる。ここに同盟体制の維持を最優先する政府と、これを必ずしもそのまま受け入れない世論との対立の構図を読みとることもできるだろう。

フランス政府も反核運動に対する寛容さをほとんどもたなかった。一九五九年、全米健全核政策全国委員会（National Committee for a Sane Nuclear Policy: SANE）の支部が、計画されていたフランスの核実験を阻止すべく法的措置を講ずる動きを見せたことに対して、フランス政府当局は、真っ向からこれを非難した。また翌年一九六〇年二月には、フランスの核実験に反対する一派が請願書を提出するためにパリに集結したところ、これを逮捕する措置をとった。[20]また国外からフランスへ流入しようとする反核活動に対しても同様に強硬な措置を講じた。特にCNDのグローバル活動の一環として、その運動の波がフランスに及ぶことを徹底して阻止することに神経を払っている。中でも大きな騒動となったのが、一九六〇年から六一年にかけて、フランスに入国しようとしたCNDの数百人規模の活動家が逮捕され、国外退去させられるという出来事であった。これをすり抜けたわずか十数人の活動家が、フランスの諸都市に入り込み、反核の訴えを行なったところ、彼らも逮捕・追放の処分を受けることになった。その際に暴力的な扱いを受けたことも記録されている。[21]フランス側のこうした反核世論との対決姿勢は、まさに同時期、核抑止体制を確立することに政策の比重をかけていたことが背景にあったことは明らかであろう。

四　反核運動への選択的対応

基本的に反核運動を押さえ込む姿勢をとりつつも、冷戦の対立において利用できるものには支持を与えるという選択的な対応をとったのがイギリスであった。

(1) 百人委員会への対応

アメリカ、ソ連に次いで三番目の核保有国となったイギリスでは、ヨーロッパにおいて最も広く市民に反核を訴えかけることになる組織が発生するが、政府がとった反核運動に対する姿勢は厳しいものであった。それをもっともよく示すのが、ラッセルが主導していた百人委員会が集会のためにトラファルガー広場を利用する計画を立てたところ、同広場の利用権を停止するという、一九六一年八月にくだされた閣議決定である[22]。トラファルガー広場はイギリスの市民が様々な主張を集会という形で社会に示すためにしばしば用いられてきた場である。公式政治では反映され得ないイギリス市民の主張を世に放つ場として、時には民主政を補完する機能を果たしてきた。同広場を利用しようとする市民が政府によって排除されたのは、一九一六年に第一次世界大戦に反対する市民集会以来、今回が初めてであることを考えると、一九六一年夏の閣議決定は反核運動を押さえ込もうとするイギリス政府の強い意志の表れとみることができる。

政府側の説明によれば、百人委員会が呼びかけたトラファルガー広場での集会は、その後、国会議事堂に向かいあうパーラメント・スクエアでの座り込みに向かうことが予定されており、もしこれが実施されればイギリス議会政治運営に支障が出る可能性があるというのが、トラファルガー広場の利用を禁止する決定が下された理由であった。集会の予定日に先立って政府は、当時八九歳を迎えていたラッセルと、その妻を逮捕し投獄した。あわせて組織のスタッフ二八人も投獄された。デモの当日、トラファルガー広場に集結した一万五〇〇〇人の「非暴力市民」は三〇〇〇人の警官隊によって解散させられ、パーラメント・スクエアへの行進は徹底して阻止された。逮捕者は一三一四人に上った[23]。

さらにイギリス政府は、反核運動が同盟国アメリカとの関係へ及ぶことに対しても非常に神経を払い、過敏に反応している。百人委員会の非暴力抗議運動が、米軍機の駐機してある空軍基地周辺でも予定されていることに対して、トラファルガー広場での騒動と同じ年の一二月、イギリス航空省は、こうした抵抗運動が継続されることになれば、「深刻な事態」がひきおこされることになるだろうとマクミラン首相に警告している。非暴力抵抗運動が抗議の対象としている基地のうちウェザースフィールドとブライズノートンには、核兵器を搭載した米軍機が駐機されていた。そのためこれらの航空機に市民のデモが接近することになれば、警備にあたっているアメリカ兵は発砲を余儀なくされることになる。こうした事態を回避するために、基地に対する抵抗運動の対応にはイギリス軍を出動することが望ましい、というのが航空省の提案だった。ワトキンソン防衛相は、もしアメリカ兵がイギリス市民に発砲する事態になれば、今後、イギリスにアメリカ軍を駐留させることは極めて困難になるだろうと危惧の念をマクミラン首相に伝えている。[24]

こうした提案が首相に届いてからわずか二日後に、イギリス政府は徹底した取り締まりに着手した。百人委員会のスタッフメンバー六名を国家機密保護法を犯したかどで逮捕した。最高で一四年の禁固刑もあり得る重大犯罪人として断罪することで、運動を押さえ込もうとしたのである。それにくわえて今後デモに参加したものは、同様の訴追があり得るとの警告が公示された。また主要なバス会社に対して、デモに参加することを目的とした市民の移動に協力した場合、政府は会社を訴追することになるとの圧力も加えられた。[25]

こうした政府側の徹底した圧力の中、ウェザースフィールド、ブライズノートン両空軍基地には数百人の非暴力抵抗運動の市民が集結した。これに対して政府側はイギリス空軍（ＲＡＦ）軍人を中心として市民の数倍の兵士でこれを取り締まった。そしてそのほとんどが一年以上の投獄の判決を受け、これを苦にして獄中で自殺を図ったものさえあった。投獄された市民らは、出獄後、再び運動に戻る気配はみせず、一九六三年の時点で内務大臣ブルックは、百人委員会の活動は終息したとみてよいだろうとマクミランに報告している。[26] 市民運動は断固として封じ込められるべきであり、今回の対応によってそれは達成されたとの判断が政府内にあったことを、この報告書は示しているといえよう。

(2) 核軍縮キャンペーン(CND)への対応

イギリスを中心として国際的に最も広い影響を及ぼした反核平和運動が、CNDによるものであった。この運動に対してイギリス政府は、百人委員会に対するような対決的姿勢はとらなかった。しかし好意的であったわけではなく、様々な懸念が政府内で議論されている。懸念された第一の点は、CNDの主張が必ずしも反核平和主義そのものに強く共鳴していない一般市民までも動員していることについてであった。多くの有権者が反核政策を主張するようになれば、現保守党政権の立場が危うくなるばかりでなく、市民らの異議申し立てがNATOの核政策へ向かうことによって同盟体制も危機にさらされることが危惧されたのである。[27] 懸念された第二の点は、CNDがソ連共産党の影響力のもとに動いているのではないかということについてであった。もし核軍縮運動を隠れ蓑にして、共産主義勢力が西側陣営の市民レベルにまで浸透を企てているとするならば、イギリス政府としては幅広い市民を動員しているCNDを放置しておくわけにはいかないことになる。CNDには実際に共産主義者も参加していたことから、この点について、当初は大いに危惧されたが、以降、「この核軍縮運動に共産主義勢力が浸透した証拠はない」と判断され、その後、この第二の懸念についてはあまり論じられなくなっていく。[28]

こうした懸念がCNDに対して抱かれていたものの、広く市民の関心を集めつつあるCNDを無視し続けることはおろか、ましてや全面対決することは政府にとって望ましいことではなかった。どのようにCND

に対応するかについてはイギリス政府内でも様々な意見が飛び交い、見解の一致を得ることはなかった。首相のマクミランはＣＮＤに対して寛容でない姿勢を示す立場にあり、ＣＮＤ側から数度にわたる会見の要請を受けていたものの、これを拒否することを繰り返していた。他方で、政治的配慮から、一定の対応をとるべきとする意見も少なくなかった。イギリスが計画していたクリスマス諸島での大気中核実験に抗議していたＣＮＤ女性委員会委員が、一九六二年二月、首相との会談を要望したことに対してワトキンソン防衛相は、対話に応ずることを強くマクミランに提案している。ＣＮＤ指導者との対話の機会を持つことは、「〔首相は〕核実験問題に何の懸念も持っていない、と非難されることを防ぐ」ことになり、核政策遂行上、政府にとって「政治的に有益」であろう、というのがその根拠であった。特に女性有権者は一般的に「核実験によってもたらされる遺伝子への影響について特に強く懸念している」ことをあわせて考慮すると、もしＣＮＤ女性委員会委員の会談要請を断れば、女性層だけでなく世論全体に対して極めて悪い印象を与えるだろう、というのがワトキンソンの見方であった。このようにＣＮＤに対して一定の寛容な姿勢をとるべきだとする見解は、その他の閣僚にもみられた。[29] マクミランはこうした提案を受け入れ、会談相手のＣＮＤ女性委員会委員が共産主義者でないことを調査した後に、同年三月、首相官邸で会談を開いた。会談は和やかな雰囲気の中で行なわれたものの、核実験に関わる両者間の意見の不一致については何らの解決ももたらされなかった。[30]

政権内にはＣＮＤに対して柔軟に対応すべしとの見解が少なくなかったにもかかわらず、政府と全面的に好意的関係に至らなかった要因の一つに、反核平和運動に対するマクミラン個人の敵意があった。マクミランの反核運動への敵意は、ケネディ・アメリカ大統領との会談の席上、マクミランが市民運動を「煽動的運動」と断じ、軽蔑的にケネディに語っていることに明示的に表れている。[31] また、ＣＮＤは市民が政治的な問題に声を上げた大きな動きであったにもかかわらず、マクミランの回顧録にはその記述がほとんどなされていないことからも、マクミランのＣＮＤに対する敵対的な姿勢が間接的に伺える。[32] なお、当時イギリス政府はＣＮＤに対して情報機関を通じた工作をしていたとみられているが、この点の多くはまだ明らかにされていない。[33]

（3）パグウォッシュ運動

イギリスを中心として世界的に影響力を持ったもう一つの反核平和運動にパグウォッシュ運動がある。イギリス政府のパグウォッシュ運動に対する姿勢は起伏のあるものだった。パグウォッシュ運動は、軍備管理と軍縮について、非政治的なアプローチからその追求に努める活動を展開する穏健なものであったが、一九五七年の第一回目の会議以来、イギリス政府は懐疑的な姿勢でこれを扱ってきた。一九六〇年一一月の外務省の報告書には「パグウォッシュ会議は西側の政治的利益を危険にさらすものである。なぜなら共産主義者がプロパガンダにその主張を利用する可能性があるためである」と記されていることは、政府がパグウォッシュの活動に懸念を抱いていたことをよく表している。[34]

しかしこの外務省報告書が出されたのと同じ頃、パグウォッシュに対するこうした非寛容な姿勢に変化の兆候が見られ始めている。一九五九年一二月、イギリス原子力機関（the Atomic Energy Authrity）の物理学者コッククロフトは、ラッセル・アインシュタイン宣言の署名者の一人で、パグウォッシュ会議創設の主要メンバーである物理学者のロートブラットからイギリスパグウォッシュ委員会の諮問機関に参加を要請された際、コッククロフトはこれに参加すべきか否か、イギリス外務省に問い合わせをしている。こうした彼の行動に対して外務省は、「コッククロフトがパグウォッシュ委員会諮問機関へ参加することにおいて、外務省が何らかの利益を期待する場合でない限り、彼は参加するつもりは無いようだ」という表現で、これについて記している。その上で外務省は「パグウォッシュ運動に対して、イギリスの責任ある科学的見解を示すべきである」ことを根拠に、コッククロフトのパグウォッシュ関係機関への参加を強く促す返答をしている。[35] この外務省の判断は、パグウォッシュ会議が共産主義のプロパガンダの手段として用いられないようにすることを念頭に置いたものであった。この外務省の回答を受けて、コッククロフトはイギリスパグウォッシュ委員会諮問機関へ参加した。

さらにコッククロフトは、一九六〇年春、同年暮にモスクワで開かれるパグウォッシュ会議に参加すべきかどうかを外務省に打診した。これに対して外務省は、コッククロフトの会議本体への出席は、パグウォッシュ会議の重要性を過度に高めてしまう結果になるゆえに、見合わせるべきであると回答している。しかしその後、七月には外務省はこの見解を転換し、西側の代表的な核物理学者を参加させることが望ましいと主張するようになった。こうした判断をとるに至った最大の理由は、パグウォッシュ会議にソ連の有力物理学者のチームが参加することが明らかになったことにあった。それゆえに外務省は、モスクワでのパグウォッシュ会議は、研究上有能であるだけではなく、「政治的に信頼のおける」物理学者によって構成された代表団を派遣することが望ましいとの判断を示し、これに適した人物としてコッククロフトに参加を強く要請するようになったのである。[36]

これを契機としてイギリス政府はパグウォッシュ運動を支持する姿勢をはっきりと示すようになっていった。一九六〇年暮のモスクワにおけるパグウォッシュ会議について、西側の指導的な科学者とイギリスの防衛戦略専門家の参加を承認したことは、イギリスの核防衛政策の正当性を高めるものであった、と外務省の報告書には記されている。そして軍縮を性急に求めるソ連の科学者によって示された「理念」への対案としてイギリス側の核管理構想を並べて示すためには、今後もパグウォッシュ会議への西側科学者らの参加を承認することが望ましいとの見解を示している。[37] こうした外務省の意向を踏まえて、コッククロフトもイギリスの科学者代表団の人選を行なう考えを示している。[38] さらに、外務省のウィルソンは、コッククロフトらパグウォッシュ会議に参加予定の科学者たちに対して、ラッセルの主導する運動と関係することには「躊躇の念を感ずるであろうが、政府にとっては有益なことである」との考えを「非公式に」示した。その理由として示されたのが、反核運動に関わることによってそれを「解散させる」という考えであった。[39] すなわちイギリス政府はパグウォッシュ会議という反核平和のための組織を、警戒し排除する方針から、それをコントロールしてソ連との対立において優位に立つための道具として利用し、可能であれば内部からこれを消滅させるためにも関与のパイプを持っておくという方針へ転換したということになる。

外務省はこの方針に沿って、パグウォッシュ会議運営委員会に指名した数名のメンバーを追加するようロートブラットに圧力をかけていった。パグウォッシュ委員会はイギリス政府に対して敵対的な姿勢を基調としていたものの、政府側が出してきたリストに示されていたのは、いずれも「正統な科学者」であり軍備管理に強い関心を持つ人物の名であったため特にこれを問題視せず、イギリス政府の圧力に当初は強く抵抗することはなかった。さらにイギリス政府は、会議において核兵器と平和との関連について議論するよう示唆し、あわせて政府の軍事政策に深く関係している専門家や防衛省の職員などを会議に招待すべきであると指示をした。しかしこれに対してはロートブラットが強く抵抗したことにより、パグウォッシュ会議に積極的に関わることで、それを「解散」させようという外務省の企ては失敗に終わった。この点について外務省内部では、ロートブラットに対する接し方についてもっと熟慮すべきであったという反省なども示されている。[40] このことは、パグウォッシュ会議は冷戦におけるソ連との対立において、利用価値の高い道具であるとする見方自体は外務省において放棄されていないことを示しているといえよう。[41]

一九六二年からは、外務省はパグウォッシュ会議の力を維持するために、民間企業からの財政支援を呼びかけるという対応をとるようになる。外務省とは対照的に、一貫してパグウォッシュ会議を全面的に敵視し続けていた内務省に対して外務省は、パグウォッシュ運動は今や公式に承認された運動である、との見解を示してもいる。さらに外務省のウィルソンは、パグウォッシュ会議はソ連の専門家を「教育する場として、イギリスにとって役立つものである。さらにこの会議を通じてソ連側の科学者らから戦略上有用な情報を引き出すことができるかもしれない」との考えを明示的に示した報告書を作成した。このウィルソンの報告書は、直接マクミランにも送付された。外務省側の史料によれば、首相はこれに強い関心を示したことが記録されている。[42]

（４）一般世論の統制

イギリス政府は、このように科学者としての市民が展開する反核平和運動に対しては、対ソ戦略的観点から一定の寛容さを示した。他方で一般市民に対しては、反核世論を押さえ込む方針をとり続けていった。

内閣広報活動の責任者であるヒルは、水爆開発後、核兵器に強い反対が集まらぬようにするための世論対策の布石として、教会組織の利用を一九五九年の夏から試みている。それは反核世論が強いと考えられていた教区の聖職者を組織し、その聖職者グループを議員らとの会食に年に数回招待するという計画であった。その会食の場で、イギリス政府の核政策に親和的な考えを彼らに内面化させようという企てであった。たとえば、仮に核戦争が起こったとしてもイギリス政府はイギリス市民の安全を守るといった主旨の宣伝などがなされた。[43]

しかしこうした露骨な世論操作がどれだけ効果的であったかについては実証できるものではなかった。ヒル自身は一九六一年二月の時点で自身の世論操作が効果を持たなかったことを認めている。「〔反核の〕論客は相変わらず政府を批判し続け」ており、イギリスの核政策を批判する新聞記者が数多くいると、マクミラン宛のメッセージの中で述べている。さらに、一九五八年にジュネーヴで開催された核実験の一時的停止に関する英米ソ三国会議が一定の成果をもたらしたことが、かえって一般の反核世論を高めていると考えられる状況において、政府は一方的な核放棄が誤った考え方であることを市民が理解するように、更なる努力をすべきであると主張している。(44) このように一九五七年五月の水爆実験以降、イギリス政府は核兵器に対する一般市民の世論の動向に非常に神経質になっていった。

それに加えて議会では、野党である労働党との間の政治的論争の多くが核兵器問題で占められていった。労働党は基本的に反核の立場にあり、核実験の翌月の六月、直ちにイギリスによる今後の核実験の即時終結と国際的非核クラブ連合の形成を提唱する新しい党の方針案を打ち出した。これに対してマクミランは、「〔この労働党の新方針は〕市民から大きな支持を得ることになるだろう。保守党としてはそれをいかに操作するかについて早急に方針を立てなければならない」とロイド外相に書き送っている。(45) このことは潜在的な反核世論も含めて、保守党が市民側の動向を非常に重く受け止めていたことをよく示している。

水爆導入に関わる労働党及び世論対策として打ち出された方針案は、「核保有を継続しながらの軍縮」や「大気中及び水中の核実験を停止するという約束をすべき」といったものであった。一九六〇年九月にまとめられた保守党の市民向けの広報誌では、「核兵器が存在することによって、核戦争の勃発が阻止される」といった論理で平和を強調し、核兵器を保持することの正しさが主張されている。あわせて核兵器研究所であるオルダーマストンでのデモに参加している市民らは、「戦争を阻止することを可能にする兵器の一つを放棄させようとしているのである」と、ＣＮＤの活動の正統性を剥奪することを試みた。こうした論拠は、ヒルが閣僚に対して作成した報告書においても繰り返し用いられている[46]。これは、核兵器は世界大戦を回避するために最も有用な兵器であるという考え方を、市民に対してだけではなく、政府内部においても共通の思考としようとする企てであったといえよう。

政府が核兵器に関する世論に敏感になっていたことをよく示すその他の事例として、イギリス放送協会（ＢＢＣ）が一九六五年に核戦争をテーマにしたテレビ映画の放映を禁じたことがあげられる。それは『核戦争』と題された映画で、核戦争及び核戦争後のイギリスの市民生活を描いたものであった。そこでは核戦争そのものによって引き起こされる被害の悲惨さや、核戦争後の暴力的な統治を描写したシーンが多く盛り込まれており、その点が特に問題とされたのである。これを最初に問題視したのは官房長官経験者のＢＢＣ総裁であった。一九六五年九月の時点でＢＢＣ総裁は、ＢＢＣが委託したプロデューサーが作成した「この映画がテレビで公開されれば、結果としてイギリスの核抑止政策に対する市民の姿勢に深刻な影響を及ぼすことになるだろう」ことが予想されるとの考えを示し、それゆえに「〔この映画に対して〕政府は事前に一定の見解を準備すべきであろう」と、現役の官房長官に提案している。こうした中で、内務省および防衛省の職員向けの特別視聴会をＢＢＣが開くことになった。その視聴会において、この映画はＣＮＤを支持する市民を増加させることになるとの見解がまとめられ、映画を視聴した各省庁の官僚がそれぞれの閣僚にその内容や含意について報告することになった。結局、これについて政府側からは公式の表明はなされなかったが、一一月になってＢＢＣ総裁と内務省官僚との間で会見がもたれ、内務省は「この映画をＢＢＣが放映禁止にしたら、それを歓迎するだろう」との考えを持っていることをＢＢＣ総裁は「確認」した。こうしてＢＢＣはイギリス国内で『核戦争』の放映を差し止めたばかりでなく、国外における放送も行なわれないような措置をとったのである[47]。形式的には政府による圧力によって公開が禁じられたわけではなかったが、そこには政府の意向が強く反映していたことは経緯から明らかであろう。

五　冷戦の中の政府・同盟・市民

市民による平和運動に対する政府ないしは国家指導者の反応は、対決的なものから友好的なものまで様々なものがみられた。友好的な姿勢を見せたのは主に非同盟諸国ないしは第三世界諸国の国家指導者であった。同盟を基礎とした冷戦の対立に与しないという方針を、いわば反核運動を利用することによって示したのである。

反核市民運動に強く反対した政府は、冷戦対立の中での安全保障の基礎に据えていた同盟を維持するがために、これにひびを入れかねない社会的要素を徹底して取り除こうとしたのである。その動機は共産主義勢力の西側への浸透を阻止することにあったというよりは、同盟関係を安定させるところにあったともいえる。また、反核市民運動に対して複合的な姿勢がとられた場合もあり、これはイギリスにおいて鮮明にみられた。イギリス政府は選択的に、少なくとも表面的には市民運動に対して友好的姿勢を見せたが、その場合の動機はこれを冷戦における東西対立の道具にしたいというものであった。この点においては、市民運動への関与のありようは第三世界と同じともいえる。その意味ではなお市民と国家との立場の違いは大きかったといわざるを得ない。とはいえ、これまで見てきたように反核運動に対する政府の姿勢が敵対的なものであれ友好的なものであれ、いずれにしてもその対応は世論の動向を強く意識したものであった。つまり同盟の維持において世論に留意せざるを得ないと考えられるようになったこと自体、反核運動は不可避的に冷戦における同盟の変容をもたらし得るものとなったといえよう。

一方、反核平和運動を通じた市民らの異議申し立ては、冷戦そのものに対する異議申し立てでもあった。核軍拡の道を進んでいた米ソを中心として、それに続いて西側ではイギリスとフランスが核武装に至り、同盟を形成することで冷戦の対立を前提とした体制が固められつつあった状況は、市民らにとっては一貫して正統性の欠落したものであった。これについて市民らが意思表示を明示的かつ大規模に表出した最初の企てが、一九五〇年代後半から一九六〇年代にかけての反核運動であった。本章で取り上げた反核運動に対決的であったイギリスも西ドイツも、ともにアメリカとの同盟を重視していた。またフランスは独自核抑止力の構築を目指していた。それであるがゆえに、反核市民運動が反核世論を喚起する危険性をことさら大きく感じ取っていたのである。様々な組織によって担われた反核運動を単なる市民の騒乱として片付けるわけにはいかなかったのは、それが安全保障政策や同盟体制に影響を及ぼし得るものであったためである。

一九八〇年代の反核運動と比べれば、一九五〇年代後半から一九六〇年代にかけての反核運動は、一部の知識人の突出した主張であったと評することも可能かもしれない。しかし政府側の市民らに対する対応には、この市民運動の拡散を危惧していたことがはっきりと示されていた。そうであるならば、これらの運動は決して一部の特殊な市民の動きとして一蹴できるものではなかったということになる。以後、市民側に冷戦を正統なものと見なさない意識の基盤が醸成されていくことになり、これに対して政府側は世論を考慮しながら同盟関係を運営せざるを得ない状況がもたらされていたといえよう。

その意味で、一九五〇年代後半から六〇年代にかけての反核市民運動は、反冷戦の意識をはらみつつ冷戦を下から変容させるダイナミズムを持ったものであり、これがより大規模な形で表面化するのが一九八〇年代の反核運動であったといえるだろう。

（1）芝崎祐典「冷戦史と環境史の交差——地球規模環境問題意識の史的展開」『国際交流研究』第一四号、（二〇一二年）。

（2）反核運動史自体はウィットナーの一連の研究が存在する。しかしこうした研究が冷戦史の中で積極的に扱われることはほとんどない。Wittner, Lawrence S., *The Struggle Against the Bomb: One World of None: A History of the World Nuclear Disarmament Movement Through 1953*（Stanford: Stanford University Press, 1993）; *The Struggle Against the Bomb: Resisting the Bomb: A History of the World Nuclear Disarmament Movement, 1954-1970*（Stanford: Stanford University Press, 1998）; *Toward Nuclear Abolition: A History of the World Nuclear Disarmament Movement, 1971 to the Present*（Stanford: Stanford University Press, 2003）.

（3）Higuchi Toshihiro, 'Atmospheric Nuclear Weapons Testing and the Debate on Risk Knowledge in Cold War America, 1945-1963', in McNeil, J. R., and Corinna R. Unger eds., *Environmental Histories of the Cold War*（Cambridge: Cambridge University Press, 2010）.

（4）Bertrand Russell Archives（RA）Ontario, Canada, class650, Kahn to Russel, Jul. 1964.

（5）RA, class650, Tito to Russel, 27 Apr. 1962.

（6）The Accra Assembly Documents, Address by Kwame Nkrumah President of the Republic of Ghana, at the opening of The Accra Assembly, 21st June, 1962.

（7）RA, class650, Nkrumah to Russell, 14 Jun. 1960; 28 Apr., 30 May, 29 Jun. 1962; 24 Apr., 2 Jul. 1963; Russel to Nkrumah, 9 May 1962.

（8）RA, class650, Nkrumah to Nasser, 24 Apr. 1963.

（9）RA, class650, Nehru to Russell, 6 Jun. 1960; 19 Sep., 12 Oct. 1961; Russell to Nehru, 19 May 1960. Clark Ronald, *The Life of Bertrand Russell*（London: Jonathan Cape and Weidenfeld and Nicolson, 1975）, p. 608.

（10）Wittner, Lawrence, *Resisting the Bomb*（Stanford: Stanford University Press, 1997）, p.337.

（11）ちなみに中国とインドの国境紛争についても、ネルーとラッセルは見解を異にしている。RA, class650,

Tito to Russell, 27 Apr. 1962; Nehru to Russell, 16 May 1962.

(12) RA, class650, Nehru to Russell, 4 Dec. 1962. Nehru, "Preface to Sixth Issue", Our Generation Against Nuclear War, 2 (Winter/ Spring 1963), 3.

(13) War Resisters' International (WRI) Records, Amsterdam, 'Report from New Zealand Campaign for Nuclear Disarmament, 21-22 Augusut, 1965', fol. 356.

(14) The National Archives (TNA), Kew, U.K., FO371/49390, Ottawa to Commonwealth Relations Office, 30 Dec. 1959.

(15) RA, class650, Ben-Gurion to Russell, 6 May 1963; Russell to Ben-Gurin, 17 May 1963.

(16) Michaltscheff, Theodor, 'The Struggle for Peace in the German Federal Republic', *War Resistance*, 12 Feb. 1965, no. 16. ギリシャに至っては、政府がより極端に反平和運動の方針をとり、あらゆる平和団体が非合法化されていった。Rousseas, Stephen, *The Death of Democracy: Greece and the American Conscience* (New York: Grove Press, 1968), p. 23.

(17) *Peace News*, 20 Oct. 1961.

(18) *Peace News*, 24 Aug. 1962. WRI Records, Steffen Larsen to international contacts, 1963, fol. 197.

(19) BVerfGE (Entsheidungen des Bundesverfass ungsgerichts) 20, 162 1 BvR 586/62, 610/63 and 512/64 Spiegel-decision, August 5, 1966.

(20) *Los Angeles Times*, Dec. 12, 1959.

(21) *Peace News*, 6 May 1960, 16, 23, 30 Jun., 14 Jul. 1961.

(22) TNA, CAB128, C.C. (61) 46, 1 Aug. 1961; CAB129, C. (61) 125, Demonstration in Trafalgar Square by Nuclear Disarmers, 31 Jul. 1961; PREM11/3387, Minutes of meeting with Committee of 100 representatives, 24 Aug. 1961.

(23) *Guardian*, 18, 19 Sep. 1961. *Daily Telegraph*, 18 Sep. 1961.

(24) TNA, PREM11/4284, Amery to PM, 5, 6 Dec. 1961; Watkinson to PM, 6 Dec. 1961.

(25) TNA, CAB128, C.C. (61) 68, 7 Dec. 1961; PREM11/4284, Illegible to PM, 8 Dec. 1961.

（26） TNA, PREM11/4284, Brook to PM, 6 Jun., PM's Minuite, 10 Jun. 1963.

（27） TNA, FO371/140482, minuites by Brown and Barker, 7 Apr. 1959, minuite by Brown, 8 Apr. 1959.

（28） TNA, PREM11/4285, Cunningham to Woodfield, 17 Apr. 1963.

（29） TNA, PREM11/4290, Diana Collins to PM, 1 Feb., Woodfield to PM, 9 Feb., Macleod to Woodfield, 14 Feb., Woodfield to Macleod, 15 Feb. 1962.

（30） TNA, PREM11/4290, Woodfield to PM, 13 Mar., Note for Records, 15 Mar. 1962.

（31） Taylor, Richard, 'The Labour Party and CND: 1957 to 1984', Richard Taylor and Nigel Young, eds., *Campaigns for Peace: British Peace Movements in the Twenties Century*（Manchester: Manchester University Press, 1987）, p. 120.

（32） Horne, Alister, *Macmillan*, 1957-1986（London: Macmillan, 1989）, pp. 166, 467.

（33） マクミラン政権によるＣＮＤへの対抗措置に関するファイル PREM11/2778 からも明示的に読みとることはできない。

（34） TNA, FO371/163160, FO to HM Representatives, 23 Nov. 1960.

（35） Rotblat, Joseph, 'Movements of Scientists against the Arm Race', in Joseph Rotblat ed., *Scientists, the Arm Race and Disarmament: A UNESCO/ Pugwash Symposium*（London: Taylor and Francis, 1982）, p. 136. Atomic Energy Authority（AEA）Records, AB16/2748, Cockcroft to Patrick Dean 4 Dec. 1959, Dean to Cockcroft, 11 Dec. 1959, Cockcroft to Rotblat, 18 Dec. 1959.

（36） AEA Records, AB16/2748, Cockcroft to Dean, 20, 29 Apr., 14 Jul. 1960 29 1960.

（37） TNA, FO371/149403, Wright to Isserlis, 6 Jan. 1961.

（38） AEA Records, AB6/2627, Cockcroft to Zuckerman, 10 Feb. 1961.

（39） AEA Records, AB16/2748, Cockcroft to Stephenson, 16 May, Wilson to Zuckerman, 16 Jun., Cockcroft to Stephenson, 26 Jun. 1961.

（40） AEA Records, AB16/2748, Wilson to Cockcroft, 12 Jul. 1961; AB6/2627, Cockcroft to Florey, 3 Aug. 1961;

FO371/171190, minuite by Pemberton-Piggott, 25 Oct. 1961.

（41）防衛省においても同様の考え方がとられていたことが伺える。TNA, FO371/163160, Price to Cleary, 26 Jan. 1962.

（42）TNA, FO371/163160, Minute by Sarell, 5 Mar. 1962; Wilson to Cockcroft, 5 Jun. 1962; Zuckerman to Wilson, 7 Jun. 1962; Andrew to Hewin, 5 Jul. 1962; FO371/163161, Wilson to Turbull 10 Aug. 1962.

（43）Wittner, Lawrence, *Resisting the Bomb*（Stanford: Stanford University Press, 1997）, p.356.

（44）TNA, PREM11/2778, Chancellor of the Duchy of Lancaster to PM, 29 Jul.1959; PREM11/3396, Hill to PM, 17 Feb. 1961.

（45）TNA, PREM11/2840, PM to Foreign Secretary, 25 Jun. 1959.

（46）TNA, PREM11/3074, Defence, Sep. 1960; Hill to Cabinet members, 22 Nov. 1960.

（47）*Times*, 14, 18, 27 Nov. 1965. CND Records, Reel3, Forrest to General Manager of BBC, 25 Mar 1965; BBC to National Peace Council, 15 Dec. 1965.

4章
人の移動・交流と同盟関係の変容
ハンガリー動乱難民へのアメリカ、イギリスの対応から

都丸 潤子

本章は、一九五六年のハンガリー動乱による大量難民へのアメリカ、イギリスの対応に焦点を絞り、人（難民）の移動と両国の政治的対応の違いや相互作用が、冷戦下の同盟内関係や冷戦構造にいかなる影響をもたらしたのかを検討したい。背景としての冷戦と脱植民地化の交錯、市民間交流への影響も考察の対象とする。

一 背景：ハンガリー動乱と難民

一九五六年三月のフルシチョフによるスターリン批判、六月のポーランドのポズナン暴動と以後の自主路線に刺激されて、ハンガリーでは知識人らの政府に対する改革要求やイムレ・ナジの首相復帰を求める声が

高まった。一〇月二三日、ブダペストでの学生主導のデモが反乱に転じ、翌二四日ハンガリー駐留ソ連軍が介入した（第一次介入）。反乱は全土に広がり、死傷者が増えたが、首相復帰を許されたナジが停戦と独自路線を宣言したために民衆は高揚し、三〇日にソ連軍はいったんブダペストから退却して「革命」成功の空気が広がった。しかし、ナジのワルシャワ条約機構脱退宣言と国連への訴えなどに懸念を強めたフルシチョフは、一一月四日にソ連軍に再度のブダペスト侵攻と苛酷な武力制圧を行なわせた（第二次介入）。ハンガリー人は二七〇〇人近くが死亡、二万人以上が負傷し、収監・処刑された者も多数となった。ヤノシュ・カダールが首相となり、ナジはソ連軍にとらえられて二年後に処刑された。(1)

この「ハンガリー動乱」におけるソ連軍の二回の介入の間、スエズ運河の国有化を発端に、エジプトに対して二九日からイスラエルが侵攻、三一日から英仏が攻撃をはじめ、スエズ戦争となった。そのため、国際社会の注目がハンガリー動乱からそれ、ソ連の安全保障理事会での拒否権行使も加わって、国連の対処が遅れた。(2)直後のイギリスでは、英仏主導のスエズ攻撃がハンガリーへのソ連の第二次介入を招いたのではという国会質問や国民の疑念が生じた。イギリス外務省は公式には、ソ連は第二次介入のための軍事展開指令をスエズ侵攻前に出していたはずで無関係とした。しかし、ソ連通で当時ユーゴスラビアにいた外交官フランク・ロバーツは、第二次介入の直接のひきがねをナジの行動としつつも、英仏の軍事行動がソ連に第一次介入よりはるかに苛酷な行動をとる追加的な理由と国際世論への煙幕を与えたと本省宛に指摘していた。(3)今や歴史家の多くもフルシチョフが対話姿勢を変えて第二次介入を決めた理由の一つをスエズ戦争開始としている。(4)このことは後で述べるように、多くのイギリス国民の間にうしろめたさを生み、難民問題への対応にも影響した。

ハンガリー動乱の結果、一九五六年から五七年までに約二〇万人が難民として祖国を離れ、うち一八万一〇〇〇人はオーストリアに、二万人はユーゴスラビアにまずはたどりついた[5]。両国では、赤十字国際委員会（ＩＣＲＣ）をはじめ、国連難民高等弁務官事務所（ＵＮＨＣＲ）や、欧州移民のための政府間委員会（ＩＣＥＭ、国際移住機関（ＩＯＭ）の前身）などの国際・政府間組織、世界教会協議会（ＷＣＣ）などの宗教団体やセイヴ・ザ・チルドレンなどの多くの非政府組織が、いちはやく難民救援にあたった[6]。両国にいた難民のうち約一万五〇〇〇から二万人はハンガリーに戻ったが、一九五九年末までに、欧米諸国政府の協力でオーストリアからだけでも一六万二〇〇〇人が、ユーゴスラビアからも一定数が他国へと移動・定着した。一九五八年までの主な移動先と人数は、アメリカ四万人、カナダ二万六五〇〇人、イギリス二万一〇〇〇人、ドイツ一万五五〇〇人、フランス一万二七〇〇人、スイス一万二〇〇〇人、オーストラリア一万一〇〇〇人であった。ほかに北欧、南米、イスラエルへも移住した[7]。ハンガリー動乱による難民の顕著な特徴は、反政府運動の主体でもあった学生と知識人の比率、特に若者・学生の割合の高さである[8]。二〇万人の難民のうち、一八歳から三八歳までが六七パーセントと圧倒的に多く、次に多いのが一八歳以下の二二パーセントであった。また七〇〇〇〜八〇〇〇人が大学生だった[9]。一九五六年一二月までにイギリスが受け入れた難民のうち、一八歳アメリカに同時期に到着した五〇〇〇人の難民の一五パーセントは大学生かその年齢層であった[10]。

北米、オーストラリア、イギリスにはすでに第二次大戦中などに移住したハンガリー人のコミュニティがあり、動乱による難民を歓迎・支援し、その多くをコミュニティに吸収した。新規難民は各地でマジャール語新聞を発行し、既存の組織に加わったり、「ハンガリー革命協議会」や「在外ハンガリー人作家連合」などの新しい国際連帯組織を作るなどして、活発に反政府運動をすすめ、国連にもハンガリー問題を訴え続けた[11]。

二　アメリカの対応

冷戦の西側陣営のリーダーとしてのアメリカ政府は、ソ連・東欧圏での反政府運動を自由のための反共産主義運動として支援していた。東欧からの難民・亡命者を支援しつつ、彼らによる反共組織として、政府は一九四九年に私的団体の形で自由ヨーロッパ国民委員会（National Committee for a Free Europe: NCFE）を設立させ、初代議長は一九五三年からアメリカ中央情報局（ＣＩＡ）長官となるアレン・ダレスがつとめていた。ＮＣＦＥとその放送宣伝部門であるラジオ・フリー・ヨーロッパ（Radio Free Europe: RFE）は、動乱前からハンガリー人を含む難民・亡命者を雇い、彼らが編集したプログラムを含めて東欧向けの現地語放送を行なうなど、市民への浸透による転覆支援活動を重視していた。(12) 国防総省に、労働隊と外国人入隊プログラムが設けられ、一九五六年までにそれぞれ一万人と九七六人の亡命者が含まれていたことからも、(13) 亡命者がすでに積極的に政治的・軍事的に利用されてきたことがわかる。また、ＣＩＡは一九五〇年から反ソ反共の自由世界の知識人と元共産主義者たちによる「文化的自由会議」の設立と国際的な反共連帯活動を支援してきた。(14)

ハンガリー動乱についても、アメリカ政府は、反政府運動を支援し、ソ連による介入・弾圧を批判した。一九五六年一〇月末に英仏イスラエル軍のスエズへ向けての移動を知らされた国務長官ジョン・フォスター・ダレスが、英仏政府に彼らの行動がモスクワに対する西側の主張を台無しにすると伝えたことも、アメリカ政府がハンガリー動乱を共産主義の矛盾を暴露する絶好の機会と考えていたことを示している。(15) しかし、スターリンの死後、冷戦が「雪解け」期に入っていたことや、大統領選挙の直前だったこと、ナジの位置づけに議論があったことなどから、アメリカ政府は、一部のハンガリー人が期待したような「革命」維持のための軍事介入や直接の制裁行動は行なわなかった。そのかわりに、政府の善処を求めるニューヨークの市民デモなどに押されてソ連軍の撤退要求決議案を国連総会に提出し、副大統領ニクソンをオーストリア難民キャンプ視察に派遣するなどの外交活動を通して、また宣伝・秘密活動を通して「革命」の正当性を訴え、ハンガリー人運動家たちを支援し続けた[16]。動乱期にはRFEがBBCやボイス・オブ・アメリカ以上にハンガリー民衆の主要な情報源となっていた。また、NCFEは既存移民組織と新規難民組織の統廃合などについても指導的役割を果たした[17]。

動乱からほどない一九五七年一月、『タイム』誌新年号の表紙に新年恒例のマン・オブ・ザ・イヤーとして描かれたのは、特定の人物ではなく、包帯で巻かれた手に銃を持ち決然とした表情を浮かべた若い男性と背後の同様の男女であり、絵の中の文字は「ハンガリーの自由の闘士」であった[18]。このこともハンガリー民衆をアメリカ世論が強く支持していることとメディアの反共宣伝ぶりを表している。アメリカ政府は、議会の承認を得てハンガリー内やオーストリアの難民救援物資のために二〇〇〇万ドルを拠出したのにつづき、難民をソ連とその「共産主義の被害者」として、手厚く歓迎した。難民の中には改革路線を求めていた社会主義者や共産党員、機会を利用して新大陸に渡ろうという人々が含まれていたが、おしなべて『タイム』誌の表紙を飾るような「自由の闘士」や「ヨーロッパの反共主義者」とみなして積極的に受け入れた。制度上、当時の移民法であるマッカラン＝ウォルター法では同一民族の国内人口比率に応じて入国許可数の割り当てがあった。そのためアメリカ政府は五六年一一月末に、ハンガリー難民のうち約六五〇〇人は五三年に始められた難民救援計画にもとづくビザで、残りの一万五〇〇〇人は移民国籍法に定める特別許可者として、割り当てとは別枠で受け入れると発表した。オーストリアの難民キャンプでは、各種ボランティア組織や現地警察が宗教や政治的信条を調査し、アメリカの難民救援計画担当官僚が当局記録の要注意人物でないと確認するスクリーニングを実施したのちに、希望する難民に渡米を許可した。入国した難民は軍施設だったニュージャージー州のキャンプ・キルマーに一時収容されて就職斡旋などを受けつつ定着していった[19]。

アイゼンハワー大統領自らも言及し、当時のハンガリー人知識人たちもそう考えたように、難民受け入れには、アメリカが反共リーダーの立場にもかかわらず、反政府運動を直接支援できなかったことへの一種の償いの側面があった[20]。一九五六年末には、在オーストリアの難民救援諸団体からアメリカ政府により多くの難民受け入れ要請があり、同年一二月に現地調査をしたニクソン副大統領からも同様の報告があった。大統領は、同月には難民受け入れ事業を統括するためのハンガリー難民救援大統領委員会を設立し、同月と翌年一月により多くの特別許可者を受け入れると宣言した。移民法を改正して特別許可者を通常の移民として定住可能にする制度を作ろうと法案も出し、根気強く議会に働きかけた。しかし、現行移民法への支持や、赤狩り旋風後の日が浅く難民の中に共産主義者が紛れ込むことへの世論の懸念が強く、五七年九月の法改正も大統領にとっては期待はずれの微修正に終わった。条件つき定住許可を可能とする法案が通過したのは五八年七月になってからであり、それでも民族的出身を基準とする方針の修正は拒否された[21]。この間に、共産主義政権側のスパイと見なされた難民が何度も国外追放されていた[22]。

共産圏のユーゴスラビアに脱出したハンガリー難民の受け入れにアメリカが慎重であったのは、同じく共産主義者入国への恐れがあったためであろう。またアメリカの議員は移民法改正よりも公民権法に気を取られているというイギリス外務省内の指摘もあった[23]。当時アメリカでは一九五四年に学校での人種隔離への違憲判決が出され、五五年一二月から五六年末までキング牧師の指導によるバス・ボイコット運動が行なわれるなど公民権運動が高まる一方で、南部白人などの反発が強くなっていた。五七年九月には改正市民権法の成立に至る。経済規模の割に難民受けいれが少ないという批判があったが[24]、公民権をめぐる国内対立がある中、不安定要因を増やしたくない事情があったと思われる。オーストリア視察から戻ったニクソン副大統領が、さらなる人道的難民救済の必要性を強調するとともに、スクリーニングの徹底や難民の経済的同化を保障し、彼らは受け入れ国にとって「貴重な国民的財産になる」と報告書で述べたのは、難民受け入れを警戒する議員や世論を安心させるためでもあった[25]。並行してアメリカは自国の采配で選んだ難民の一部を南米諸国に移住させる手配もしていた[26]。

この間、アメリカのメディアは、入国後の難民家族の様子を広報し、彼らがアメリカの白人中流階級といかに同質的で、どれだけ早く「よきアメリカ人」として大衆消費社会に同化しつつあるかを強調していた[27]。前述の経緯を考えれば、この宣伝もまた、単なる国際冷戦上の反共プロパガンダ、自由主義・資本主義の魅力の広報だけではなく、アメリカ国内の理解と協力を得るための、おそらくは南米諸国の難民受け入れ分担も得るためのプロパガンダであった。しかし、なぜかアメリカ政府はこのメディア攻勢を一九五七年三月に早々とやめ、同年五月に大統領委員会は最終報告を出して解散、キャンプ・キルマーも閉鎖されて、以後の難民受け入れ手続きはニューヨークのブルックリンのホテルで移民帰化局によって行なわれることになった。同年末には大統領が一二月三一日をもってハンガリー難民入国のための緊急制度を終えると宣言するに至った。この短い間にアメリカには約三万八〇〇〇人のハンガリー難民が定住することになった[28]。

なぜアメリカはこのように早期のメディア宣伝終了とキャンプの閉鎖を行なったのだろうか？　一九五七年四月の時点で、オーストリアの難民キャンプにはアメリカへの移住を希望する若者たちがまだ数千人もいて、アメリカの受け入れ計画縮小の発表後には失望が広がり、自殺者が出ないように監視しなければならないというニュースまで報告されていた[29]。最大の理由は、受け入れへの国内の抵抗が大きい中で、入国希望者が跡をたたず、後述のようにイギリスなどからアメリカへの再定住希望者や共産圏ユーゴスラビアにおける残留難民も相当数いることから、早急にこれ以上の難民受け入れを行なわない姿勢を示したかったことにあろう。また、ボン・テンポが指摘するように、表向きは多元主義を強調するアメリカ政府が、ハンガリー難民の白人主流派への同化を宣伝・称揚することは、自ら文化的多元主義の限界を露呈することでもあった[30]。ハンガリー難民歓迎キャンペーンの早期終了には公民権運動の高まりに対応する中で、これ以上の民族間の混乱や矛盾の露呈を防ぎたいという要素もあったと思われる。

三　イギリスの対応

第二次世界大戦後から一九五〇年代にかけてのイギリスは、食糧配給の一部が一九五四年まで続き、ヨーロッパ再軍備や植民地各地での反乱鎮圧などの出費で数回のポンド危機にも見舞われるなか、戦後復興のための労働者としてポーランドやバルト諸国からそれぞれ約一二万人と約八万二〇〇〇人の「避難民」(Displaced Persons）を受け入れていた[31]。この労働者の中には二五九一人のハンガリー人もいた[32]。また一九四八年からは、英連邦市民の自由なイギリス入国を認める国籍法の施行により、インド、パキスタンなどの南アジアの旧植民地やイギリス領西インド諸島からの移民の流入が始まり[33]、彼らを工場労働者や公共交通機関の職員として受け入れた大都市を中心に、急速に多民族社会化が進んでいた。このことは、「アウトサイド・イン[34]」との指摘もあるように、イギリスが帝国の解体とともに国内に抱えた遺産であった。一九五六年時点で在英インド人・パキスタン人はおよそ四万五〇〇〇人、西インド諸島などからの移民をあわせると在英の有色人種は全部で一二万人になっていた。同時期に流入した西インド諸島移民と比べても、南アジア移民の多くは英語を話せず非識字で非熟練労働者であり、失業率も高く、宗教的にも非キリスト教徒がほとんどで[35]、適応上の障壁は高かった。一九五五年のバンドン会議を契機とした旧イギリス領を含むアジア・アフリカ諸国の反植民地主義的連帯への外交的対応だけでなく、いわば「内なるアジア」への対応もイギリスにとって大きな課題となり始めていたのである。一九五〇年代には都市部での移民の急増と彼らの居住地区の環境・治安の悪化（インナー・シティ問題）が社会問題になりはじめ、五四年には人種関係研究所がロンドンに設立された。この年以降は、政府によって毎年のように移民制限法導入の可能性が議論されるようになり、五八年までにはインドとパキスタン両政府に要請して移民送出の自主規制を得ていた[36]。主に西インド諸島出身者とイギリス人の対立による人種関係の悪化は、五八年に地方都市のノッティンガムやロンドン市内などでの相次ぐ人種暴動を招くことになる。

一九五六年一〇月にハンガリー動乱が起こると、イギリスはソ連の軍事介入を非難しながらも具体的な行動はとらぬまま、一〇月末にフランス・イスラエルと共謀してスエズに侵攻した。この結果、イギリス政府は、自らの帝国主義的侵略行為自体についてはもちろん、前述のようにソ連批判の絶好の機会を台無しにした点でもアメリカ政府の強い非難を受けた。またスエズ侵攻をソ連のハンガリー侵攻と同様の帝国主義的侵略と考えたインドのネルー首相ら外国からの批判も激しく、国連総会では即時撤兵要求決議を受け、イギリスは国際的に孤立した。国会議員の中からも批判の声が上がり、一二月一二日の上院においては、スエズ攻撃は「間違った行動が、間違った時に、間違った方法で」行なわれた「悲劇的な過ちと愚行」であったという強い非難や、否決はされたものの、労働党上院議員によって「上院は中東における政府の政策が大惨事を引き起こしたことを認め、英連邦の統合と同盟国の信頼を回復し国連の権威を強めるためのあらゆる手段をとるよう政府に要求する」という修正動議も提出された[37]。イギリス市民の中にもスエズ侵攻に対する反発や罪悪感、そしてハンガリー市民を支援できなかった事へのうしろめたさが生じていた[38]。スエズ戦争によってエジプトから引き上げてきたイギリス系住民はすぐに「難民」として受け入れられた[39]ことも皮肉であった。

この理念と現実の矛盾やうしろめたさを解消すべく、ハンガリー難民受け入れのためにまず立ち上がったのは、グラスゴーやロンドン、オックスフォード、ケンブリッジなどの大学生たちであった。彼らは国内でハンガリー民衆との連帯を表明するデモ行進をしたり、実際にオーストリアの難民キャンプにでかけて、事態の深刻さを訴えた。国内の反響は大きく、早かった。市民の声や他都市の市長たちの意見を反映して、ロンドン市長のサー・カラム・ウェルチはソ連軍の第二次介入のわずか五日後の一一月九日に難民支援のための基金たちあげを宣言し、市民から寄付をつのり、企業や女王・王族からの大口献金もあって二カ月の早さで目標額の二〇〇万ポンドを集めた。難民受け入れ対応の実績を持つブリティッシュ・カウンシル（ＢＣ）の下部組織であるＢＣ難民支援部（ＢＣＡＲ）やイギリス赤十字をはじめ、ＹＭＣＡやＹＷＣＡ、セイヴ・ザ・チルドレンなどの有力ＮＧＯやカトリック団体、そして戦前からの在英ハンガリー人団体などが、献金・支援・広報活動を行なった。ハンガリー人難民は、共産主義の抑圧とソ連の侵略から脱してきた「英雄」として扱われた。ＢＣＡＲの中には、彼らへの対応のために、五七年から六二年までの間、特別に「ハンガリー委員会」も設けられた。イギリス政府は、当初わずか二五〇〇人の受け入れ予定を発表した。しかし世論の反発が大きく、前述のような市民主導の支援運動や国会での質問の圧力に応える形で本格的な対応を始め、イギリス赤十字やＢＣＡＲに五七年三月までだけでも合計三五万五〇〇〇ポンドの資金を与え、最終的に約二万五〇〇〇人のハンガリー人を「難民」として受け入れた[40]。既に見たように政府が対ハンガリー難民政策の主導権を握ってきたアメリカとは、市民主導の点で異なっていた。

また、政府においても、ハンガリー難民に関する外務省、内務省、内閣府などのイギリス公文書を検討すると、同じく多民族社会としての新たな課題に直面しながらも、アメリカ政府によるものとは重点や方法も異なる受け入れ方がなされていた。まず、最大の違いは、当初の少数受け入れの説明にもあったが、前述のような旧植民地住民の入国急増による移民制限への動きのため、政府が「イギリスは移民国ではない」し、「混雑しすぎている」と繰り返し[41]、難民受け入れはあくまでも人道的で一時的な対応であるとしていたことである。外務省はオーストリアからの難民受け入れを、人道的な対応のみならず、大量の難民流入で同国が財政的に苦しくソ連圏に対して示しがつかないための特例と考えていた[42]。ニクソン副大統領がオーストリア視察後に公表した報告書に、アメリカの福祉活動の最善の伝統を体現したＮＧＯこそが「ハンガリー人や他の鉄のカーテン難民」のアメリカや他の国々への定着を成功に導けると期待している、と長期的定住を念頭に書かれていたことと対照的であった[43]。現にイギリスは受け入れたハンガリー難民の一部のアメリカなどへの再移住を促進する政策をとり、カナダ、オーストラリアやニュージーランドなどの英連邦諸国にも再定住の受け入れを要請した。従ってイギリス政府はユーゴスラビアからの追加的受け入れは基本的に行なわず、アメリカなどによる受け入れを期待する方針をとり、既に入国した難民の第三国への移動を少数受け入れの条件とするなど、イギリス自体としての難民の純受入数を極力抑える政策をとった[44]。

イギリス政府にとってハンガリー難民の受け入れは、共産主義の被害者を受け入れるという「冷戦の論理」での大義名分は立ち、またスエズ侵攻によって国際社会で孤立したイギリスの人道上のイメージを回復させる役にも立つはずであった。現にハンガリー難民は、抑圧に勇敢に抵抗した自由の闘士としてイギリスに敬意と好意をもって手厚く迎えられたが[45]、アメリカにおいてほど、メディアでの反共的な宣伝や同化ぶりの強調、政治的利用の兆候はなかった。このことは、一九四〇年代末からマクミランらイギリス政府の一部閣僚・官僚らが東欧からの在ロンドン亡命者たちの東欧解放・ヨーロッパ統合運動に一定の支援を示し、ナジとも接触していた一方で、政府としてはアメリカのような亡命者の政治利用は危険として慎重に距離を置き、運動の情報収集と管理にとどめた流れを受け継いでいると思われる。[46] またアメリカが徹底していたオーストリアでの難民のスクリーニングは、イギリスの場合、早くも一九五六年一一月二三日に滞留難民の数がふくれあがったオーストリア政府の苦境を理由に廃止された。イギリス国内でも、一部の国会議員が受け入れ難民の中に共産主義の手先が紛れている可能性を指摘したが、政府側がハンガリーの共産主義者の定義は難しく、イギリスの保護下にある難民への脅迫行為は許さないと返答したことで、[47] 懸念はおさえられた様子であった。受け入れ難民の間から秘密警察員の疑いをかけられた者が出た際の政府当局の対応も冷静で、尋問後嫌疑を否定し、念のため別施設に移動させたのみで、[48] 国外追放を何回も行なったアメリカとは対照的であった。この意味でもイギリスの難民受け入れにおける「冷戦の論理」は薄く、むしろ、帝国・英連邦としての人道的な緊急避難受け入れの要素が強かったことがわかる。

渡英を希望する一般難民の具体的な受け入れ作業は、上述の民間団体によるオーストリアからの送り出し、入国後のＢＣＡＲの統括と、地方の官庁や各種ボランティア団体の協力によって実行された。難民はハンプシャーなど各地の軍施設を転用した受け入れセンター（キャンプと呼ばれた）へ分散移動し、その後各種宿泊施設にさらに移動して、英語のレッスンを受けながら、主に一九四〇年代末にイギリスに入国したハンガリー人の通訳つきで家や仕事の斡旋を受けた。この過程でも市民の役割は大きかった。イギリス政府やＢＣＡＲは、難民に英語習得とイギリスの生活様式への同化が不可欠と考えた。そのため一九五七年一二月まで、政府中央情報局は難民向けのマジャール語の週刊新聞を発行・配布して重要情報の提供や噂の否定、イギリス生活への適応支援を行なった。[49]

もうひとつ、アメリカの対応と対照的だったのは、すでにボン・テンポがヨーロッパ諸国とアメリカの戦後難民政策の一般的な差として指摘している点であるが、イギリス政府や企業が難民に労働力の補塡を期待した点であった(50)。イギリスでは上述の第二次大戦直後のポーランド人やバルト三国人の労働力としての受け入れの流れをくむものと位置づけられるが、政府の承認のもと、国有炭鉱を経営している国家石炭会社（National Coal Board: NCB）が、一万二〇〇〇人の炭鉱夫の欠員をハンガリー人難民に英語と技術訓練を施すことで補充する計画にとりくんだ。NCBはオーストリア各地に直接のリクルート拠点を複数作り、一九五七年二月には三九〇〇人の難民を選んで入国させ、訓練を始めた。しかし実際には、移民労働者を低賃金で雇わないという、戦前に闘争で勝ち取った取り決めが覆される恐れから、イギリス人炭鉱夫の反対が強く、採用が実現したのは五二九名にとどまり、訓練を受けた人々の多くは他の就職口を見つけたのである(51)。

難民に学生や若者が多かったことは既に述べたが、イギリス政府や大学教育者、民間団体がそろって、難民学生の大学への受け入れや技術訓練、英語教育を重視していたことも特筆すべきであろう。ロンドン市長基金によって、難民の中で合計約五〇〇名の学生にイギリス各地の大学で英語学習と学業修了の機会を与える計画が発足した。動乱直後より学生や教員からなるハンガリー協会が活発に「革命」の支援活動をしていたオックスフォード大学を筆頭に、ロンドン大学、ケンブリッジ大学などの役職者や教授たちが、主要大学によって作られた総長学長委員会（Committee of Vice-Chancellors and Principals: CVCP）の協力のもと、オーストリアに出かけた。彼らはBCと協力して選考や所属先決定を行ない、結果として約五〇〇名が高等教育機関に仮登録され、約三九〇名が実際に大学に登録した。オーストリア政府も選考の便宜のために途中から難民キャンプで学生を別に収容するようになった。難民学生たちは選考から実際の学生生活に至るまで、イギリス各大学の教授や地元のNGO、学生たちから熱心な歓迎・支援を受け、ほとんどの大学でイギリス人学生と同じ寮で生活を共にし、盛んに交流をした[52]。イギリス政府当局も、学生たちを「貴重な財産」であり、教育や訓練をとおして労働人口のギャップを埋めて国家経済へも貢献する人材であると強調した[53]。将来の労働人口構成者としての期待が看取されるとともに、当時のイギリスがバンドン会議・スエズ戦争を経て、国際社会におけるイメージを改善し影響力を維持するために対外文化政策、なかでも英語教育や留学生招致をより重視する政策をとりはじめていたこと[54]とも軌を一にする。

同じ時期に、スエズ戦争のため、エジプト在留のイギリス領マルタ人やイギリス系住民計六〇〇〇人が追放されて本国に難民として受け入れられていたが、その多くはイギリス臣民（British subjects）の地位を持っていた。そのため、上記のようなハンガリー難民受け入れ政策には、教育や職業の訓練・斡旋の面でエジプトからの難民の方にいっそう手厚い対応が必要と考える政府の配慮や一部の国会議員・市民の意見による制約もあった[55]。この点もイギリスの難民対応に特徴的であったが、前述の移民国でないことの強調とあわせて、帝国の遺産ゆえの対応であったといえよう。

四　ハンガリー難民対応をめぐる英米関係

以上のようにハンガリー難民をともに自由の闘士として受け入れる姿勢を示しながら、異なる対応をした英米であったが、対応に関する直接交渉がなされたのは、難民の移送費用についてと、イギリスからアメリカへの再定住希望についての二件であり、ここにも両国の方針の違いが現れた。まず、オーストリアから受け入れ国への難民の移送経費は、各国政府や各種民間団体からの寄付をもとに、主に前述のＩＣＥＭ、ＷＣ

Ｃ、国際連合などがまかなっていた。特にＩＣＥＭは、一九五一年に第二次世界大戦後のヨーロッパにおける難民問題を解決するために、アメリカの資金援助を受けて設立された団体で、難民の受け入れ国決定や移動に貢献し、ハンガリー難民の一時避難先からの送出でも大きな役割を果たしていた。[56]イギリスは未加盟であったが、初期のハンガリー難民受け入れの移送費用の大部分をＩＣＥＭから供与されていた。一九五六年一二月にＩＣＥＭはイギリスに基金への応分の経費負担と貢献を求め、これは主にアメリカの意向と考えられた。五七年三月のＩＣＥＭ執行部会議でも、再びイギリスに委員会基金へのさらなる貢献が要請された。この会議でアメリカは、ＩＣＥＭにヨーロッパ諸国から第三国への難民の移動費用として新たな寄付を行なうが、それを利用するヨーロッパ諸国にユーゴスラビアから同数の難民受け入れを期待するとも述べた。イギリス政府はアメリカ政府の担当官僚に書簡を送り、五六年末の緊急受け入れでは経費について誤解もあり調整が不十分だったことや、その後のイギリス負担による四五〇〇人近い難民受け入れの実績や委員会への四万ポンドの寄付を強調して、委員会の一定の理解を得た。しかし結局、誠意を示す対応として、ユーゴスラビアからの難民二五〇名程度の受け入れを実施した。[57]

ヨーロッパ難民を対象としヨーロッパ諸国政府からなる組織であるＩＣＥＭに域外国ながら設立当初から積極的に関与し、自国の難民受け入れ継続が不可能な中、ユーゴスラビアに残る難民の第三国への移住促進のために資金供与を続けた[58]アメリカの熱意と、ヨーロッパの一国でありながら加盟をせず支援を受けることが主だったイギリスの態度は対照的であった。その理由は、やはりアメリカが冷戦構造の中で、前政権のトルーマンドクトリン以来、ヨーロッパでの共産主義封じ込めへの積極的関与を自負してきたことと、その一環として主に東欧からの「鉄のカーテン難民」への手厚い保護とその宣伝、政治的利用を推進してきたことがあろう。さらに移民法と前述の国内世論の制約で実質的な受け入れ継続がかなわない苦境の中、せめて資金面と運営面で貢献したいという意欲の表れが、上記のイギリスへの圧力となったと考えられる。あわせて前政権の積極的対外政策の立案者だった「トルーマン難民」と自称する政治家たちに運営されていたフォード財団[59]が、後で述べるように、ハンガリー難民の知識人や学生のヨーロッパ各国の大学への受け入れ支援に積極的に関与していたことも、同じくアメリカ政府が難民受け入れ継続の手足を縛られていたことへの代償的対応としてみることができよう。他方イギリスは、欧州経済共同体（ＥＥＣ）発足（一九五八年一月）の前であったことや、アジア・アフリカ諸国の脱植民地化と反植民地主義的連帯、スエズ戦争、前述の旧植民地からの入国者急増など内外の重大案件が重なる中、「移民国ではない」との主張が重要になる一方で、より近いはずのヨーロッパ大陸諸国との協力を、ＮＡＴＯへの軍事的コミットメントを除けば、まだそれほど重視するに至っていなかったのではないか。

もうひとつの英米間の懸案は、イギリスに入国した難民のうち約二〇〇〇人が、アメリカへの再移住を期待して渡航しており、それが実現されていなかったことである。一九五六年一二月頃からいくつかの受け入れキャンプで再移住を求める難民の不満が高まり、翌年一月末にはチェシャーのキャンプ代表から首相への陳情書が出され、二月にはいくつかのキャンプや集住地で宿舎経費の支払い拒否や就労拒否のストライキなどにエスカレートした。一部の地域では地方当局者が憤慨し、難民に対する住民感情が同情から反発に変わったとの内務省の報告もあった。この件はタイムズ紙、マンチェスター・ガーディアン紙などにも報道された。イギリス政府は、事情調査の末、一部の難民がオーストリアで後日アメリカへの再移動が可能である旨を聞いたと記憶していることから、訂正声明を出したり、アメリカに受け入れを要請・打診するなどして対応した。難民の中にはハンガリーやオーストリアに戻る者もいた[60]。その際のイギリス外務省や内務省文書の論調には、アメリカに対して、ＩＣＥＭへのイギリスの資金貢献を求めるだけでなく、もっとハンガリー人難民を受け入れて欲しいという不満や要求が強かった。[61] しかし、意外な点は、難民が自国よりアメリカへの定着を望むことへの落胆や、イギリスを安住の地とするよう難民を慰留するような論調や対応は見当たらず、難民のカナダ、アメリカ、オーストラリアへの再渡航やハンガリーへの帰国[62]に対して淡々としていたことであった。対外文化政策においてはアメリカの人気や影響力へのライバル意識を垣間見せた[63]ことと対照的であったが、ここにもやはり、自国はアメリカと異なり「移民国ではない」というイギリス政府の基本姿勢が反映されていたものと思われる。

以上のように、ハンガリー難民受け入れをめぐる英米関係は、競って受け入れるようなライバル関係はないかわりに、大局的・計画的な分担・協力もなく、反共のための姿勢の一致と部分的な再移動の調整以上のものは見受けられなかった。その理由としては、上述のような動機と目的の違いがあり、またスエズ戦争による英米関係の悪化の影響があったと思われる。しかしこのような英米関係が対ソ同盟のあり方や冷戦構造にもたらしたものがなかったわけではない。

五　トランスナショナルな支援・交流の活発化

英米政府がそれぞれの移民政策の事情や政治的制約のため、難民救済で十分に協力できない間に、以下のような非政府レベルの協力が進展した。ハンガリーの反政府運動と難民に占める学生の割合は高かったため、ＩＣＲＣや各種キリスト教団体に加えて、同じく非政府の世界大学奉仕団の呼びかけや連携により、アメリカでは前述のフォード財団やロックフェラー財団が、自国だけでなくイギリスなどヨーロッパ諸国の大学がハンガリーからの知識人や学生を受け入れるための資金を寄付したことは特筆すべきである。[64]フォード財団はまた、アメリカ政府が反共宣伝組織として動乱前に設立しパリにヨーロッパ本部を置いていた学生支援組織の自由ヨーロッパ亡命大学にも資金援助を行ない、多くのハンガリー難民学生に奨学金を与えさせた。[65]またイギリスでは、ＣＶＣＰなどの各大学関係者や大学生ら、ロンドン市長基金を支えた市民たちが、難民学生の積極的な受け入れと集中的な英語教育、生活支援や冬季のホームステイなどを含めて、手厚い対応を推進した。[66]この受け入れ過程では、フォード財団の職員や学生選抜委員たち、イギリスのＣＶＣＰなどの大学役職者たち、イギリス人大学生たちによる、オーストリア各地の難民キャンプ訪問も盛んに行なわれた。[67]したがって難民キャンプにおけるハンガリー出身と英米諸国出身の学生・知識人どうしの接触・交流も盛んになった。

また一九五六年一二月には、イギリス、マンチェスター大学の著名なハンガリー人教授マイケル・ポランニーを筆頭にし、パリ大学のレイモン・アロンらが主要メンバーで、ＣＩＡが援助する「文化的自由会議」の支援を受けた知識人の国際団体「科学と自由委員会」が、在英ハンガリー・ソ連大使館宛に、ハンガリーの状況への憂慮と、同国における知的自由、外国の学者らとの自由な相互訪問や文化的接触の復活を求める書簡を送っていた。イギリス首相や下院にも写しと理解を求めるメッセージが送られた。[68]同じ頃に汎ヨーロッパ運動を推進していたオーストリアのクーデンホーフ・カレルギー伯は、スイスなどで学生たちに対し、ハンガリーの「革命」はヨーロッパの一体性認識を強め、ヨーロッパはハンガリー支援をするべきであり、そのためにはソ連と交渉すべしと訴える活動をしていた。[69]

難民たち自身もウィーンなどを本部にトランスナショナルな難民組織を結成し、国際会議やアドヴォカシー活動を行なった。一九五七年夏には前述のアメリカ系組織ＮＣＦＥの要請に従って、一部の団体が動乱前からの既存の在外ハンガリー人団体と統合して「ハンガリー人委員会」（マジャール語での略語はＭＢ）を結成するなどしていた。[70] 五七年三月に設立された別団体の「在外ハンガリー人連合」は、動乱前後の新旧移民・難民によって組織され、ロンドンにオフィスを開き、前述のＣＩＡ系列の「文化的自由会議」の資金援助を受けていた。[71] 至る所で、アメリカ政府の意向を受けて組織されたトランスナショナルな反共団体が非公式に在外ハンガリー人の活動に支援や影響を与えていたことがわかる。

また、この間、ウィーン、ロンドン、ニューヨーク、カナダ、オーストラリアなど各地でマジャール語の新聞や雑誌が発行された。[72] イギリスに難民が到着して間もない一九五六年一一月二八日には、ロンドンの大ホール、ロイヤル・アルバート・ホールで、「欧州大西洋グループ」主催でソ連の抑圧への抗議集会が開かれた。難民の若者たちも出席し、その一人や国会議員たち、二人の英国国教会大主教、労働組合のリーダーたちが演説をした。[73] 翌年一〇月の民衆蜂起一周年前後には、ロンドン、ワシントンなど各地でハンガリー人団体や支援者による記念集会が開かれ、ハンガリーの抑圧を非難する決議や演説が行なわれた。[74]「在外ハンガリー人作家連合」は同年一一月四日の第二次介入の一周年にロンドンで英仏の新聞社と共催で抗議集会を開き、著名なイギリス人ジャーナリストら支援者も出席し、アルベール・カミュ、Ｔ・Ｓ・エリオットからのメッセージも受け取った。[75] 五八年の六月にはマンチェスターで、ソ連に処刑されたナジら改革リーダーたちの死を悼み、祖国に自由を求めるハンガリー人四〇〇人のデモ行進も実施された。[76] このような集会の事例からもわかるように、国内外の支援者たちとハンガリー難民の交流と連携も深められた。

イギリスの大学に入った難民学生たちも、英語学習や学業の合間を縫って、頻繁にロンドンやヨーロッパ各地を訪れて国際会合などに参加し、母国やヨーロッパ各地のハンガリー人学生たちと連帯し、西側学生とも交流して国際学生組織の協力を得る活動を積極的に行なった。そして動乱前のハンガリー人学生運動団体の流れをくんだ難民学生の世界組織「自由ハンガリー人学生連合」（Union of Free Hungarian Students: UFHS）をスイスに設立し、イギリスに地域支部を作った。[77] アメリカに渡ったハンガリー人難民学生も「革命」支援活動をとおして「米国ハンガリー人学生協会」（のちに北米規模に拡大）を設立し、アルゼンチンのハンガリー人学生組織や、さらにUFHSと連合して、イギリス、オーストリア、ベルギー、フランスを含む一一カ国に連携グループを持つまでになった。[78] ヨーロッパの一部のUFHS所属組織は自らを第三世界の学生と同一視した。また在米ハンガリー人学生はアフリカ人留学生と交流をしてアフリカン・セミナーや南米セミナーを開いて発展途上国の実情を知るとともに、同様に抑圧からの解放運動であるとしてアフリカ人学生の共感を得ることもあったという。[79] 一九六〇年にはロンドン大学政治経済学院（LSE）とスイスのフライブルク大学の大学院生二名が中心となり、「在外ハンガリー人学生革命委員会」として、両ドイツ承認などの外交、在外駐留軍撤退などの軍事的措置、自決承認などの政治的対応の三段階で世界の東西二極化を緩和する提案書を国連に提出した。提案書は四カ国語で東西両陣営・中立諸国の外務大臣らに送られ、国連政治局長、アメリカの国連代表やジョージ・ケナン元駐ソ大使、フランスのピエール・マンデス゠フランス元首相、イギリスの労働党議員らから好意的な反応があった。[80] まさに難民学生たち自身がトランスナショナルに連携して意図的に冷戦構造を変えようとしていたのである。

これらの難民学生たちの身軽な国際移動とトランスナショナルな交流・連携への貢献は注目に値しよう。たとえば、イギリスの大学に受け入れられた難民学生の半分以上は、渡英後二年足らずの間に、旅行やブリュッセルの世界博覧会見学なども含めて、イギリス以外の少なくとも一つ、多くは二から三カ国のヨーロッパ諸国を訪問したという。一九五〇年代の母国では海外渡航はほとんど不可能で、行けてもソ連のみだったため、学生たちには与えられた自由を十分に生かして世界を見たいという気持ちがあったようだ。[81] まさに移動の自由こそが西側自由世界の特徴であり、折しも一九五六年九月から、アメリカのアイゼンハワー政権が冷戦政策の一環として「ピープル・トゥー・ピープル・プログラム」と名付けて市民の相互訪問や交流を促進し始めたこととも軌を一にしていた。(82) なかでも一九五八年の春から秋にかけて開かれたブリュッセル博覧会へのアメリカの参加は、ソ連東欧内部への文化的浸透政策の一環であり、モスクワで翌年夏に開催されたアメリカ博覧会の予行演習でもあった。事務局長によれば「アメリカのために、文化的、知的、精神的に「スプートニク」を行なう」という意義づけがなされ、軍事面でのスプートニク・ショックを克服するためにアメリカ政府が特に力を注いだものであった。ブリュッセル博覧会には、ヨーロッパの言語に通じた一九一人のアメリカの若者がパビリオン・ガイドとして参加し、現地で人気を博した。(83) この博覧会は東側諸国の人々やハンガリー人難民学生にとってまさに西側のショーウインドウだったのである。イギリスもまた、バンドン会議、スエズ戦争後に文化外交政策を改革する中で、訪問外交や人的交流を重視し始めていた頃であった。(84) 現に在英ハンガリー人学生たちは自分たちのこのような頻繁な移動・交流を「スタディ・ツアー中」と呼んでいたが、(85) そこに祖国ハンガリーを抑圧から解放したいという熱意が加わっていたことは間違いなかろう。在米難民知識人の一部には、日本を含めたアジア諸国を回って、現地のリーダーたちにハンガリーの自由化運動への支援を求める活動をし、現地新聞の注目を集めた者もあった。(86)

ここまで論じてきたように、英米それぞれのハンガリー動乱後の難民受け入れ政策は、冷戦と脱植民地化の交錯や動乱と同時に起こったスエズ戦争をめぐる政策決定者の思惑、両国それぞれの移民政策における制約のために、短期・緊急のものであった。政府間協力も十分ではなく、一九五七年末でほぼ終わりを迎えた。しかしアメリカでは政府主導とはいえ民間財団やＮＧＯの貢献があり、そしてイギリスではやはりＮＧＯや大学関係者・学生・市民の難民受け入れへの支援活動はめざましかった。それがハンガリー難民とその支援者たちのトランスナショナルな連帯を生み、またごく一部ではあるが第三世界運動との接点や冷戦の二極構造を変えようとする動きにつながって、東欧と西側世界の間、特に若者・知識人たちの間にいくつかの小さな通気孔をあけたといえるのではないか。これらのハンガリー自由化や一部にせよ冷戦構造の変化を求めるトランスナショナルな連帯が、アメリカの公民権運動や、冷戦構造を変容させることになる一九六八年の世界各地での学生運動と、直接的なつながりを持っていたかどうかは、まだ不明である。しかしながら、難民の自発的な活動と、主にヨーロッパの知識人や学生たちの自発的な支援活動を推進力として、英米の政府間レベルでは実効性を持たなかった協力が皮肉にもアメリカ政府の民間団体を通しての反共政策やそのネットワークを利用する形で発展していったことは興味深い。またこのことによって、難民対応に関する同盟内協力が、政府間協力からトランスナショナルな民間協力との二本立ての形へ多層化したともいえよう。

その後、イギリスの主導により、ヨーロッパやアジアに残る難民の救済により広い国際的協力を得るため、各国政府やハンガリー難民支援諸団体と重なりつつより広い民間組織・国際NGOや大学生らが参加して、一九五九年から一九六〇年にかけて国連の認定を受けた「世界難民年」の国際キャンペーン活動が行なわれた。[87] 紙幅の関係で本稿では詳しく論じることができないが、この活動によってハンガリー難民受け入れで多層化した同盟内協力がよりグローバルな規模に拡大し、一部の共産主義諸国までも巻きこんだ。そして、国連の難民年制定をうけることによって、同盟の枠組みやイデオロギーを超えた規範重視の国際協力として推進されるようになった。同時に協力するアクターもさらに多層化、多様化することになったと言えよう。

(1) Eva Haraszti-Taylor, ed., *The Hungarian Revolution of 1956: A Collection of Documents form the British Foreign Office* (Astra Press, 1995), Appendix II, pp.387-397. Charles Gati, *Failed Illusions* (Stanford University Press, 2006), Chapter 5. Carl J. Bon Tempo, *Americans at the Gate* (Princeton University Press, 2008), pp.61-63.

(2) Gyula Borbándi, 'Hungarian Emigrants and the Revolution', in Lee Congdon, Béla K. Király and Károly Nagy, eds., *1956 : The Hungarian Revolution and War for Independence* (Columbia University Press, 2006), p679. Haraszti-Taylor, *Collection*, Appendix II.

(3) *Ibid*., pp.236-237, 245-248, 257-258.

(4) Peter G. Boyle, ed., *The Eden-Eisehower Correspondence, 1955-1957* (University of North Carolina Press, 2005), p. 152. Walter L. Hixson, *Parting the Curtain* (St.Martin's Griffin, 1998), p.81. Gati, *Failed Illusions*, pp. 179-180, 189-191.

(5) Borbándi, 'Hungarian Emigrants', p.684.

(6) Francoise Perrot, 'ICRC operations in Hungary and the Middle East in 1956', *International Review of the Red Cross*, no.313, 1996 (ICRC Homepage:http://www.icrc.org/eng/resources/documents/misc/57jn8c.htm 二〇一三年二月三日アクセス). Peter Gatrell, *Free World?* (Cambridge University Press, 2011), pp.50, 127.

(7) Borbándi, 'Hungarian Emigrants', pp.684-685.

(8) *Ibid*., p.692. Arthur A. Markowitz, 'Humanitarianism versus Restrictionism', *International Migration Review*, vol.7, no.1 (Spring 1973), p.51.

(9) Magda Czigány, "*Just Like Other Students*" (Cambridge Scholars Publishing, 2009), p.18.

(10) Haraszti-Taylor, *Collection*, pp.253-256. László Papp, 'Hungarian Students in the New World', in Congdon, *1956*, p.712.

(11) Borbándi, 'Hungarian Emigrants', pp.677, 685-691.

(12) 齋藤嘉臣「亡命者のヨーロッパ統合運動」『金沢法学』第五二巻、第二号、七一一—七三三頁。Hixson, *Parting*

the Curtain, pp.59, 61. Gati, *Failed Illusions*, pp.96-97.

（13）Bennett Kovrig, *Of Walls and Bridges*（New York University Press, 1991）, p.65.

（14）Frances Stonor Saunders, *Who Paid the Piper*（Granta Books, 1999）, pp.71-72, 86-89, 93, *passim*.

（15）Gati, *Failed Illusions*, p.180.

（16）*Ibid*., pp.199-200. Borbándi, 'Hungarian Emigrants', pp.677-679, 682.

（17）*Ibid*., pp.686-687. Gati, *Failed Illusions*, pp.2, 92, 96-97, 102.

（18）*Time*, vol.69, no.1 , 7 January 1957, front cover.

（19）Bon Tempo, *Americans at the Gate*, pp.66-74. Markowitz, 'Humanitarianism', pp.46-49.

（20）*Ibid*., p.46. Borbándi, 'Hungarian Emigrants', pp.678, 682.

（21）Markowitz, 'Humanitarianism', pp. 50-57. Bon Tempo, *Americans at the Gate*, pp.70-77, 82-85.

（22）*Washington Post*, 30 May 1957 など。

（23）The National Archives（TNA）, FO371/127712/GP22/344.

（24）Borbándi, 'Hungarian Emigrants', p.685.

（25）Markowitz, 'Humanitarianism', pp.50-51. Bon Tempo, *Americans at the Gate*, pp.73, 75.

（26）TNA, FO371/127712/GP22/326.

（27）Bon Tempo, *Americans at the Gate*, pp.77-81.

（28）*Ibid*., p.81. Markowitz, 'Humanitarianism', pp.56-57.

（29）*Ibid*., p.56.

（30）Bon Tempo, *Americans at the gate*, p.80.

（31）Gatrell, *Free World?*, pp.96-97. 畑中幸子「難民」峯陽一、畑中幸子編著『憎悪から和解へ』（京都大学学術出版会、二〇〇〇年）、二五頁。

（32）Tony Kushner and Katharine Knox, *Refugees in an Age of Genocide*（Frank Cass, 1999）, p.248.

（33） TNA, CAB129/88, 'Colonial Immigrants', 10 July 1957, p.1.

（34） Raymond F. Betts, *Decolonization, 2nd edn.*（*Routledge, 1998*）, *Chapter 7: Outside In: Colonial Migration, p.78.*

（35） TNA, CAB129/93, 'Commonwealth Immigrants', 18 June 1958, p.1.

（36） J.M.Lee, 'British Cultural Diplomacy and the Cold War: 1946-61', *Diplomacy and Statecraft*, Vol.9, No.1（March 1998）, p123. TNA, DO35/5216, no.27, Lord Swinton to Lord Salisbury, 15 March 1954. TNA, CAB129/93/C（58）129ほか。

（37） *Manchester Guardian*, 13 December 1956.

（38） Czigány, *"Just Like Other Students"*, pp.24, 31. *Manchester Guardian,* 10 March 1957（letter to the editor by George Mikes）.

（39） TNA, CAB129/93/C（58）143.

（40） Kushner, *Refugees*, pp.245, 249-251. Czigány, *"Just Like Other Students"*, pp.24-33. Gatrell, *Free World?*, pp.49-52.

（41） *Ibid.,* pp.24,44. Kushner, *Refugees*, p.245. TNA, FO371/127709/GP22/249.

（42） TNA, FO371/127699/GP22/11.

（43） TNA, FO371/127699/GP22/13, 'Report to the President on Hungarian Refugees', by Office of the Vice President, 1 January 1957.

（44） Haraszti-Taylor, *Collection*, pp.253-256. TNA, FO371:127708/ GP22/210; 127708/GP22/211; 127709/GP22/245; 127709/GP22/247.

（45） Kushner, *Refugees*, pp.249-250. TNA, FO372/122386/NH10110/450. *Manchester Guardian,* 17 and 29 November 1956.

（46） 齋藤「亡命者のヨーロッパ統合運動」、六九―八二、九二―九四頁。

（47） Kushner, *Refugees*, pp.249, 255.

（48） *Manchester Guardian*, 17 January 1957.

（49）Kushner, *Refugees*, pp.250-254. TNA, FO371/127705/GP22/142.

（50）Bon Tempo, *Americans at the Gate*, p.37.

（51）TNA, PREM11/1415: 'Hungarian Refugees', H.P.(56) 25th Meeting, 19 December 1956; 'Hungarian Refugees', 18 December 1956, H.P.(56)153, Appendix B. Czigány, "*Just Like Other Students*", pp.86-89. Kushner, *Refugees*, p.254. *Manchester Guardian*, 11 March 1957.

（52）Czigányの著書はこの学生受け入れの詳細な記録である。Czigány, "*Just Like Other Students*", pp.32, 55-59, 104, 152. TNA, PREM11/1415, 'Hungarian Refugees'.

（53）Haraszti-Taylor, *Collection*, pp.253-256. TNA, PREM11/1415, 'Hungarian Refugees Re-emigration to Canada', 17 December 1956, H.P.(56)151.

（54）都丸潤子「解体する帝国の対外文化政策」平野健一郎、古田和子、土田哲夫、川村陶子編『国際文化関係史研究』（東京大学出版会、二〇一三年）、四九七―五〇四頁。

（55）TNA, FO371/127706/GP22/171. Czigány, "*Just Like Other Students*",p.44（市民の意見について）. 下院議員の意見については、*Manchester Guardian*, 9 March 1957.

（56）Gatrell, *Free World?*, pp.7, 17, 124. Bon Tempo, *Americans at the Gate*, p.37.

（57）TNA, FO371:127704/ GP22/129; 127709/GP22/253 & 256; 127711/ GP22/281; 127712/GP22/342.

（58）'Progress Report on "United States Policy toward Yugoslavia"（NSC5601）', Doc.301, Washington, 24 April 1957, *Foreign Relations of the United States, 1955-1957*, vol. XXVI, p.771.

（59）牧田東一「帝国の文化的支配装置としての財団」平野、古田、土田、川村編『国際文化関係史研究』、四八〇頁。

（60）TNA, PREM11/1415: Pittam to de Zulueta, 5 January 1957; 'Hungarian Refugees', H.P.(56) 25th Meeting, 19 December 1956. TNA, FO371:127705/GP22/139; 127706/GP22/155 & 171; 127709/GP22/239; 127711/GP22/281; 127712/GP22/342. *Manchester Guardian*, 5, 7, 8, 28 February, and 10 March, 1957.

（61）TNA, FO371/127706/GP22/174.
（62）一九五七年九月初めの時点で、約五〇〇〇人がカナダに再移住し、約七〇〇名がハンガリーに帰国、五〇〇名をオーストラリアに受け入れてもらうため最終調整中との記録がある。TNA, FO371/127713/GP22/364.
（63）都丸潤子「イギリスの対東南アジア文化政策の形成と変容」『国際政治』第一四六号（二〇〇六年一一月）、一二七頁。
（64）Czigány, “*Just Like Other Students*”, pp.98-99. TNA, FO371: 127709/GP22/236; 127711/GP22/292.
（65）Hixson, *Parting the Curtain*, p.66. Czigány, “*Just Like Other Students*”, pp.100-101, 131.
（66）*Ibid.*, Chapters IV, VII, *passim*.
（67）*Ibid.*, pp.51, 98-100. イギリス人、アメリカ人、ノルウェー人の学生らがハンガリーに潜入して当局に逮捕された事例もあった（TNA, FO371/127705/GP22/142.）。
（68）Czigány, “*Just Like Other Students*”, p.35. Haraszti-Taylor, *Collection*, pp.243-244.
（69）*Ibid.*, pp.260-261.
（70）TNA, FO371/128688/NH10110/706&707. Borbándi, ‘Hungarian Emigrants’, pp. 686-690.
（71）*Ibid.*, p.690.
（72）*Ibid.*, pp.691-693.
（73）*Manchester Guardian*, 29 November 1956.
（74）‘Meeting on Hungary’, *Washington Post*, 23 October 1957. *Times*, 24 October 1957.
（75）*Manchester Guardian*, 5 November 1957.
（76）*Manchester Guardian*, 23 June 1958.
（77）Czigány, “*Just Like Other Students*”, pp.145-148, 193-195.
（78）Papp, ‘Hungarian Students’, pp.710-732.

（79）*Ibid.*, pp.725, 729.

（80）Czigány, "*Just Like Other Students*", pp.188-190. *Evening Standard*, 2 December 1960. 二学生のうちＬＳＥにいたLászló Huszárはその後ガーナ、クマシの科学技術大学の学部長として国連とも提携してガーナの地域開発に、のちにはコンサルタントとして東南アジア開発に貢献し、晩年は在英ハンガリー民族協会の事務長をつとめた（'Obituary: Laszlo Huszar', *The Times*, 14 July 2007）。

もう一人のGéza Ankerlは社会学者となり第三世界の都市化問題などについて著作を出版している（Wikipedia Hungary: http://hu.wikipedia.org/wiki/Ankerl_Géza, 二〇一三年二月五日アクセス）。

（81）Czigány, "*Just Like Other Students*", pp.193-194.

（82）Gatrell, *Free World?*, p.38.

（83）佐々木卓也『アイゼンハワー政権の封じ込め政策』（有斐閣、二〇〇八年）、一五四―一六〇頁。

（84）都丸「イギリスの対東南アジア文化政策の形成と変容」、一三一―一三二頁。

（85）Czigány, "*Just Like Other Students*", p.146. Papp, 'Hungarian Students', p.720.

（86）Susan Glanz, 'Hungarian Studies Association', in Congdon, *1956*, pp. 736-757.

（87）Gatrellの著書は世界難民年キャンペーンの起源と成果の研究である。

第2部

冷戦体制の変容と同盟変容

——存続する同盟と崩壊する同盟

中ソ友好同盟相互援助条約の調印を記念して
1950 年に発行された、中華人民共和国の記念切手

5章

ひ弱な同盟
冷戦下アジアにおけるアメリカの安全保障関係

ロバート・J・マクマン

本章は冷戦期アジアにおいて、アメリカが締結した主要な同盟の起源とその展開について考察する。六カ国との二国間同盟条約、すなわち、タイ、パキスタン、フィリピン、日本、韓国、台湾との同盟関係に焦点を合わせる。本章はまた、冷戦初期の主要な地域的集団防衛組織である東南アジア条約機構（SEATO）の出現から崩壊にいたる過程を検討する。SEATOは主として、中ソからの侵略の可能性を抑止する手段として一九五四年に創設されたが、脆弱で問題を抱えており、一九六〇年代末までにはほぼ機能不全に陥った。

加えて、本論では、SEATOとは非常に異なるタイプの多国間条約である東南アジア諸国連合（ASEAN）とアメリカとの両面価値的な関係についても考察する。ASEANは一九六七年、ヴェトナム戦争の最中にSEATOに対抗するものとして誕生した。ASEANはアメリカの地域的へゲモニーに代替する域内組織として頭角を現すが、アメリカはヴェトナム戦争の激しい後遺症に悩まされる中、同組織を不承不承受け入れることになった。ところが、この組織は多くの点で、アジア太平洋という、より広範囲な地域における最も永続的な機構となった。

第一節は同盟形成過程に焦点を当て、冷戦初期にアメリカが、アジア諸国と正式の同盟関係を奨励し、支援することになったいくつかの理由の検討に重きをおく。本節はまた、同盟構築とアメリカの、より広範な地球的利益の追求との間に認められる有機的な結びつきを重視するが、他方で、アジアの同盟諸国がワシントンとの同盟の絆を受容することになった、しばしば非常に多岐にわたる安全保障と政治的ニーズにも関心の目を向ける。

それゆえ、本章はこれらの同盟関係をそれぞれ悩ますことになった緊張と重圧のいくつかを強調する。これらの同盟は、日本と韓国の重要な事例を除けば、ほぼすべてのケースで、崩壊することになった。ここでは、これらの同盟の大部分が当初から抱えていた本来的な不安定を悪化させた、相異なる多様な脅威認識、とくに中国に関する脅威認識の存在を重視する。七〇年代初めの米中和解は、とくに台湾、タイ、日本との提携にとって、そうした関係悪化の初期要因となった。

同盟の模索は、冷戦初期のアメリカ外交政策の主要なテーマをなす。四〇年代末から五〇年代半ばまでに、アメリカはヨーロッパ、ラテン・アメリカ、中東、アジア・太平洋地域において、多くの国と安全保障上の結びつきを強めた。ハリー・S・トルーマンとドワイト・D・アイゼンハワーの両政権は、二国間および多国間の安全保障条約を重視した。両大統領とも、財政上の現実がワシントンの能力に対する制約となっていると確信しており、そうした考慮は、均衡予算意識の強いアイゼンハワー政権期にはとくに深刻化した。それゆえ、両政権は同盟諸国に熱心に働きかけ、一連の地域的同盟システムを構築するよう努めた。トルーマン、アイゼンハワー、それに彼らの助言者たちは、協力的な安全保障のパートナーが多ければ、いくつかのアメリカ外交の目的を同時に達成するのに有益だと信じていた。これらの同盟を利用して、アメリカは西側に正式にコミットしている国々と一緒に、中ソを包囲することが可能となる。グローバルな紛争や地域紛争が勃発したさいには、現地の軍隊を活用することができるし、そうなれば、アメリカ兵の生命を犠牲にしなくてもすむ。また、アメリカによる安全保障上の防御壁を構築することによって、抑止力を提供し、アメリカと同盟関係にある国に対する中ソの侵略をおそらく思いとどまらせることが可能となる。さらに、同盟の絆は、西側と大義を共有する用意のある国々に心理的、政治的な後押しを可能にする。アイゼンハワー政権の国務長官ジョン・F・ダレスはしばしば、国家は旗色を鮮明にし、しかも数の中にカウントされる必要があると語った。国務長官と同世代の大半の政治家たちと同様、ダレスにとって、冷戦は巨大な歴史的、道義的重みを持つ問題をはらんでおり、どっちつかずの態度は、まったくもって受け入れられない選択であった。

理論上は、同盟関係にあるパートナー同士は、お互いに有利となり、双方にとって重要な恩恵をもたらす提携を期待する。同盟国はまた、それぞれ常に、同盟の恩恵が、有形無形のいずれであれ、潜在的なコストやリスクを上回ると考えている。基本的な期待が充たされないとか、リスクが利得を上回るとか、あるいは相互性が崩れ始めるということになれば、同盟は緊張し、衰退するか完全に瓦解する可能性がある。この点は自明のことである。政治学者のステファン・M・ウォルツは、同盟形成に関する最も影響力のある著書の中で、同盟を、「二国あるいはそれ以上の主権国家間の安全保障協力のための公式または非公式の取り決め」と簡潔に定義している。ウォルツはさらに、同盟は、弱小国が力において優越する国家に合流しようとする努力、すなわち「勝ち馬に乗る」場合より、外部侵略の脅威に対する共通の不安があるとき、すなわち「バランシング」を必要とする場合に、最も典型的に発展するとの立場に立っている(1)。本論の主張は、ウォルツの定義とは反対に、冷戦初期のアメリカの同盟国のほとんどすべては、異なるパターンを示したというものである。これらの同盟国はそれぞれ、対等な主権国家間の真の提携というより、パトロン＝クライアント関係に近い、非常に非対称的なパートナーシップであった。くわえて、こうした同盟はまた、全く異なるニーズと願望を抱えており、しばしば地域的な脅威についての認識もひどくばらばらであり、それゆえ同盟内紛争の可能性を秘めていることを糊塗していた。

一　東南アジアと南アジアにおける同盟の形成

第二次世界大戦後に米ソ間の緊張が着実に高まるなか、トルーマン政権はラテン・アメリカとの伝統的な絆を強化する行動をとり、一九四七年にリオ条約を締結した。同政権はまた、一七七八年のフランスとの同盟以来初めてのことであるが、友好的な西欧諸国との間に安全保障条約を正式に取り交わした。一九四九年四月の北大西洋条約機構（NATO）の結成は、明らかに冷戦史における一つの画期をなすものである。アメリカは、日本の西欧志向を確保しながら、戦争で疲弊した日本の復興と再建を成し遂げることを重視したものの、この時期、アジアの優先順位はずっと低かった。日本の復興・再建という極めて重要な政策目的は、ダグラス・マッカーサー将軍の占領体制の期間に首尾よく追求された。全体として、アジアは冷戦初期を通して、米ソの政策優先順位においては、ヨーロッパより低い位置づけにあった。

中国内戦での共産主義の勝利、一九四九年一〇月の中華人民共和国の樹立、翌年初めの中ソ同盟の締結、インドシナにおける共産主義主導のヴェトミンの成功に伴い、トルーマン政権は、アジアをもう一つの冷戦の舞台として注視し始めた。一九五〇年六月の朝鮮戦争の勃発は、アメリカの懸念をさらに深めた。アメリカの立場からは不吉に見える、そうした一連の壮大な出来事は、アジアの歴史的趨勢は西側ではなく社会主義陣営の側にあることを示唆していた。トルーマン、ディーン・アチソン国務長官、それに指導的な防衛・外交顧問らは、積極的かつ効果的な西側による対抗戦略が不在な状況では、南アジアと東南アジアの新興諸国の多くは、次第に中ソ陣営に傾き、その結果、全体として、世界の勢力均衡を変えることになるのではないかと恐れた。

アメリカの専門家たちの目には、タイは特に脆弱だと映った。国務省は、中国とヴェトナムにおける近年の共産主義の成功は、タイを内政と外交の両分野で深刻な重圧下に置くことになったとして、朝鮮戦争の勃発前の一九五〇年初めに、同国への軍事援助の必要性を訴え始めた。国務省は、軍事援助なしでは、タイは「共産主義の圧力に持ちこたえられない」し、タイが共産化されれば、それはアジアにおけるアメリカの立場全体にとって破滅的なものとなる、と警鐘を鳴らした。「かりにタイが共産主義勢力の手に落ちれば、マラヤが持ちこたえられそうにない。このことは、韓国からインドにいたるまで、アジア大陸部において、アメリカには信頼できる友好的な同盟国がいなくなることを意味する」。国務省の評価は、このような結論に達した(2)。

タイの強力な指導者ピブーン・ソンクラーム首相は自らの政治的利益はもちろんのこと、自国の利益とアメリカの利益は一致すると考えた。それゆえ、彼はそうした連携によって、内外の敵から自己の政権を守ることができるとの前提のもとに、タイとアメリカとの同盟に乗り気であった。そのため、彼は公然とアメリカの援助と支持を求めた。タイは、フランスによって樹立されたヴェトナムのバオ・ダイ政権を承認したアジアで最初の国家となったし、毛沢東政権の承認を拒絶し、アメリカ軍と国連軍と共に戦うために朝鮮半島に部隊を派遣し、さらには朝鮮での中国の侵略を非難する国連決議案に賛成票を投じた。バンコクの行動はトルーマン政権のアジア政策の目標と完全に合致したので、ワシントンは一九五〇年一〇月一七日、軍事援助協定の締結でそれに報いた。その結果やがて、武器と物資がタイ軍に供給され始めた。ある国務省の政策評価は、「タイは後戻りできない形で共産主義諸国との関係を断ち切り、自由主義諸国の大義に積極的にコミットした」、と喜びを隠さなかった(3)。

アメリカ大使エドウィン・F・スタントンは、ピブーンを良い意味での「ギャンブラー」だと評した。スタントンは、ピブーンがアメリカとの同盟を決意し、中国をこけにした理由として、二つの計算が働いたと見た。「第一は、民主主義諸国は究極的には共産主義諸国との闘争に勝利するだろう。第二に、西側の大義に自国政府をコミットさせることによって、実際には、侵略が発生したさい、国連とアメリカが武力介入し、共産主義からタイを防衛してくれる政策を担保することになる(4)」。

スタントンの分析は、ほぼ核心をついていた。アメリカと同盟を締結するというピブーンの決定は、彼自身や彼の同胞たちの反共主義的信念の産物というより、同盟はタイの歴史的な脆弱感を緩和するという推論の産物であった。タイ首相は武器と援助を求めたが、それは文民官僚を犠牲にして軍部のパワーを増大させることを主たる目的としていた。これらの目的を実現するために、それがいかに国内で不評であったとしても、アメリカが要求する対外政策上のコミットメントを進んで遂行する気でいた。一九五〇年以前の時点では、バンコクの外交選択の幅を縮小したり、中国のような強力な隣国と敵対するような政策に対しては、タイ社会には相当な反対が存在した。結局のところ、アメリカの軍事援助はピブーンと軍部を強化することになった。他方で、より中立的な外交政策を好んだ勢力を犠牲にした結果、同国内の政治力学を歪めることになった(5)。

パキスタンを同盟国として育成するというアイゼンハワー政権の目的は、タイの事例と幾分似ている。パキスタンは一九四七年八月に独立を達成した。パキスタンの指導者たちは、イギリスに訓練された軍将校および文民官僚であったが、彼らは圧倒的に西部地方出身者たちであり、アメリカとの安全保障関係を積極的に追求した。彼らは、主敵インドに対抗して脆弱な国家を強化するため、アメリカに対して武器の供給と同盟関係を求めた。また、パキスタンの支配エリートが武器と同盟関係をワシントンに求めたのは、タイの場合と同様に、自国内における権力基盤を強化するためであった。アメリカとの同盟関係の是非について、タイやパキスタンで自由な住民投票が実施された場合には、結果はほぼ間違いなく圧倒的に反対であっただろう。

一九五四年初めに、アメリカはパキスタンとの間に相互安全保障協定を締結した。この協定にもとづき、ワシントンはカラチに相当量の軍事資材と物資を供給し始めた。その後まもなく、パキスタンはＳＥＡＴＯ加盟国となり、翌年、アメリカが中心になって組織したバグダッド条約に参加した。バグダッド条約は、英米の「北層」戦略によって、中東におけるソ連の侵略を抑止することを目指した地域機構である。パキスタンの国防大臣で、その後大統領に就任するムハンマド・アユブ・カーンの有名な言葉を借りるならば、パキスタンは、「アメリカの同盟国の中の同盟国」となったのである。

アイゼンハワー政権がパキスタンとの二国間・多国間の安全保障の取り決めを締結した論拠の一つは、「旗色を鮮明にし、数の中にカウントされる必要がある」という、ダレスの好んで使う言葉に進んで応えようとする新生ムスリム国家の意思によるものであった。しかし、アメリカの政策形成者たちの間におけるパキスタンの価値は、より根本的には、ソ連、中国、それにペルシャ湾地域に対する地政学的位置から生じていた。くわえて、パキスタンとアメリカの同盟は、重要な情報施設と聴音哨（listening posts）を提供するものであったが、これらの施設は冷戦に関するワシントンの情報収集に不可欠だと見なされた。パキスタンの指導者たちはといえば、同盟はインドに対する自国の安全を高めるものであると信じた。(6)

二　東南アジア条約機構（SEATO）の誕生

アメリカは東南アジアで集団防衛条約の締結を推進したが、それはとくに、インドシナにおけるフランスの軍事的崩壊によって深刻化した脅威認識から生まれた。戦場での敗北と国内の厭戦気分の広がりによって、フランスは一九五四年春のジュネーヴ会議に出てこざるをえなくなった。ジュネーヴでインドシナ問題が協議されようとするその前日の五月七日、ヴェトミンはディエンビィエンフーでフランスに壊滅的な打撃を与えた。アイゼンハワー政権首脳はこの大敗北をフランスの無能さと無気力のせいに帰したが、全体として、西側の安全保障上の利益にとって大きな痛手だと受け止めた。

早くも、フランス軍部隊が降伏する前に、アメリカの外交官たちは、この予想される敗北の衝撃を緩和する方策を模索し始めていた。一九五四年三月二九日の有名な演説の中で、ダレス国務長官は、「共産主義ロシアとその同盟国である中国の政治体制を東南アジアに押し付けることは、それがいかなる方法によるものであれ、自由主義共同体全体にとっての重大な脅威となる」と警告した。そのような脅威は「唯々諾々と容認されるべきではなく」、かりにそれが「深刻な危険」をもたらすものであっても、「共同行動によって対処されるべきである」と主張した。(7)

その後数カ月間にわたって、ダレスは、この共同行動への曖昧な呼びかけを実体化しようと努めた。国務長官の目的は、迫りつつあるインドシナでの軍事的災厄ならびにジュネーヴでの避けがたい外交的後退からできるだけ救済できるものを救済することであった。アメリカの政策形成者たちは、この時期、ソ連ではなく中国を東南アジアでの主敵とみなした。アメリカ統合参謀本部（ＪＣＳ）は、「共産主義中国の侵略的態度と増大する軍事力は、極東の非共産主義諸国にとって、第一義的かつ当面の脅威である」と結論づけていた。ＪＣＳによると、中国は「ソ連による兵站上の支援があれば、その膨大な軍隊の数からいっても、アメリカの対抗力がなければ、南アジア全体を席巻することができるような恐るべき軍事力を有している」というものであった。くわえて、中国の意図は侵略的かつ膨張主義的で、この地域の戦略的資源と余剰米に対する支配を目指しているように見えた。現地の兵力は抑止力としては嘆かわしいほど不十分だとみなされる中、かりに中国が東南アジアを支配した場合、「生計を得るためにこの地域の資源に依存する日本は、共産主義中国との間に歩み寄りを余儀なくされる」。「アメリカの極東政策の要」としての日本は、そうなれば、「中国との妥協」を迫られることになり、その結果は、アメリカの安全保障上の利益にとって悲惨なものとなるだろう(8)。

ＪＳＣ報告は、中国の南方への領土拡大の傾向性について非常な危機感を表明していたが、アメリカのアナリストたちは、こうした主張を支持する証拠をさほど持ち合わせていなかった。しかしながら、そうした一般化された恐怖は、アメリカの政策形成において決定的な影響を及ぼした。ＳＥＡＴＯは、明らかに不十分な組織だと認識していたが、それでもアイゼンハワー政権が重大だとみなす挑戦への、同政権の主要な対応組織として出現した。ダレスの発案で誕生したＳＥＡＴＯは、アメリカ政府内、そしてワシントンとその同盟諸国との間に、一九五四年の春と夏にかけて、活発な議論と相当な意見の対立を引き起こした。論争はジュネーヴでの協議と並行する形で進行した。アーサー・ラドフォード提督とＪＣＳは当初、ＳＥＡＴＯには冷淡であった。彼らは、この安全保障の取り決めの曖昧さを嫌い、恐らく大半のアジアの非共産主義諸国に侮られることになると思われる協定にほとんど価値を見出さなかった。彼らはそれよりもむしろ、中国が東南アジアで侵略を突然開始するようなことがあるさいには、中国に直接報復する計画の方を好んだ(9)。

ダレスは自らが提案している集団防衛の取り決めが、多くの欠陥を内包していることを明白に認識していた。彼はあるとき、驚くほどの率直さで、同条約は「二つの悪のうちのより少ない悪」である、とアイゼンハワーに打ち明けた(10)。しかし、国務長官はまた、SEATOが持つ政治的・心理的利益の重要性を理解していた。アメリカがこの地域に公式にコミットすることにより得られる抑止力としての潜在的価値は、たとえ現地の軍隊に問題があったとしても過小評価できない、とダレスは主張した。彼はまた、東南アジアの非共産主義諸国に対するアメリカの公的なコミットメントもまた、軽んじられるべきではないと主張した。後日、アイゼンハワーとの会談で彼が強調したように、アメリカは、「政治的要因を考慮に入れるべきで、タイ、ビルマ、それにマラヤの人々を味方につけておくためには、中国が破壊されることなく、この地域が中国に席巻されたり、占領されたりすることはありえないという希望を彼らに与える」必要があった(11)。ダレスは六月三日の国家安全保障会議（NSC）会合で自らの考えを説明した。「いずれかの時点で、国家は共産主義のさらなる侵略に立ち向かうだけの力を身につけなければならない。アメリカが中国共産主義の公然たる侵略に本気で抵抗する覚悟があるのであれば、中国共産主義者たちがそのような侵略に走る危険を冒すことはあり得ない」と強調した(12)。

北部を支配するヴェトミンとヴェトナムを一時的に分割することになったジュネーヴ会議の結果に対するNSCの評価は、陰鬱な調子を帯びていた。その結論は次のようなものであった。「共産主義者たちはヴェトナムで前進基地を手に入れた。この位置から軍事的・非軍事的圧力を近隣および遠隔地の非共産主義地域に加えることが可能となる」。この点と同じくらい心配なこととしては、中ソ両国がアジアで軍事的・政治的な威信を増大させたのに対して、アメリカは「威信の喪失」を被ったことだ。その結果、「アメリカの指導力とアジアにおける共産主義のさらなる拡大を阻止する能力に関して、一層の疑念を呼び起こすことになるだろう」[13]。一九五四年八月一二日に開催されたＮＳＣ会合の席で、対外援助機関の責任者であるハロルド・スタッセンが、インドシナにおけるフランスの敗北は、「共産主義者にとっての利得は、それがどこで起きたとしても、われわれにとっての損失である」ということを再び示したと語ったとき、彼はアメリカの外交エスタブリッシュメント全体の見解を代弁した。アイゼンハワーは、このゼロ・サム的な評価に同意したうえで、「われわれはいずれ、この問題に向き合わなければならない。いつまでも、自由世界の領域を失い続けることはできない」と付け加えた[14]。

そうした懸念は、一九五四年九月のマニラ会合の開催に直接結びつくことになった。その結果、ＳＥＡＴＯが誕生した。この条約機構は、アメリカ、イギリス、フランス、オーストラリア、ニュージーランド、フィリピン、タイ、パキスタンから構成されたが、どう見ても、アメリカのグローバルな封じ込め戦略の極めて脆弱な付属物でしかなかった。域内のＳＥＡＴＯ加盟国はわずか二カ国であり、両国ともすでに西側と固く結びついていた。上記両国と域外加盟国パキスタンのプレゼンス以上に重要なのは、インドネシアとビルマが欠けている点と、インドの公然たる敵対心である。ＳＥＡＴＯは、西側に対して正式にコミットする意思のある、域内の非共産主義諸国の数を増やすことに失敗した。実際、インド首相ジャワハル・ネルーは、この機構を西側の押し付けであるとして、痛烈に非難した。この協定はまた、ワシントンとロンドン間の、東南アジア政策と優先順位の相違を鋭く露呈した。ウィンストン・Ｓ・チャーチル英首相が率いる保守政権は、この地域に対する中国の脅威とみなされるものに対するアイゼンハワー政権の執着心を共有していなかった。それだけでなく、ロンドンは、フランスのインドシナからの撤退を西側に対する途方もない災厄とはみなさなかった。

　結局のところ、ＳＥＡＴＯは、ほぼ紙切れ同然の同盟といってよかった。公然たる侵略や国内転覆に対処する能力は非常に限られていた。マニラ会議のアメリカ代表団を率いたアーサー・Ｃ・デービス海軍中将は、ＳＥＡＴＯは「軍事的目的以上に心理的目的」に役立つと述べた時、彼は問題の核心をついていた。彼は、この地域は共産主義の侵略への対処という点では依然として改善されていないと強調した[15]。そうはいっても、ダレスが意図したように、ＳＥＡＴＯの結成は少なくとも、東南アジアの非共産主義諸国に対するアメリカの引き続くコミットメントを示すものであった。もっとも、アイゼンハワー政権の外交政策決定のほぼすべてに影響を及ぼした予算的制約にしたがい、アイゼンハワーは、すでに過剰な課税に苦しむアメリカ国民によって負担されるべき直接的軍事費に制約を加えた。

　フィリピン、タイ、パキスタンといった、ＳＥＡＴＯに加盟したアジア諸国は当然のことながら、それなりの理由があって参加した。フィリピンの大統領ラモン・マグサイサイはしばしば、不当にも、アメリカの傀儡だと揶揄された。だが、彼は実際には、如才のない熱烈なナショナリストであり、ワシントンからの一層の自立化がフィリピンの国益にかなうということを認識していた。この点はとくに経済の領域でそうであった。彼や他の著名なフィリピンのナショナリストたちは、危機にあっては、旧植民地宗主国アメリカは太平洋戦争のときのように、フィリピンを見捨てるのではないかと恐れていた。彼らがワシントンに求めたのは、援助の増大、さらなる安全の保証、それに自国経済に対するアメリカの統制の緩和であった。ＳＥＡＴＯ加盟国になることは、たとえマグサイサイや彼の部下たちが、東アジアの安全保障環境に内在的な危険についてアメリカと認識を完全に共有していないとしても、これら三つの目的を促進する機会を提供するものであった。SEATO加盟はリスクの面よりも報償の面で、より多くを得られそうであることから、魅力的であった。[16]

アメリカと同盟関係に入ることを選択したパキスタンやタイの指導者たちもまた、類似の判断を下した。彼らはSEATO加盟を、自らの地位を一層強化し、支援を求める相手に対して相当の恩賞を与えることのできるパトロンとの交渉力をさらに高めるための手段だとみなした。中国の膨張や侵略の可能性についての実際の恐れは、タイの場合にはある程度の役割を果たしたが、パキスタンの場合には、ほとんどまったくといってよいほど存在していなかった。他方、パトロンである超大国との交渉力を見出すことは、彼らにとって、非常に大切であった。アメリカの脅威認識とアジアの同盟諸国のそれとは、またもや違ったが、パキスタンの場合には、その違いはとくに劇的であった。この多国間条約の締結に際しては、彼らの目標もまた違っていた。

SEATOは、意見交換の場として以上に進化することはけっしてなかった。皮肉なことに、ジョン・F・ケネディおよびリンドン・B・ジョンソン両政権の担当者たちはしばしば、内外の侵略から非共産主義の南ヴェトナムを防衛するアメリカのコミットメントの最大の理由として、SEATOの下での条約義務を引き合いに出した。だがアジアの条約加盟国は、SEATOの下での条約義務をより緩やかに解釈した。彼らは明らかに、アメリカ軍と南ヴェトナム軍と一緒に戦闘に従事する部隊を派遣する明確な義務を有しているとは感じていなかった。その際立った例としては、ジョンソン政権が、「モア・フラッグ」（より多くの国旗を）計画という適切な命名の下に、タイとフィリピンから獲得した形ばかりの部隊派遣は、厳しい交渉のすえに、しかもバンコクとマニラの要求する明確な交換条件をワシントンが飲んだ後に実現したことだ。一方、パキスタンは、ヴェトナムにおける「集団防衛」の努力への貢献を拒絶した。このころまでには、アメリカとパキスタンの同盟の絆は、相反する安全保障上の関心事と、双方にとって満たされない期待と高まる不満のゆえに、すでにひどく綻びていた。

三　北東アジアにおける同盟の形成

日米安保の起源は多くの点で非常に明快で、しかもかなりユニークな事例である。一九五一年の安全保障条約は、連合国による占領体制を終結させることを目的とした平和条約と平行して交渉が行なわれた。それゆえ、日米同盟を実現した交渉は、対等な主権国家間の交渉ではなく、極めて非対称的なものであった。基本的に、占領国側が、敗戦国からの占領軍の撤退条件を一方的に決めるという性格のものであった。この多国間平和条約はアメリカが案出し、（ソ連ブロック諸国を除く）太平洋戦争の交戦国の大半の国々によってサンフランシスコで催された祝賀式典の場で調印された。平和条約の作業は、占領国と被占領国との間で交わされた二国間安全保障取り決めとあいまって進行したが、後者は日本に対して、主権の基本的要素を否定する内容のものであった。トルーマン政権は、これらの協定をアメリカの全般的な冷戦戦略にとって不可欠だとみなした。両条約は、アメリカにとってのおそらく最優先順位だとアチソンがみなした目標への「大きな一歩」、すなわち「旧敵国である日独をアメリカとの同盟に組み込むこと」を意味した。吉田茂首相は自国にとって最も好ましい条件を達成しようとしたが、すべてのカードは明らかにアメリカ側にあった。(17)

日米安保条約の条件は、ひどく不公平であった。同協定はアメリカに基地の自由使用権と沖縄に対する事実上の支配を付与し、日本の主権に重要な制限を課すものであった。同様に、占領体制下で制定された日本国憲法もまた、日本の軍事力に対して厳しい制限を設けていた。日本のナショナリストたちの目には、当初から不快で屈辱的であった日米安保条約は、ときおり日本国民のあいだに反米感情を惹起した。こうした反米感情の噴出は一九五〇年代末には二国間に深刻な緊張をもたらし、一九六〇年には、それが全面的危機へと発展した。外交史家マイケル・シャーラーは、「一九六〇年の春から夏にかけて、この太平洋同盟はもう少しで崩壊するところだった」と述べている。「条約に対する暴力的な反対運動は国会から東京の街並みにまで広がった。日本は最終的には、しぶるワシントンに安保条約の改定を受け入れさせた(18)。

　皮肉なことに、トルーマン政権は当初、かならずしも排他的な二国間条約の締結を望んでいたわけではなく、より広範なアジア太平洋地帯を対象とする多国間安全保障取り決めを考えていた。しかしこの太平洋条約の締結に向けた動きは、フィリピン、オーストラリア、ニュージーランドによって阻まれた。これら三国は、最近まで敵として戦った相手と同盟関係に入ることを渋った。アメリカ代表として交渉を担当したジョン・フォスター・ダレスの再三の要請にもかかわらず、これら三カ国は日本を同盟のパートナーとして受け入れることを頑なに拒絶した。それゆえ、トルーマン政権は、フィリピンとの間で一九五一年に別個の防衛条約を締結し、同様に、オーストラリアとニュージーランドとの間でもアンザス（ＡＮＺＵＳ）条約を締結した。日本の侵略に対するこれら三国の苦い記憶のために、韓国や台湾の場合と同様に、アメリカは西ヨーロッパとカナダの場合のような多国間アプローチではなく、太平洋における安全保障上のコミットメントに関しては、ハブ・アンド・スポークというアプローチを採用せざるを得なかった(19)。政治学者クリストファー・Ｊ・ヘマーとピーター・Ｊ・カッツェンスタインは、共通の西欧文化とアイデンティティがＮＡＴＯの結成を促進したのに対して、東アジアではそれに類するものが欠けていたために、この地域では、類似の多国間条約の締結に不利に作用したと主張している。こうした主張にはかなりの価値を認めることができる。しかし、ヘマーとカッツェンスタインは、アジアにおけるアメリカの冷戦同盟の偶然的要素を過小評価している。彼らはまた、トルーマン政権が当初は地域的な集団防衛の取り決めを望んでいたことを看過している。たとえ、検討されていた条約が、ＮＡＴＯモデルを漠然と想定していたにすぎないということを考慮したとしても、やはり問題である(20)。

合衆国が一九五三年に韓国と、翌年に台湾と締結した安全保障条約はアジアにおけるアメリカの冷戦同盟システムのハブ・アンド・スポーク体制を強固にした。両条約は例外的な環境の中から誕生した。全体として、これらの事例は、同盟の浮き沈みに関して政治学者たちが理論化を試みるさいに典型的に引き合いに出す規範的な特徴からの重要な逸脱を示している。

第一に、ワシントンとソウルとの間の安全保障条約は、血なまぐさい内戦と国際紛争の最終段階で交渉された。アイゼンハワー政権は韓国の指導者李承晩の激しい攻勢のもとに、しぶしぶとこの取り決めを受け入れた。李大統領は、ワシントンからの公式の安全保障上のコミットメントは、アイゼンハワー大統領がどうしても必要としていた朝鮮戦争の休戦協定を韓国が受け入れるための最低限の対価だと明言していた。弱者にとってのテコは、防衛のために、三年もの間、何十億ドルもの支出と何千人もの犠牲者を出すことを余儀なくされた相手国と公然たる仲たがいをすることへの、強者の側の躊躇に由来するものだった。アイゼンハワー大統領は私的な場では、李の努力を「恐喝」だと激しく非難し、陸軍参謀長のＪ・ロートン・コリンズ将軍は、この防衛条約が、「李が鞭を手にしているとわが方が公然と認める」に等しいのではないかと心配した。事実、李はその通りに行動し、ワシントンはそれが分かっていた。アイゼンハワーはまもなく折れて、李は望んでいた約束を取り付けた。その代わりに、李は懸案の休戦協定を妨害しないと同意した(21)。

台湾の場合、アイゼンハワー政権は今度もまた、しかもかなり不快な思いをしながら、不承不承、外交的に如才のないアジアのもう一人の独裁者の要請を黙認した。韓国との協定が締結されて間もなく、蔣介石総統は自称中華民国の政権の防衛にアメリカをコミットさせる安全保障条約の締結を求めて運動を開始した。一九五三年一二月、蔣政権の外相葉公超はアイゼンハワー政権に対して、「アメリカが韓国と防衛条約を締結することができるのであれば同様に、類似の線に沿って自由中国とも条約を締結することが可能なはずだ」と不満を述べた。[22] しかしながら、台湾の要求は韓国の先例とは比較にならない。中国本土の中華人民共和国は台湾を中国からの分離省だと見ていた。北京と台北の両軍の間で、とくに台湾海峡に位置する国民党軍占領下の島嶼では、ときおり軍事衝突が起きていた。ダレス国務長官は、蔣介石は自らの目的のためにアメリカを共産主義中国との対立に巻き込むことを画策している危険な挑発者だと見ていた。それゆえ、ダレスは、私的な場では、「これらの島嶼の長期におよぶ、恒久的な防衛」はアメリカの利益に資するものではないと語った。[23]

一九五四年九月三日、問題になっている島嶼の一つを中国が砲撃し始めたとき、事態は先鋭化した。アイゼンハワー政権は、国民党政権が保持している沖合の島嶼のどれか一つでも喪失することになれば、それはたんに蔣介石政権の士気だけでなく、アジア太平洋のアメリカの他の同盟諸国にも「重大な心理的影響」を及ぼすことになると恐れた。[24] 北京がこれらの島嶼を侵略するのを抑止しようとして、アイゼンハワーは台湾海峡の中立化を求める国連安全保障理事会決議を支持した。同時に、アイゼンハワーは、ワシントンと台北との間に相互安全保障条約の締結を求める蔣介石の長年の要求を受け入れることにした。アイゼンハワー政権はいまや、そうした条約を、独立志向の強いパートナーの侵略的行動と発言を抑制する有益な手段とみなすようになった。周恩来首相は、五四年一二月二日に調印されたこの協定をただちに非難し、「中国の主権と領土を売り渡す」ことを目的としているため、「もともと無効で不法である」と述べた。[25] それでも、同協定は蒋介石に、彼が欲したものよりもはるかに少ない恩恵しか付与しなかった。アイゼンハワーは、これら沖合の島嶼はかならずしも明示的に同条約の適用対象となっているわけではないこと、そしてこの協定が純粋に防衛的な性格のものであることを確かなものとした。すなわち、アメリカは外部からの侵略から台湾を防衛する約束を与えたが、台湾政権側が軍事的対決を開始した場合に支援を行なうかどうかについては何も言及しなかった。外交史家ナンシー・タッカーは、ワシントンと台北との間のこの協定は、「蒋介石を統制するメカニズム」である、と巧みな表現で特徴づけている。(26)

朝鮮戦争への米中両国の介入がなければ、ワシントンが韓国や台湾との協調的な安全保障協定に同意することになったとは考えられない。振り返ってみれば、アメリカ、日本、韓国、台湾の間の多国間条約の方が、三国との個別的二国間条約よりも北東アジアにおけるアメリカの冷戦のニーズへの対応としては、より論理的であるように思える。しかしながら、戦時中の記憶の亡霊と、引き続く韓国、台湾の対日敵愾心ゆえに、そうした選択は全く実際的ではなくなった。それゆえ、ハブ・アンド・スポークというアプローチは、当時支配的だった現実の必然的帰結なのである。

四　ヴェトナム戦争とＡＳＥＡＮの誕生

六〇年代初頭から半ばにかけて、アメリカがインドシナに介入を深めていく過程は、アジア太平洋地域のアメリカのすべての同盟諸国に直接かつただちに影響を及ぼした。この期間、アメリカにとってのタイとフィリピンの重要性は、以下の二つの理由で相当高まった。第一に、両国とも死活的に重要な軍事施設をアメリカに提供した。その価値は、この地域でのアメリカによる戦闘の激化に比例して増大した。第二に、ジョンソン大統領は、アメリカのヴェトナムへのコミットメントに対しては、同盟国、とくにＳＥＡＴＯ加盟国の強い支持の存在を示すことが政治的に肝要だと考えた。そのため、ジョンソンは、マニラとバンコクのそれぞれの政府に対して圧力を行使し、ヴェトナムにおけるアメリカの行動を無条件かつ公然と支持するよう要請しただけでなく、外部侵略に対抗する集団的闘争として常に描くことを可能にする形ばかりの部隊派遣を求めた。一方、タイやフィリピンの指導者たちは、軍事施設と外交的支持へのアメリカの必要性は、それに見合った交渉上のテコを彼らにもたらすことをただちに学んだ。その結果、ヴェトナムにおけるアメリカの戦争拡大は、パトロン＝クライアントという伝統的な関係を逆転させた。ジョンソン政権はタイとフィリピンが、アメリカを必要とするのと同じくらい、できるだけ彼らの支持を必要とするようになった。バンコクとマニラ両政府はそうした状況を最大限利用しようとした。

ヴェトナムにおけるアメリカの主要な軍備増強以前には、フィリピンとタイの指導者たちは、ラオスと南ヴェトナムでの民衆の反政府活動に直面するなか、東南アジアでのアメリカの姿勢が軟弱に見えることに対して、ときおり不満を述べた。たとえば、一九六一年五月、フィリピンのカルロス・ガルシア大統領は、「手遅れになる前に」、アジアにおける共産主義の膨張に強い態度で臨まなければならないと主張した。[27]彼は、「規模が大きくなる前に」、ラオスとヴェトナムの「火を消す」ようジョン・Ｆ・ケネディ政権に訴えた。タイのサリット・タナラート首相とタナット・コマン外相は、アメリカの指導者に宛てた一連の書簡と対話の中で、とくに隣国ラオスの安全保障状況の悪化に関して、似たような懸念を表明した。彼らは、パテトラオの進出はタイの安全保障に悪影響を与えており、またＳＥＡＴＯの手続き上の欠陥と英仏の反対と相まって、一致した行動がとれなくなっている状況に落胆している、と不満を述べた。タイの指導者たちは、真の安全保障上の危機に陥ったときにアメリカが頼りにならないのではないかと懸念していた[28]。

ケネディ政権は東南アジアの同盟国の双方に、この地域での共産主義の進出を封じ込めるアメリカの決意について改めて安心を保証するよう心掛けた。ケネディ大統領は、いくつかの個人的メッセージをサリット首相に送り、アメリカはタイとの関係に高い価値をおいていると主張した。ディーン・ラスク国務長官とタナット外相との一九六二年の会談後、二人はタイの安全保障に対するアメリカの強いコミットメントを再確認する共同コミュニケに合意した。ケネディはまた、そしてより重要なことだが、ラオス危機の最中に、タイへの小規模のアメリカ軍部隊派遣を命じ、アメリカのコミットメントの強さを示すシグナルを送った[29]。

しかしながら、アメリカと東南アジア諸国との間の絆を強化することになったのは、六〇年代半ばのヴェトナム戦争の激化であった。ジョンソン政権による五五万人にのぼるアメリカ軍部隊の南ヴェトナムへの派兵は、この地域における非共産主義パートナーへのアメリカのコミットメントの象徴として、もちろんよく知られているところである。しかし、インドシナ以外の地域では、東南アジア諸国の中でタイとフィリピンほどヴェトナム戦争に深く巻き込まれた国はなかった。両国は、アメリカの戦争努力に対する不可欠な支柱をなしており、アメリカに対して、きわめて重要な空軍、海軍、兵站基地を提供し、不動の政治的支持を与え、かつまた名目的ながらも部隊派遣を行なった。インドシナ戦争はまた、両国の地位と影響力を向上させ、援助の増大をもたらし、ＧＩ関連のビジネス・ブームをもたらした[30]。

ヴェトナム戦争全体を通して、タイは、インドシナ全域にわたるアメリカの軍事・情報収集作戦の重要な前進基地の役割を果たした。タイは六〇年代初めに、法律上は中立国であるラオス内にあるパテトラオと北ヴェトナムの攻撃目標に対するアメリカの爆撃任務に利用可能な空軍基地を提供した。タイの支援なしでは、アメリカはラオスにおける秘密軍事作戦を遂行できなかっただろう。くわえて、タイ政府は北ヴェトナムに対するアメリカの空爆を積極的に支持した。一九六五年二月初めの出撃から六九年一月のジョンソン政権の終わりまでにアメリカ軍が実施した北ヴェトナムに対するすべての空爆任務のおよそ半分は、タイの空軍基地から行なわれた。このため、バンコクはアメリカの傀儡だとの定期的な非難をハノイと北京から浴びせられた。[31]ヴェトナム戦争期間中の米＝比協力もまた、同じくらい重要であった。クラーク・フィールドとスビック湾に位置する巨大な空・海軍基地は、六〇年代半ばまでには、この地域全体におけるアメリカ軍の作戦と部隊移動にとって不可欠となった。国家安全保障会議スタッフのマーシャル・ライトは、「フィリピンの基地はヴェトナムにおけるアメリカ軍の作戦と東南アジアにおける長期の軍事的有効性にとって極めて重要である」と述べている。[32]

東南アジア地域以外の同盟国もまた、北ヴェトナムとヴェトコンに対するアメリカ主導の軍事作戦に重要な形で貢献した。オーストラリアとニュージーランドはともに、この地域における共産主義の進出に対するアメリカの懸念を共有していた。このため、両国とも部隊を派遣し、アメリカの戦争努力に対する強い公的支援を行なった。韓国は、これら両国と脅威認識を完全に共有していたわけではなかったかもしれないが、それでも南ヴェトナムに五万人を超える兵士を派兵した。朴正熙政権は見返りとして、アメリカから相当額の軍事・経済援助を要求し、それを受け取った。このため、韓国は傭兵を派遣しているとの不満を呼び起こした。日本国憲法は、戦闘部隊を派遣することをもちろん禁じていた。しかし、日本、なかでも沖縄は、アメリカの重爆撃機への基地提供、港湾施設、物資の供給基地、米軍機の修理のための施設、船舶、資材の提供など、ヴェトナムにおけるアメリカの努力にとって死活的に重要であった。日本の政権党である自民党は、その命運をアメリカとの同盟と強く結びつけていたため、ヴェトナムにおけるアメリカのコミットメントを公的かつ全面的に支持する以外になかった。くわえて、外交史家菅英輝が強調するように、一九六四年から七二年まで首相の座にあった佐藤栄作は「日本政府がヴェトナム戦争でアメリカを支持することは、沖縄返還の実現に不可欠だということを明確に理解していた」。沖縄返還は佐藤政権にとっての最大の課題となっていた。その結果、佐藤首相は、ヴェトナム戦争に対する日本国民の強い懸念にもかかわらず、現実問題として、アメリカのヴェトナム政策への明確な支持を必要だとみなした[33]。

六〇年代半ばから後半にかけての時期が、アメリカと東南アジアとの関係において蜜月期間に最も近かったとしても、それは緊張のないハネムーンというわけではなかった。タイとフィリピンは、アメリカのヴェトナム政策を支持していたが、パトロンである超大国の傲慢さと利己主義には腹を立てていた。彼らはまた、ヴェトナムに五〇万人もの外国軍部隊が駐留していることにも深い不安を感じていた。ナショナリズムは、数百年におよぶ植民地としての抑圧から解放されたばかりの地域では強力だったし、アジアの諸問題に関してはアジア人による解決を模索するという意味での地域主義も、強い夢であり続けた。

東南アジアにおける他のどの支配者層と同様、反共主義の大義を無条件に奉じるタイのエリートでさえも、外国からの干渉のない未来を夢見ていた。アメリカのヴェトナムでの努力への熱烈な支持者であるタイのタナット外相は一九六六年八月、マレーシアとフィリピンの外相に対して、「遠隔地の他国にわれわれの運命を勝手きままに形作らせる代わりに、自らの手にそれを取り戻す」ときが来たと語った。一九六七年四月、タナットは、東南アジア諸国は経済、文化、政治の分野で、大国の「指図」を受けずに、地域協力に向かって「かなり急速に」動き出すだろう、と自信たっぷりに予言した。彼はヴェトナムにおける勝利の必要性を引き続き強調した。タイの外相は、ヴェトナムにおける闘争の帰結は、自国の安全保障にとって不可欠だと考えた。しかし平和がやってきたとき、それは「アジアの平和」、地域の発展に拍車をかけ、西欧の干渉に終止符を打ち、すべての外国軍部隊の撤退につながるような平和でなければならない、とタナットは主張した。[34]フィリピンの指導者たちもまた、ワシントンに対してあいまいな態度を示した。アメリカとの同盟がもたらす安全保障に依存するようになり、この同盟によってもたらされる多額のドルの流入を歓迎するようになってはいるものの、あらゆる政治的な立場のフィリピン人は、不平等な関係によってつちかわれた依存に憤りを感じていた。アメリカへの依存は、アメリカによる植民地主義支配の強力な遺産ゆえに、さらに複雑かつ緊張をはらんだものとなっている。マニラの政府関係者たちもまた、自分たちの運命を形作ることのできる東南アジアを切望した。[35]

一九六七年八月七日、タイ、フィリピン、マレーシア、インドネシア、シンガポールは、そうした夢を現実に近づける努力の一環として、新たな地域組織である東南アジア諸国連合（ＡＳＥＡＮ）を結成した。その設立憲章によると、ＡＳＥＡＮの第一の目的は、「地域の平和と安定の促進」、この地域の「自己破滅的で浪費的な、国家間対立の回避、地域の経済的・社会的・文化的協力の促進、それに地域秩序の枠組みの樹立以外の何物でもなかった。[36]地域協力に向けた、このたどたどしい一歩は、深い水脈を掘り当てた。長い目で見た時、ＡＳＥＡＮは、当時誰もが予想できなかったほど大きなダイナミズムと持続性を示すことになる。

五　ヴェトナムからの撤退とその影響

ヴェトナム戦争の分水嶺ともいうべき、一九六八年一月から二月にかけてのテト攻勢の最中、ジョンソン大統領は北ヴェトナムに対する空爆の縮小と、交渉による解決を目指してハノイとの正式交渉開始の決定を行なった。この決定は、米＝タイ関係と米＝比関係を揺さぶり、ＡＳＥＡＮに象徴されるような地域主義の動向に新たな拍車をかけることになった。ワシントンの政策転換はまさに、アメリカのアジア同盟諸国にとって、重大な帰結をもたらした。タイとフィリピンはこの時期、実際に、中国ならびに土着の反政府運動がこの地域にもたらす脅威に心底からの恐怖をアメリカと共有していた。とはいえ、いまやアメリカはヴェトナムから手を引き始めており、その一方で、この地域全体に対するコミットメントを縮小する動きを見せていた。少なくとも、そのように見えた。フィリピンとタイの指導的立場にある官僚たちは、南ヴェトナムとラオスの官僚たちと同様に、ワシントンの新たな政策方針を非常に心配な面持ちで眺めていた。ジョンソンによる空爆の部分的停止の発表とハノイとの交渉による解決の呼びかけは、既成事実として彼らに突きつけられたため、それは、この地域からのアメリカの撤退と友人を見捨てる予兆であるように思えた。

フィリピン大統領フェルディナンド・マルコスは、アメリカはアジアから手を引き始めていると公に懸念を表明した。かりにそういうことにでもなれば、マニラ政府は中国との和解に向かう必要があるかもしれない、と厳粛な面持ちで警告した。[37] タイのタナット外相も類似の懸念を口にした。アメリカによる空爆の停止とハノイとの交渉開始に伴い、タイ国民は突然、「これまでよりはるかに大きな危険」に置かれることになった。その結果、「降伏とみなされるようなやり方で共産主義者と妥協する」ことのないようにワシントンに圧力をかける必要が生じた、とタナットは語った。[38]

六八年五月はじめ、タナット首相はワシントンを訪問し、アメリカの新たな姿勢がタイにとって持つ意味を探ろうとしたが、その試みは徒労に終わった。このころまでには、双方とも無視することができないような、根本的変化が米＝タイ関係に生じつつあった。現実主義的なアメリカ中央情報局（ＣＩＡ）の情報報告（六八年一二月）は次のように観察した。「ますます多くのタイ陸軍上級将校たちが、アメリカへのタイの依存を減らすという考えに傾いている」。上記報告は続けて、「全ての現行の軍事政策と立案」はいまや、「タイは東南アジア条約機構に頼ることはできないという前提、ならびにアメリカは東南アジアから手を引くかもしれないという前提に基づいている」と述べている。重要なことは、タイの官僚と軍将校の中には、この地域からのアメリカの撤退の可能性に備えて、中国とのデタントを考え始めている者が現れていることを、アメリカの分析者たちが認識していたことである[39]。

皮肉なことに、パキスタンとアメリカの同盟関係を不可逆的に解体することになったのは、一九六二年の中印国境紛争の後に起きた、パキスタンと中国との和解であった。六二年一〇月にヒマラヤ国境沿いで勃発した中印武力衝突事件に続いて、ケネディが急遽インドに軍事援助を供与したとき、パキスタンは、これに対抗して、古典的な意味での均衡回復のための行動に出た。主敵の敵は友という「友敵の論理」にしたがい、中国とのより緊密な関係を求めたのである。パキスタンとアメリカとの同盟に最初から存在していた目的の食い違いは、まもなく、無視することが以前よりはるかに困難になった。ジョンソンはパキスタンに圧力をかけ、中国との間に芽生え始めた結びつきを弱めるよう試みた。彼は社会主義陣営に対抗して安全保障で協調する努力の必要性を訴えたが、そうした言葉は、パキスタンに無視された。ムハンマド・アユブ・カーン大統領と彼の主だった助言者たちは、米印関係の雪解けはワシントンとの同盟がもたらすと彼らが考えてきた安全保障の傘の弱体化につながると考えた。そのうえ、カーンや他の有力なパキスタンの官僚と軍将校たちは、中国の脅威について、アメリカと見解を共有していなかった。両国間の見方は鋭く分岐したため、六五年のインド＝パキスタン戦争の勃発に伴い、パキスタンとアメリカの同盟関係は瓦解した[40]。

リチャード・ニクソン政権下でアメリカが方向転換を行ない、中国との和解政策を追求したとき、この決定が他のアジア諸国に及ぼした影響は計り知れないものであった。日本国民はもちろん、今日でも、このアメリカの行動を「ニクソン・ショック」と呼んでいる。タイ国民もまた、何らの事前通告を受けなかったこともあり、アメリカによるこの劇的な転換に同じようなショックを受けた。一九七一年八月、中国に向かうジェット機の上空から東南アジアの同盟諸国の頭上に爆弾を投下するニクソンの肖像を描いたタイの政治風刺画は、当時支配的であったエリートと民衆の感情を辛辣に捉えていた。[41] フィリピンでは、マルコス大統領は一九七一年一月、ソ連および他のソ連ブロック諸国と貿易・外交関係を開始し、米＝比関係を「見直す」つもりだと発表した。カルロス・ロムロ外相は同年二月にフィリピン議会で、「アジアにおけるアメリカのプレゼンスの後退にともない」、フィリピンは「より均衡のとれた同盟関係」を実現する必要があると演説した。外相は、もはやフィリピンは、「すべての玉子を一つの篭の中に」入れておくことはできない、と単刀直入に語った。[42] インドシナからのアメリカの撤退が差し迫り、米中関係に風穴が開いたことで、米＝比関係には鋭い緊張が生まれ、一方、米＝タイ同盟は引き裂かれた。台湾はもちろん、最も痛烈な打撃を被った。ワシントンは、北京との和解に対する代償として、台北と公的な関係を断つことになった。この決定は、嘆かわしくも見捨てられ、裏切られたという感情を台湾社会全体に生みだすことになった。日本と韓国はともに、ニクソンの新中国政策と、それが発端となったアジア太平洋地域の大国間関係の再編によって揺さぶられた。だが、七〇年代初めには、日本と韓国がアメリカの確固たる同盟国として残った。

六　歴史的教訓とは？

これまで論じてきた非常に多岐にわたる同盟から一般的な歴史的教訓を引き出すことができるとすれば、それは非常に比対称的なパワーを持った国家間のパートナーシップ構築には内在的な危険が存在するということかもしれない。アジアにおけるアメリカの冷戦同盟は、同盟システムに関する国際関係の文献の多くで規範的なものとして描かれる、共通の安全保障上の関心事を有する主権国家間のパートナーシップというよりは、古典的パトロン＝クライアント関係に近い。本章で検討した個々の事例――パキスタン、フィリピン、タイ、ＳＥＡＴＯ、日本、韓国、台湾――において、アメリカは、利益と脅威認識が重要な点で自国のそれとは異なる弱小国とパートナーシップ関係を結んだ。日本の場合、アメリカと同盟を締結したとき、日本は真に自由な主体だとはいえなかった。もちろん、時折、弱い側が、同盟を結んだ相手の超大国に対して影響力を行使することはあった。弱い側が交渉やパートナーシップの条件を再交渉するさいに、常にある程度の働きかけを行なうことは間違いなくあった。だが、日本と韓国の場合のような、重要な例外はあるが、アメリカの冷戦同盟は、いずれか一方の側の変化する地政学的考慮、満たされない期待、異なるニーズの結果、瓦解した。

これらの事例の場合、冷戦同盟は、共産主義の脅威に対抗するという明確な目的のために形成されたため、冷戦後の数十年間に変容を遂げることになった。これらの同盟が存続したのは、それぞれのパートナー同士が、アメリカとＮＡＴＯが九〇年代以降のヨーロッパで行なったのと同様、新たな存在理由を確立したからである。日本と韓国にとって、引き続く北朝鮮の脅威と、急速に台頭する中国（いまや決定的に非イデオロギー的ではあるが）の潜在的脅威とがあいまって、アメリカとの同盟の継続が有利で心地よい状況を生みだした。くわえて、このころになると、安全保障分野での協力の習慣が、過去数十年の間に深く内面化されるようになっていた。その結果、日米両国は、そのいずれの側も同盟を危機に陥らせないような、多岐にわたる、そして人的な絆を作り出していた。

かりに、真に広範な歴史的教訓を、この簡潔な概観から導き出すことができるとすれば、それは、ニーズと利益の真の共有がなければ、同盟は長続きしないということであるかもしれない。

（1） Stephen M. Walt, *The Origins of Alliances* (Ithaca: Cornell University Press, 1987).

（2） State Department paper, undated, attached to memorandum from Acheson to Truman, March 9, 1950, *Foreign Relations of the United States* (*FRUS*), 1950, 6, pt. 1, pp.42-43.

（3） State Department Policy Statement on Thailand, October 15, 1950, *FRUS*, 1950, 6, pt. 1, p.1529.

（4） Stanton to the State Department, March 15, 1951, *FRUS*, 1951, 6, pt. 2, pp.1598-1600.

（5） Daniel Fineman, *A Special Relationship: The United States and Military Government in Thailand, 1947-1958* (Honolulu: University of Hawaii Press, 1997), pp.88-125.

（6） より詳細な分析としては以下を参照。 Robert J. McMahon, *Cold War on the Periphery: The United States, India, and Pakistan* (New York: Columbia University Press, 1994). Dennis Kux, *The United States and Pakistan, 1947-2000: Disenchanted Allies* (Washington: D.C.: Woodrow Wilson Center Press, 2001).

（7） U.S. Department of State *Bulletin*, 30, April 12, 1954, p.539.

（8） Memorandum of conversation between Dulles and the foreign ministers of Australia and New Zealand, May 2, 1954, *FRUS*, 1952-1954, 12, pt 1, pp.439-42. Memorandum of conversation between Eisenhower and Dulles, May 5, 1954, *FRUS*, 1952-1954, 12, pt 1, pp.446-50. JCS to Secretary of Defense Charles Wilson, *FRUS*, 1952-1954, 12, pt 1, April 9, 1954, *FRUS*, 1952-1954, 12, pt 1, pp.412-21. JCS to Dulles, March 12, 1954, *FRUS*, 1952-1954, 16, pp.472-75.

（9） Gary R. Hess, “The American Search for Stability in Southeast Asia: The SEATO Structure of Containment,” in Warren I. Cohen and Akira Iriye, eds., *The Great Powers in East Asia, 1953-1960* (New York: Columbia University Press, 1990), pp.272-95. Roger Dingman, “John Foster Dulles and the Creation of the South-East Asia Treaty Organization in 1954,” *International History Review*,11, August 1989, pp.457-77.

（10） Memorandum of conversation between Dulles, Radford, and others, May 9, 1954, *FRUS*, 1952-1954, 16, pp.463-65.

（11） Memorandum of conversation between Eisenhower, Dulles, and others, May 28, 1954, *FRUS*, 1952-1954, 16, pp.521-

22.

（12） Memorandum of discussion at NSC meeting, June 3, 1954, *FRUS*, 1952-1954, 16, p.534.

（13） NSC 5429, August 4, 1954, *FRUS*, 1952-1954, 12, pt. 1, p.698.

（14） Memorandum of discussion at NSC meeting, August 12, 1954, *FRUS*, 1952-1954, 12, pt. 1, pp.731-32.

（15） Hess, "The American Search for Stability in Southeast Asia," p.286 から引用。

（16） Nick Cullather, *Illusions of Influence: The Political Economy of United States-Philippines Relations, 1942-1960*（Stanford: Stanford University Press, 1994）, pp.124-48.

（17） Acheson to Truman, June 28, 1951, *FRUS*, 1951, 6, pt. 1, pp.1159-61. Acheson to Truman, August 29, 1951, *FRUS*, 1951, 6, pt. 1, pp.1300-01.

（18） Michael Schaller, *Altered States: The United States and Japan since the Occupation*（New York: Oxford University Press, 1997）, p. 143 から引用。

（19） W. David McIntyre, *Background to the ANZUS Pact: Policy-Making, Strategy and Diplomacy, 1945-1955*（New York: Cambridge University Press, 1995）. James Waite, "Contesting 'the Right of Decision': New Zealand, the Commonwealth, and the New Look," *Diplomatic History*, 30, November 2006, pp.893-96.

（20） Christopher J. Hemmer and Peter J. Katzenstein, "Why is There No NATO in Asia: Collective Identity, Regionalism, and the Origins of Multilateralism," *International Organization*, 56, Summer 2002, pp.575-607.

（21） State Department-Joints Chiefs of Staff meeting, May 29, 1953, *FRUS*, 1952-1954, 15: pp.1114-19. Edward C. Keefer, "President Dwight D. Eisenhower and the End of the Korean War," *Diplomatic History*,10, Summer 1986, pp.282-89.

（22） Saki Dockrill, *Eisenhower's New-Look National Security Policy, 1953-1961*（Houndsmill, UK: Macmillan, 1996）, p.104 から引用。

（23） Dulles to Karl Rankin（U.S. ambassador in Taiwan）, April 8, 1954, *FRUS*, 1952-1954, 14, pt. 1, pp.407-08.

(24) Dulles to Acting Secretary of State W. Bedell Smith, September 4, 1954, *FRUS*, 1952-1954, 14, pt. 1, p.560.

(25) 『人民日報』一九五四年一二月八日、一頁（中国語からの翻訳にあたってはBi Wenjuan氏の協力を得た。記して謝意を表したい）。

(26) Nancy Bernkopf Tucker, "A House Divided: The United States, the Department of State and China," in Cohen and Iriye, eds., *The Great Powers in East Asia*, pp.45-48.

(27) Rusk to Kennedy, February 24, 1961, *FRUS*, 1961-1963, 23, 841. Memorandum from Lucius Battle to McGeorge Bundy, July 13, 1961, *ibid*., pp.770-73. *New York Times*, May 11, 1961, 1, and May 13, 1961, 2.

(28) State Department memorandum, February 26, 1962, *FRUS*, 1961-1963, 23, p.915.

(29) Memorandum from Robert Johnson to Walt Rostow, June 26, 1961, *FRUS*, 1961-1963, 23, p.870. Rostow to Kennedy, October 2, 1961, *ibid*., pp.885-86.

(30) See, for example, W. Scott Thompson, *Unequal Partners: Philippine and Thai Relations with the United States, 1965-1975*（Lexington, MA: D.C. Heath, 1975）. Robert M. Blackburn, *Mercenaries and Lyndon Johnson's "More Flags": The Hiring of Korean, Filipino and Thai Soldiers in the Vietnam War*（Jefferson, NC: McFarland, 1994）.

(31) *New York Times*, July 11, 1966, 3, and April 26, 1965, 3.

(32) Memorandum from Marshall Wright to Rostow, August 2, 1967, National Security File（NSF）, Philippines, Memos（2）, vol. 1V, Box 279, Lyndon B. Johnson（LBJ）Library, Austin, TX.

(33) Hideki Kan, "The Japanese Government's Peace Efforts in the Vietnam War, 1965-1968," in Lloyd C. Gardner and Ted Gittinger, *The Search for Peace in Vietnam, 1964-1968*（College Station: Texas A&M University Press, 2004）, pp.202-08, 224-26. Kil J. Yi, "The U.S.-Korean Alliance in the Vietnam War: The Years of Escalation, 1964-68," in Lloyd C. Gardner and Ted Gittinger, *International Perspectives on Vietnam*（College Station: Texas A&M University Press, 2000）, pp.154-75.

(34) *New York Times*, September 15, 1966, 1, 15, and September 16, 1966, 1, 3.

（35）　Wright to Rostow, August 2, 1967, *op. cit.*

（36）　Michael Leifer, *ASEAN and the Security of South-East Asia*（London: Routledge, 1989）, pp.19-21.

（37）　*New York Times*, January 7, 1968, 14, and April 6, 1968, 6.

（38）　*Ibid.*, February 7, 1968, 13; March 23, 1968, 2; April 14, 1968, 1; and May 8, 1968, 5.

（39）　Scope Paper for Thanom visit, May 1968, NSF, Thailand, PM Thanom Visit（1）, Box 285, LBJ Library. CIA intelligence information cable, December 4, 1968, *ibid.*, Box 284, LBJ Library.

（40）　For a fuller discussion, see McMahon, *Cold War on the Periphery*.

（41）　*Far Eastern Economic Review* 73（August 14, 1971）p.14. *Washington Post*, May 5, 1972, 1.

（42）　*Far Eastern Economic Review* 72（June 12, 1971）, p.28.

6章　中ソ同盟の起点
緩やかな統制と分業

松村　史紀

一　東アジアのなかの中ソ同盟

(1) ある非対称から

冷戦が終焉してもなお、東アジア地域にはある非対称な関係が残されている。中国は、北朝鮮を除けば、いかなる国家とも同盟を締結せず、パートナーシップの輪を拡げるにとどめている。冷戦期から現在まで、彼らは超大国あるいは同盟国から厳しい統制を受けることなく、武力行使（あるいはその脅し）を対外政策の重要な一手段としてきた。(1) 同盟を結ぼうとしないこの姿勢は、おそらく冷戦期における中ソ同盟の苦い教訓から来ている(2)。

一方、日本や韓国はアメリカを主軸とする「ハブ・スポーク」型同盟に組み込まれ、軍事防衛を同国に大きく依存してきた。少なくとも現地の同盟国がアメリカの判断を離れて不用意な安全保障政策をとることは難しい。対外政策、なかでも武力行使の選択肢が、同盟国から制約を受けるか受けないかをめぐって、日韓と中国の間に広がる隔たりは大きい(3)。

この非対称な関係の源泉は、当然のことながら、冷戦期、東西両陣営それぞれが東アジアにつくり上げた同盟体制の差異に求められよう。両者の違いは、その出発点から明瞭であった。東側陣営（ここでは中ソ同盟）は、朝鮮戦争よりも「前」に誕生し、このとき東アジアに西側陣営の同盟は皆無であった。少なくとも、西側の同盟網を前にして誕生した同盟ではなかった。中ソ同盟は、後述するように、地域紛争（朝鮮戦争）を誘発することはあっても、決してソ連が同盟者の不用意な武力行使を厳しく統制するものではなかった。

一方、アメリカを中心とする同盟網が東アジアに整備されるのは、朝鮮戦争よりも「後」のことである。だからこそこの同盟網は、中ソ同盟とは対照的に、地域紛争の再発防止にも重点をおいた。ヴィクター・チャは、この同盟が反共を目的にするばかりでなく、現地同盟者の戦闘を抑制する機能をも果たしてきたとする。そのため、この同盟は「より弱小の同盟国の行動を最大限にコントロールするよう設計された非対称な」構成をとった(4)。

結局、同盟者への統制が弱かった中ソ同盟は一九六〇年代には破綻してしまうが、現地の対外政策に大きな制約を与えた西側の同盟網は冷戦終焉後のいまもなお生き残っている。かつて東アジアにおいて西側陣営が向き合っていたはずの東側陣営の結束が最初から緩やかなものだったとすれば、一体それはどのようなものだったのだろうか。

(2) 三つの特徴

東アジアにおける東側陣営の同盟システムを体系的に考察した研究はほとんどないため、ここでは三点に絞ってその特徴を整理するにとどめたい。第一に、共産主義政党間の連絡関係はともかく、ソ連は正式な同盟の形成には最初から消極的であった。朝鮮民主主義人民共和国の成立後、指導者の金日成、朴憲永からソ朝「友好相互援助条約」の締結を求められたさい、ソ連側は「国家が二分されている現状ではそのような条約の締結は目的に適わない」し、「南朝鮮の反動派」に利用されるだけだとしてこの要請に応じなかった。(5) また中華人民共和国の成立後もなおしばらく、国民政府との同盟関係に固執していた。(6) 総体としてみれば、戦時中から外務省次官クラスが戦後構想を持っていたヨーロッパ政策とは対照的に、東アジアにおいては無計画と曖昧な方針がきわだっていたといえるだろう。(7)

次に、ワルシャワ条約機構とは対照的に、東アジアには一元的な同盟体系が不在であった。東西対立の主軸はあくまでも米中関係にあり、西側陣営と向き合うために東側陣営が一元的な同盟網を整備することはなかった。たとえば、一九六一年に北朝鮮が中ソ両国それぞれと友好協力相互援助条約を締結するが、これは中ソ対立を利用した戦略の産物だった。(8) さらに、中ソ同盟だけを取り上げても、同盟内の実務チャンネルはきわめて非制度的であった。一九五〇年代半ばには軍部当局間の協力は一部進展していたようだが、大使級の外交チャンネルは弱く、最終的に最高指導者の判断や協議によって同盟の運命は左右された。(9)

最後に、ソ連は東欧諸国に対する姿勢とは異なり、現地の軍事プレゼンスを背景にして同盟国（ここでは中国）の対外政策を厳しく統制するという意思には乏しかった。たとえば、中ソ友好同盟相互援助条約では、戦時を除けば、ソ連の在華軍事プレゼンスは原則すべて撤退させることになっていたし、実際に一九五五年五月、ソ連軍は旅順軍港から引き上げを完了させている。ソ連が中国の好戦的な対外政策をどれだけ非難しようとも、彼らの武力行使を抑制するだけの資源は持たなかった[10]。それどころか、後述するように、ソ連は一九五〇年代半ばから中国の核開発を援助するまでに至ったのである。

そもそも中ソ同盟は、東アジアの地域紛争を防止するための枠組みとして成立したのではなく、むしろそれを誘発するものとして誕生した。ヴォイチェフ・マストニーによれば、スターリンが極東において冷戦の第二戦線を用意しはじめるのは、中国革命が成功し、新たな中ソ同盟条約の締結交渉を進めているときであったという[11]。実際、スターリンは金日成の南進計画に一貫して反対してきたが、新たな中ソ同盟交渉が進展し始めた一九五〇年一月三〇日、金との直接交渉に応じる姿勢をみせた[12]。四月には両者の会談が行なわれ、その場で北朝鮮の南進計画が最終的に確定されたとされる。したがって、中ソ同盟の成立が重要な契機となって朝鮮戦争が引き起こされたことになる[13]。

(3) 中ソ同盟の軌跡——破綻の原点

ソ連は東アジアを一元的な同盟網によって厳しく統制しようとはせず、中ソ同盟に至っては、ソ連軍を現地から撤退させるとともに、むしろ中国に一定の役割を期待した。スターリンが求めたこの中ソ分業の体制については、詳しい検討を後にゆずることにして、ここでは中ソ同盟が同盟内の対立へと至る史的プロセスを整理しておきたい。中ソ同盟が破綻する原点を明らかにしたいからである。

中ソ同盟は、フルシチョフ期にやや本格的な再編が試みられる。スターリンの晩年、すでにソ連国内では国家機関に権力基盤を持つマレンコフと党内に基盤を持つフルシチョフとの間に対立が芽生えつつあった[14]。一九五三年三月、スターリンが亡くなると、「マレンコフ〔首相〕―ベリヤ〔第一副首相〕政権」ともいうべき集団指導体制ができあがるが、そのなかでフルシチョフが頭角を現すようになる。彼は同年七月、ベリヤを逮捕に追い込み、九月には党第一書記に就任して、農業分野などでマレンコフとは異なる独自路線を追求し始める。一九五五年二月、最高会議でマレンコフが首相を辞任し、その後任にフルシチョフを支持するブルガーニンが就いたことで、フルシチョフの指導体制が築かれた。(15)

中ソ同盟の再編は、ちょうどフルシチョフが指導体制を築く前夜に始まっている。沈志華の推測によれば、党内書記局に権力基盤を持っていたフルシチョフが国内の政治闘争を進めるにあたって、各国との党間関係をも利用したという。とりわけ中国共産党（以下、中共）幹部から支持を得るために、一九五四年九～一〇月、彼がイニシアティブをとって中国への経済・軍事援助を拡充し、中ソ間の不平等な取決め――たとえば、中ソ合弁会社の設立やソ連軍の旅順口駐屯――を撤廃したという。(16)

いずれにせよ一九五五年五月には、陣営全体の結束を強化するため、フルシチョフはワルシャワ条約機構を創設し、さらに同機構を東方に拡大して中ソ同盟と接合しようとした。(17)中国の国家建設への援助も大規模に行なわれた。第一次五カ年計画（一九五三―五七年）では、基礎的工業から国防工業にいたるまで新たな生産力のうち七～八割におよぶ建設を援助し、ソ連の専門家・顧問総勢約一万八〇〇〇人以上を中国に派遣している。(18)

社会主義陣営のなかで、中国がとりわけ存在感を強めるのは、一九五六年二月、フルシチョフが「スターリン批判」をしてからである。(19)第二〇回ソ連共産党大会における彼の秘密報告は、社会主義陣営のなかのモスクワの威信を動揺させるものではあったが、当初、中国共産党幹部は個人崇拝の問題などでフルシチョフを積極的に支持していた。(20)

ところが、東欧では政治危機が生じた。ポーランド十月政変では、過剰なソビエト支配からの自立を求める運動が広がった。中国は陣営内の自立・自治を進展させることを念頭において、ソ連の軍事介入に反対する。一九五六年一〇月一九日、ワルシャワ現地で会談していたフルシチョフがソ連進軍の停止を指示したとされるが、毛沢東の意向がこの決定にどれだけ影響を与えたのかについては依然論争がある。[21]これとは対照的に、一〇月三一日、ソ連はハンガリー動乱への軍事介入を決定する。新資料を渉猟した研究によれば、この決定は複合的な要因からなされたようだが、同日、モスクワで中国の代表団（劉少奇、鄧小平ら）からフルシチョフらに伝えられた助言――ハンガリーに「資本主義復活」の危険があるため、ソビエト軍撤退には断固反対する――はその一因であったという。[22]

東欧の危機を通じて、中国は陣営内での存在感を強めながら、やがて二分野でソ連と異なる路線を歩み始める。まず、非スターリン化の再考である。一九五七年六月、ソ連では「反党グループ事件」が失敗し、フルシチョフの非スターリン化が維持されたが、中国では百花斉放・百家争鳴が見直され、反右派闘争が始まる。次に、同年末までに中国はソ連の平和共存方針を拒絶することになる。それぞれ国内、国外の政策をめぐって、中ソ間に相違が芽生え始めた。[23]

このような理念の対立を背景にしながらも、中ソ関係に決定的な亀裂を生んだものが、核開発問題であった。ある論者は、中国が核兵器開発を断固追求したことが、両国分裂の主要因になったとする。[24]そもそも建国前から中国はソビエトの核開発に興味を示していたが、スターリンはこれに取り合わなかった。彼の死後、毛沢東は核兵器の提供をモスクワに打診するが、やはり拒否される。一九五四年、訪中したフルシチョフはソビエトが中国・東欧諸国に核の傘を提供するため、原爆の保有は不要だと中国に諭した。その後、毛は原子力エネルギーの平和利用を求め、翌年五月にはこの方面でソ連の援助が約束された。[25]

ソ連から核兵器開発の助力を得る前から、中国はその開発を決意していた。一九五五年一月一五日、中共中央書記処拡大会議は暗号名「〇二」、核兵器の研究開発計画を通過させ、翌月、彭徳懐国防相は同研究開発について初めて正式に毛に報告している[26]。

ソ連が核兵器の開発を含む国防新技術に関して、中国との交渉を活発化させるのは、一九五七年七月以降である。これは、フルシチョフが中国を主要な戦略的同盟国と見なしたことの現れであると同時に、ソ連共産党内部の反党事件をめぐって中共が彼を支持したことへの返礼であったと推測する論者もいる。一〇月一五日、「国防新技術協定」が正式に調印され、ソ連は原爆・ミサイルの研究開発分野で中国に援助を与えることになった[27]。

ここからさらなる軍事協力が模索される。一九五七年、スプートニク・ショックを受けたアイゼンハワー政権が、翌年初頭、イギリス、イタリア、トルコに中距離弾道ミサイルの配備を決定する。フルシチョフはこの脅威に対処すべく、海軍当局の提案をもとにして、中国沿海に原子力潜水艦を配備し、長波無線台を建設するよう考案した[28]。毛里によれば、一九五八年夏までに中ソ両国の軍部、とりわけ彭徳懐とマリノフスキー両国国防相の間で軍事協力が進展していたようである。当時、中国は台湾問題を念頭において海軍力を強化すべく、原子力潜水艦の技術援助をソ連に求めていたからである。一方、フルシチョフはその対案として中ソ連合艦隊の創設を求めたと推測される[29]。しかし、毛沢東は彭国防相の中ソ軍事協力路線を斥け、自力更生の道を選ぶ。一九五八年七月下旬、彼は連合艦隊の創設案を非難し、これを拒絶することになった。このトップリーダーの決定が中ソ関係に亀裂を生むが、このことは同盟内の実務チャンネルの制度化が弱かったことを物語る[30]。

翌年、ソ連は核実験禁止をめぐる西側との交渉に支障をきたすことなく緊張緩和をはかるという理由で、核兵器サンプル・技術の対中提供を一時停止すると決めた。中国の核保有がソ連の脅威になるという疑念をいつごろからフルシチョフが抱き始めたのか、正確なところまでは分からない[31]。ただし、ソ連のこれまでの援助が中国の原子力産業の基礎をつくり、核兵器・ミサイルの研究開発にとって無視できない役割を果たしたことだけは確かである。[32] いずれにしても、その後、核不拡散の体制によって米ソから封じ込められていると警戒した中国は、自力で核実験を敢行することになる。[33] このころになると、中ソは公然たるイデオロギー論争を展開し、その対決はやがて領土紛争へとたどり着く。

ソ連は陣営内の結束をはかるため、東欧諸国には露骨な軍事介入を加えたが、下記のように中国とは一定の分業を想定し、彼らを厳しく軍事統制することはなかった。それどころか核開発の援助を与えたことで、中国の行動を制約できる能力を自ら弱めることになった。結局、同盟内の制度化が未熟であったことも手伝って、中ソ同盟はいち早く瓦解した。

二　緩やかな分業

（１）中ソ分業の成立？

陣営内で存在感を強める中国からの挑戦を前にして、中ソ同盟は崩れてしまう。では、なぜ中ソ同盟は最初から強固な制度化をめざそうとしなかったのか。あるいは、ソ連が同盟者を厳しく統制するための体制をとらなかったのは、なぜだろうか。

まずは、中ソがどのような分業体制を成立させていたのかを検討してみたい。一般には、新中国の成立前夜、劉少奇が秘密訪ソしたさい、スターリンが中共とのパワー・シェアリングを承認したとされる。下斗米によれば、このとき「米ソ関係など戦略的問題はソ連共産党が担当」し、「アジアでの共産党への指導、解放運動の舵とり」は中共に任せることが決まったという。その後、一九四九年一一月、北京で開催された世界労連アジア・オセアニア会議では、中共が「アジアの革命・労働運動の中心となることを宣言したに等しいもの」であったとされる。このとき劉少奇が毛沢東の武装闘争路線を解放闘争の中心に掲げ、その後もこの路線に基づいて日本共産党の路線などが批判されたからである(34)。

実際、スターリンは秘密訪ソした劉に「貴方たちは東方と植民地・半植民地諸国の業務をたくさんこなし、この分野で貴方たちの役割と影響力を大いに発揮」し、自分たちは「西方で大きな義務を負い、業務をたくさんこなす」という「ある種の分業」を求めたという(35)。またスターリンは「革命の中心は西側から東側に移った。いまは中国と東アジアにも移った」と語り、中国のマルクス主義者から学ぶことは多いと評価していたようである(36)。

しかし、中ソ両者がこの分業体制に合意したと断定できる史料はいまのところ見当たらない。そもそもスターリンの発言は公式の会談のなかではなく、「雰囲気が気楽で、みなが食事しながら話」す宴会のなかでなされたものであるし、彼の提案に対して中国側がどのように正式な回答をしたのかも依然不明である(37)。また、中国代表団は訪ソするにあたって、経済・軍事援助、専門家の派遣などを得ることに主眼をおいていたと考えられる(38)。

いずれにせよ、断片的な史料を頼りにして分業の実態を推測するしかないが、おそらくこのとき生まれた分業は二つの点で「緩やかな」ものであったと考えられる。

(2) 未熟な制度と地域差

一つは、制度化が未熟だったという点である。ソ連が求める分業体制は、一九四九年二月、ミコヤンが秘密訪中したさい毛沢東に示された。彼は「中共中央はコミンフォルムに加わるべきではなく、中国共産党をリーダーにした東アジア諸国の共産党情報局を創設すべきである」として、最初は中国、日本、朝鮮の三党からその情報局を構成することを求めた。しかし、毛はこの提案に躊躇した。インドシナ・朝鮮の両党との「関係は最も緊密」だが、他の南・東南アジアの各党との関係はかなり弱い。「日本共産党とは総じて無関係である」。「このような条件下にヨーロッパの共産党情報局と同様のアジア諸国の共産党情報局を組織するのは時期尚早である」。ただ「最初は全アジア諸国の代表ではなく」、たとえば中国、朝鮮、インドシナ、フィリピンの各党代表から情報局を構成するのが妥当である。このとき毛が強調したのは、分業体制よりもむしろ「自身がスターリン同志の生徒であり、『親ソビエト志向』を堅持する」ことであった。[39]

毛は東方情報局の早期設置にあくまでも消極的であった。彼は、四月末から中共幹部と接触をはかった朝鮮労働党中央委員会代表・金一にこの話をしたが、このときの会談記録には二種類ある（イ朝鮮経由の報告、ロ毛自身の報告[40]）。イによれば、中共中央はビルマ、マラヤ、インドシナなど四つの共産党から東方情報局の設置を求められているが、それは「時期尚早」である。なぜなら「中国とインドシナでは戦争が行なわれているし、朝鮮も緊張状態にある」し、「情報局を設置すれば軍事同盟の創設ととられかねない」からだとして、毛はすぐにでも過剰な責任を負わされることに躊躇した。一方、ロのなかでも、毛は「東方情報局の創設は機が熟していない」としている。なぜなら「東方一二カ国のうち」中共が関係を持っているのはせいぜい「モンゴル人民共和国、シャム〔タイ〕、インドシナ、フィリピン、朝鮮の五カ国に過ぎない」からである。いまは「相互に無線通信局を設置」して、「意見交換するにとどめておかねばならない」というのが、毛の判断だったようである。

東方情報局を「当面創設すべきではない」という毛の意見にスターリンは「同意」した。[41] その後、中華人民共和国が成立し、新たな中ソ同盟も締結され、いよいよ北朝鮮の南進を許可するという段になってもなお、スターリンは東方情報局の創設を「延期する必要がある」と金日成に語っていた。「日本共産党、フィリピンの状況」が「不透明」であり、「インドには共産党はあるが、やはり情勢が不透明」だというのがその理由であった(42)。

あくまでも分業体制の制度化は未熟であった。朝鮮戦争のさなか、周恩来がソ連に「指示」を求めたところ、スターリンが「指示には義務的性格」があるから「助言」にとどめたいというやりとりがあったことから見ても、分業が非制度的であったことが伺える(43)。

分業が「緩やか」であったもう一つの原因は、当然のことながら、アジアにおける革命の状況には地域差があったし、中国の関与のあり方にも地域ごとに濃淡がみられたからである(44)。ただし、朝鮮とインドシナに対する中国の関与だけは、他の地域よりも強かった(45)。

北朝鮮については、新中国の成立前から毛沢東は軍事援助に積極的であった。彼は、人民解放軍内の朝鮮師団を譲渡するという確約のほか、「一九五〇年初頭に国際情勢が好転すれば」北朝鮮は南進してもよいし、そのとき日本軍が朝鮮に進攻するのなら「すぐに精鋭部隊を送り込」んでもよいとしていた(46)。朝鮮戦争の前夜、毛は金日成らの南進計画に同意したさい、あわせて「中ソ条約を模範にして、中国と朝鮮〔統一後〕の間に友好同盟相互援助条約を締結してもよい」とまで確約していた。この提案を知らされたスターリンは、「まったく正しい」としてこれを受け入れた(47)。ソ朝同盟が不在のまま、北朝鮮が南進したことを考えれば、最初から中国のコミットメントがソ連を凌駕するものであったことが分かる。

一方、ヴェトナムへの本格的な援助は新中国の成立後に始まった。当初、中共中央には諸外国との党関係を処理する対外連絡部がなく、関係性の希薄であったヴェトナムの問題については劉少奇個人が統括していたようである。一九五一年三月、対外連絡部が設置されてからも重要な問題については引き続き劉が指導する立場にあった。たとえば、一九五〇年三月一四日、彼は中共中央の指示を起草し、そのなかで「我々は革命勝利後、あらゆる方法でアジアの各被抑圧民族の解放獲得を援助しなくてはならない」と明言したが、実質的にはヴェトナムへの人的・物的資源の援助を中心に進めていた[48]。

一九四九年末、インドシナ共産党は三個師団の装備、その他物資、さらには一〇〇〇万米ドルの援助を中共に求めてきた。劉少奇らは、最初一部の援助を与えるにとどめ、軍事委員会弁公庁主任であった羅貴波を現地に送り込み、状況を把握してから、援助を増加していくことを決め、毛沢東がこれに同意した[49]。

具体的な援助が取決められるなか、ホー・チ・ミンは「ソ連において中国大使館が一時的にヴェトナム〔民主〕共和国の利益を代表」するよう求めた。王稼祥ソ連大使がグロムイコ外務次官にこの話を紹介したところ、ソ連外務省はこれに応じ、全ソ連邦共産党中央政治局でこの案が最終的に決議されることになった[50]。

中国による「分業」の実態は、朝鮮とヴェトナムについては一定程度つかめるが、他の地域を含めてその総体を明らかにすることは難しい[51]。当事者自身が各党との関係づくりに苦心し、現地の状況を把握することに苦労していたことを思えば、なおさらである。

「分業」体制が非制度的なものに近かったとすれば、正式な制度からみたとき、中ソ間にはどのような取決めがあったのだろうか。そもそも「東方」の革命を任されたはずの中国自身が、ソ連からの援助なしには自国の防衛はもとより、国家建設そのものの基盤も脆弱であったことは軽視できないだろう。その援助のあり方を取決めた正式な「同盟体制」を次に見てみたい。

三　中ソ同盟の誕生——ソ連軍の後退

（１）現地紛争からの回避

中ソ同盟が正式に誕生するまでの前提条件をここからいくつか確認しておこう。

まず、中華人民共和国の成立前夜、ソ連は極東の紛争拡大を恐れた。とくに中国人民解放軍の揚子江南下が迫った一九四九年春、朝鮮半島と中国大陸の情勢悪化を極度に警戒した(52)。四月一七日、ソ連外務省はある情報を得て、駐朝大使にこう伝えた。「南朝鮮軍に行動の自由を与えるために、米軍が五月に南朝鮮から日本の最寄りの島に撤退する予定」であり、六月には南側から北への突撃が行なわれる(53)。

同じころ、中国にも次のような情報が伝達された。アメリカは中国を「華南・中・北の三政府に分断」し、相互に闘わせ「中国を弱体化」させようと企んでいる。その後、人民解放軍が揚子江を南下すると、スターリンはあらためて毛に伝えた。「人民解放軍がインドシナ、ビルマ、インド国境に接す」れば、イギリス、フランス、アメリカは当該諸国のほかインドネシア、フィリピンにも革命が広がることを懸念し、「華南での影響力を保持」するなど手段を講じる。毛はこの警告に呼応して、こう回答した。「我が軍がこの三省（広東・広西・雲南）に進軍すれば、イギリス、フランス、アメリカが香港、インドシナ、ビルマ、タイで必ずや軍事的防衛措置を強化する」ことを考慮に入れている。だから「我が軍は自身の国境を越えて移動する意図はない(54)」。

現地の紛争拡大を恐れたスターリンは、その争いに巻き込まれかねない同盟関係の樹立にもきわめて慎重だった。上述の通り、ソ朝同盟案を蹴り、中共との同盟締結にもすぐに応じなかった。一九四九年一月末から秘密訪中したミコヤンは、新政権樹立後に国民政府（以下、国府）との現条約を廃止するとは語ったものの、新たな同盟については触れなかったし、六月末から秘密訪ソした劉少奇もまたスターリンから新同盟の締結について確約を得られず、問題は先送りされた。さらに新中国成立後、毛が訪ソしたときでさえ、スターリンは国府との現同盟条約に固執した。同条約が「ヤルタ協定の結果」締結されたため、条文を修正すれば、「問題提起する法的な口実」をイギリス、アメリカに与えかねないためである。[55]

スターリンは、一方では「現状維持」に配慮して新同盟を不在にしたまま、他方では東方の革命事業を中国に任せようとしたことになる。[56]極東で有事が起こったときには、自ら関与を手控えながら、中国を前面に押し出すという「しかけ」がこのとき生まれていた。

(2) 軍事プレゼンスの後退

スターリンはその「しかけ」を早くから準備するかのように、一九四八年末にソ連軍を北朝鮮から撤退させた後、中国からの即時撤兵についても考えはじめた。ミコヤンの秘密訪中時、中共政治局員らが「アメリカを増長させるだけだから」「ソビエト軍は遼東から撤退すべきではないし、旅順軍港を廃止すべきでもない」と引き留めるなか、ミコヤンは旅順口に関する協定が「不平等」だとして、「もし中国共産党が軍隊を即時撤退すべきだと考えているなら、ソ連はこれを進める用意はある」と告げた。[57]

その後、劉少奇は秘密訪ソしたさい、「ソビエト軍の駐屯期間を〔現〕条約の規定どおり三〇年間とするのではなく、六〇年間にするよう希望した」が、スターリンはあらためて中共にとって好都合なのであれば「ソ連軍はいまから旅大〔旅順・大連〕から撤退してもよい」と語った。[58]一見すれば、ソ連は中国が断るのを見越して提案したようにも思えるが、後述するように、ソ連は自ら進んで新同盟条約案に即時撤兵を明記することになる。

また彼らは、在華軍事プレゼンスを引き上げようとするだけではなく、新中国の台湾進攻に対する軍事援助についても躊躇した。毛がこれについて援助を求めたさい、スターリンは「援助は提供してもよいが、その形式は検討しなくてはならない。重要なのはアメリカ人に干渉の口実を与えないことである」として、慎重な姿勢を崩そうとしなかった(59)。

(3) 新同盟の誕生

極東への関与を手控えるスターリンが、新たな中ソ同盟の締結に応じたのはなぜだったのだろうか。依然不明な点は多いが、少なくとも二つの契機があったことは確認できる。

一つは、一九四九年末までに中ソの条約交渉に進展がみられないなか、スターリンが毛沢東を軟禁しているのではないかとイギリスの通信社から情報が流されたことである。実際、直後の一九五〇年一月二日、モロトフは新同盟条約の締結に応じると毛沢東に伝えている。

このとき伝えられたのは、新条約の締結に応じるということだけであり、条文については白紙のままであった。その具体的検討に影響を与えたと考えられるもう一つの契機が、アメリカ政府の対ソ非難である。一月五日、トルーマン大統領が台湾への軍事基地の建設や軍事介入をしないと宣言し、一二日にはアチソン国務長官が演説（以下、アチソン演説）のなかで、ソ連が中国の一部を併呑していると非難した。この一連の声明は、中国をめぐって勢力拡張をはかっているのが、アメリカではなくソ連だということを示していた。

ソ連は中ソ分離をねらうアメリカの非難に対処するために、国連安保理の中国代表権問題で中ソの歩調を合わせ、西側諸国に対抗しようとした。中国もまたソ連との結束をはかることに尽力した(60)。たとえば、中共はアメリカの非難――ソ連が中国の一部を併呑している――に反駁するため、東北人民政府・内モンゴル自治区両主席に命じて、「東北と内モンゴルは永遠に中国の一部である」といった点などを強調するよう指示していた[61]。

おそらく中ソ分離の試みに対処することを念頭において、ソ連は新たな同盟を準備した。当初、同盟条約案はソ連外務省内で独自に作成された。その第一案「中ソ友好協力相互援助条約」は、一月五日にできあがった。このとき第二条で「一方がひとたび軍事進攻を受けたときには、他方が軍事援助を含む全面的な援助を与えねばならない」として共同防衛の義務が明記された。その後、条約第二案（九日）で仮想敵が日本とその結託国に指定され、第六案（一六日）で条約名が「友好同盟相互援助条約」（傍点は引用者）に確定された[62]。

ただし、当初、ソ連軍の早期撤退については条約案には盛り込まれていなかった。ヴィシンスキー外相の指示に従って、この案が初めて明記されたのが第三案（一〇日）である。その第七条には「現在旅順口・大連に駐屯しているソビエト軍部隊を当該条約の発効日より二～三年以内に撤退させる」と規定されていた。その後、ヴィシンスキーはさらに踏み込んで、第六案（一六日）にこう盛り込んだ。同ソ連軍を「二～三年以内にソ連領内に完全撤退させ」、「さらに一九五〇年より撤兵を開始する[63]」。この規定に限っていえば、これが条約交渉に入る前のソ連最終案となった。台湾への軍事介入を手控えるというアメリカの姿勢に合わせるようにして、ソ連もまた中国東北からの即時撤兵の姿勢を明確にした。

中ソ条約交渉は、周恩来がモスクワに到着した後、一九五〇年一月二二日に始まった。一部文言上の変更はあったが、日本とその結託国を仮想敵にした共同防衛の義務は最終的に合意された。また、旅順からのソ連軍即時撤退については、中国側が躊躇したため、対日講和条約締結後あるいは一九五二年末までに撤退するという条件に緩和された。さらに中国側の要請に沿って、戦時下における旅順海軍根拠地の中ソ共同利用もまた明記された[64]。

総額三億米ドルの対中借款についても、このとき合わせて合意された。そもそも建国前の劉少奇訪ソ中に同額の借款案について合意を見ていたが、新中国の成立後、正式な協定が成立することになった[65]。

中ソ共同防衛の体制を成立させながらも、アメリカを仮想敵として名指しすることを避け、さらには平時からの在華ソ連軍プレゼンスを早期撤退させるということが、西側世界を含め広く世界に向けて公開される合意事項となった。

（4）密約

一方、冷戦崩壊後まで正式な内容が公開されなかった「密約」もまたこのとき結ばれた。当初、中国側はすべての合意を公開する予定でいたが、ソ連側の意向で一部が秘密協定の扱いになった。ソ連側は、中ソ条約交渉前から一部の取決めを非公開にすることを想定していた[66]。ここでは、とくにソ連側が求めた二つの「密約」を取り上げたい。

一つは、旅大・中国長春鉄道の協定に付属する「議定書」である。ソ連側がその原案を提起したのは一月二八日である。彼らは「ソビエト軍と軍需物資は〔……〕中国長春鉄道の満洲里―綏芬河両駅間を自由に往来輸送される」ことを求めた[67]。周はこのソ連案を受容するが、この合意内容が公開されることを懸念したのか、やや無理のある対案――シベリア鉄道を含めた中国軍の自由往来――を示した[68]。その後、ソ連側はこの対案を一蹴するが、自身の提案にも次のような修正を求めた。「極東においてソ連に対する軍事的脅威があるときに限って、中長鉄道による軍隊の移動が許される[69]」（傍点は引用者）。

結局、周がこの修正を受け入れ、最終合意に至った。ソ連は「密約」のなかでさえ、平時からの在華軍プレゼンスを自制し、さらには「対ソ戦の脅威」という自らの裁量で決定できる条件下でのみ軍隊のプレゼンスを求めるにとどめた。

もう一つの「密約」は条約の補充協定である。このなかで「満洲・新疆」において、「外国人に利権は提供されないし、工業・財政・通商、その他の企業・機関・団体・組織の活動に第三国の資本あるいは同国公民を直接・間接に参加させてはならない」とされた[70]。

この原案が作成され、中国側に提起された経緯や日程については、依然不明な点が多く、二次文献に拠るほかない[71]。ただし、原案をつくるさいにソ連が頼りにしていたと思われる機密情報は、断片的ながら分かっている。

一つは、一月一七日付の次のような情報である。「信頼筋によれば」アメリカは中華人民共和国承認後、「通商上の援助をすることで中国の対米経済従属を生み出し、その後政治的影響力も得ることを期待している」。また彼らは「中国がソビエト連邦率いる社会主義システムに参入することを恐れて」おり、「社会主義諸国間に生じた自立的な自給自足経済システムによって、第三次世界大戦時、アメリカの経済的危機を回避できると考えている[72]」。

アメリカが経済援助などを通じて、中ソ分離をはかるという懸念は、その他の情報にもみられる。二月上旬、ソ連外務省第一極東部のなかでまとめられた報告によれば、「アメリカ人は中国がチトー路線に転換する可能性について、かなり強い幻想を抱いている」。「中国人が強いナショナリズムの感覚を持っていることを強調しながら、アメリカの〝中国通〟は〝中国は中国のまま変わらない〟、また中国共産主義者は共産主義者というよりはより中国人らしくなるだろうと主張する」。「おそらくそのために、ソビエト連邦は日米連合に対抗するための防衛線を構築するという目的を持ち、中共を社会主義路線にとどめておくために満洲の中国人を援助してきた」。そして、「アメリカが中国における影響力を打ち立てることができるなら、彼らにとってそれは戦略的価値がある」。「モスクワは少なくとも東北において中共を経済的に援助する義務がある[73]」。

ここでは、経済手段によって中ソ分離がはかられることを念頭において、同じく経済手段で中国の一部地域（東北）を守るよう提案している。残念ながら、「補充協定」がつくられるさい、上記の情報や提言がどれだけの比重を持っていたのかまでは分からない。ただし、「補充協定」の内容と上記の提言が示しているものとは、限りなく近い。

ソ連は東北・新疆において西側を経済的に排除するような合意を得たが、あくまでも西側世界——さらには中国人民——には知られない「密約」のなかでそれを取決めるにとどめた。

彼らは中ソ同盟のなかで共同防衛を約束しながらも、仮想敵の中心を日本にとどめ、さらには自らの軍事プレゼンスを大幅に削ることを世界に明示した。やや非公式にではあるが、ソ連が東方の革命事業に責任を負わず、中国に一定の分担を求めたことを合わせて考えれば、中ソの同盟体制はやがて誕生する「ハブ・スポーク」型の同盟網に比べると、共同防衛、さらには同盟者への統制という点でかなり見劣りのするものであった。

四　三つの考察に代えて

これまでの考察を三つの視点から捉えなおしてみたい。

一つは、中ソ同盟のなかの制度化の弱さである。上述のように、同盟の存続がトップリーダーの意向に大きく依存しているとすれば、両首脳間に生まれる不信は致命的になる。

まず、革命の中ソ分業そのものが非制度的であったために、ひとたび危機が起こると、その責任分担をめぐって大きな摩擦が生まれてしまう。下記のように、朝鮮戦争はその一事例であるだろう。つぎに、トップリーダーだけで交わした「密約」もまた将来に禍根を残しかねない。満洲・新疆に関する「補充協定」はまさに火種として残された。一九五八年三月一〇日、成都会議において毛沢東がこの協定の締結を回想しながら、「二つの「植民地」、すなわち東北と新疆が存在することになった」と語ったことは有名である。(74) 同盟存続の支柱である首脳に不信が生まれたとき、同盟の紐帯を修繕する制度的基盤は弱かった。

二つめは、中ソ同盟のなかの「責任転嫁」(buck-passing) についてである。朝鮮戦争の前夜から、ソ連は自らの関与を手控えてきた。(75) スターリンが金日成・朴憲永に南進を認めたさいにも、最終決定権を毛沢東に預けたことはよく知られている。(76)

また中国が朝鮮戦争に参戦したときにも、ソ連は中国からの希望通りには空軍掩護を与えなかった。参戦前夜、訪ソした周恩来は中国が参戦するには「ソ連に空軍を出動させ、空中掩護するのに同意して」もらわねばならないと迫った。スターリンはソ連軍の出兵を固辞した。「ソ連軍は朝鮮全土から撤退するとすでに声明」を出しているし、「アメリカとの直接対決」はできない、出兵すれば「国際問題になってしまう」というのがその理由であった。[77] ソ連の同意を取り付けられないまま、北京では「参戦が必須」だという結論に達した。毛沢東は、二カ月あるいは二カ月半以内でよいからソ連軍を朝鮮のみならず、北京・天津・瀋陽・上海・南京・青島等にも派遣してもらえれば、空襲を恐れずにすむと周に伝えた。[78] この案について、スターリンは中国領内の駐屯・防衛については了承したものの、朝鮮領内には参戦できないという姿勢を崩さなかった。[79]

中ソ同盟の条文には、「日本あるいは侵略行為において直接間接に日本と結託するその他の国の新たな侵略および平和の破壊を防止するため、あらゆる必要な措置をとるよう共同して努力する」ことのほか、「日本または日本の同盟国から攻撃を受けて戦争状態に入った場合」は、「全力をあげて軍事上およびその他の援助を与える」とある。[80]

日米同盟が不在のなか、中国が国連軍と対決するとき、この共同防衛体制が発動できるものなのかどうかには論争の余地があるだろう。ただし、ソ連は少なくとも同盟国が脅しを受けたとき「敵に立ち向かう負担を他方に押し付けようとする」「責任転嫁[81]」の態度をとったと考えられる。

中ソ同盟の成立前からソ連が在華軍の撤退に熱心であったことを考えれば、この同盟の共同防衛体制が、恒常的に西側と向き合う強固なものとして成立したとまではいいにくい。朝鮮戦争における「責任転嫁」はその一つの重要な証左であるだろう。さらに朝鮮半島で停戦が成立してからほどなくして、ソ連軍は中国から完全に引き上げている。東欧とは対照的に、ソ連は中国から挑戦を受けたとき、それを統制できるだけの強制力に乏しかった。

最後に、「冷戦の変容」――ここでは一九五〇年代後半あるいは一九六〇年代に進展する米ソ間の緊張緩和――という問題から考えてみたい。超大国が敵との対立を緩和させるなかで、中国はますます冷戦の闘争を純化させ、「継続革命」を掲げて資本主義世界との徹底抗戦へと向かう。(82)制度的基盤も弱く、ソ連による統制も弱い中ソ同盟にとって、紐帯の一つの拠りどころとなったのは、社会主義を発展させるというイデオロギーであっただろう。「冷戦の変容」によって、その中核にも亀裂が生まれ、中ソ同盟はいよいよ綻びていく。

（1）次の指摘は重要だろう。「中共指導者はときに自分よりも強い敵あるいは同盟者に対して武力行使をしてきた。というのも、そうしなければ中華人民共和国の戦略的状況がひどくなるだけだと恐れたからである」。Thomas J. Christensen, “Windows and War: Trend Analysis and Beijing's Use of Force,” in Alastair Iain Johnston and Robert S. Ross eds., *New Directions in the Study of China's Foreign Policy*, (Stanford: Stanford University Press, 2006), p.51.

（2）毛里和子「中蘇同盟体制考――一九五七―一九五九年的政治過程」牛大勇、沈志華主編『冷戦与中国的周辺関係』（北京：世界知識出版社、二〇〇四年）、二〇七頁。

（3）白石隆『海の帝国――アジアをどう考えるか』（中央公論新社、二〇〇一年）、一三三―一三四頁。

（4）Victor D. Cha, “Powerplay: Origins of the U.S. Alliance System in Asia,” *International Security*, Vol.34, No.3 (Winter 2009/10), pp.158-196.

（5）Шифртелеграмма（Т.Ф. Штыков）, 1949.1.19, 華東師範大学冷戦史研究中心（上海市）所蔵『朝鮮戦争：俄国档案原件』［以下、『俄国档案』①］九巻、一一四―一一五頁。同資料集は、沈志華教授所有の旧ソ連公文書の原典・原文をそのまま採録したものである。

（6）松村史紀「中ソ同盟の成立（一九五〇年）――「戦後」と「冷戦」の結節点」『宇都宮大学国際学部研究論集』第三四号（二〇一二年九月）、四三―五六頁。

（7）下斗米伸夫『モスクワと金日成：冷戦の中の北朝鮮　一九四五―一九六一年』（岩波書店、二〇〇六年）。

（8）同前。

（9）毛里「中蘇同盟体制考」、二〇九頁。

（10）中国の武力行使に関する理論的な事例研究として、Allen S. Whiting, “China's Use of Force, 1950-96, and Taiwan,” *International Security*, Vol.26, No.2 (Fall 2001), pp.103-131 参照。

（11）中ソともに朝鮮統一がアメリカに影響を与え、対日講和が達成できると考えた。Vojtech Mastny, *The Cold War and Soviet Insecurity: The Stalin Years*, (Oxford University Press, 1996).

(12) スターリンは金日成に「南朝鮮に関するそのような大事業〔南進〕には周到な準備」が必要で、「あまりに大きな危険を伴わないよう準備」すべきだと釘をさしながらも、いつでも相談に応じると伝えた。И.В. Сталин → Штыков, 1950.1.30,『俄国档案①』三巻、四四二頁。

(13) 以上の経緯については、和田春樹『朝鮮戦争全史』(岩波書店、二〇〇二年)。沈志華『毛沢東・斯大林与朝鮮戦争』(広東人民出版社、二〇〇三年)。沈志華「第二巻第一章」沈志華主編『中蘇関係史綱(一九一七―一九九一)』(新華出版社、二〇〇七年)、九九―一一二頁。

(14) 横手慎二「第八章 戦後のソ連」田中陽兒、倉持俊一、和田春樹編『世界歴史体系 ロシア史 三――二〇世紀――』(山川出版社、一九九七年)参照。

(15) 和田春樹「第九章 フルシチョフ時代」和田編『ロシア史 三』。

(16) 沈志華『冷戦中的盟友：社会主義陣営内部的国家関係』(北京：九州出版社、二〇一三年)、三八―五五頁。

(17) 毛里「中蘇同盟体制考」、二二六―二二四頁。

(18) 沈志華「第二巻第五章」沈主編『中蘇関係史綱』、一六二―一七六頁。沈志華『蘇聯専家在中国(一九四八―一九六〇)』(中国国際広播出版社、二〇〇三年)、四〇七―四一〇頁。

(19) このときの批判は、レーニン時代につくられた正しい共産主義的指導体制(たとえば、規範に従う党の集団指導体制や各種会合の定期的な開催など)がスターリンによってどのように破壊されたのかを問題にするものであった。Ian D. Thatcher, "Khrushchev as Leader," in Jeremy Smith and Melanie Ilic eds., *Khrushchev in the Kremlin: Policy and Government in the Soviet Union, 1953-1964*, (New York: Routledge, 2011), pp.9-25.

(20) 沈志華「第二巻第四章」沈主編『中蘇関係史綱』、一四五―一六〇頁。当時、毛は第二〇回党大会の肯定的な評価をユージン駐華大使に示していた。Record of Conversation, Pavel Iudin and Mao Zedong, Mar.31, 1956, in Odd A. Westad ed., *Brothers in Arms: The Rise and Fall of the Sino-Soviet Alliance, 1945-1963*, (Stanford University Press, 1998), p.342.

(21) Mercy A. Kuo, *Contending with Contradictions: China's Policy toward Soviet Eastern Europe and the Origins of*

the Sino-Soviet Split, 1953-1960,（Maryland: Lexington Books, 2001）, ch.2 は中国の影響があったと推測するが、Lorenz M. Lüthi, *The Sino-Soviet Split: Cold War in the Communist World*,（Princeton University Press）, 2008, pp.55-57 は、この点については憶測の域を出ないとする。

（22）このほかの要因として、フルシチョフの警戒（ハンガリー喪失による党内からの反発）、アイゼンハワー政権による東欧への不介入姿勢、スエズ危機（ハンガリーに加え、エジプトまで失うというフルシチョフの懸念）が挙げられている。Aleksandr Stykalin, "The Hungarian Crisis of 1956: The Soviet Role in the Light of New Archival Documents," *Cold War History*, Vol.2, No.1（Oct. 2001）, pp.113-144.

（23）以上、Lüthi, *The Sino-Soviet Split*, ch.2. 中国内政を急進化させた「大躍進」こそ、中ソ間のイデオロギー対立を深め、中ソ対立の起点になったと考察するものとして、Mingjiang Li, *Mao's China and the Sino-Soviet Split: Ideological Dilemma*,（London: Routledge, 2012）がある。

（24）Victor M. Gobarev, "Soviet Policy Toward China: Developing Nuclear Weapons 1949-1969," *The Journal of Slavic Military Studies*, Vol.12, No.4（Dec 1999）, p.30.

（25）*Ibid*, pp.17-21.

（26）沈志華「第二巻第六章」沈主編『中蘇関係史綱』、一八三―一八四頁。

（27）Gobarev, "Soviet Policy Toward China," pp.21-22. 沈「第二巻第六章」、一九一―一九四頁。

（28）Lüthi, *The Sino-Soviet Split*, pp.91-92.

（29）一九五八年六月二八日、周恩来はフルシチョフ宛書簡のなかで、連合艦隊、とりわけ潜水艦創設への援助を求めていた。Мясников В.С.（ред.）, *Китайская Народная Республика в 1950-е годы. Сборник документов*. Том. II. Москва: Памятники исторической мысли, 2010, с. 493（註一八二）. 翌月下旬、毛が突然この案を拒否することになる。

（30）以上、毛里「中蘇同盟体制考」、二二〇―二二四頁。

（31）沈「第二巻第六章」、二〇〇―二〇二頁。Gobarev, "Soviet Policy Toward China," pp.26-30.

(32) 沈「第二巻第六章」、二〇五頁。

(33) Shu Guang Zhang, "The Sino-Soviet Alliance and the Cold War in Asia, 1954-1962," in Melvyn P. Leffler and Odd Arne Westad eds., *The Cambridge History of the Cold War*, Vol.I,（Cambridge: Cambridge University Press）, 2010, pp.370-373.

(34) 下斗米伸夫『アジア冷戦史』（中央公論新社、二〇〇四年）。下斗米伸夫『日本冷戦史：帝国の崩壊から五五年体制へ』（岩波書店、二〇一一年）。

(35) 劉→中共中央書記処、一九四九年七月二七日、沈『毛沢東・斯大林与朝鮮戦争』、一一八頁。

(36)「劉少奇記録的斯大林談話」一九四九年七月二七日、中共中央文献研究室編、金衝及主編『劉少奇伝』（以下、『劉伝』）下巻、（北京：中央文献出版社、二〇一一年）、五九七頁。

(37)『劉伝』下巻、五九七頁。このとき劉が中共中央書記処に報告した会談内容は、六つの問題からなっているようだが、そのうち一つしか公開されていない（中共中央文献研究室・中央档案館編『建国以来劉少奇文稿』（以下、『劉文稿』）第一冊、（北京：中央文献出版社、二〇〇五年）、四〇―四一頁）。

(38) 劉は訪ソ準備にさいして、まさにこれらの問題に重点をおいていた（劉起草の中共中央指示草案、一九四九年六月一六日、『劉伝』下巻、五九二頁）。また、スターリンが分業論を提起する前夜、毛は空軍等の訓練援助、戦闘機・爆撃機の購入交渉を終えてから帰国せよと代表団に伝えていた（毛→劉ら、七月二五日、『劉文稿』第一冊、五九七頁）。ただし、中ソ両党の関係についても重要な議題であったことは確かである。この点については、別稿で検討する予定である。

(39) Запись беседы Микояна с Мао, 1949.2.3 / 2.5, М. Ледовский, Р. А. Мировицкая, В. С. Мясников (Составители), *Русско–китайские отношения вXX веке. Т. V: Советско китайские отношения. 1946-февраль 1950 гг. Кн. 2*. Отв. ред. С. Л. Тихвинский. М.: Памятники исторической мысли（以下、*РКО, V2*）, 2005г, но.432 / 434, с.63 / 77.

(40) ㋑ Штыков → Вышинский, 1949.5.15; ㋺ Ковалев → Филиппов〔スターリン〕, 5.18,『俄国档案①』二巻、

二三八、二四〇—二四一頁。この点は、和田『朝鮮戦争全史』四二—四五頁が詳しい。

（41）Сталин → И. В.Ковалев, 1949.5.26, *PKO-V-2*, но.484, с.137-138.

（42）"Record of a Conversation of Cde. Stalin with Kim Il Sung and Pak Heon-yeong ," April, 1950, History and Public Policy Program Digital Archive, Translated for NKIDP by Gary Goldberg.〔http://digitalarchive.wilsoncenter.org/document/114905〕（二〇一三年九月一八日アクセス）

（43）Вышинский → Поскребышеву, 1952.9.30〔一九日の会談記録添付〕*PKO, V2*, c. 334.

（44）たとえば、「アジア職工会議」（後の世界労連アジア・オセアニア会議）開催前、劉は全ソ労組評議会クズネツォフに次のように伝え、中共の限定的役割を示唆した。「アジア諸国の労働者大衆に対しては、一般的なスローガンを呼びかけるだけで、いかなる組織工作もしてはならない」。ただし、解放された中国、朝鮮、モンゴルの労働者大衆には組織工作の援助を進めてもよいし、解放区を持つベトナム、ミャンマー、インドネシアでも若干の組織工作を進めてもよい。劉少奇→古兹尼作夫、一九四九年九月一二日、『劉文稿』第一冊、六三—六四頁。

（45）下斗米『日本冷戦史』、一八三頁（註七）参照。ただし、中国は北朝鮮をソ連の支配下とみなし、インドシナ援助を最優先にしたという見方もある。Odd Arne Westad, *Decisive Encounters: the Chinese Civil War, 1946-1950*,（Stanford University Press, 2003）, pp.317-318.

（46）Ковалев → Филиппов, 1949.5.18,『俄国档案①』二巻、二四一—二四二頁。

（47）Рощин → Филиппов, 1950.5.14 / Вышинский → Рощин, 5.16, *Российский государственный архив социально-политической истории*, ф.558, оп.11, д.334, л.56-57. この資料二点は、華東師範大学冷戦史研究中心から直接提供を受けた。記して感謝申し上げる。

（48）『劉伝』下巻、六一一—六一三頁。

（49）劉少奇、朱徳、周恩来→毛沢東、一九四九年一二月二四日『劉文稿』第一冊、二二六—二二八頁。

（50）Прием Ван Цзя-Сяна, 1950.3.8 / Постановление, ЦК ВКП（6）, 3.17. 沈志華、李丹慧収集和整理『中蘇関係：

俄国档案原文復印件滙編』〔以下、『俄国档案②』〕（華東師範大学国際冷戦史研究中心、二〇〇四年）、八巻、一八八〇—一八八五頁。同資料集も旧ソ連公文書の原典を採録。

(51) たとえば、中共はインド問題についてスターリンの助言を重視した。一九五〇年二月、インド共産党で「党を崩壊させかねない左翼化傾向」（民族ブルジョアジーとの闘争路線、プロレタリア独裁）が見られると劉少奇は判断し、慌てて関連文書を公用封書にしてモスクワにいる毛沢東に空輸しようとした。帰国直前の毛にスターリンと相談させるためであった。Беседы П. А. Шибаева с Лю Шао-Ци, 1950.2.11,『俄国档案②』八巻、一八三一—一八三二頁。

(52) この点については、和田『朝鮮戦争全史』第一章の分析が詳細であり、最も優れていると思われる。

(53) А.В（Вышинский の署名と推測される）→ Штыков, 1949.4.17,『俄国档案①』二巻、二一二頁。

(54) Сталин → Мао, 1949.4.19 / Сталин → Ковалев, 5.26 / Мао → Сталин, 6.14, *PKO V2*, но.467 / 484 / 487, с.120 / 137 / 145.

(55) 松村史紀「ミコヤン秘密訪中考（一九四九年一—二月）：中国革命と戦争をめぐる秩序設計」松村史紀他編著『東アジア地域の立体像と中国』（早稲田大学現代中国研究所、二〇一一年）、八三—一〇七頁。松村「中ソ同盟の成立（一九五〇年）」、四三—五六頁。

(56) 第二回中ソ会談（一二月二四日深夜）で、スターリンは「国際共産主義運動」について取り上げ、「ヴェトナム・日本・インド・西欧問題」などに言及したようだが、新条約には「一言も触れなかった」という（毛→中共中央、一二月二五日。中共中央文献研究室編『毛沢東伝』（以下、『毛伝』）（北京：中央文献出版社、二〇一一年）、三巻、一〇〇一頁）。

(57) 松村「ミコヤン秘密訪中考（一九四九年一—二月）」、八三—一〇七頁。

(58) Ковалев → Сталин, 1949.7.6, *PKO*, *V2*, но.492, с.164. 劉少奇・高崗・王稼祥→中共中央・毛、一九四九年七月一八日『劉文稿』第一冊、三四頁。

(59) Запись первой беседы Сталина с Мао, 1949.12.16, *PKO*, *V2*, но.544, с.231.

(60) 松村「中ソ同盟の成立（一九五〇年）」、四三―五六頁。
(61) 中共中央→高崗、雲沢〔ウランフ〕、一九五〇年一月二九日、中央档案館・中共中央文献研究室編『中共中央文件選集』第二冊（北京：人民出版社、二〇一三年）、一〇五頁。
(62) 第一案［Договор о дружбы, сотрудничестве и взаимной помощи между СССР и КНР, 1950.1.5］／第二案［М.Грибанов ら→ Вышинский, 1.9］／第六案［Вышинский → Молотов, 1.16］,『俄国档案②』七巻、一六二八―一六三〇、一六三八―一六四二、一六七四―一六八一頁。
(63) 第三案［Грибанов → Вышинский,1.10］／第六案［Там же］,『俄国档案②』七巻、一六四七―一六七七頁。
(64) 松村「中ソ同盟の成立（一九五〇年）」、四三―五六頁。
(65) 同前、四三―五六頁。『劉伝』下巻、五九七―一九九頁。
(66) 当初、中国長春鉄道関連の議定書などが非公開の予定であった（Молотов, Микоян, Вышинский → Сталин, 1950.1.22,『俄国档案②』七巻、一七二八―一七二九頁）。非公開文書がようやく最終確定し、中国側がそれを北京に通達したのは条約調印当日の早朝であった（周→劉ら、二月一四日、中共中央文献研究室・中央档案館編『建国以来周恩来文稿』第二冊、二〇〇八年）。
(67) 差出人不明→ Карский, 1950.1.28,『俄国档案②』八巻、一七六〇頁。毛、周への提起を依頼。
(68) Проект［Протокол］Чжоу Энь-лая, 1950.1.31,『俄国档案②』八巻、一七八〇―一七八一頁。
(69) Вышинский → Сталин, 1950.2.2, *PKO, V2*, но.566, с.281-282.
(70) Вышинский → Сталин, 1950.2.1〔添付文書〕, *PKO-V-2*, но.565, с.280. この添付文書作成日は不明であり、添付された日付も二月一日かどうか定かではない。
(71) 中国の公式見解によれば、二月六日、上海で蔣介石集団による戦闘爆撃があり、中国側がソ連に空軍の保護を求めたところ、スターリンがその支援と引き換えに、この協定を提起したという（『毛伝』三巻、一〇一一頁）。沈志華は、中国代表団が二月一〇日にこの草案を受け取り、一一～一三日、会談のなかで若干の文言の修正だけを求めて合意したとする（沈「第二巻第一章」沈主編『中蘇関係史綱』、一〇八頁）。

(72) Секретная информация no.34, 1950.1.17,『俄国档案②』七巻、一六八九頁。情報は中国語からロシア語に翻訳されたようであり、「アメリカによる中ソ関係挑発計画」という表題が付いている。
(73) 'Американская политика в Китае в 1949 году,' К. Крутиков, 1950.2.6,『俄国档案②』八巻、一八二四—一八二五頁。
(74) 太田勝洪他編『原典中国現代史』第六巻（岩波書店、一九九五年）、四九頁。
(75) 以下の点も含め、和田『朝鮮戦争全史』、沈『毛沢東・斯大林与朝鮮戦争』を参照。
(76) 金日成から南進計画を聞かされた毛沢東が慌ててモスクワに照会を求めたところ、スターリンは「この問題〔北朝鮮による統一計画〕は中朝両同志が共同で最終決定をしなければならない。中国の同志が同意しないときには、新たに審議するまでこの問題の解決を先送りする必要がある」と告げた。Вышинский → Mao, 1950.5.14,『俄国档案①』四巻、五七四頁。
(77) 中共中央文献研究室編、金衝及主編『周恩来伝』三巻（北京：中央文献出版社、二〇一一年）、九二一頁。
(78) 毛沢東→周恩来、一九五〇年一〇月一三日、中共中央文献研究室、中国人民解放軍軍事科学院編『建国以来毛沢東軍事文稿』上（北京：軍事科学出版社・中央文献出版社、二〇一〇年）、二五二—二五三頁。
(79) 中共中央文献研究室編『周恩来年譜（一九四九—一九七六）』上巻（北京：中央文献出版社、一九九七年）、八五—八七頁。
(80) 「中ソ友好同盟相互援助条約」、一九五〇年二月一四日、日本国際問題研究所・中国部会編『新中国資料集成』第三巻（日本国際問題研究所、一九七六年）、五四頁。
(81) Stephen M. Walt, *The Origins of Alliances*, (Cornell University Press, 1987), pp.30-31.
(82) 「継続革命」と中ソ関係については、たとえば Chen Jian, *Mao's China and the Cold War*, (The University of North Carolina Press, 2001) を参照。

7章

「二重の封じ込め」の動揺

一九六〇年代における米独関係と冷戦の変容

倉科 一希

一 核兵器共有と米欧同盟

一九六〇年代の初頭から中葉にかけて、北大西洋条約機構（ＮＡＴＯ）加盟国の争点になった問題の一つに、核兵器の共有（nuclear sharing）があった。ＮＡＴＯ内で核兵器を持たない非核保有国にも、核兵器の使用に対する一定の影響力を認めようとするこの政策には、実際に核兵器の運用に関わる戦力共有や、核戦略形成への参加を認める運営参与などが含まれる。なかでも非核保有国が戦略核ミサイルを共同で保有し、共同で運営する多角的核戦力（ＭＬＦ）は、当時の技術の粋を集めた核弾頭搭載ミサイルを、超国家的な組織を通じて同盟国と共有する斬新な構想であり、核兵器共有をめぐる論争の重要な争点になった。

このような特徴のためであろうか、ＭＬＦが最終的には失敗したにもかかわらず、ＭＬＦおよびＮＡＴＯの核兵器をめぐる論争については、すでにいくつかの先行研究が存在する。[1] 本章の目的は、ＭＬＦ交渉の経緯やその失敗の原因について、これらの先行研究に新たな知見を付け加えることではない。むしろ本章では、これほど大胆な構想がなされ、さらに米欧同盟内で数年にわたって争点であったその背景を解明したい。ＭＬＦ交渉をたどることで、ＭＬＦを必要とした当時の米欧同盟の特色を明らかにしようとするのである。[2] 核兵器共有は、五〇年代中葉以降の東西関係および米欧同盟の変化に対応するために構想された。しかし六〇年代には、この対応策、とくにＭＬＦが東西関係および米欧同盟に新たな問題を生じさせることになる。ＭＬＦは東西関係と同盟関係の接点に生まれ、両者の交錯の中で放棄された。冷戦と同盟の相互作用と変容が、ＭＬＦ交渉に表れていると考えられる。

このような問題関心から、本章は六三年初頭から六五年末に焦点を当て、ＭＬＦを構想したアメリカ政府およびもっとも熱心な支持者であった西ドイツ政府の、この構想に対する姿勢を明らかにする。アメリカ政府がＭＬＦ構想を最初に発表したのは、六〇年一二月である。しかし翌六一年一月に成立したケネディ政権が積極的にこの構想を支持するのは、同盟内の対立が顕在化した六三年一月以降のことだった。この年の一一月に新たに大統領に就任したジョンソンが再びＭＬＦに興味を失い、さらに西ドイツもその早期設立を断念するまでを、検討対象とする。[3]

以下、本節では、五〇年代中葉から核兵器共有がＮＡＴＯの議題に上った背景を検討し、これが米欧同盟関係の根幹にかかわる問題であったことを明らかにする。核兵器共有の目的は、何よりもまず、米ソの「核の手詰まり」によって揺らいだ米国の拡大抑止の信頼性を回復することにあった。しかしながら、まさに同じ「核の手詰まり」が、核兵器共有に対する障害にもなっていくのである。

五〇年代の中葉には、ソ連の核戦力増強が続けば、ソ連がアメリカ本土を直接攻撃できるようになり、米ソ双方の抑止状態が生まれるという認識が広がっていた。やがて「核の手詰まり」状況に至るという認識は、アメリカが西欧諸国に提供する拡大抑止の信頼性を揺るがすようになった。ソ連が西欧諸国を攻撃した場合、アメリカ政府は、自国の領土がソ連の核攻撃に晒される危険を冒してまで、ソ連を核攻撃するだろうかという疑いが持ち上がったのである。この疑念を放置すれば、西欧諸国はアメリカの核戦力に依存せずに自国の安全保障を確保するため、自ら核兵器の開発に踏み切るかもしれない。第二次世界大戦の被害から復興を遂げつつある西欧諸国が軍事的自立を得れば、それが政治的・外交的な自立につながって、アメリカの盟主としての立場を脅かす可能性が生まれた。[4]

とくに、西ドイツによる独自の核戦力開発の可能性は、アメリカのみならず西欧諸国にも大きな不安を広げた。二度にわたって世界大戦を引き起こしたドイツに対する不信は、ソ連・東欧諸国のみならず西側の同盟国にも根強かった。これを緩和したのが「二重の封じ込め」である。西ドイツのNATO加盟を認め、ソ連に対する封じ込めの一端を担わせる一方で、その同じNATOによって西ドイツから行動の自由を奪うこの政策は、米欧同盟の根幹を担った。しかし西ドイツが自ら核武装すれば、強大過ぎる西ドイツに対する不安が、この「二重の封じ込め」を崩壊させるかもしれない。[5]

このような事態を警戒したアイゼンハワー政権は、拡大抑止の信頼性の維持を図った。その手段として検討に上ったのが、核兵器共有と通常兵力の増強だった。しかし通常兵力の増強は、国防予算の圧縮を図るアイゼンハワー大統領の意向に反したため、実質的には核兵器共有が中心になった。西欧諸国の必要な時に核兵器があるのなら、わざわざ独自に核兵器を開発する必要がなくなると期待されたのである。アメリカ政府はまず、西ヨーロッパに配備した戦術核兵器を、有事には同盟国にも提供するNATO核備蓄制度（NATO

Nuclear Stockpile）を実現した。同様の仕組みを用いて、イギリスなどに中距離弾道ミサイル（ＭＲＢＭ）も配備した。さらに五〇年代末期には、国際管理の下に置いたＭＲＢＭを西欧に配備する複数の構想が登場していた。ハーター国務長官が六〇年一二月のＮＡＴＯ外相会談で発表したＭＬＦも、その一つだった。[6]ハーター提案の時点で、ＭＬＦの内容には曖昧な部分もあったが、おおよその骨子は表れている。その特徴は、加盟国が共同でＭＲＢＭを所持し、ＮＡＴＯの指揮下で運用する点にあった。とくに運用については、複数の加盟国が人員を提供する混成運用制を取っていた。この構想を継承したケネディは、六一年五月に超国家的な共同体が保有・運用する海軍核戦力の設立を約束した。[7]

ＭＬＦ構想を継承する意思を示す一方で、ケネディ政権にはこの構想に対する疑いが強く残っていた。ケネディ大統領は柔軟反応戦略（flexible response）を採用し、通常兵力の増強によって拡大抑止の信頼性回復を図ろうとしていた。したがって、ケネディにとってまず重要だったのはアメリカおよびＮＡＴＯ同盟国の通常兵力拡充であり、核戦力共有ではなかった。さらに、偶発的な核戦争の勃発を強く警戒したケネディ政権は、核兵器投入の決定をアメリカ大統領が独占しようとしていた。西ドイツのような非核保有国に独自の核兵器開発を断念させ、すでに核兵器を所持しているイギリスやフランスにも代替案を提示する点で、ＭＬＦはケネディ政権の政策と合致した。しかし、新たな核戦力の創立を目指すＭＬＦが、通常兵力拡充に向けられるべき国防費を食いつぶしたり、アメリカの管理を離れて新たな独自核戦力の基盤になったりしては、かえってアメリカの利益に反する。したがってケネディ政権内では、ＭＬＦを支持するボール国務次官などと、この構想に消極的なマクナマラ国防長官らが対立し、なかなか決着がつかなかった。[8]

米ソ両国の交渉において、非核保有国による核兵器開発、すなわち核兵器拡散の阻止が重要な議題の一つになっていたことも、問題を複雑にした。とくにソ連は西ドイツの核兵器保有を警戒し、折からのベルリン危機においても西ドイツの非核化を要求していた。ソ連の要求はケネディ政権の関心をひいたものの、西ドイツの強い反発を前に、アメリカ政府はベルリン危機の中でこの問題を取り上げなかった。そのかわり、六二年三月から開かれた一八カ国軍備撤廃委員会（ＥＮＤＣ）において核兵器の拡散防止を取り上げ、その中で西ドイツの核兵器開発阻止を検討することになる。(9) ケネディ政権はいわば、ＭＬＦとＥＮＤＣを両輪として、西ドイツの核兵器開発を阻止しようとしたのである。

二　エリゼ条約と核兵器共有

一九六三年一月、ケネディ政権は米欧関係が危機的状態にあると考えるようになっていた。フランスのド・ゴール大統領が、アメリカから独立した西欧を実現させたように見えたのである。フランスの威信回復を目指し、アメリカからの独自性を主張したド・ゴールは、六〇年に独力で核兵器開発に成功し、さらに欧州統合を自らの主導で進めようとした。そして六三年一月一四日、イギリスの欧州経済共同体（ＥＥＣ）加盟を拒否し、併せてアメリカからの戦略ミサイル提供の申し出を退けたのである。さらに一週間後には、アデナウアー西ドイツ首相がパリを訪れてエリゼ条約（独仏友好条約）を締結し、フランスの行動を是認するように見えた。事態の悪化を防ぎ、アメリカの盟主の地位を改めて確立するために、ケネディ政権はＭＬＦの速やかな実現を目指すようになる。(10)

ド・ゴールの拒絶とエリゼ条約がケネディ政権を動揺させたのは、この二つが米欧関係の根幹を揺るがすと考えられていたからだった。ケネディ政権はかねてから、ド・ゴールの主導するＥＥＣがアメリカから独立しようとするのではないかと懸念していた。しかしイギリスがEECに加盟すれば、アメリカとの紐帯を強め、ド・ゴールの目論見に対抗できると期待していた。また、前年のナッソー首脳会談でイギリスにポラリス型ミサイルの提供を約束していたケネディ政権は、他の西欧諸国が不満を抱くことを恐れ、フランスにも同様のミサイル提供を申し出た。さらに、非核保有国には、これらのミサイルがMLFの一部を成すと説明した。[11] しかしド・ゴールは、他の同盟国に知らせないまま米英が合意に至ったことを批判し、EEC加盟拒絶の理由とした。さらにド・ゴールとアデナウアーは、エリゼ条約の調印によって良好な独仏関係をアピールした。エリゼ条約は独仏の政策的相違を解消したわけではないが、ケネディ大統領が受けたショックは大きく、フランスがソ連と手を結んで「われわれをヨーロッパから追い出す」緊急事態を恐れていた。[12]

感情的になったケネディを「アメリカがヨーロッパにいるのは、ヨーロッパの人々がそう望んでいるからではなく、合衆国の防衛に不可欠だとわれわれが判断しているからなのです」と叱咤し、ド・ゴールの挑戦に立ち向かわせたのは、ラスク国務長官である。そのために焦点になったのが西ドイツであり、MLFだった。ケネディ政権は、西ドイツが「アメリカとフランスの選択」をしようとしていると警告する一方、MLFを「自ら主導して」実現させると約束して西ドイツとの関係改善を図った。[13] 外交ルートに加え、アチソン元国務長官などかつての政府高官が動員され、アメリカへの協力を訴えた。[14]

アメリカからの圧力を前に、西ドイツ政府は実質的にアメリカとの関係重視を表明した。西ドイツ議会がエリゼ条約を批准した際に、NATOの重要性を確認する前文を追加する計画が進められた。さらに四月三〇日には、アデナウアーが正式にMLFに合意した。この段階でケネディ政権が提案していたMLF構想は、ポラリス型ミサイルを八基搭載し、少なくとも三カ国で混成運用する水上艦艇二五隻からなる、新たな核戦力を創出するものだった。この新戦力は、NATOの欧州最高司令官の指揮下に置かれ、実戦で使用する際には加盟国全ての合意が必要とされた。エリゼ条約の調印時に、水上艦艇からなるMLFはアメリカの関与の証として十分ではないと漏らしていたアデナウアーであったが、アメリカの圧力を前に譲歩を余儀なくされたのである。[15]

アデナウアーがMLFを受け入れたもう一つの理由に、西ドイツの国内政治があった。六三年秋に引退するアデナウアーと、後継者と目されていたエアハルトが、対米・対仏政策をめぐって衝突したのである。アメリカの保障を信じられなくなっていたアデナウアーは、独仏和解と欧州統合を進めようとしていた。これに対してエアハルトは、依然として米欧同盟の維持を外交の最優先課題としていた。両者の対立は、二人の個人的関係に留まらず、キリスト教民主・社会同盟（CDU／CSU）に深い亀裂を刻んでいた。アデナウアーを支持するゴーリスト（親仏派）と、エアハルトを支持する大西洋派（親米派）の対立である。党内対立によってエリゼ条約の批准が不可能になることを恐れ、アデナウアーが大西洋派に譲歩したので、この時点では両派の衝突が回避された。[16]

しかしながら、MLFがエアハルトを中心とする大西洋派の支持を得たため、西ドイツ国内ではこの構想が親米路線の象徴になった。その結果、MLFの是非にかかわらず、大西洋派がMLFに固執せざるを得なくなった。実際に西ドイツ政府内では、実戦で使用する際の決定方法、水上艦艇の是非、財政負担などをめぐって、MLFに対する疑念の声があがっていた。[17]しかし、これらの問題が解決されないまま、西ドイツのMLF支持が固定化されていく。

アメリカでも、MLFへの支持は盤石ではなかった。とくにケネディ大統領は、早くも二月中旬に、MLFに深く関与しすぎたという後悔を口にしている。彼の懸念は、アメリカが拒否権を保持したMLFが西欧諸国にとって魅力的ではなく、この構想が失敗しかねないことにあった。しかし拒否権がなければ、「ヨーロッパ諸国がますますわれわれに依存しなくなる」。実際のところ、この段階で西ドイツがアメリカの拒否権に反対していたわけではなく、後にはアメリカの拒否権容認を表明するようになっていく。しかしこの問題はケネディの頭から離れず、彼の態度に影響を与えていた。[18] さらに、西ドイツが速やかにアメリカを支持したため、はたしてＭＬＦが本当に必要だったのかという疑いも募った。その結果大統領は、しばしばＭＬＦから距離を置いた発言を残している。たとえば七月一一日には、アメリカがＭＬＦを「ためらいがちな」西欧諸国に「売りつける」ようであってはならないと指示している。さらにその前日、部分的核実験禁止条約の交渉に際して、ＭＬＦに関する譲歩を仄めかしていた。[19]

しかしながら、ＭＬＦへの消極性を滲ませるケネディの発言は、公のものではない。七月の大統領命令に先立って、バンディ安全保障担当大統領特別補佐官がＭＬＦへの懸念を記した覚書を残しているが、まさにその覚書で、ＭＬＦへの支持を公然と取り下げるべきではないとも主張している。さらに八月の末には、当のバンディが国務省職員にＭＬＦの必要性を認め、米独二カ国で実施する可能性さえ示唆している。核実験禁止の交渉に関するケネディの示唆も、公式の訓令には反映されなかった。[20] たとえ大統領でも、ＭＬＦに公然と疑念を示すことができなかったのである。

ド・ゴールの挑戦を前に、ケネディ政権は西ドイツとの関係強化を図り、その主な手段としてＭＬＦを用いた。一方の西ドイツでも、対米関係を重視するエアハルトとその支持者が、ＭＬＦを積極的に受け入れるようになった。この時のケネディ政権の対応が過剰反応であり、もともと西ドイツはＭＬＦにあまり関心を持っていなかったという批判もある。[21] しかしここで重要なのは、六三年初頭の「危機」を契機に、ＭＬＦが米欧同盟と米独関係の鍵とみなされるようになったことである。ジョンソン政権は、この認識をケネディ政権から引き継ぐことになる。

三　ジョンソン政権とＭＬＦ

ケネディの暗殺によって大統領に就任したジョンソンは、ＭＬＦ構想を継承し、その実現を図った。とくに六四年四月一〇日には、同年末までのＭＬＦ条約締結を目指し、西欧諸国やアメリカ議会に受け入れを強く求める政策を承認した。しかし実際にその期限が迫ると、ＭＬＦの実現に向けてアメリカが主導権を取らない、消極的な政策に一転した。ＭＬＦに対するジョンソン政権の姿勢は、一年を経ないうちに急変したのである。

この変化の理由について、六四年四月の決定にその原因を求めることが多い。この決定がアメリカ政府の総意に基づいていなかったため、後に問題が続出して政策の修正が必要になったという見方である[22]。しかし前節で確認したように、少なくとも公式には、ケネディ政権もＭＬＦを支持していた。六四年四月の決定は、従来の政策を一歩前に進めたにすぎず、六四年末になって大きな政策転換がなされたのである。

四月一〇日の決定は、ボール国務次官やフィンレターＮＡＴＯ常駐代表を中心とするＭＬＦ支持派の主導でなされた。アメリカがこの提案から距離を置いているために、西ヨーロッパのＭＬＦ支持派が消極派を説得できないという彼らの主張を大統領が受け入れ、国務省にＭＬＦを最善策として西欧諸国に推奨する許可を与えた。バンディや軍縮軍備管理局（ＡＣＤＡ）のフォスター局長のような、ＭＬＦ消極派がこの会議から排除されていたわけではない。しかし彼らは、西欧諸国に関する国務省の分析に異を唱えなかったのである[23]。

四月一〇日の決定は、西欧諸国、とくに西ドイツから、交渉の迅速な進展を求める声に応えてなされた。

前年一〇月に首相に就任したエアハルトは、シュレーダー外相やハッセル国防相と共に、MLFを支持していた。その一方で、西ドイツ国内、とくに与党CDU／CSU内で、エアハルトはMLFに消極的なゴーリストに対峙していた。エアハルトが、シュトラウス前国防相などのゴーリストを内閣から排除したため、対立が激化していた。しかし、アデナウアーがCDU党首の座を譲らなかったこともあって、エアハルトはゴーリストの勢力を抑えきれなかった。彼らは、アデナウアー政権末期の政策を支持して対仏関係を重視し、MLFを対米関係偏重の象徴として批判を続けていた。[24]

エアハルト政権は、西ドイツ国外でも壁に突き当たっていた。フランスがMLFに参加する可能性は低かったが、ド・ゴールは西ドイツの参加に反対しないとの言質を与えていた。より大きな問題は、イギリスだった。西ドイツ外務省によれば、イギリス政府はMLFへの関与を避け、予算などの問題点を指摘して交渉の引き延ばしを図っていた。翌六四年早々に訪英したエアハルトは、「フランスの覇権」に対抗するためにMLFが必要と訴えたが、ヒューム首相は年内に迫った選挙を理由に言質を与えなかった。エアハルトは一月末にイタリアを訪れ、再びフランスへの対抗手段としてMLFの必要性を訴えたが、参加の約束は得られなかった。[25]

西欧諸国の抵抗にあった西ドイツ政府は、アメリカ政府の積極的な関与を求めるようになった。二月末、西ドイツNATO常駐代表のグレーヴェは、六四年末ないし六五年初頭にMLF条約を締結すべきだと訴えた。彼の分析では、アメリカと西ドイツがMLF支持を鮮明にすれば、イギリスやイタリアも加盟するはずだった。さらに彼は、一カ月後にラスク国務長官と会談し、上述した予定の前倒しさえ要請した。この要請を退けつつも、ラスクはMLFに関する政策の調整が必要と認めた。[26]四月一〇日の大統領決定は、このような西ドイツの提案に応える決定だったのである。

実際に西ドイツ政府はアメリカの四月一〇日決定を歓迎し、MLF交渉の成功を期待した[27]。しかしその期待は裏切られることになる。四月一〇日の決定は、かえって米独以外のNATO諸国の反発を招き、交渉を難しくしたのである。まずイギリス政府は、年内のMLF条約締結にあまり執着すべきではないと主張した。とくにイギリスが同年一〇月までに総選挙を控えているため、その前にMLFに関する政策決定はできないと訴えた。さらにイギリス政府は、MLFの修正を提案した。その骨子は、水上艦艇からなるMLFに、戦略爆撃機や地上配備型ミサイルなどを加えて拡大することにあった[28]。

これまではMLFに無関心だったフランス政府も、反対姿勢を明確にし始めた。この年の七月初旬に西ドイツを訪れたド・ゴールは、MLFを通じてアメリカの核戦力に影響を行使するのではなく、フランスと協力してその核戦力を西ドイツの抑止に利用すべきではないかと訴えたが、エアハルトの方針を変えるには至らなかった。そのため彼は、従来のようにフランスの参加を拒否するだけではなく、西ドイツのMLF参加にも反対するようになった[29]。さらに駐米フランス大使が、アメリカ政府に対してMLFがNATOと欧州を「分断」しかねないと懸念を示した。本章が依拠した史料では、フランスが態度を変えた理由は立証できないが、エアハルトがフランスに対抗する政策としてMLF支持を訴えたことに対する警戒や、エアハルト政権との協力を不可能と判断したことなどが考えられる。さらに、MLFが独仏関係改善の障害とみなしたゴーリストが、エアハルト政権に対する批判を激化させた[30]。

西欧諸国の反発を前に、MLF支持派は依然として西欧諸国を説得できると主張していたが、アメリカ政府内に疑念の声もあがっていた。たとえば国務省のテイラーヨーロッパ担当次官補は、MLFを西欧諸国に押し付けようとしているアメリカが「重大な誤り」を犯しているのではないかと考えるようになった。彼は一〇月上旬、バンディに「書簡未満」（a “non-letter”）を送り、MLFがNATOの分裂を広げかねないという懸念が西欧諸国に広がっていること、西ドイツ政府以外ではこの計画への支持が広がっていないことを訴えた。おそらくテイラーに刺激されて、バンディは四月一〇日決定の再検討に着手した[31]。

ここでイギリス労働党が総選挙に勝利し、首相に就任したウィルソンが大西洋核戦力（ＡＮＦ）を提案したのである。これは、イギリスの戦略爆撃機および将来的にはポラリス搭載の潜水艦、アメリカの大陸間弾道ミサイルなど、すでに英米が保持している核戦力に、加盟国の共同所有・混成運用下に置かれる何らかの核戦力を組み合わせて同盟の核戦力とする構想だった。バンディは「フランスの反対によって実現困難な」ＭＬＦの代替案としてこの提案を評価し、四月一〇日の決定を修正しようとした[32]。一一月八日にバンディは大統領に、ＭＬＦに重大な障害があることを指摘し、ＡＮＦを真剣に検討すべきであると訴えた。その上で、ＭＬＦを強硬に支持する「政府の下僚」が先走って大統領の選択を狭めることがないよう、大統領府がＭＬＦ交渉を直接管理するよう進言した。この時はＭＬＦへの批判を慎んだバンディであったが、後にもっと率直に「ＭＬＦを視界から消えさせる」べきだと漏らしている[33]。ＡＮＦ提案は、ＭＬＦへの反対を具体化させる触媒の役割を果たしたのである。

一二月六日に大統領はバンディの進言を承認し、イギリスにＭＬＦ受け入れを迫らないと決定した。さらに一二月中旬になると、ＮＳＡＭ第三二二号を採択し、「現時点で拘束力のある協定の締結を進め」るのではなく、「西欧諸国の直接対話を促す」とした[34]。この決定で重要なのは、ＭＬＦに対する不満が西欧諸国に広がったので、アメリカ政府が政策を修正したことである。少なくともこの段階で、アメリカ政府がＭＬＦに代わる新たな政策を意識していた様子は見られない。ＡＮＦは未確定の部分が多く、将来の交渉次第のところが多かった。政策協議方式についても、まだ具体的な提案はなかった。先行研究で重視されることが多い軍備管理交渉も、この時点でジョンソン政権はあまり期待を抱いていなかった。この問題を担当したＡＣ

DAが、バンディに影響を与えたようにも見えない。バンディによる一一月の意見具申は、ACDAに全く言及していないのである。バンディ自身、MLFから手を引いても先行きが決して明るくはないことを認めつつ、「現在のMLFほどひどくならない」と主張している[35]。

ジョンソン政権は、MLFの実現を支持するケネディ政権の政策を引き継いだ。しかし、核抑止の信頼性回復によって米欧同盟を安定化させるこの計画が、かえって同盟の不安定要因になると、方針を改めた。フランスの「覇権」の危険性を訴えたエアハルトも、西ドイツが核兵器に近づくことへの不安を拭いきれなかった。西欧諸国はフランスよりも、MLFによって西ドイツが核兵器の引き金に指をかけることで、西ドイツの影響力がさらに拡大し、ソ連が警戒を強める事態を恐れたと言えるだろう。

四　MLF交渉の継続

NSAM第三二二号によってMLFに対するアメリカ政府の姿勢は変化したが、この構想が容易に「視界から消え」たわけではなかった。一九六五年初めには、アメリカが改めてMLFに対する支持を確認したのである。国務省がMLF担当部門を廃止し、その業務をヨーロッパ局に移したことが報道されると、エアハルト政権は失望した。勢いづいたゴーリストは、MLFを推進してきたシュレーダー外相を「嵐のように」厳しく批判した。ドイツ再統一問題なども絡んで、「対外関係に対する信頼性の危機に近い」とさえ称される論争が生じた。西ドイツの不安を抑えるため、ラスクはアメリカが依然としてMLFを支持していると、一月一三日に確約したのである。これはNSAM第三二二号に反する行為ではなかったが、未だにMLF

問題が解決できていないことは明らかだった。[36]二一日にはいわゆるギルパトリック委員会が最終報告を提出し、核兵器の拡散をアメリカの安全保障に対する脅威と認めて、後の核不拡散条約（ＮＰＴ）締結に向けた大きな分岐点になった。しかしここでも、ＭＬＦ構想の放棄に向けた合意が出来たわけではなかった。[37]

その一方で、ＭＬＦ交渉の先行きは依然として不透明だった。西欧諸国間の見解のすり合わせが、簡単ではなかったのである。西ドイツ政府はＡＮＦに不満で、この計画では自国の利益を十分に保証できないとみなしていた。なかでも非核加盟国による核兵器の保有禁止規定、英米両国の拒否権、混成運用制のような非核保有国による「実質的参加」の欠如などを、問題視していた。[38]交渉に期待を持てず、さらに国内の支持に不安を抱えるエアハルト政権は、九月に予定された総選挙までＭＬＦ交渉から距離を置こうとした。与党を分裂させかねない争点を回避しようとしたのである。ウィルソン英首相が三月に西ドイツを訪れた際に実質的な交渉を回避し、作業部会における交渉の継続を約束するに留めたのは、その一例である。同じように、ＮＡＴＯにおける議論も停滞した。[39]

しかし、エアハルトの一時的後退は裏目に出た。米欧同盟内に、ＭＬＦに対する批判がますます広がっていったからである。すでにＭＬＦを厳しく批判するようになっていたフランスは、この構想が「西ドイツによる独自核戦力の第一歩」になり、ドイツ再統一の障害になりかねないと攻撃していた。フランス政府による批判があまりに鋭いため、ソ連は反ＭＬＦでフランスと協力しようとさえしている。[40]イギリス政府の場合、ＮＰＴに緊急性があると判断し、その障害になる戦力共有方式から距離を取るようになっていった。六月にイギリスが作成し、同盟国と協議したＮＰＴ草案は、「あらゆる国家の連合体」に核兵器保有を禁じる内容で、ＡＮＦの一部であってもＭＬＦを不可能にしかねなかった。西ドイツと協力したアメリカの強い主張で、イギリスは独自の草案を撤回したものの、戦力共有方式に関心を失っていたのが明らかだった。[41]

エアハルト政権にとって頼みの綱だったアメリカ政府も、西ドイツに批判的な見方をするようになっていた。とくにジョンソン大統領は、エアハルト個人に苛立ちを強めていた。ヴェトナム戦争に西ドイツの協力が得られないことが、ジョンソンには不愉快な問題だった。エアハルトがヴェトナムにおけるアメリカの立場を公然と支持していたことは、ジョンソンに期待を抱かせて、かえって事態を悪化させたかもしれない。さらに西ドイツに駐留するアメリカ軍およびイギリス軍の財政支援について、西ドイツ政府が柔軟に対応できなかったことも、アメリカ政府の姿勢に影響した可能性がある。(42)

ジョンソンの態度を追い風に、アメリカ政府内では、九月の西ドイツ総選挙後をにらんだＭＬＦの再検討が活発になっていった。たとえばバンディは、九月一〇日にラスク国務長官にあてた覚書で、ソ連や議会と無益な論争に巻き込まれたくないという大統領の言葉を引用しながら、アメリカがＭＬＦを支持し続けるのは困難であるとの見解を述べている。さらに翌月には大統領に、自分とマクナマラがもはやＭＬＦを支持していないと宣言した。ＡＣＤＡも、ＮＰＴの障害になっているＭＬＦを放棄するよう求めていた。このような意見を背景に、バンディは「大統領自らの手による事態の打開」(a real Johnson break-through) を求めた。総選挙に勝利したエアハルトが年末にアメリカを訪れたさい、ＭＬＦに決着をつけるべきだと迫ったのである。(43)ＭＬＦ批判派が活気づいた一因には、政策協議方式が代替策として固まりつつあったことがある。この年の五月に開かれたＮＡＴＯ閣僚会談でマクナマラ国防長官が、同盟の核政策を協議するため、国防相による「選抜委員会」開催を提案していた。バンディは、一〇月に西ドイツ大使館員と会談した際に、ＭＬＦの代替策としてこの選抜委員会を示唆している。(44)

これに対してＭＬＦを支持してきた国務省には、大きく二つの動きがあったように見える。一方には、ボール国務次官のような強硬なＭＬＦ支持派がいた。たとえば一一月初めにレディヨーロッパ担当国務次官補は、西ドイツ政府は戦力共有方式を望む一方、運営参与方式に強い不信感を抱いていると主張している。さらにフィンレターなどが、強硬にＭＬＦの実現を求めるよう西ドイツ政府に助言している。(45) その一方で、ラスク国務長官を中心に、問題を先延ばしして西ドイツに受け入れ可能な妥協案を模索する動きがあった。その成果が、九月二一日付で作成されたヒレンブラント覚書であったと推測される。当時の駐西独公使を中心に作成されたこの覚書は、長期的に戦力共有方式による核兵器共有が必要であることを認めつつ、当面はＭＬＦを延期すべきと提案した。フランスが西欧諸国との対立を深め、七月初めからＥＥＣの協議をボイコットしていた「空席危機」の最中に、新たな火種を追加するべきではないと主張したのである。(46)

九月の総選挙で勝利を収めたエアハルト政権は、引き続きＭＬＦの実現を求める一方で、ＭＬＦの是非を検討するようになっていた。たとえば九月二四日、外務省のクラーフ第二政治局長は、ＡＮＦや政策協議方式とＭＬＦを比較し、改めてＭＬＦの推進を支持する覚書を提出した。しかしカルステンス事務次官は、この覚書が対仏関係およびＮＰＴを十分考慮していないとして、再検討を命じている。翌月一一日になると、軍縮・軍備管理問題を担当する第二政治局Ｂ部から、ＭＬＦに固執する必要はなく、戦略や標的の選択など運営面で西ドイツの影響を保持すれば十分とする意見も表明された。さらに一二月には、再び第二政治局Ｂ部が、戦力共有方式を実現不可能とした上で、政策の再検討が必要であると訴えた。(47)

この模索は、一二月一九日に訪米したエアハルトが持参した「核問題」という覚書に結実した。西ドイツ政府は、「選抜委員会」のような政策協議方式では不十分であり、あくまで「共同核戦力」が必要と主張していた。核兵器の共同保有・共同管理を譲ろうとしなかったのである。その一方で、この「共同核戦力」にＭＬＦのような混成運用を要求せず、その構成についても柔軟な姿勢を示した。(48) 共同保有・共同管理の名目は維持しながら、西ドイツの兵員が核兵器の運用に参加しない状況を許容したと言えるだろう。

このような政策修正の背景には、クラーフに対するカルステンスの評価が示すように、NPT交渉と対仏関係があったと考えられる。秋にはNPT交渉に悲観的だったアメリカ政府が、一二月初頭になって再び交渉に期待をかけるようになっていた。西ドイツ政府は、自国の利益を犠牲にNPT交渉が進むことを憂慮していた。また、仮にNPT交渉が失敗した時、西ドイツがその責任を負わされるとの危険も認識していた[49]。対仏政策では、EECの「空席危機」が問題を複雑にしていた。アメリカのEEC代表部が指摘したように、エアハルト政権がMLFに固執すれば、フランスに「さらなる脅迫の手段」を与えることになるかもしれない。エアハルトが総選挙に勝利すると、CDU／CSU内の批判はある程度収まったが、ゴーリストは依然として勢力を維持していた。フランスとの対立が与党の軋轢を広げ、それがさらに独仏関係とEECを混乱させる可能性があった[50]。

では、西ドイツ政府はなぜ戦力共有方式に固執したのであろうか。マクナマラの提案以来、西ドイツ政府は「選抜委員会」構想を支持しつつも、政策協議方式はMLFの代替策ではなく、互いに補完しあうものだと主張していた。その裏には、フランスの反対でこの構想が失敗するとの観測に加えて、政策協議方式だけでは西ドイツ政府の影響力が維持できないという懸念があった[51]。とくに上述したクラーフの覚書は、「アメリカは応分の責務を負う用意のある同盟国にしか共同責任を認めないだろう」と述べて、「「選抜委員会」はMLFの代替たり得ない」と主張している。興味深いことにクラーフは、西ドイツの安全保障のみならず、東ドイツの人々に対する「特別の責任」および「東ヨーロッパの民族の運命に対する共同責任」を根拠に、アメリカの核戦略に影響を及ぼす必要性を訴えている[52]。西ドイツ政府内で、ヨーロッパ全体の安全保障に一定の関心が集まっていた証拠と言える。

実質的にはMLFを放棄したに近い西ドイツの譲歩案であったが、ジョンソン政権を満足させる内容ではなかった。駐西独大使館は、一一月中旬の段階で、西ドイツ政府が既存の核戦力に関する新たな取り決めと政策協議方式の組み合わせを検討していると報告している[53]。このような譲歩であれば、戦力共有方式を延期するヒレンブラント覚書にも通じる内容だった。しかし何らかの形で戦力共有方式を残そうとした西ドイツ政府の提案は、かえってＭＬＦに終止符を打つことになる。新たな「共同核戦力」設立を目指した西ドイツとイギリスおよびイタリアとの交渉は失敗した。その一方で、西ドイツの譲歩をきっかけに、アメリカは自らの政策変更を進め、四月二二日には、政策協議方式による核兵器共有を優先的に進めるＮＳＡＭ第三四五号を採択したのである[54]。

本章の検討から明らかになったのは、ＭＬＦが米欧同盟および関係国の国内事情によって同盟の争点になり、さらに同盟内の対立要因になる過程である。六三年一月に米欧関係の危機を認めたアメリカ政府が「売りつけ」たＭＬＦは、外交政策をめぐる西ドイツ与党内の対立の中で、親米路線を象徴する争点になった。その結果、米独両国がこの構想を簡単に断念することが出来なくなった。しかしＭＬＦの実現も容易ではなかった。西ドイツの核兵器保有を警戒するソ連を刺激するのみならず、強大過ぎるドイツに対する西欧諸国の不安を煽り、さらにこの構想を自国への対抗手段とみなすフランスの反発を招いたのである。ＭＬＦ交渉が暗礁に乗り上げる中で、西ドイツが自ら譲歩に踏み出すと、問題は一気に終息した。

この結果だけを一見すると、核兵器共有問題が解決されて米欧間の争点が一つなくなったようにも見える。しかし実際には、この問題を経験した米欧関係に大きな変化が起こっていた。本章の議論から明らかなように、ジョンソン政権はＭＬＦ撤回に向けた指導力を発揮できなかった。「選抜委員会」構想にしても、核兵器共有を解決する決定打になったとは言えず、アメリカが西ドイツの説得に成功したとは言い難い。西ドイツ政府こそが、米欧同盟をＭＬＦから解放する鍵を握っていた[55]。しかしその西ドイツは、ＭＬＦが大西洋派とゴーリストの争点と化したために、なかなか政策変更に踏み切れなかった。フランスが独自路線を強める中でゴーリストの主張は現実性を失っていったが、MLFに否定的なアメリカの政策も、大西洋派の期待に沿うものではなかった。双方の対立のみが先鋭化して外交論争が不毛なものになる中で、閉塞感が強まっていった。

六〇年代の中葉から後半にかけては、東西冷戦が徐々に緊張緩和に向かった時期である。とくに西欧諸国の間には、東西対立を克服するいわゆる「ヨーロッパ・デタント」の萌芽期に当たる。西ドイツに関しても、後の「東方外交」に連なる過渡期にあたっていた(56)。本章が検討した核兵器共有とMLFの問題は、このような変化が起こる直前に、米欧同盟の根幹たる拡大抑止と「二重の封じ込め」に動揺が現れていたことを示している。MLFは米欧同盟に蓄積され、デタントという形で破裂する、歪みが表面化した事例だったのである。

（１）米欧同盟と核兵器の問題に関する先行研究として、梅本哲也『核兵器と国際政治――一九四五～一九九五』（日本国際問題研究所、一九九六年）。金子譲『ＮＡＴＯ北大西洋条約機構の研究――米欧安全保障関係の軌跡』（彩流社、二〇〇八年）。David N. Schwartz, *NATO's Nuclear Dilemmas* (Washington, D.C.: The Brookings Institution, 1983). Marc Trachtenberg, *A Constructed Peace: The Making of the European Settlement, 1945-1963* (Princeton: Princeton University Press, 1999). Susanna Schrafstetter & Stephen Twigge, *Avoiding Armageddon: Europe, the United States, and the Struggle for Nuclear Nonproliferation, 1945-1970* (Westport: Praeger, 2004) など。ＭＬＦをめぐる先行研究として、John D. Steinbruner, *The Cybernetic Theory of Decision: New Dimensions of Political Analysis* (Princeton: Princeton University Press, 2002 (1974)). Pascaline Winand, *Eisenhower, Kennedy, and the United States of Europe* (New York: St. Martin's Press, 1993), pp. 203-243. Andrew Priest, "From Hardware to Software: The End of the MLF and the Rise of the Nuclear Planning Group," Andreas Wenger, Christian Nuenlist, Anna Locher, eds. *Transforming NATO in the Cold War: Challenges beyond deterrence in the 1960s* (Abingdon: Routledge, 2007). Shane J. Maddock, *Nuclear Apartheid: The Quest for American Atomic Supremacy from World War II to the Present* (Chapel Hill: University of North Carolina Press, 2010)。牧野和伴「ＭＬＦ構想と同盟戦略の変容」（一）、（二）『成蹊大学法学政治学研究』二一・二二号（一九九九・二〇〇〇年）。新垣拓「ジョンソン政権における核シェアリング政策――ＮＡＴＯ核問題と政策協議方式案の採用」『国際政治』一六三号（二〇一一年）など。

（２）この時期の米欧関係を広く扱ったものとして、Thomas A. Schwartz, *Lyndon Johnson and Europe: In the Shadow of Vietnam* (Cambridge, MA: Harvard University Press, 2003). Andrew Priest, *Kennedy, Johnson and NATO: Britain, America and the Dynamics of Alliance, 1962-68* (London: Routledge, 2006). *Anna Locher, Crisis? What Crisis? NATO, de Gaulle, and the Alliance, 1963-1966* (Baden-Baden: Nomos, 2010). Hal Brands, "Non-Proliferation and the Dynamics of the Middle Cold War: The Superpowers, the MLF, and the NPT", *Cold War History*, vol. 7, no. 3 (2007) など。ただしこれらの研究の多くは、米国ないしＮＡＴＯがどのように危機を克服したかに焦点を

置いている。これに対して本章では、そもそも危機から生じた変化を確認したい。黒崎輝『核兵器と日米関係――アメリカの核不拡散外交と日本の選択　一九六〇―一九七六』（有志社、二〇〇六年）も参照。

（3）本章では、西ドイツ外務省の史料、とくに刊行されている *Akten zur Auswärtigen Politik der Bundesrepublik Deutschland* (*AAPBD*) およびこれに掲載されなかった文書からなるＢ１５０を利用した。今回は使用できなかった外務省の他の文書や外務省以外の政府機関文書、主要な政治家の個人文書などに基づいた研究については、他日を期したい。

（4）五〇年代の東西関係および米欧関係の変容については、石井修「冷戦の「五五年体制」」『国際政治』一〇〇号（一九九二年）。佐々木卓也『アイゼンハワー政権の封じ込め政策――ソ連の脅威、ミサイル・ギャップ論争と東西交流』（有斐閣、二〇〇八年）。倉科一希『アイゼンハワー政権と西ドイツ――同盟政策としての東西軍備管理交渉』（ミネルヴァ書房、二〇〇八年）など。

（5）「二重の封じ込め」については Wolfram F. Hanrieder, *Germany, America, Europe: Forty Years of German Foreign Policy* (New Haven: Yale University Press, 1989). Thomas A. Schwartz, *America's Germany: John J. McCloy and the Federal Republic of Germany* (Cambridge, MA: Harvard University Press, 1991) を参照。西ドイツの核兵器開発について、Catherine McArdle Kelleher, *Germany & the Politics of Nuclear Weapons* (New York: Columbia University Press, 1975). Susanna Schrafstetter, "The Long Shadow of the Past: History, Memory and the Debate over West Germany's Nuclear Status, 1954-69", *History & Memory*, vol. 16, no. 1 (2004) など。

（6）アイゼンハワー政権の核兵器共有政策については、小野沢透「アイゼンハワー政権とＮＡＴＯ――拡大抑止をめぐって」肥後本芳男・山澄亨・小野沢透編『現代アメリカの政治文化と世界――二〇世紀初頭から現代まで』（昭和堂、二〇一〇年）。

（7）ハーター提案は *Foreign Relations of the United States* (*FRUS*) 1958-60 VII-1, pp. 674-682. ケネディ政権の提案は *Public Papers of the Presidents, John F. Kennedy*, 1961, pp. 382-387.

（8）ケネディ政権については、松岡完『ケネディと冷戦――ベトナム戦争とアメリカ外交』（彩流社、二〇一二年）。青野利彦『「危機の年」の冷戦と同盟――ベルリン、キューバ、デタント 一九六一―六三年』（有斐閣、二〇一二年）。核戦略やMLFは、Francis J. Gavin, "The Myth of Flexible Response: United States Strategy in Europe during the 1960s", *International History Review*, vol. 23, no. 4 (2001) など。

（9）西ドイツの非核化と第二次ベルリン危機は青野『「危機の年」の冷戦と同盟』、一三四―一四一頁。津崎直人「ベルリン危機における西ドイツ核武装問題と核拡散防止条約の起源（一九六一―六二年）――核不拡散体制の起源」（二・完）『法学論叢』一五一―四（二〇〇二年）、一二一―一二六頁。

（10）米仏間の軋轢と独仏和解について、川嶋周一『独仏関係と戦後ヨーロッパ国際秩序――ドゴール外交とヨーロッパの構築 一九五八―一九六九』（創文社、二〇〇七年）。Jeffrey Glen Giauque, *Grand Designs and Visions of Unity: The Atlantic Powers and the Reorganization of Western Europe, 1955-1963* (Chapel Hill: University of North Carolina Press, 2002).

（11）ナッソー協定については、Donette Murray, *Kennedy, Macmillan and Nuclear Weapons* (Houndmills: Macmillan, 2000). *FRUS* 1961-63 XIII, pp. 467-468, 475-478.

（12）*Ibid*, pp. 487-491.

（13）*FRUS* 1961-63 XIII, pp. 156-163, 478-482, 482-484. Bonn1867 to SecState, 22 Jan. 1963, Box 212, National Security File (NSF), John F. Kennedy Library (JKFL).

（14）*AAPBD* 1963, pp. 162-165, 200-201, 228-229.

（15）*Ibid*, pp. 137-148, 505-507, 793-801. エリゼ条約前文は遠藤乾編『原典ヨーロッパ統合史』（名古屋大学出版会、二〇〇八年）三八三―三八四頁。

（16）Christoph Hoppe, *Zwischen Teilhabe und Mitsprache: Die Nuklearfrage in der Allianzpolitik Deutschlands 1959-1966* (Baden-Baden: Nomos, 1993), pp. 112-116. 大西洋派とゴーリストの対立について、Ronald J. Granieri, *The Ambivalent Alliance: Konrad Adenauer, the CDU/CSU, and the West, 1949-1966* (New York: Berghahn, 2003). 板橋拓己「黒いヨーロッパ――ドイツにおけるキリスト教保守派の「西洋」主義」遠藤乾・板橋編著『複数

のヨーロッパ―欧州統合史のフロンティア』（北海道大学出版会、二〇〇一年）。

（17） *AAPBD* 1963, pp. 269-273, 339-403, 491-493.

（18） Memorandum of Conversation in the President's Office, Monday, Feb 18, 1963, 4:00 p.m., Box 216A, NSF, JFKL. *FRUS* 1961-63 XIII, pp. 366-368, 561-564.

（19） *FRUS* 1961-63 VII, pp. 789-790. 青野『「危機の年」の冷戦と同盟』、二一六―二一九頁。

（20） *FRUS* 1961-63 XIII, pp. 592-595, 606-607. *FRUS* 1961-63 VII, pp. 779-785. 青野『「危機の年」の冷戦と同盟』、二三四頁も参照。

（21） たとえば Hoppe, *Zwischen Teilhabe und Mitsprache*, pp. 102-107.

（22） Maddock, *Nuclear Apartheid*, pp. 225-226. Jonathan Colman, *The Foreign Policy of Lyndon B. Johnson: The United States and the World, 1963-1969*（Edinburgh: Edinburgh University Press, 2010）, pp. 97-99. MLFと軍備管理交渉に対するジョンソン政権の政策について、これまであげたものの他に、黒崎「アメリカ外交と核不拡散条約の成立」（一）（二・完）『法学』六五―五・六（二〇〇一・〇二年）。Hal Brands, "Rethinking Nonproliferation: LBJ, the Gilpatric Committee, and U.S. National Security Policy", *Journal of Cold War Studies*, 8-2（2006）. Francis J. Gavin, "Blasts from the Past: Proliferation Lessons from the 1960s", *International Security*, vol. 29, no. 3（2004）.

（23） *FRUS* 1964-68 XIII, pp. 35-37.

（24） Hans-Peter Schwarz, *Konrad Adenauer: German Politician and Statesman in a Period of War, Revolution and Reconstruction*, vol. II, *The Statesman, 1952-1967*, trans. Geoffrey Penny（Providence: Berghahn, 1997）, pp. 716-719. Hoppe, *Zwischen Teilhabe und Mitsprache*, pp. 165-173.

（25） *AAPBD* 1963, pp. 1439-1443, 1470-1478. *AAPBD* 1964, pp. 45-49, 132-140.

（26） Polto Circular 60, 28 Feb. 1964, Box 24, Subject File, National Security File（NSF）, Lyndon B. Johnson Library（LBJL）; Secun 3 from Geneva, 25 Mar. 1964, *ibid*.

（27）*AAPBD* 1964, pp. 428-430, 449-456. *FRUS* 1964-68 XV, pp. 111-115.

（28）*FRUS* 1964-68 XIII, pp. 41-43, 59-60. London 6356 to SecState, 22 Jun. 1964, Box 24, Subject File, NSF, LBJL; Polto Circular 71, 7 May 1964, *ibid*. Polto 1861 to SecState, 20 Jun. 1964, *ibid*.

（29）*AAPBD* 1964, pp. 766-768, 768-777; Bonn 284 to SecState, 23 Jul. 1964, Box 24, Subject File, NSF, LBJL. 刊行されたドイツ外務省の史料に、ド・ゴールが西ドイツのＭＬＦ参加に反対したとの発言は記録されていない。しかしBonn 284は、西ドイツ政府内にド・ゴールが反対したとの理解が広がっていたことを示している。

（30）*FRUS* 1964-68 XIII, pp. 92-93. Intelligence Note, Hughes to Rusk, 23 Jul. 1964, Box 170, Country File, NSF, LBJL. *FRUS* 1964-68 XV, pp. 145-146. Schwarz, *Konrad Adenauer*, pp. 730-732, 743-744.

（31）*FRUS* 1964-68 XIII, pp. 76-77. Tyler to Bundy, 9 Oct. 1964, Box 23, Subject File, NSF, LBJL. Memorandum, Klein to Bundy, 10 Oct. 1964, *ibid*. Memorandum, Rostow to Rusk, 12 Oct. 1964, Box 258, Records of S/PC 1963-64, Lot 70D199, RG 59, National Archive at College Park（NARA）.

（32）*FRUS* 1964-68 XIII, pp. 95-100. ＡＮＦについて*AAPBD* 1964, pp. 1544-1555. 芝崎祐典「多角的核戦略（ＭＬＦ）構想とウィルソン政権の外交政策、一九六四年」『ヨーロッパ研究』三（二〇〇三年）。

（33）*FRUS* 1964-68 XIII, pp. 103-107, 121-122.

（34）*Ibid*, pp. 133-134, 165-167.

（35）*Ibid*, pp. 64-67, 103-107, 121-122.

（36）*Ibid*, pp. 172-174. *FRUS* 1964-68 XV, pp. 191-194, 201-204.

（37）*FRUS* 1964-68 XI, pp. 163-168. ギルパトリック委員会についてはBrands, “Rethinking Nonproliferation” など。

（38）*AAPBD* 1965, pp. 58-62, 90-94, 95-101.

（39）Hoppe, *Zwischen Teilhabe und Mitsprache*, pp. 245-248. *FRUS* 1964-68 XIII, pp. 190-191, 209-210; Bonn 3342 to SecState, 5 Mar. 1965, Box 185, Country File, NSF, LBJL.

（40）*FRUS* 1964-68 XIII, pp. 231-233. *AAPBD* 1965, pp. 763-766, 805-807.

(41) *FRUS* 1964-68 XI, pp. 217-219, 233-235. Bonn 239 to SecState, 23 Jul. 1965, Box 186, Country, NSF, LBJL. *AAPBD* 1965, pp. 1078-1083, 1233-1235.

(42) *FRUS* 1964-68 XV, pp. 209-210. 森聡『ヴェトナム戦争と同盟外交――英仏の外交とアメリカの選択 一九六四―一九六八年』（東京大学出版会、二〇一〇年）。水本義彦『同盟の相克――戦後インドシナ紛争をめぐる英米関係』（千倉書房、二〇〇九年）。Hubert Zimmermann, *Money and Security: Troops, Monetary Policy, and West Germany's Relations with the United States and Britain*, 1950-1971 (New York: Cambridge University Press, 2002).

(43) *FRUS* 1964-68 XIII, pp. 243-244. *FRUS* 1964-68 XV, pp. 330-331. *FRUS* 1964-68 XI, pp. 264-267. Memorandum, Bundy to the President, 10 Oct. 1965, Box 25, Subject File, NSF, LBJL.

(44) *AAPBD* 1965, pp. 968-969, 1637-1640. 新垣「ジョンソン政権における核シェアリング政策」、七三―七四頁。

(45) *FRUS* 1964-68 XIII, pp. 261-262. *AAPBD* 1965, pp. 1685-1688, 1844-1846.

(46) *FRUS* 1964-68 XV, pp. 330-331. Memorandum, Hillenbrand to Ball, 21 Sep. 1965, Box29, Records of Under Secretary George W. Ball, 1961-1966, Lot 74D272, RG59, NARA.「空席危機」についてはN. Piers Ludlow, *The European Community and the Crises of the 1960s: Negotiating the Gaullist Challenge* (London: Routledge, 2006).

(47) *AAPBD* 1965, pp. 1501-1510, 1839-1840. Erwägungen zur Politik in der „MLF"-Frage, 12 Oct. 1965, Bd. 61, B 150, Politisches Archiv, Auswärtiges Amt (PAAA), Berlin.

(48) „Die nukleare Frage", 86.S.2954/65-gh, 20 Dec 1965, Bd. 66, B 150, PAAA.

(49) *FRUS* 1964-68 XI, pp. 256-257. *AABPD* 1965, pp. 1345-1348, 1858-1860, 1865-1869. Fernschreiben 474, Genf an AA, 3 Sep. 1965, Bd. 59, B 150, PAAA.

(50) Intelligence Note, Hughes to Rusk, 19 Oct. 1965, Box 25, Subject, NSF, LBJL. *FRUS* 1964-68 XIII, pp. 269-271. Schwarz, *Konrad Adenauer*, pp. 744-746.「空席危機」と核兵器共有問題について、詳しくは倉科「ＮＡＴＯ危機と核兵器共有――一九六〇年代における米欧同盟の変容」『二十世紀研究』一四（二〇一三年）。

（51）*AAPBD* 1965, pp. 947-953, 1147-1151, 1637-1640.

（52）*Ibid*, pp. 1501-1510, especially 1505-1507.

（53）Bonn 1417 to SecState, 16 Nov. 1965, Box 192, Country, NSF, LBJL.

（54）*AAPBD* 1966, pp. 210-218. *FRUS* 1964-68 XIII, pp. 374-375. これ以降の展開は、坂出健「核不拡散レジームと軍事産業基盤――一九六六年ＮＡＴＯ危機をめぐる米英独核・軍事費交渉（一九六六年三月～一九六七年四月）」『アメリカ研究』四二号（二〇〇八年）も参照。

（55）ドイツ再統一問題が同じような状況にあったことを指摘した研究として、Kara Stibora Fulcher, "A Sustainable Position? The United States, the Federal Republic, and the Ossification of Allied Policy on Germany, 1958-1962", *Diplomatic History*, vol. 26, no. 2 (2002).

（56）六〇年代後半の米欧関係について、たとえば斎藤嘉臣『冷戦変容とイギリス外交――デタントをめぐる欧州国際政治、一九六四―一九七五年』（ミネルヴァ書房、二〇〇六年）。東方外交については、たとえば妹尾哲志『戦後西ドイツ外交の分水嶺：東方政策と分断克服の戦略、一九六三―一九七五年』（晃洋書房、二〇一一）。

8章 ドイツ統一とNATOの変容

統一ドイツのNATO帰属合意をめぐる政治と外交

森　聡

一　二つのドイツ問題

一九八九年一一月二八日にコール西ドイツ首相が、ドイツ統一に向けた行程表を「一〇カ条プログラム」として発表すると、ヨーロッパ諸国の一部やソ連は、統一に対する懸念を示した。というのもドイツの統一は、二つの重大な問題をはらんでいたからである。第一に、「伝統的な問題」、すなわち強大なドイツが中央ヨーロッパに誕生すれば、ヨーロッパで覇権を掌握するのではないかという、歴史に根差す疑念があった。そして第二に、「東西間の安全保障の問題」、すなわち統一ドイツが中立の地位を獲得するにせよ、同盟に帰属するにせよ、東西の軍事バランスが崩れて、ヨーロッパ秩序が不安定化するのではないかという懸念が持たれていた。具体的には、前者の問題は統一の是非の問題として、後者の問題は統一の条件の問題として、関係各国は激論を交わした。

九〇年三月一八日に行なわれた東ドイツの選挙では、同国のキリスト教民主同盟（東ドイツＣＤＵ）が勝利して、西ドイツへの東ドイツの編入は既成事実となり、統一の是非を論じる余地は事実上消えた。しかし、これは統一の国内的な条件に関する合意がまとまったことを意味したに過ぎず、統一ドイツの対外関係を取り巻く諸条件、とりわけ中立となるのか、同盟に帰属するのか、ドイツに駐留しているアメリカ軍とソ連軍は撤退するのかといった戦略上の重要な問題は、ほぼ白紙の状態だった。しかし最終的に、九〇年一〇月三日に西ドイツの基本法第二三条にのっとってドイツ民主共和国（東ドイツ）がドイツ連邦共和国（西ドイツ）に加入することによって統一ドイツが誕生し、新生ドイツは北大西洋条約機構（ＮＡＴＯ）に残留するのみならず、アメリカ軍が同国に駐留することとなる一方で、ソ連軍は九四年までに東ドイツから全面撤退することになった。

ドイツ統一をめぐる外交は冷戦を終結させたと言われるが、その意義は、冷戦後のヨーロッパ安全保障秩序の基礎を主要国が交渉により合意したことにある。交渉の論点は多岐にわたったが、最大の鍵となったのは、西側がいかにソ連に統一ドイツのＮＡＴＯ帰属を受け入れさせるかということであり、その過程でＮＡＴＯ自身が従来の戦略や方針を変化させた。そこで本章はなぜ、いかにしてソ連による統一ドイツのＮＡＴＯ帰属の受諾が可能になったのかを検討し、その中で九〇年七月のロンドンＮＡＴＯ首脳宣言とそこに至る政治と外交が果たした役割を明らかにしたい。

ところで、ソ連が統一ドイツのＮＡＴＯ帰属をなぜ受け入れたのかという問題について、ドイツ統一外交に関する研究には、大きく二つの見方がある（各研究の詳細については後述）。第一の見方は、ゴルバチョフソ連共産党書記長が、九〇年五月三一日から六月一日にかけて行なわれたワシントン米ソ首脳会談の機会を捉えて、統一ドイツのＮＡＴＯ帰属を容認する方向に立場を大胆に転換したとするものである。フィリップ・ゼリコウとコンドリーザ・ライス、ハネス・アドメイト、アンジェラ・ステントの研究やベイカー国務長官などは、こうした「ワシントン転換論」とも言える見方を取っている。これに対して第二の見方は、ゴルバチョフはワシントン米ソ首脳会談で重要な立場を表明したものの、統一ドイツのＮＡＴＯ帰属を最終的に認めたのは九〇年七月に訪ソしたコール西ドイツ首相と首脳会談をもったときであるとする。マリー・サロットの研究は、とりわけ米・西ドイツ首脳会談に至る過程で西ドイツの対ソ金融支援とロンドンＮＡＴＯ首脳会議で採択されたＮＡＴＯ改革が重要な意味を持ったとする「対ソ取引論」の見方に立っている(1)。

本章は「対ソ取引論」の見方に立ちつつも、主としてワシントン米ソ首脳会談からコール訪ソに至るプロセスを検証することにより、統一ドイツのＮＡＴＯ帰属をソ連に受け入れさせるうえで、アメリカによるＮＡＴＯ改革や西ドイツの金融支援と同等かそれ以上に、ソ連共産党内部でゴルバチョフが直面した政治情勢とゴルバチョフが採用した政治戦術が極めて大きな意味を持っていたと論じる。ゴルバチョフが置かれていた国内政治情勢とドイツ統一のプロセスが複雑に絡み合う中で、ブッシュ政権がＮＡＴＯ改革という「見返り」をゴルバチョフに差し出し、ソ連に統一ドイツのＮＡＴＯ帰属を受け入れさせたとの見方を示したい。以下では、まず米ソ各々のヨーロッパ秩序構想を検討したうえで、アメリカによる対ソ安心供与策をめぐる外交プロセスをたどる。なお、ソ連が統一ドイツのＮＡＴＯ帰属を受け入れていく過程では、欧州通常戦力（ＣＦＥ）の削減交渉など、複数の外交イニシアティヴが関係したが、本稿は紙幅の制約と本書の主題を踏まえて、もっぱらＮＡＴＯ改革に焦点を絞ることにしたい。

二　米ソのヨーロッパ秩序構想

（１）ゴルバチョフの「ヨーロッパ共通の家」構想とソ連共産党内における政治情勢

ゴルバチョフ・ソ連共産党書記長は、「ヨーロッパ共通の家」なるコンセプトで冷戦後のヨーロッパ秩序を描いてみせた。この構想は、ソ連を政治と経済だけでなく、文明的にもヨーロッパと結合させるとの考え方に立ったものであり[2]、ゴルバチョフは、全欧的な機構である全欧安保協力会議（ＣＳＣＥ）を発展・強化するとともに、ワルシャワ条約機構とＮＡＴＯを軍事機構から政治的な組織へと変容させることを目標としていた[3]。八九年一二月三日のマルタ米ソ首脳会談の全体会合でゴルバチョフは、第二次ヘルシンキ首脳会議を提唱し、ＮＡＴＯとワルシャワ条約機構を時代の変化とともに変質させるべきだと主張している。またこのときゴルバチョフは、東欧諸国は透明性や民主主義、経済発展、そして自由選挙や自己決定といった原則を取り入れる方向で改革を進めているが、ソ連自身の経験に照らしてみても、様々な社会勢力が巻き込まれるような動きは決して円滑には進まないので、こうした複雑な時期に米ソは協調しなければならないと説いた[4]。つまり、ゴルバチョフの「ヨーロッパ共通の家」という戦略は、体制の違いを互いに尊重しつつ、東側諸国の自己改革を進展させるために、東西接近を多面的に促進しながら同盟を非軍事化し、ヘルシンキ体制を強化することによってヨーロッパの分断を克服するというものであった。ゴルバチョフはＣＳＣＥとヘルシンキ最終議定書に定められた諸原則を、ポスト冷戦期のソ連の安全保障にとって不可欠な要素と位置づけていたのである。

そもそもソ連の安全を確保する立場からすれば、統一ドイツがＮＡＴＯにのみ帰属することは到底容認できることではなかった。九〇年一月二六日にソ連指導部の安全保障担当閣僚らが集まって開かれた「危機スタッフ」の会議では、統一ドイツのＮＡＴＯ帰属を認めないとの方針が確認された(5)。

しかし、西側との協調を模索するソ連のシュワルナゼ外相は、統一ドイツをＮＡＴＯとワルシャワ条約機構の双方に帰属させるという構想を提唱し、これに反対する保守派と対立していた。四月上旬にワシントンを訪問してベイカーと会談を持った際にシュワルナゼは、統一は移行期間を伴いながら段階的に進められなければならず、ＣＳＣＥプロセスから生まれる新たな安全保障アーキテクチャーと連関しなければならないとした。そのうえで、統一ドイツは厳密な意味で中立でなくとも構わないが、ＮＡＴＯとワルシャワ条約機構の双方に属することも考えられると発言した(6)。

ソ連指導部内でシュワルナゼは、ＣＳＣＥメカニズムの拡大などの一連の条件を受け入れれば、西ドイツが基本法第二三条に基づいて東ドイツを編入することも受け入れ可能であるという政策を提案し、ヤコブレフ共産党中央委国際部長、クリュチコフＫＧＢ議長、ヤゾフ国防相などの支持を取り付けていた。しかし、五月の共産党中央委員会政治局会議では、リガチョフをはじめとする保守派が、こうしたアプローチは「ミュンヘンの再来」であり、ＮＡＴＯがソ連国境に接近することは危険であるとして強く反対していた。この時点で保守派との対立を避けたかったゴルバチョフも、「われわれは断じてドイツのＮＡＴＯ加入を許してはならず、それがすべてだ。ウィーン〔での通常戦力削減〕やＳＴＡＲＴ〔戦略兵器削減〕の交渉を頓挫させるリスクを負うことも辞さない」と述べて保守派を支持したので、シュワルナゼは足元をすくわれる格好となってしまった(7)。

このシュワルナゼのＣＳＣＥ構想をめぐる経緯からも分かる通り、ソ連指導部内ではリガチョフ率いる保守派が勢いを強めていた。さらにソ連軍部も、ＣＦＥ交渉が中央ヨーロッパにおけるソ連軍の地位を脅かしているとして反発を強めていた。軍部出身のアフロメイエフは、ＮＡＴＯにドイツを埋め込むというアメリカの議論を退け、統一ドイツに四カ国司令部を設置すべきという意見を持っていた。また一時はシュワルナゼを支持したヤゾフ国防相も、ドイツからのソ連軍の撤退は西側の軍隊の撤退とリンクさせるべきと主張するようになっていった。五月中旬に訪ソしたベイカーによれば、軍部の発言力が強まっていたので、軍備管理の問題で膠着状態に陥ってしまったうえに、シュワルナゼは突然会談をキャンセルして外務省でアフロメイエフらと協議を行なうなど、ソ連の外務大臣と外交当局のクレディビリティは低下していたのである(8)。

ゴルバチョフも政治的苦境に直面していた。ゴルバチョフは、七月上旬に第二八回共産党大会を控えていたが、保守派からは安全保障のみならず、行き詰まる経済状況(9)を打開できずにソ連を崩壊に導いているとして突き上げられる一方、軍部からはＣＦＥ交渉に応じたり、東欧での革命を静観したりすることによって戦略的利益を犠牲にすべきではないと圧力をかけられていた。また、エリツィンが率いる急進派は、ゴルバチョフによる経済改革の遅さを批判していた(10)。つまりゴルバチョフは、党首に再選されるうえで少なくとも二通りの政治工作を展開する必要があった。第一に、西側から金融・経済支援を獲得して当面の経済的苦境を乗り越えることにより、ペレストロイカを正当化して、保守派と急進派を抑え込む。第二に、ＮＡＴＯの改革やＣＳＣＥの強化、さらにドイツの兵力水準削減といった安心供与策を西側から引き出すことによって、自らの国際協調路線を正当化するとともに、軍部の懸念と保守派の不満を封じる。ゴルバチョフが指導者としての政治生命をつなぎとめるためには、金融・経済支援と安心供与策という二種類の見返りを西側から引き出す必要があったのである。

（2）ブッシュ政権の冷戦終結戦略

ブッシュ大統領は政権発足後まもない八九年二月一五日、対ソ戦略、対東ヨーロッパ戦略、対西ヨーロッパ戦略に関する国家安全保障政策の見直し（National Security Review: NSR）を指示した[11]。ドイツ統一との関連で重要だったのは、対西ヨーロッパ戦略にあたるＮＳＲ第五号であり、そこにはＮＡＴＯが対内的には九二年の単一欧州を目指すヨーロッパ統合の動きに直面する一方、対外的には西ヨーロッパの市民にソ連が脅威ではないと映るように仕向けるゴルバチョフの政治工作に直面しており、同盟の一体性を保持できるかどうかが問われている、との問題意識が示されていた。ＮＳＲ第五号は駐東ドイツ大使リッジウェイが議長を務める欧州政策調整委員会によってとりまとめられ、報告書が八九年三月に提出された。ＮＳＣスタッフのブラックウィルやゼリコウは、冷戦を終結させるためにはドイツ問題に関する新たな取り組みが必要だと主張したが、国務省の主流意見が取り入れられ、ドイツ統一問題についてアメリカが現時点でイニシアティヴをとることに利益を見出すことはできないという結論が盛り込まれた[12]。

ドイツ分断の克服こそが冷戦を終結させるうえでの鍵になるとブッシュ本人は考えていたが、国務省から新たなイニシアティヴが出てこないことに業を煮やした国家安全保障担当大統領補佐官スコウクロフトは、ＮＳＣスタッフのブラックウィルとライスに、新たな政策指針を作成するように指示した[13]。その結果、ゼリコウとブラックウィルが起案しスコウクロフトが決裁した覚書が三月二〇日付でブッシュに提出された。そこに盛り込まれていた基本的な考え方は、ヨーロッパの分断を共通の民主的な価値によって克服する「自由な諸国家のコモンウェルス」（commonwealth of free nations）というコンセプトで、これはゴルバチョフの「ヨーロッパ共通の家」に対抗するものとして位置づけられた。またＮＳＣの覚書では、アメリカは政治的な条件が整えば、ドイツ統一においてアメリカはこれまで以上の役割を果たす用意があることを表明すべきともされた。[14] つまり、西側秩序の東方拡大によるヨーロッパ分断の克服を目指すべきとされたのである。

こうした考え方は、ブッシュの五月一七日のテキサスA&M大学での演説、五月三一日の西ドイツのマインツ市での演説に反映され、やがて九月二二日付で国家安全保障指令（National Security Directive）第二三号[15]にまとめられた。その内容は、ソ連内部で生じている変化に鑑みて、アメリカはいまや封じ込め政策を超えて、ソ連を国際システムへと積極的に統合させるような政策を展開すべき時期に来ている、とするものだった。この考え方は、「封じ込めを超えて」（beyond containment）というフレーズに集約され、テキサスA&M大学での演説以降、ブッシュ政権の一つの看板となった。

またヨーロッパにおける西側の目標は、ヨーロッパ分断を克服することとされ、マインツ演説で使われた「一つにまとまった自由なヨーロッパ」（Europe whole and free）というフレーズは、ドイツ統一が念頭に置かれていた。しかし、たとえ「一つにまとまった自由なヨーロッパ」を目指すとしても、それはあくまでNATOを維持するという前提があってのことであり、CSCEのような汎ヨーロッパ会議にヨーロッパ安全保障の重心をシフトするといったことは全く考えられていなかった。むしろいかにしてNATOを活性化するかが、ブッシュ政権の対ヨーロッパ戦略の中核にあったといえる。そしてドイツこそがヨーロッパにおけるアメリカのプレゼンスの要であったので、統一ドイツがNATOに組み込まれることはアメリカとして譲り得ない条件であった。[16]

ブッシュはこうした考えの下に、早くも八九年五月一六日の『ワシントン・タイムズ』紙のインタビューで、ドイツ統一に対する期待を表明した。また、五月一七日にはソ連の通常戦力こそがヨーロッパの不安定性の元凶であるとして、CFEの削減に関するイニシアティヴを始動させることを決定し、[17] 五月二九〜三〇日に開催されたブリュッセルNATO首脳会議では、懸案となっていた短距離核戦力（SNF）近代化の問題を棚上げしてCFEイニシアティヴを発表し、NATO諸国から大いに歓迎されたのだった。

三　アメリカの対ソ安心供与策の形成と外交

(1) ブッシュ政権内における対ソ配慮論

このようにヨーロッパ安全保障秩序について、米ソは対照的な構想を持っていた。ソ連は東西軍事同盟のCSCEへの発展的解消、アメリカはNATOの東方拡大を追求していたが、こうした中で統一ドイツのNATO帰属をソ連に受け入れさせるための外交をアメリカ側で主導したのは、国務長官ベイカーだった。ベイカーは国務省を統率する立場にあったので、ドイツ統一問題を広くアメリカの対ソ関係の中に位置づけて捉える傾向が強く、九〇年二月頃から政権内でソ連の安全保障上の利益にも配慮する必要性を訴え始めた。アメリカは、政治・安全保障に関するヨーロッパの制度が変容しつつあるので、統一ドイツによってNATOが強化されたとしても、それはソ連の脅威にはならないとソ連を説得しなければならない。そのためにはNATOの戦略を大幅に見直し、CSCEの改革案についても全ての国の合意を得られるような案をまとめる必要があるとベイカーは説き、政権首脳陣の同意を得た。こうした対ソ安心供与策を政権内でとりまとめる作業は、欧州戦略運営会議（European Strategy Steering Group: ESSG）という省庁間会議に委ねられ、ゲーツ国家安全保障担当次席補佐官が議長としてこの会議を取り仕切り、国務省顧問ゼーリックも参加した。ESSGは、九〇年二月二一日から検討作業を開始した。(18)

ESSGが中心となってまとめた安全保障面でのソ連への安心供与策は、五月一八日にベイカーが訪ソした際に、アメリカ側からソ連側に伝えられた。その内容は、次のようなものであった。

1　中央ヨーロッパを含む全ヨーロッパの兵力水準の問題に対応するためのCFE追加交渉を行なう。
2　短距離核戦力に関する新たな軍備管理交渉の開始を前倒しする。
3　ドイツは、核、生物、あるいは化学兵器を開発も保有もしないことに同意する。
4　期限付きの移行期間中は、旧東ドイツ領内にNATO軍を駐留させない。
5　アメリカは、ドイツ領から全てのソ連軍部隊が撤退するための移行期間を定めるように提案する。
6　ブッシュ大統領は、ヨーロッパに生じた変化を踏まえたNATO戦略の見直しを呼びかける。端的に言えば、NATOの態勢は、通常戦力・核戦力の面でこれまでとは様変わりする。
7　ドイツの将来の国境は画定されなければならない。
8　新たなヨーロッパにおけるソ連の重要な役割を確かなものとするために、CSCEを強化すべき。アメリカの政府関係者は、新たなCSCEに関するアイディアを用意するための夏の会合を呼びかけており、それに九月のCSCE閣僚会議が続き、パリでのCSCE首脳会議がまとめとなる。首脳会議の開催は、CFE条約の署名が条件となる。
9　アメリカは、ソ連とドイツ間の経済的関係に十分な配慮が払われるべきで、できればペレストロイカに好ましい形で配慮が払われるべきと考えている。これは東西ドイツがソ連と話し合うべき問題である。(19)

ゴルバチョフは、ベイカーの安心供与策を注意深く聞き、その多くに賛同したが、統一ドイツのNATO

帰属を認めるのは不可能だと述べ、シュワルナゼも「それを受け入れたらペレストロイカはお終いです」と付け加えた[20]。このように五月中旬の時点で、ゴルバチョフもシュワルナゼも、統一ドイツのＮＡＴＯ帰属を認めれば、自らの政治生命を断つことになるとの判断があったとみられる。

しかし、同じ頃に開かれた「２＋４」閣僚会議でシュワルナゼは、統一ドイツのＮＡＴＯ帰属はソ連の国民感情からすれば受け入れ難いとしつつも、ＮＡＴＯの戦略の変更、ドイツ国内の兵力を監視するためのセンターの樹立、軍備管理プロセスの活性化などが進めば、統一ドイツのＮＡＴＯ帰属が検討されうることをほのめかし、アメリカ政府もこの点に注目していた[21]。

（２）ワシントン米ソ首脳会談

ベイカー訪ソから約二週間後の五月三一日と六月一日に、ゴルバチョフがワシントンを訪問し、米ソ首脳会談が開かれた。まずブッシュは九項目からなる安心供与策を説明しながら、ＮＡＴＯがドイツに安全を保障すれば、ドイツが隣国と問題を起こしたり、核兵器を欲したりする可能性を低下させられると説き、統一ドイツはＮＡＴＯのメンバーでなければならないと主張したほか、七月初旬のＮＡＴＯ首脳会議でＮＡＴＯ改革案を提示すると説明した。これに対してゴルバチョフは、ドイツはＮＡＴＯとワルシャワ条約機構の双方のメンバーとなるか、いずれのメンバーにもならないか、どちらかであるべきで、ソ連としてはいずれでも受け入れ可能であると述べた。ゴルバチョフによれば、米英仏ソ四カ国はドイツでの権利放棄を宣言し、それに続く何年かの移行期間のうちに同盟を変革させるべきだと主張し、移行期間の長さとその最終結果についてで合意できれば、ＣＦＥ交渉を妥結に向かわせると示唆した[22]。

そこでブッシュは、ヘルシンキ最終議定書の原則によれば、主権国家は自らの属する同盟を選択する権利を有するので、ドイツも自らが所属する同盟を選択できるはずだと思うがどうか、とゴルバチョフに水を向けた。するとゴルバチョフは、その通りだと述べて、首肯した。アメリカ側の出席者はゴルバチョフの回答に驚嘆し、ソ連代表団の面々も顔を見合わせてうろたえたという。アメリカ側は、ソ連政府の立場を再度確認するべく、共同記者会見の発言要領の中に、「ゴルバチョフ氏はドイツがＮＡＴＯに参加すべきではないという見解を有しているものの、同盟の選択は、ヘルシンキ最終合意に照らせばドイツ自身が選択すべきことであると合意した」という文言を入れると、ソ連側はその文言を了承したのである。[23]ゴルバチョフは統一ドイツがＮＡＴＯ帰属を選択することを事実上容認した、と受け止められたのだった。

(3) ベルリンでの「2＋4」閣僚協議と米ソ外相会談

ゴルバチョフ訪米から約三週間後の六月二二日に、ベルリンで「２＋４」閣僚協議が行なわれた。アメリカ側は当初、ソ連とＮＡＴＯとワルシャワ条約機構の関係改善に関する宣言案の協議を進めるつもりだったが、シュワルナゼが発表したソ連政府の立場を聞いて愕然とする。[24]ソ連政府は、ワルシャワ条約機構とＮＡＴＯによるドイツの分断は変更されるべきではなく、ワルシャワ条約とＮＡＴＯの権限は、それぞれの対象地域外には及ばず、また統一後の五年間を移行期間として、この間四カ国の軍隊はドイツに留まり続ける、という立場を表明したのである。[25]

ベイカーはベルリンでの会議後にシュワルナゼと二国間会談を持ち、ブッシュ大統領はソ連向けの援助も検討中なので、何があったのか本当のことを話して欲しい、とソ連政府の真意を質した。するとシュワルナゼは、ソ連政府の立場の妥当性を述べたうえで、ソ連政府は国内事情に突き動かされていると打ち明けた。シュワルナゼは、ソ連としてはドイツにアメリカ軍が残留しても差し支えないが、政治・経済危機のさなかで、これまでの方向性を維持することには凄まじい反発が生じており、ソ連国民に対して、ドイツもアメリカもＮＡＴＯも脅威ではないことを示す必要があるので、ロンドンのＮＡＴＯ首脳会議が変化を示すことができるかが極めて重要であると説いた。シュワルナゼによれば、ソ連政府の決定は集団で下す必要があり、今回のソ連政府の立場も、単に大統領や外相だけで内容を決めたわけではないと説明した。また、シュワルナゼは対ソ経済援助について、ヒューストンのＧ７サミットへの期待を表明したが、ベイカーはソ連の根本的な経済改革が必要であるとし、政権の政策担当者たちは、七〇年代にポーランド向けに経済援助を行なったにもかかわらず、それが改革に結びつかなかったという失敗を繰り返したくないと考えている、と否定的に回答した[26]。

さらに、シュワルナゼはベイカーとの会談で、ロンドンで出されるＮＡＴＯ首脳宣言は、ソ連共産党大会の開催期間内に発表されるべきで、これはゴルバチョフをはじめとするソ連の改革派が、自らの立場を正当化できるようにするために極めて重要であるという点を四度も繰り返し指摘した[27]。この発言からも分かる通り、シュワルナゼとゴルバチョフは経済援助もさることながら、安全保障面でアメリカやＮＡＴＯがソ連の脅威ではないことを示す安心供与策を渇望していた。それは保守派と軍部に巻き返しを図るうえで必要不可欠だったのである。

四　アメリカ主導のＮＡＴＯ改革とコール訪ソ

（1）ロンドンNATO首脳会議

このベルリンでの「２＋４」閣僚会議でのソ連の立場を、ベイカーは国内向けの発言であろうとみていたが、その内容の強硬さをブッシュは懸念した。[28] しかし、対ソ安心供与策に関するブッシュ政権内の検討作業は停止されずに、粛々と進められた。ブッシュ政権内では、五月中旬からＮＳＣのゼリコウとブラックウィルがＮＡＴＯ首脳会議の宣言案の作成に本格的に取り掛かり、ゲーツが主宰したＥＳＳＧが関係省庁の協議の場となった。ＥＳＳＧは六月四日、一一日、一二日、一八日と協議を重ね、事務レベルで以下のパッケージをまとめた。[29]

1　旧敵国に対し、ＮＡＴＯに常駐リエゾン代表部を設置するよう呼びかける。
2　ＣＦＥⅡ交渉に参加する国々が、最大で通常戦力の半分を削減すると約束する。
3　ＮＡＴＯの通常戦力を、複数国合同の指揮下に入る多国籍部隊に大きな重点を置く形で再編する。
4　アメリカの核砲弾を撤去し、核備蓄を大幅に削減し、核兵器の最終手段（last resort）ドクトリンを打ち出す。
5　ＳＮＦに関する軍備管理交渉において野心的で新しい目標を発表する。
6　ＮＡＴＯは柔軟反応（flexible response）と前方防衛（forward defense）に代わる新たな軍事戦略を策定すると約束する。

7　新たなCSCE機構を目指して、NATOは新たな紛争防止センターの設置に取り組む。

最終的に、六月一九日にベイカー国務長官、チェイニー国防長官、スコウクロフト大統領補佐官、パウエル統合参謀本部議長が協議して、積み残されていた問題に結論を出した。まずNATO・ワルシャワ条約機構の共同宣言案については、ベイカーがソ連のみならず、イギリスと西ドイツも望んでいると説明し、国務省政策企画室のロスの発案により、NATO側とワルシャワ条約機構側とがそれぞれ一方的に不可侵を宣言し、それを相手側にも呼びかけるという案が採用されることになった。次に、通常戦力の削減についてはNSCが半減案を提示していたものの、スコウクロフトが行き過ぎと判断し、最終的に「攻撃能力の一層の大幅な削減」を模索する、という文言に落ち着いた。このほかNATOの多国籍部隊案、核砲弾の完全撤去、核兵器の最終手段化、前方防衛から縮小された前方プレゼンスへの移行、柔軟反応戦略の修正といった諸点についても、合意が形成された[30]。

ところで、ブッシュはこの大胆なNATO戦略の転換を確実に実現するためには、通常のNATO本部での交渉を経るやり方は、適切ではないと考えた。というのも、NATO本部の官僚機構に首脳宣言案の交渉を委ねれば、宣言案が迫力を失うことになりかねないうえに、首脳会議の数週間前に配布されれば、リークされる恐れもあったからである。そこでブッシュは、ブリュッセルのNATO本部に提案を提出するという方法ではなく、NATO加盟国首脳に直接提案を送るという異例の手法をとった。ブッシュはまず六月二一日に、首脳宣言案をコール・西ドイツ首相、サッチャー・イギリス首相、ミッテラン・フランス大統領、アンドレオッティ・イタリア首相、NATO事務総長ヴェルナーのみに限って事前に送付したのである[31]。

アメリカの首脳宣言案に対しては、コールとヴェルナーは賛成したが、サッチャーがNATOの核戦略の変更、将来の通常戦力交渉の約束、NATOリエゾン使節案に反対した。むしろCSCEの改革案やNATO・ワルシャワ条約機構の共同宣言案の交渉に専念すべきというのがサッチャーの意見だった。この反対を受けて、七月一日にブッシュがサッチャーに書簡を送付し、サッチャーの懸念を鎮めるために丹念に背景を説明する傍ら、ブラックウィルはコールの腹心テルチクに対して、フランスの支持を取り付けて、ロンドンでサッチャーを孤立させるようにしてほしいと依頼した。

一方ミッテランはブッシュ宛に書簡を送り、NATO多国籍部隊構想への反対を表明したほか、核戦力は早期使用によってこそ効果的な抑止力になりうると述べ、NATOの核戦略の変更にも反対した。このほかにもフランス政府関係者は、NATOにワルシャワ条約機構諸国のリエゾン使節を置くといった政治的役割を担わせるべきではないとの不満も明らかにした。七月一日にブッシュはミッテランに書簡を送付し、フランスの修正案には応じずに、ロンドンの本会議で具体的な調整を図りたいと伝え、今回の首脳宣言案はフランスとNATOとの伝統的な関係やフランスの今後の国防体制の柔軟性を妨げようとするものではないと説明した[32]。

ブッシュは七月二日に他のNATO加盟国首脳陣にも直接宣言案を送付して支持を要請し、翌三日にNATOのアメリカ大使がNATO本部で首脳宣言案を正式に提案するとともに、首脳宣言案は首脳会議で各国の首脳もしくは外相の手によって直接交渉されると説明し、七月五日にロンドンでの首脳会議で改革案を提案した。首脳宣言案の交渉は、七月五日の午後二時半から六時半までと、イギリス女王主催の晩餐会を挟んで、午後一〇時半から午前〇時半まで各国外相が中心となって本会議場とは別室で行なわれ、合意案が七月六日午前の首脳会議に提出された。イギリスやフランスから修正要求が出たものの、首脳宣言には、アメリカが用意した安心供与策の中核部分が残った[33]。

この首脳宣言には、ソ連の脅威が低下したことを受け、NATOが攻撃的な軍事態勢から離れるので、ソ連はCSCEでのメンバーシップ及びNATOとの直接接触を通じて、ヨーロッパの安全保障に関する論議に全面的に参加できることを保証するものだった[34]。たとえば首脳宣言の第六パラグラフでは、NATO加盟国はワルシャワ条約機構加盟国に対し、互いにもはや敵ではなく、武力の威嚇や行使を行なわないことを謳う共同宣言を提案するとともに、CSCEメンバー国に対しても、不可侵のコミットメントを呼びかけた。第七パラグラフでは、ソ連邦諸国とチェコスロヴァキア、ハンガリー、ポーランド、ブルガリア、ルーマニアに対して、NATOでの常設リエゾン使節の設置を招請した。第一二パラグラフでは、CFE条約署名後にさらに追加交渉を開始し、その中でさらなる兵力水準の削減に関する合意を目指し、またCFE条約署名時に統一ドイツの兵力水準に関するコミットメントが表明されることが確認された。第一四パラグラフでは、ソ連軍が東欧から撤退し、CFE条約が実施されるのに伴い、NATO軍は従来よりも小規模で機動性の高い部隊を配備し、各国部隊から成る多国籍部隊に一層頼ることとされた。第一六パラグラフは、核抑止力について、短距離核戦力に関する交渉が開始され次第、ソ連からも同様の行動があることを前提に、欧州からの核砲弾の全面撤去を提案するとした。第二〇パラグラフでは、NATO軍事戦略が「前方防衛」から離れ、核兵器への依存の低下を反映させるために「柔軟反応」を修正する意向が表明された。第二二パラグラフでは、CSCEの機構化、ハイレベル定例協議やCSCE紛争予防センターの設置、ストラスブールの欧州評議会を拠点とするCSCE議会にあたる欧州総会（Assembly of Europe）を置くことなどが盛り込まれた[35]。

ブッシュはロンドンからG７サミットが開かれるアメリカのヒューストンに向かう大統領専用機の中で、ゴルバチョフ宛の書簡をしたためた。この書簡でブッシュは、ロンドンNATO首脳宣言がゴルバチョフを念頭に作成されたものであり、ＮＡＴＯがヨーロッパ全体の安全保障に寄与することを説得する材料になることを期待すると伝え、ベイカーもシュワルナゼに同旨のメッセージを送った[36]。またロンドン宣言が発出された直後に、ヴェルナーはモスクワに向かい、ロンドン宣言の中身を解説すると、ソ連側は宣言を高く評価した。

ソ連では七月二日から一三日まで第二八回共産党大会が開催されており、ゴルバチョフは書記長への再選が懸かっていた。この党大会で、保守派はゴルバチョフが改革を進めて東側陣営を放棄したので共産主義とソ連を裏切ったと激しく非難し、急進派はゴルバチョフが改革を後退させ、共産主義者に迎合していると非難した。ＮＡＴＯロンドン宣言が舞い込んできたのは、まさに党大会の最中で、シュワルナゼがソ連政府の対外政策への批判に反論しているときだった。シュワルナゼは、ロンドン宣言を証拠材料に挙げながら、統一ドイツとＮＡＴＯが脅威ではなくなりつつあると力説した。ゴルバチョフの側近チェルニャエフやシュワルナゼによれば、このロンドン宣言は、統一ドイツのＮＡＴＯメンバーシップの問題を含めドイツ統一問題を国内で決着させるうえで極めて重要だった。最終的にゴルバチョフは対立候補に大差をつけて書記長に再選されたほか、改革派の中央委員らも選出されて、リガチョフをはじめとする保守派勢力は敗北を喫した[37]。

なお金融支援については、七月九〜一一日に開かれたヒューストンＧ７サミットでも、コールとミッテランが再びソ連向けの大規模な信用供与で協力するように他のメンバー国に働きかけた。しかしブッシュはサッチャーと同様に、まずソ連経済の現状を調査し、何が必要なのかを見極めるとともに、ソ連政府に見返りとして何を求めるかを明らかにする必要があるという立場をとり、日本とカナダも同じ立場をとった。七月一三日にブッシュはゴルバチョフに書簡を送り、Ｇ７サミットの結論を伝えた。ブッシュは、国際通貨基金（ＩＭＦ）がソ連経済に関する調査を開始することが決まったと伝えるとともに、ソ連が国家資源を軍事部門から引き揚げたり、地域紛争を助長する国々への支援を削減したりすることによって、市場経済へ向けた劇的な措置を講じることができれば、西側による対ソ援助の実現可能性が高まると説明した[38]。

以上を見れば、金融支援に関する限り、ゴルバチョフは一五〇〜二〇〇億ドル規模の借款を要請していたが、西側主要国は大規模な支援パッケージで合意できず、ゴルバチョフが党大会を乗り切るための材料として経済分野で与えられたのは、アメリカとの通商協定と関税及び貿易に関する一般協定（ＧＡＴＴ）へのオブザーバー・ステータスだけだった。これが保守派や急進派の抑え込みにどの程度役立ったのかは定かではないが、これまでに出てきているシュワルナゼやチェルニャエフの証言に照らせば、やはりゴルバチョフが国内での政争にひとまず勝利するうえで重要だったのはロンドンＮＡＴＯ首脳宣言だったとみるべきであろう。ただし、ソ連は信用・借款の供与を渇望していることに変わりはなく、ヒューストンＧ７で手に入れられなかった金融支援を、「２＋４」協議の最終局面でソ連軍の撤退関連経費として要求することになる。

（２）コール訪ソから統一へ

九〇年七月中旬にコールは訪ソし、一五日と一六日にモスクワとコーカサス地方のスタブロポリとアルチイで首脳会談を持った。ジェレズノヴォトスク結核療養所で開かれた両国首脳による共同記者会見では、コールが次の八つの最終合意項目を発表した。①統一ドイツは、西ドイツ、東ドイツ、ベルリンで構成される。②統一が完了した時点で、四カ国の権利と責任は完全に廃止され、統一ドイツは完全で一切の規制なき主権を享受する。③統一されたドイツは、ＣＳＣＥ最終議定書に沿って、自らが所属する同盟を選ぶことができる。西ドイツ政府は、統一ドイツがＮＡＴＯのメンバーになるべきとの見解を有しており、この見解は東ドイツによっても共有されていると確信している。④統一ドイツとソ連は、三〜四年以内に東ドイツからソ連軍が撤退するための協定を結ぶ。同時に、東ドイツへのドイツ・マルクの導入の影響には、暫定協定で対応する。⑤ソ連軍部隊が旧東ドイツに駐留を続ける限り、ＮＡＴＯ構造（部隊）は旧東ドイツに配備されることはない。北大西洋条約の第五条と第六条は統一後即時に適用される。ＮＡＴＯ指揮下に入らないドイツ連邦軍は、統一後ただちに東ドイツでの駐留が可能となる。⑥ソ連軍が旧東ドイツに駐留を続ける限り、西側三カ国の部隊はベルリンに留まる。西ドイツは、西側三カ国の政府とベルリンでの部隊駐留に関する協定を結ぶ。⑦西ドイツ政府は、ウィーンでのＣＦＥ交渉において、三～四年の間に統一ドイツの兵力水準を三七万人にまで削減するとのコミットメントを宣言し、その削減はＣＦＥ条約の発効時に効力を発するものとする。⑧統一ドイツは、核、生物、化学兵器の開発と備蓄、使用を放棄し、引き続き核不拡散条約の加盟国となる(39)。

その後、ソ連と西ドイツは、ソ連軍の撤退経費などに関する四本の二国間協定の交渉を決着させたほか、「２＋４」閣僚会議が残余の論点に関する交渉を妥結させ、九月一二日の「２＋４」閣僚会議では、全ての国が最終合意を了承した(40)。この「２＋４」閣僚会議に続いて九月下旬には、ニューヨークでＣＳＣＥ閣僚会議が開かれ、関係国がドイツ統一時に四カ国の権利を廃止するという宣言に署名し、九〇年一〇月三日にドイツは主権国家となった。さらに、一一月一九日にはパリでＣＳＣＥ首脳会議が開催され、関係国がＣＦＥ条約に署名した。そして統一ドイツの対外的条件を定めた「２＋４」条約は、関係国の批准を得て九一年三月に発効し、ドイツは統一を完了した。

五　ソ連が統一ドイツのNATO帰属を容認した理由

統一ドイツのNATOメンバーシップを拒否し、中立あるいはNATOとワルシャワ条約機構の同時帰属しか認めないとしたゴルバチョフは、なぜワシントンでの米ソ首脳会談で統一ドイツのNATO帰属を事実上容認するような立場へと転じたのだろうか。この点についてゼリコウとライス、アドメイト、ベイカー、ステントらは、ワシントン米ソ首脳会談がソ連の政策転換点とみる解釈を示している。

まずゼリコウとライスによれば、ゴルバチョフはドイツ問題に関するソ連の政策がまったく成果を上げていなかったので、統一ドイツをNATOに入れないという決意が揺らいでいるところをブッシュの問いかけで不意を突かれて同意した、との見方を示している(41)。しかし、ゼリコウとライスが指摘するように、ゴルバチョフがヘルシンキ最終議定書を根拠とするブッシュの指摘に不意を突かれた可能性はない。なぜなら五月中旬にベイカーがモスクワを訪問して会談した際に、ゴルバチョフはこのときと同じ内容のやり取りをベイカーとすでに交わしていたからである。このときベイカーは、ヘルシンキ最終議定書によれば、全ての国には同盟を自由に選択する権利が認められていると指摘したのに対し、ゴルバチョフは統一ドイツがワルシャワ条約機構に入ることを選んでも差し支えないのかとベイカーを質した。これに対してベイカーは、安定のためであれば統一ドイツがNATOに帰属する方が望ましいが、最終的にはドイツ自身が決めることであると答えているのである(42)。つまりゴルバチョフは、ワシントンでのやり取りをベイカーと事実上リハーサルしていたのであり、不意を突かれた可能性はまずない。

一方アドメイトは、ゴルバチョフが統一ドイツのNATOメンバーシップを受け入れた理由について、次のような重層的な説明を展開する。すなわち、ゴルバチョフが五月中旬にモスクワでベイカーと会談し、さらに同月末にワシントンでブッシュと首脳会談を持った際に、もしドイツが中立となれば、いずれ核武装を追い求める恐れがあるほか、ヨーロッパにおけるアメリカ軍のプレゼンスは、汎ヨーロッパ安全保障プロセスと矛盾するものではないというアメリカ側の議論に説得された。また、ポーランド、ハンガリー、チェコスロヴァキアにおける政変によってワルシャワ条約機構が事実上瓦解した結果、二同盟同時帰属案は消滅し、統一ドイツのNATO帰属を容認せざるを得なくなり、中立よりもNATOに所属する統一ドイツの方が望ましいという結論に至った(43)。このアドメイトの説明は説得的だが、アメリカ側から安心供与策の〈案〉しか示されていない段階で、自ら進んで統一ドイツのNATO帰属という手札を放棄した理由として十分なのか議論の余地が残ろう。換言すれば、ワルシャワ条約機構が機能不全に陥ったとしても、統一ドイツのNATO帰属を認めるにあたって大いに条件闘争する余地があったにもかかわらず、それを実質的な見返りもなく放棄したとするのは腑に落ちない。

またステントは、西側の決意の固さや、西ドイツによる兵力水準の削減と対ソ経済援助、さらに中立よりもNATOに加盟している統一ドイツの方がソ連にとって安全であると説得されたことなどを理由として挙げている(44)。しかし、西ドイツの譲歩は、五月末のワシントン米ソ首脳会談の時点でまだまとまっていなかった。また、統一ドイツが中立とならずに、NATOに帰属した方がソ連の安全保障にとって望ましいという考えに至ったとの説明は、NATOとワルシャワ条約機構への同時帰属という可能性をソ連政府が最終的に放棄した事実を十分に説明できていない。

さらにベイカーは回顧録の中で、ゴルバチョフの立場が変化したと思われる理由に、次の三つを挙げている。第一に、ドイツが統一され、ソ連政府が置き去りにされているという現実が重くのしかかった。第二に、ゴルバチョフがあまりにも法律家的かつ論理的であったので、自分の主張の論理に内在する欠陥に背を向けて無視するわけにはいかなかった。そして第三に、CSCEはソ連政府が重視してきた安全保障機構であったので、ブッシュがCSCEの原則を援用して統一ドイツの同盟選択を訴えたときに、ゴルバチョフは反論に窮した[45]。ベイカーが挙げる第一の理由は、なぜこのタイミングでゴルバチョフが統一ドイツによる同盟の自主選択を認めたのかを説明できない。むしろ第二と第三の理由の方が説得力がある。

しかし、筆者はサロット[46]と同様、そもそもワシントン米ソ首脳会談でソ連政府の政策が一気に転換されたとみるべきではないと考える。ゴルバチョフが統一ドイツによる同盟の自主選択に同意した背景には、やはりソ連共産党内における政治情勢が強く作用したとみるべきであり、ソ連による統一ドイツのNATO帰属の容認は、ワシントン米ソ首脳会談を政策転換点としてではなく、政治戦術上の判断に基づいた政策の転換を九〇年六月から七月中旬にかけて外交の場面で実行に移したプロセスの起点として捉えるのが適切である。ゴルバチョフはソ連の悪化する経済状況の打開を迫られていたほか、東欧革命への不介入やCFE削減などで保守派と軍部の強い反感を買っており、共産党大会での自身そして改革路線の生き残りは難しくなる一方だった。ゴルバチョフはおそらくワシントン米ソ首脳会談に先立って、このまま七月の党大会を迎えれば敗北するとの見通しを持ち、西側の安心供与策をただ待っていたのでは党大会までに間に合わないと判断したと思われる。シュワルナゼが共産党大会開催期間中にロンドンNATO首脳宣言を発出してほしいとアメリカ側に懇請してきた事実は、あまりにも示唆的である。

党大会が開催される前に、自らの改革・国際協調路線が成果を上げていることを示して、その正当性を主張するためには、先にソ連側から「譲歩」を差し出すことによって、西側に内容の濃い安心供与策を早く提供させる必要があるとゴルバチョフは考えたと思われる。ゴルバチョフにとっては、保守派や軍部の反発を最小限に抑えながら、西側の安心供与策の呼び水となる「譲歩」を先に示す必要が生じ、それこそがソ連政府自身がすでに受諾しているヘルシンキ最終議定書の原則に依拠して統一ドイツの同盟選択権を認めることにほかならかった。ワシントンで米ソ首脳会談が持たれた時点では、アメリカ側は安心供与策の〈案〉を示していただけで、まだ何も具現させていなかった。ゴルバチョフは、統一ドイツのＮＡＴＯ帰属を事実上容認するという形で先に譲歩することによって西側から実質的な内容を伴った安心供与策の〈実現〉を引き出し、それを梃子にして国内の保守派と軍部を抑え込み、それが成功したところで統一ドイツのＮＡＴＯ帰属に同意したとみるべきである。

以上に照らせば、ワシントン米ソ首脳会談は、ソ連の政策の転換点として位置づけられるべきではなく、むしろドイツ統一問題に関するブッシュ政権とゴルバチョフとの間に事実上の「連合」が結成された契機とみることもできる。ゴルバチョフがソ連共産党を統一ドイツのＮＡＴＯ帰属を容認する線でまとめるためには、ブッシュ政権にＮＡＴＯ改革を実現させることが不可欠だった。その意味で、ロンドンで打ち出されたＮＡＴＯ改革は、ゴルバチョフが国内で国際協調路線の正当性を訴えるのに十分な内容でなければならなかった。こうした観点を踏まえて対ソ安心供与策を用意し、イギリスやフランスなどの異論を抑え込んで一気呵成にＮＡＴＯ諸国に受け入れさせることができたのは、アメリカだからこそできた外交であった。

ドイツ統一はＮＡＴＯを東ドイツにまで拡張するという顛末をもたらし、ブッシュ政権が構想したヨーロッパ安全保障秩序が実現した。ブッシュ政権がＮＡＴＯ改革を実現し、コール政権が金融支援を提供したことは、ソ連に統一ドイツのＮＡＴＯ帰属を受け入れさせるうえで重要な役割を果たしたのは間違いない。しかし、ゴルバチョフが保守派と軍部との対立の中で不利な状況に置かれていた事実と、この権力闘争に打ち勝つために統一ドイツのＮＡＴＯ帰属という手札を西側に差し出すことで西側から見返りを引き出すというゴルバチョフの政治戦術と決断は、アメリカとドイツによる金融支援やＮＡＴＯ改革といった「見返り」が意味を持つための前提条件として極めて重要だった。ブッシュ政権と結んでソ連国内の保守派と対決するというゴルバチョフの国内政治上の決断は、ソ連の国内政治の域をはるかに超えた意味を持っていたのである。

一方アメリカについても、ソ連政府がワシントン米ソ首脳会談後に統一ドイツに関する公式な立場を変更し、態度を硬化させたにもかかわらず、ブッシュ政権はＮＡＴＯ改革に向けた取り組みを中断せずに、ロンドンＮＡＴＯ首脳宣言の採択を実現させた。つまり、ゴルバチョフは統一ドイツの同盟選択権を認めれば、ブッシュ政権はＮＡＴＯ改革を差し出すはずだと信じて譲歩し、ブッシュ政権はＮＡＴＯ改革を実現すれば、ゴルバチョフが統一ドイツのＮＡＴＯ帰属を公式に受け入れるはずだと信じてＮＡＴＯ改革を実現した。統一ドイツのＮＡＴＯ帰属は、ゴルバチョフとブッシュが互いに約束を履行するとの高度な期待に基づく一種の相互信頼が生まれた中でこそ可能になった事実はとりわけ重要であり、こうした米ソ関係の進化こそが冷戦終結の本質であり、冷戦後のヨーロッパ安全保障秩序の出発点になったと言えるのかもしれない。

（1）P. Zelikow and C. Rice, *Germany Unified and Europe Transformed: A Study in Statecraft,* (Cambridge: Harvard University Press, 1997); H. Adomeit, *Imperial Overstretch: Germany in Soviet Policy from Stalin to Gorbachev* (Baden-Baden: Nomos , 1998); H. Adomeit, "Gorbachev's consent to united Germany's membership of NATO," in F. Bozo, M. Rey, N. Piers Ludlow, L. Nuti eds., *Europe and the End of the Cold War: A reappraisal* (New York: Routledge, 2008), pp.107-118; A. E. Stent, *Russia and Germany Reborn: Unification, the Soviet Collapse, and the New Europe* (Princeton: Princeton University Press, 1999); J. A. Baker III, *The Politics of Diplomacy: Revolution, War and Peace, 1989-1992* (New York: G.P. Putnam's Sons, 1999); M. E. Sarotte, *1989: The Struggle to Create Post-Cold War Europe* (Princeton: Princeton University Press, 2009).

（2）ミハイル・ゴルバチョフ『ゴルバチョフ回想録――下巻』（新潮社、二〇〇九年）、八二～八九頁。

（3）J. Lévésque, "In the name of Europe's future: Soviet, French and British qualms about Kohl's rush to German unification," in Bozo et al eds., *Europe and the End of the Cold War,* pp.96-97.

（4）Soviet Transcript of the Malta Summit, December 2-3, 1989 (Document No.110), in S. Savranskaya, T. Blanton, and V. Zubok eds., *Masterpieces of History: The Peaceful End of the Cold War in Europe, A National Security Archive Reader* (Budapest: Central European University Press, 2010), p.642.

（5）Zelikow and Rice, *Germany Unified and Europe Transformed,* p.163.

（6）さらにシュワルナゼは、四月中旬に発表した雑誌記事でＣＳＣＥ構想を具体化した。そのＣＳＣＥの将来像とは、ＣＳＣＥ首脳会議を二年に一回、閣僚会議を毎年二回開催し、ＣＳＣＥ事務局を創設し、リスク削減および軍備管理検証に関するＣＳＣＥセンターを設置し、紛争解決を支援するための汎ヨーロッパ平和維持軍を検討するというものだった。この構想によれば、ＮＡＴＯとワルシャワ条約機構はＣＳＣＥメカニズムが発展するのに伴って、そこに吸収されることになっており、移行期間中に統一ドイツはＮＡＴＯとワルシャワ条約機構の双方に属する二重メンバーシップを持てるということだった。*Ibid,* pp.242, 244.

（7）Adomeit, "Gorbachev's consent to united Germany's membership of NATO," p.111; Zelikow and Rice, *Germany*

Unified and Europe Transformed, pp.244-5.

（８）Baker, *The Politics of Diplomacy*, p.252; Zelikow and Rice, *Germany Unified and Europe Transformed*, p.261; Adomeit, *Imperial Overstretch*, p.512. アフロメイエフは訪ソしたＲＡＮＤ研究所研究員らに自らの見解を披露した。J. Thomson, "Soviet Views on Germany," May 24, 1990, OA/ID CF01354, Subject File, Philip D. Zelikow Files, National Security Council – European and Soviet Affairs Directorate（NSC/ESAD）, George H.W. Bush Presidential Records（GHWBPR）, George Bush Presidential Library（GBPL）College Station, Texas.

（９）アメリカ政府もソ連の経済的苦境を熟知しており、ブッシュ大統領は九〇年五月二三日に、同月末の米ソ首脳会談に備えてソ連経済に関するブリーフィングを受けた。Briefing on the Soviet Economy, Scowcroft to Bush, OA/ID CF00717, 1989-1990 Subject Files, Condoleeza Rice Files, NSC, GHWBPR, GBPL.

（10）Stent, *Russia and Germany Reborn*, p.111. エリツィンとその同胞たちは、やがて七月の党大会後に共産党を離脱して、ゴルバチョフとの対決姿勢を鮮明にする。

（11）National Security Review（NSR）3 "Comprehensive Review of US-Soviet Relations," 2/15/89, GBPL; NSR-4 "Comprehensive Review of US-East European Relations," 2/15/89, GBPL; NSR-5 "Comprehensive Review of US-West European Relations," 2/15/89, GBPL.

（12）Zeikow and Rice, *Germany Unified and Europe Transformed*, p.25.

（13）*Ibid*, p.26.

（14）*Ibid*, p.28. なおスコウクロフトは回想録において、自身はドイツ問題を動かすことに前向きではなかったと述懐している。George Bush and Brent Scowcroft, *A World Transformed*, New York: Alfred A. Knopf, 1998, pp.188-9.

（15）National Security Directive 23, "United States Relations with the Soviet Union," 9/22/89, GBPL.

（16）Bush and Scowcroft, *A World Transformed*, pp.196-7; NSR-3, GBPL.

（17）Zelikow and Rice, *Germany Unified and Europe Transformed*, pp.29-30.

（18）Zelikow and Rice, *Germany Unified and Europe Transformed*, p.238.

（19）Baker, *The Politics of Diplomacy*, pp.250-1; Zelikow and Rice, *Germany Unified and Europe Transformed*, pp.263-264; Stent, *Russia and Germany Reborn*, p.113; Adomeit, "Gorbachev's consent to united Germany's membership of NATO," p112.

（20）Baker, *The Politics of Diplomacy*, p.251, Zelikow and Rice, *Germany Unified and Europe Transformed*, p.265.

（21）Central Intelligence Agency, Directorate of Intelligence, "An Analysis of Shevardnadze's Speech at the Two Plus Four Talks," May 17, 1990, OA/ID CF01354, Subject File, Philip D. Zelikow Files, NSC/ESAD, GHWBPR, GBPL.

（22）Bush and Scowcroft, *A World Transformed*, p.281; Zelikow and Rice, *Germany Unified and Europe Transformed*, pp.274, 276-7; Stent, *Russia and Germany Reborn*, pp.128-9; Cox and Hurst, "'His Finest Hour?'," p.142.

（23）Baker, *The Politics of Diplomacy*, p.253; Bush and Scowcroft, *A World Transformed*, pp.282; Zelikow and Rice, *Germany Unified and Europe Transformed*, p.277-8, 281; Stent, *Russia and Germany Reborn*,p.130; Cox and Hurst, "'His Finest Hour?'," p.142; Adomeit, "Gorbachev's consent to united Germany's membership of NATO," p.113.

（24）Briefing Memorandum from Seitz to Baker, OA/ID CF01010, Subject File, European and Soviet Directorate, NSC, GHWBPR, GBPL.

（25）Baker, *The Politics of Diplomacy*, pp.255-6; Stent, *Russia and Germany Reborn*, p.130; Adomeit, "Gorbachev's consent to united Germany's membership of NATO," p.112.

（26）Baker, *The Politics of Diplomacy*, pp.256-7; Zelikow and Rice, *Germany Unified and Europe Transformed*, pp.301-2.

（27）高橋進『歴史としてのドイツ統一』（岩波書店、一九九九年）、三三六頁。

（28）Bush and Scowcroft, *A World Transformed*, pp.291-2.

（29）Zelikow and Rice, *Germany Unified and Europe Transformed*, pp.306-11; 高橋『歴史としてのドイツ統一』、三三九頁。

（30）Zelikow and Rice, *Germany Unified and Europe Transformed*, pp.313-4; 高橋『歴史としてのドイツ統一』、三四

〇頁。

（31）Zelikow and Rice, *Germany Unified and Europe Transformed*, pp.315, 316; Bush and Scowcroft, *A World Transformed*, p.293; Cox and Hurst, "'His Finest Hour?'," p.144. ブッシュ政権内でこうした手法を提案したのは、NSCのブラックウィルだった。Memorandum from Blackwill to Scowcroft and Zoellick, June 25, 1990, OA/ID CF00182, Subject File, Robert D. Blackwill Files, NSC, GHWBPR, GBPL.

（32）Zelikow and Rice, *Germany Unified and Europe Transformed*, pp.316-320.

（33）*Ibid*, pp.321-324; Bush and Scowcroft, *A World Transformed*, pp.294-295; Baker, *The Politics of Diplomacy*, p.259.

（34）Cox and Hurst, "'His Finest Hour?'," p.144.

（35）London Declaration on A Transformed North Atlantic Alliance, July 6, 1990.（Available at http://www.nato.int/docu/comm/49-95/c900706a.htm.）

（36）Telegram 226894 from State to Moscow, July 1990, OA/ID CF01646, NSC Box 901, GHWBPR, GBPL.

（37）Stent, *Russia and Germany Reborn*, pp.133-134; Baker, *The Politics of Diplomacy*, p.259; Zelikow and Rice, *Germany Unified and Europe Transformed*, pp.324-5, 334-5.

（38）*Ibid*. その際に、日本の北方領土への懸念にソ連が応じることも、援助の実施を検討する際に考慮されると指摘された。

（39）K. H. Jarausch and V. Gransnow eds., *Uniting Germany: Documents and Debates, 1944-1993*, Berghahn Books, 1994, pp.175-178; Zelikow and Rice, *Germany Unified and Europe Transformed*, pp.341-2; Stent, *Russia and Germany Reborn*, pp.136-7; 高橋『歴史としてのドイツ統一』、三六二―三六三頁。Telegram 1583 from Bonn to SecState, July 17, 1990, OA/ID CF01414, Country File, Robert L. Hutchings Files, NSC, GHWBPR, GBPL.

（40）なお、ソ連は交渉の最終局面において、西側がソ連軍の撤退経費を賄わなければ、合意された期間内に撤退を完了させることはできないと主張しはじめ、最終的にコールは、一二〇億マルクの資金に三〇億マルクの無利子の信用を供与するということで金融支援の問題を決着させ、ゴルバチョフも納得した。Zelikow and Rice, *Germany Unified and Europe Transformed*, pp.350-352; Stent, *Russia and Germany Reborn*, p.138-139. ソ連軍が東ドイツに駐留している間、ＮＡＴＯ軍が「駐留も配備もされない」とされたが、最後まで紛糾したのは「配備」の意味だった。九月一二日の「２＋４」閣僚会議では、「配備」の定義は合意議事録に記録されることとされ、「配備」にあたるかどうかは、最終合意の締約国の安全保障上の利益を勘案したうえで、ドイツが適切で責任ある方法で判断するというイギリス案が通った。Zelikow and Rice, *Germany Unified and Europe Transformed*, pp.358-362; R. L. Hutchings, *American Diplomacy and the End of the Cold War: An Insider's Account of U.S. Policy in Europe, 1989-1992* (Washington D.C.: The Woodrow Wilson Center Press/The Johns Hopkins University Press, 1997), pp.138-9; Stent, *Russia and Germany Reborn*, pp.139-140.

(41) Zelikow and Rice, *Germany Unified and Europe Transformed*, p.279.

(42) Baker, *The Politics of Diplomacy*, pp.251-2.

(43) Adomeit, "Gorbachev's consent to united Germany's membership of NATO," pp.107-18.

(44) Stent, *Russia and Germany Reborn*, pp.145-6.

(45) Baker, *The Politics of Diplomacy*, pp.253-4.

(46) Sarotte, *1989*, pp.150-194.

第3部

冷戦の変容と日米安保

——変質する日米安保体制

橋本総理とクリントン大統領から日米両国民へのメッセージ
(1996年4月17日)

9章　「安保の論理」の歴史的展開

豊下　楢彦

一　安保条約の「四つの論理」

(1)「占領の論理」

一九九〇年代の最後の年に筆者は、文字通りの冷戦の産物として成立した旧安保条約以来の半世紀にわたる日米安保体制の展開を再検証したうえで、以下に述べる安保条約の「四つの論理」を析出した。一つが「占領の論理」、二つが「片務性の論理」、三つが「自立幻想の論理」、四つが「自己目的化の論理」である。(1)

この作業からおよそ一三年を経て、実に驚くべきことは、これら「四つの論理」が今なお「活きている」、あるいはさらに深まっている、ということなのである。こうした事態がなぜ生じているのかを把握するために本章では、後述するように「四つの論理」に加えて「安保村の論理」を付加して、問題の背景を抉りだしていきたい。

旧安保条約の成立に関しては、京都大学教授の高坂正堯が「宰相吉田茂論」（『中央公論』一九六四年二月号）で提起した構図が長く「通説」の位置を占めてきた。それはつまり、一九五一年一月末から二月にかけての、アメリカ大統領特使のジョン・フォスター・ダレスと吉田茂首相との交渉における最大の争点は日本の再軍備問題であり、吉田は経済状況や憲法論をも駆使してダレスの圧力に抵抗し、この結果として「軽武装・経済成長」という戦後日本の基本路線が形成された、というものである。

これに対して筆者は、吉田との交渉を前にしたスタッフ会議でダレスが述べた、「我々は日本に、望むだけの軍隊を望む場所に望む期間だけ駐留させる権利を獲得できるであろうか？　これが根本的な問題である」との発言に着目した[2]。つまりは、講和条約によって日本が形式的に独立を果たして以降も、アメリカ軍が占領期と同様の「基地の自由使用権」を確保し続ける、この権利を獲得することが日本側との交渉の最大の目標であることを明確にしたのである。

こうした獲得目標の設定は、占領の早期終結を主張する国務省と、朝鮮戦争を戦うためにも占領下での基地の自由使用の永続を求める国防省との「妥協の産物」として位置づけられた講和交渉の性格を鮮明に示すものであった。これに対し、日米交渉を担った外務省条約局の側は、朝鮮戦争で「プライス」が高まった基地提供をカードとして駆使して、独立後の日本に引き続きアメリカ軍の駐留を求めるとしても、都市部から離れた所、期限付き、経費はアメリカ軍の負担といった「条件付きの基地提供・アメリカ軍駐留」という方針を固めた。

しかし、吉田はダレスとの交渉の冒頭から基地提供カードを切ってしまい、結果的に「無条件の基地提供条約」としての旧安保条約が締結されるに至った。この背景として筆者は、朝鮮戦争を国際共産主義による天皇制の打倒を目指した戦争と捉える昭和天皇とその側近が、「アメリカ軍による天皇制の防衛」を確保するため無条件の基地提供を求めた結果である、との構図を描き出した(3)。

いずれにせよ、旧安保条約はその成立の当初から、占領期のアメリカ軍の特権がほぼそのまま維持された条約、つまりは「占領の論理」が支配する条約としての性格を有していたのである。しかもこの論理は、今日に至るまで貫徹しているのである。

典型例は、いわゆる「横田空域」の問題である。首都圏から関東・上越の一都八県の広大な空域が今なおアメリカ軍横田基地の管制下におかれ、ＡＮＡであれＪＡＬであれ日本の航空機の飛行が制限されているのである。『東京新聞』が「〔こうした日本は〕まともな国といえるでしょうか」と問いかけたように（二〇一二年五月一三日「社説」）、独立から六〇年を経て、なお「占領状態」が継続しているのである。

さらに今日、事態の深刻さを改めて突きつけているのが、二〇一二年一〇月に沖縄に本格配備されたオスプレイの問題である。未亡人製造機とも言われるこの欠陥輸送機はアメリカ本土では住民の反対で訓練が中止されたが、日本に対してはアメリカは、その配備と訓練が「アメリカ軍の権利」であると強調し、野田佳彦首相は「〔日本側から〕どうしろ、こうしろという話ではない」と、無条件的な受け入れを政権として決定したのである。アメリカでは訴訟を起こされると間違いなく敗訴するから強行できないが、日本の場合は安保条約の地位協定によってアメリカ軍機は航空法から除外されているため、沖縄や日本本土の空を自由に使用できる訳なのである。まさに、占領の論理、あるいは植民地の論理がそのまま活きているのである。

（2）「片務性の論理」

右に見たような、本格的な冷戦期を背景とした占領の論理がなぜ今日まで貫徹しているのかという問題は、まさに安保体制の本質にかかわる問題であり、以下においてその背景を探っていきたい。

まず挙げることができるのが、日本の側に、こうした占領状態の持続を許容する、あるいは受け入れてしまう論理が根強く存在することであろう。その代表的な論理が「片務性の論理」である。これは、いわゆる「安保タダ乗り」論と称されるものであり、学界では、大阪大学教授の坂元一哉が主張する「ヒトとモノの関係」としての安保体制論に象徴される。

つまり、アメリカが在日米軍というヒトを提供して日本の防衛にあたるのに対し、日本の側は基地というモノを供与するだけであって、両者の関係は非対称であり日本の「タダ乗り」に他ならない、という議論である。(4) 政界では、安倍晋三に代表されるように、安保体制とは、「米兵だけが日本の防衛のために血を流す」という体制であり、従って、「日本の青年も血を流す」ことができるような体制に代えていかねばならない、という主張である。(5)

こうした議論は政界や学界に幅広く存在し、日本が「タダ乗り」をし、その状況を克服できていない以上は、占領の論理が持続することは止むを得ない、という認識が受け入れられる土壌が形成されてきたのである。さらに言えば、旧ソ連、中国、再び旧ソ連、次いで北朝鮮、再び中国と、日本の周辺の軍事的脅威が一貫して喧伝され続けるなかで、憲法九条の「制約」にある日本では対応できずアメリカ軍に依存せざるを得ない以上は、日本の主権をも侵害する占領期以来の「軍事の論理」が貫徹することも止むを得ない、という世論状況の広がりの問題である。

とはいえ、歴史的な事実関係を振り返るならば、旧安保条約は日本に基地提供義務があるにもかかわらずアメリカには日本防衛義務がないという、アメリカの「タダ乗り」の条約であった。[6] これが是正されるのが一九六〇年の安保改定であり、現行安保条約第五条において、「日本国の施政の下にある領域における、いずれか一方に対する武力攻撃」に際して、「自国の憲法上の規定及び手続きに従って共通の危険に対処するように行動する」と、アメリカの「日本防衛義務」が規定された。もっとも、この規定については、アメリカ議会の承認が前提であって「義務規定ではない」という反論がつとになされてきたが、旧安保の締結を担った西村条約局長は、安保改定をもってアメリカの「タダ乗り」が解消され、「相互性の保持」が実現されたと評した。[7]

こうした歴史的経緯を踏まえるならば、上述したような日本の「タダ乗り」論は根拠がないし、とりわけ新ガイドライン以降は日本の防衛は全面的に自衛隊が担う訳であって、在日米軍において日本防衛にあたる部隊は存在しないのである。さらに、日本の「タダ乗り」論で決定的に欠落しているのは、上の「占領の論理」で触れたように、そもそも安保体制が「沖縄タダ乗り」の構造であり、沖縄の人々の「血が流されてきた」という歴史的現実への認識である。

とはいえ、すでに旧安保条約が締結された時点でダレスが、日本が非武装を放棄して再軍備を果たし「自助」の体制をとるまでは日本の「タダ乗り」であると指摘した問題[8]が、その後の日本における防衛論議と世論に大きな影響を与えてきたのである。

(3)「自立幻想の論理」

ダレスの主張する「自助」の体制を確立していくことが日本の「タダ乗り」からの脱却の道であり、さらに「自助」の枠を越えていくことが日本の「自立」への道でもあるといった議論が、戦後の再軍備論や防衛力増強論などを軸に展開されてきたが、近年の典型的な例として、安倍晋三の「戦後レジームからの脱却」論を挙げることができる。

ここで言われる「戦後レジーム」とは、要するに「吉田路線」を意味している。安倍にとって「吉田路線」とは、高坂も指摘したように、外交・防衛をアメリカに依存し経済成長のみに徹する路線のことであるが、それでは、対米依存を脱却する道は具体的にどこに求められるのであろうか。それは日本が、集団的自衛権に踏み込む道である。安倍にとって集団的自衛権は、あたかも日本が「自立」した国家になっていく「証」のように位置づけられている。

しかし、そもそも集団的自衛権は、一九九六年の安保再定義や三次にわたるアーミテージ報告で明らかなように、日本に対して一貫して求められてきたものであり、アメリカの主導性を前提にしたものである。それは例えば、周辺事態法をとってみても、周辺事態の「認定者」がアメリカである、というところに鮮明に示されている。(9)

周知のように、一九五五年八月、当時の重光葵外相はダレスとの会談で日本も集団的自衛権に入る意向を示してダレスに一蹴されたが、何より重要な問題は、ここでの重光の意向の核心に位置づけられていたのが「アメリカ軍の撤退」にあった、ということである。言うまでもなく、安倍の集団的自衛権論には、重光のような「自立への意思」は皆無であり、実質的なアメリカ軍への従属の継続が前提となっている。

かつて国際政治学者の山本満は、「アメリカは日本にむかって、……その力にふさわしい役割を果たすよう慫慂《しょうよう》する。それにこたえようとして日本が少し身を動かすと、それが一見自主性の拡大のようにみえてじつは前よりもっと深いところでアメリカのふところにだきとられることにつながってゆく。そういうところに日本の外交は立たされている」と指摘した(10)問題性が、安倍の議論に集約的に表現されているのである。

それでは、なぜこうした「自立幻想」が生じるのであろうか。それは、「戦後レジームからの脱却」論において、吉田路線の対米依存について軍事面にのみ問題を収斂させ、「外交的自立」の方向性を完全に捨象しているからである。

いかなる「自立的」な外交戦略目標を構想できるのかという核心的な問題に踏み込むことなく、軍事レベルのみで「自立」をめざそうとするからこそ、それはアメリカへの「従属」の再生産にならざるを得ないのである。この問題は、次に述べる「自己目的化の論理」に直接的につながってくる。

(4)「自己目的化の論理」

日米安保体制は一九八〇年代の中曽根政権以降、「日米同盟体制」と称され位置づけられてきた。とすれば、そもそも同盟関係とは何であろうか。本来ならばそれは、国家の外交戦略目標を達成していくための「手段」にすぎないはずである。ところが日米同盟の場合は、根本的に様相を異にしているようである。

例えば、長く外務省条約局にあって、一九六〇年の安保改定以来の日本外交の展開を支えてきた中島敏次郎は外交史の研究者とのインタビューにおいて、「日本外交が達成しようとしている目標は何であると認識されていましたか」との問いに対し、「やはり日米関係のゆるぎない紐帯だと思っております」と答えた事例は[11]、文字通り日本外交の「特異性」を象徴するものであろう。

この回答は、いわゆる「日米基軸」論に他ならない。おそらく、中島に限らず大部分の外務省の幹部たちは、同様の答えを発するであろう。しかし問題は、この回答が異様であるとの認識それ自体が欠落しているところであろう。

なぜなら、常識的に考えて、日本外交の目標は「日米基軸である」と答えても、実は何も語っていないのも同然なのである。そもそもアメリカの外交戦略は、ブッシュ・シニアからクリントン、クリントンからブッシュ・ジュニア、ブッシュからオバマという展開を見ても、ダイナミックな変遷を遂げているのである。「日米基軸」を掲げて、アメリカの政権が交代し新たな外交戦略が展開されるに伴い、ひたすらそれに追随していくというのであれば、それは独自の日本外交の完全な不在と言う以外にない。

本来は手段にすぎない同盟関係が、あたかもそれを維持すること自体が至上の目的となっていることを、筆者は「自己目的化の論理」と指摘してきた。一九九六年の安保再定義以来の日本外交の実態は、ショウ・ザ・フラッグやブーツ・オン・ザ・グラウンドといった「要請」あるいは「指令」に従って対応してきたことに示されているように、いわゆるジャパン・ハンドラーとの関係を損なわないことが最重要の目的と位置づけられてきた。

再び、先の山本満の指摘を挙げれば、彼は「戦後日本外交最大の屈辱」と言われた一九七一年七月の「ニクソン・ショック」について、「中国政策におけるまちがいは、アメリカとの同盟という手段の自己目的化がまねいた日本の外交の最大の失敗であろう。行動の自由をとりもどすための同盟が逆に行動の自由の硬直化を結果したのである」と鋭く指摘していたのである。(12)

ここに喝破された一九六〇年代以来の安保条約の「自己目的化の論理」が、今日に至るまで、さらに強化されたレベルで貫徹しているのである。この論理が強固に存在し続けているからこそ、領土問題であれ沖縄の基地問題であれ、何らか日米間で問題が生じると、それは「日米同盟の劣化」によってもたらされたとの議論が展開されることになるのである。

二　「安保村」と「冷戦」の展開

（1）「安保村の論理」

冒頭で述べたところであるが、筆者が安保条約の「四つの論理」を析出してから一三年も経て、右に見てきたように、これらの論理は今なお強固に活き続け、さらには強化されさえしているのであり、しかも安保体制は世論において相当の支持を受け続けているのである。この厳然たる現実を前にして筆者は、「安保の論理」に「安保村の論理」とも言うべき論理を加える必要性を認識するに至った。

「安保村の論理」とは、二〇一一年三月一一日の東日本大震災による未曽有のフクシマ原発事故の深刻きわまりない背景が抉りだされる中で抽出されてきた「原子力村」の概念に由来する。フクシマは、安価で安全でクリーンという「原発神話」を崩壊せしめたが、こうした「神話」が長期にわたって一般世論においても信じられてきたのは、他ならぬ「原子力村」と呼ばれる巨大な構造が存在してきたからである。

その構造とは、まず戦後の自民党の長期政権を支えてきた政官財（政界、官界、財界）でなりたつ、いわゆる「鉄の三角形」を基盤におきつつ、それにメディア、アカデミズム、司法を加えた「鉄の六角形」で構成される。こうした「原子力村」とのアナロジーで「安保村」の構造を考えると、以下のようになるであろう。

つまり、日米両国にわたる「鉄の六角形」であり、そこでは「事務方同盟」と呼ばれるように軍事と外交の高級官僚が軸となり、その背後には軍需産業の利権構造があり、ジャパン・ハンドラーがこれら全体を束ねるという構造である。リチャード・アーミテージ（元国務副長官）とジョセフ・ナイ（ハーバード大学教授）を中心としたジャパン・ハンドラーによる日本の防衛・外交政策への「拘束力」は、三次にわたる「アー

ミテージ報告」に象徴されている。(13)

二〇〇〇年一〇月の初の政策提言書「米国と日本――成熟したパートナーシップに向けて」（第一次アーミテージ報告）は、「二一世紀も永続する日米同盟の基礎をつくるための超党派での政策提言」と銘打たれ、日米同盟を「米国の世界安保戦略の中核」と位置づける一方で、同盟の非対称性を象徴する集団的自衛権に関する日本政府の「不行使」の立場を厳しく批判して、日本が英米関係のような「対等のパートナーとなること」を強く求めるものであった。

二〇〇七年二月の第二次アーミテージ報告は、何よりもアジア・太平洋地域に焦点をあて、日米同盟が「二〇二〇年までのアジアをいかに正しい方向に導くことができるか」という主題のもと、改めて日本に対して憲法上の「制約」を取り除き、「日本軍の海外配備」の体制をつくりあげることを求めるものであった。(14)

二〇一二年八月には、「日米同盟――アジアの安定を導くために」と題する第三次アーミテージ報告がまとめられたが、この報告は、ジャパン・ハンドラーと日本との関係を象徴する「歴史的報告」と言うべきであろう。なぜなら報告は冒頭より、「日本は一流国であり続けたいのか二流国に転落したいのか」と厳しく問いただし、「もし日本人が二流国で十分というのであれば、この報告には関心をもたないであろう」と、突き放した指摘をしているのである。

要するに、この報告でアーミテージやナイが強調していることは、日本が「一流国に留まりたい」というのであれば、「日米同盟に関するこの報告」を受け入れなければならない、ということなのである。ここには、問題の根本的な矛盾を彼ら自身が認識できているのか否か不明であるが、とにかく彼らの「傲慢さ」が如実に現われていると言わざるを得ない。なぜなら、外国の「有識者」の「勧告」を受け入れて「一流国になれる国」は植民地を除いて世界のどこにも存在せず、それは間違いなく「二流国」だからである。

ところが、例えば二〇一二年八月一七日の『読売新聞』の社説では、この第三次アーミテージ報告の内容を詳しく紹介したあげくに、「日米同盟の果たすべき役割は今後も大きいことを自覚したい」と強調しているのである。つまり事実上、日本が一流国であるか否かの判断基準をアーミテージたちが握っている前提で、日本の今後の進路を決めていこうとしているのである。(15)

(2) 冷戦のタイムラグ

日本を代表する大新聞が、冷戦の終焉以降も、アメリカの政権の基本戦略に直接かかわってもいない「有識者」の報告に、何故ここまで屈辱的な姿勢で従うまでになったのか、この背景を分析することは、冷戦の変容と日米関係の特異性の問題を抉りだしていくうえで、きわめて重要な作業であろう。

ここで改めて、一九六〇年代から七〇年代を振り返ってみよう。当時は、ヴェトナム戦争の泥沼化を背景に、二度にわたるニクソン・ショックに象徴されるように、アメリカの超大国としての地位が大きく揺らぎ始める一方で、中国が核保有国として台頭し、国際的にも冷戦構造の固定化された「友敵関係」の流動化がすすむという複雑な内外情勢の展開があった。こうした情勢を背景に、たしかに岡崎久彦に示されるような、ひたすら日米安保の軍事的強化のみを主張する軍事的リアリストも存在したが、高坂正堯や永井陽之助に代表されるような政治的リアリストは、安保を相対化して日本外交の新たな方向を提示する「思考の柔軟性」を保持していた。

それが、冷戦の終焉前後から日米基軸論に規定され、やがては右に見たようにジャパン・ハンドラーに思考様式まで「呪縛」される事態が生まれたのであるが、それはなぜであろうか。重要な背景として指摘できるのは、冷戦のタイムラグとも言える問題である。つまり、いわゆる自由主義陣営に属しながら、共産主義大国の軍事的脅威に具体的に直面した時期の相違という問題である。

例えば日本では、一九八〇年代に「ソ連の北海道侵攻説」が政界やメディアにおいて、文字どおり切迫した脅威として喧伝され、防衛体制も「北方防衛」にシフトし、世論も「ソ連脅威論」で沸騰した。もちろん、六〇年代以来、「中国の脅威」が喧伝されたが、「具体的で本格的」な日本本土への侵攻の脅威は冷戦時代において初めてのものであり、それは、やや誇張すれば、一九四〇年代に西欧諸国が直面したソ連による大規模侵攻の脅威が、およそ四〇年を経て〝再現〟されたかの様相を呈した。

つまり、脅威対応という、冷戦型の防衛体制や思考様式が、日本においては、まさにこの時代になって本格的に生みだされることになったのである。こうした、冷戦のタイムラグとも言うべき状況が日本における防衛体制と防衛問題をめぐる論争に大きな影響を及ぼした八〇年代の末に、一九八五年に登場したソ連の新たな指導者ゴルバチョフのイニシアティヴをも背景に、冷戦の終焉を迎えることになった。

（3）「転回点」としての湾岸戦争

ところが、周知のように、まさにこの時に湾岸戦争が勃発した。一九九〇年八月のイラクのクウェート侵攻に対し、安保理決議に基づいた「多国籍軍」が翌九一年一月に展開した対イラク戦争である。この湾岸戦争は、日本の防衛・外交をめぐる議論に決定的な影響を及ぼすことになった。それを象徴するのが、戦後の日本で重要な位置を占めてきた護憲論の「解体」である。

「解体」とは、もちろん誇張した表現であるが、戦後の護憲派は図式的に言えば、基本として日本が憲法九条を堅持していれば、あるいは堅持していくならば国際社会の平和に貢献する、という考え方にたってきた。誤解を恐れずに言えば、それは「一国平和主義」であった。ところが湾岸戦争は、正式の国連軍ではないが、ともかくも安保理決議に基づいて組織された「多国籍軍」が「侵略者」であるイラクに対し、安保理決議の順守を求めて行動をおこした戦争であった。

こうした国際社会の危機に対し、基本的に日本国内の文脈で議論を組み立ててきた従来の護憲派は、説得的な対応の論陣を張ることができなかったのである。湾岸戦争を契機に、日本の防衛外交路線をめぐる論争の軸は、いわゆる「国際貢献」論に集約されていった訳であるが、国内における護憲派の議論は、海外での自衛隊の武力行使に関する「歯止め」をいかに設定するかを軸に主張するという意味で、〝受身的な議論〟に終始せざるをえず、その影響力は相対的に低下していくことになった[16]。

さらに、湾岸戦争が日本の防衛・外交をめぐる議論に重大な影響を及ぼすことになった実例として挙げることができるのは、いわゆる「兵器・軍事の論理」の優越という現象である。具体的には、おそらくは戦後の日本において初めて、江畑謙介に代表されるような軍事アナリストや軍事評論家と称される「軍事の専門家」がメディアの表舞台に本格的に登場してきたことであった[17]。

戦闘機や戦艦はもちろん、ミサイルや銃器の性能をも「熟知」している彼らによる戦争や戦闘の「解説」は、大多数が「素人」である政治家や一般世論にも圧倒的な影響を及ぼし、それに反論するには、同等の「軍事的専門性」を必要とするかのような状況がもたらされたのである。かくして、「憲法の論理」に対する「兵器・軍事の論理」の優越性が固められていった。

湾岸戦争を契機として防衛・外交をめぐる議論が重大な「転回点」を画したすぐ後に日本が直面したのが、一九九三年から九四年にかけての「戦争一歩手前」と言われた北朝鮮の核危機であり、一九九六年の台湾史上初の民主的な総統選挙に前後する中台危機であった。実はこの時期は、別のレベルにおいて安保体制を揺るがす事態が生じていた。

まずは、良く知られたところであるが、細川政権期の諮問機関であった防衛問題懇談会が一九九四年八月にまとめた報告書（樋口レポート）であって、そこでは最初に、東南アジア諸国連合（ＡＳＥＡＮ）やＥＵなどとの「多角的安全保障協力の促進」の課題が掲げられ、その次に「日米安保の機能充実」が挙げられており、ナイやアーミテージにとって日本の「離米」を象徴するものと位置づけられた。さらに、九五年九月に発生した沖縄でのアメリカ兵による少女暴行事件は、大田沖縄県知事によるアメリカ軍用地の代理署名拒否に発展し、基地の縮小と撤去を求める「島ぐるみ闘争」が展開されるに至った。

以上のような「離米」「反米」の動向に対し、それを〝巻き返す〟ねらいで、右に見た北朝鮮危機や台湾危機を奇貨として、ナイなどの主導性により北朝鮮の脅威と中国の脅威を徹底して喧伝することによって打ち出されたのが、一九九六年四月の日米安保共同宣言による「安保再定義」であった。

この「安保再定義」では、安保条約の果たすべき目的が、それまでの「極東における国際の平和及び安全」から「アジア太平洋地域の平和と安全」に一挙に拡大され、一九七八年に策定された「旧ガイドライン」の見直しが明記された。これに基づいて、九七年には「新ガイドライン」で「周辺事態」における日本が担うべき役割が四〇項目にわたって列挙され、翌九八年には「周辺事態法」が成立した。

こうした「安保再定義」の本質は軍事的には、当時の野呂田防衛庁長官の国会答弁にも明らかなように、「周辺事態」の認定が実質的にはアメリカによって行なわれるところに鮮明にしめされている。つまり、まずアメリカによる「有事判断」があり、それに基づいて日本が軍事的に動員される、という構図なのである。さらに外交で言えば、ハーバード大学教授のスタンレイ・ホフマンが当時「安保再定義」を評して、「日本が引き続きアメリカ外交政策の従順な道具になる。つまり、独自の対中政策を持つことなくアメリカの信頼できるジュニア・パートナーであり続けるだろうという仮定」を前提にしたものであると断じたところにも、その本質が明快に示されている[18]。

つまり「安保再定義」は、日本の軍事と外交を、新たなレベルでアメリカのもとに〝呪縛〟するという本質を有していたのである。とはいえ、先に述べた北朝鮮の核危機と、台湾での民主的総統選挙に対する中国の「ミサイルによる恫喝」は、日本の政治と世論にとって、あたかも、かつて一九五〇―六〇年代や八〇年代前半期の冷戦対決の最中に西欧諸国がソ連の脅威に直面したかのような危機を認識させるものであった。

しかも、護憲派がこうした危機への対応策を明確に打ち出せないなかで、いかにアメリカへの〝従属度〟が深まるものであっても、安保体制と在日米軍、さらには日本の「有事体制」整備への支持が高まることになっていったのである。以上のような経緯を背景に、「安保再定義」を主導したジャパン・ハンドラーの発言力が一気に強まり、日本がそれを受容する「安保村」の〝構造〟が生みだされていったのである。

三　安保体制と「同意の獲得」

（1）「知識人」論の地平

前節でみたように、国際社会では冷戦が終焉したにもかかわらず、日本では一九九〇年代の半ばから、冷戦の産物である日米安保体制が、かつてなく強化されるという事態が進行してきた。そこでは、筆者がかつて抽出した安保条約の「四つの論理」に加えて、ジャパン・ハンドラーを軸とした「安保村の論理」が重要な位置を占めてきた。

すでに指摘したように、この「安保村の論理」は「原子力村」という概念のアナロジーであるが、後者が原発に関する「神話」を生み出してきたように、前者も、東アジアの脅威から日本を防衛するためには安保体制と在日米軍に依存する以外になく、それに代わる選択肢はないという「神話」によって支えられてきた。

このような「神話」が現実政治と世論形成において大きな影響力を行使できる背景を解き明かすうえで鍵となる分析視角として挙げることができるのは、アントニオ・グラムシの「知識人」論であろう。

二〇世紀を代表する知識人とされるグラムシは、ムッソリーニの獄にあった一九二九年から三五年に至る七年間の間に二九冊にのぼる「獄中ノート」を書き遺した。彼が取り組んだ主要な三つの論題の一つが「知識人」論であった。その前提となる彼の問題意識は、なぜイタリアにおいてロシア型の革命が不可能なのか、なぜ自由主義的知識人達はファシズムに無力であったのか、というところにあった[19]。

この重要な課題に迫るなかでグラムシが提起した核心的な概念が、「国家＝政治社会プラス市民社会、すなわち強制の鎧を着たヘゲモニー」であった。ちなみに、ここでのヘゲモニーとは、強制ではなく「同意の獲得」を意味している。このヘゲモニー概念における軸となる概念こそ、グラムシに独特の「知識人」の概念であった。彼にとって「知識人」とは、単純にインテリゲンチャーを意味するのではなく、「拡大された知識人の概念」として、教会や組合や学校等々の、「いわゆる私的組織を通じて国民社会全体に対して行使される一社会集団のヘゲモニー」が指摘されるのである。

グラムシの「知識人」の概念においては、イタリア南部の聖職者に代表される「超歴史的な外観」を有する「伝統的知識人」と、近代工業の担い手である資本主義的企業家に代表され、「工場からヘゲモニーが生まれる」という状況を象徴する「有機的知識人」の区分けが重要である。同時に、本章の文脈からして重要な意味を持つのは、「知識人の位階制」の問題である。

グラムシは、「知識人」には軍事組織のような「位階制」があり、最上段には諸科学の「創造者」、底辺部には知的財産の最も低い管理者と普及者が配置されて、それぞれの役割を果たすと指摘される。より具体的には、当時のイタリアで「俗界の法皇」と称された哲学者で文学者で歴史学者であったベネデット・クローチェを最上位として、いわば「大・中・小のクローチェ」が市民社会における「同意の獲得」のためにそれぞれの機能を果たす、という構図が描き出される。

（2）「神話」形成の構図

この構図は、「原子力村」や「安保村」のもつ影響力を検討する際に、きわめて示唆的である。先に述べたように、「原発神話」がまさに「神話」となり得たのは、「原子力村」の頂点に、「大知識人」としての東大や東工大の専門教授が君臨し、彼らによる、安価で安全でクリーンな原発という「超階級的で科学的な解説」が、電力会社や通産官僚や支配政党によって最大限に「活用」され、さらにはアカデミズムはもちろんメディアをも支配し、テレビや新聞などのコメンテーターや「評論家」による「分り易い解説」を通じて一般市民の中に拡散し、司法による「法的判断」をも加わり、かくして「原発神話」は確固とした世論として定着することになっていったのである。

まさに、「大知識人」に始まり、彼らの「御宣託」を媒介していく「中知識人」の役割を、様々な利権や支配関係でつながる諸組織が果たし、一般市民レベルの「小知識人」が「神話」を自らのものとして周辺に拡げていくことによって、原発に関する「同意の獲得」がなされていくのである。

しかし注目すべきは、フクシマが、こうした「同意の獲得」の構図を、まさに〝逆転〟させたことである。フクシマが福島の周辺はもちろん東北地方や首都圏、さらには日本中を震撼させた「現実」は、東大教授などの「原発・大知識人」への信頼を文字通り失墜させることになった。この現実を前に新たにメディアに登場してきた、あるいはメディアが採用せざるを得なくなったのが、京都大学助教で長年にわたり「差別」されてきた小出裕章らに代表される「反原発・大知識人」であった[20]。

なぜフクシマという、人類が経験した最も恐るべき原発事故が生じたのかという現実について、これら「反原発・大知識人」による「科学的解説」は、東大教授たちの「解説」を圧倒し、かくして、これまで表舞台から排除されてきた小出たちの「言説」がメディアや言論界においても大きく取り上げられるなかで、一般市民の「小知識人」達は、従来の「神話」に懐疑を抱き、やがて急速に否定に動きはじめ、かくして「脱原発」の大きな世論の盛り上がりが生みだされていったのである。

もちろん、「脱原発」の「現実可能性」をめぐって「原子力村」からの強い〝揺り戻し〟もあり、今後もせめぎあいが続くであろうが、フクシマの現実と、その現実について科学的で説得的な分析を提示できる「大知識人」の存在と、その言説を広く市民社会に伝達できるネットワークの組織化が、「原子力村」が存立する前提をなしてきた「神話」を解体させる上で重要な役割を果たしてきたのである。

それでは、「安保村」の場合は、どのような状況であろうか。すでに指摘したように、一九九〇年代の半ば以降、なかでも二〇〇〇年の「第一次アーミテージ報告」が提言されて以来、日本の防衛・外交問題において、ジャパン・ハンドラーが「大知識人」としての役割を担ってきた。彼らの「御宣託」は日本が歩むべき「指針」と位置づけられ、「日米基軸」以外の選択肢を一切持ち合わせない外務官僚たちが、その「指針」の具体的な推進役を務め、防衛官僚も同様の旗振りを演ずることになる[21]。

アカデミズムの世界では、「現実主義者」と称される研究者たちが「日米基軸」を弁証する「学問的かつ現実主義的な研究成果」を上梓し、彼らは政府の諮問機関などに招かれて、これらの研究成果を踏まえた「報告書」を提出することを通して、ジャパン・ハンドラーに準ずる「知識人」としての役割を果たすことになる。

これらを受けて、日本の多くの「大新聞」が、右の「大知識人」たちの「御宣託」を分り易く一般読者に伝える機能を担い、そこで示された「指針」から離れることは日本の安全を危機に直面させるものであることを、繰り返し強調する。さらにテレビでは、例えばワイドショーや報道番組において、軍事アナリストや外交評論家、「兵器の専門家」などの「知識人」たちが、日本をとりまく脅威の深刻さと日本の「平和ボケ」を画面にむけて日常的に叫ぶことになる。

なかでも、「ビートたけしのＴＶタックル」に代表されるような「政治バラエティ」番組は、その「通俗性」と「排外主義」によって、特に新聞や活字を読まない若者層に大きな影響を及ぼし、彼らが「小知識人」の役割を果たすことで、市民社会において「世論」が形成されていくことになる。

以上の構図が日々機能することによって、在日米軍は日本防衛の抑止力である、日本は安保に「タダ乗り」している、北朝鮮や中国は「日米共通の敵」である、日本には「日米基軸」以外の選択肢はない、日本が集団的自衛権を行使することによってアメリカと「対等」になれる、といった「神話」が広範に流布し、「安保村」の支配力が固められていくのである。

（３）「結節点」としての沖縄

先に見たように、「原子力村」が生みだしてきた「神話」は、フクシマによって屋台骨が崩れた。それでは、「安保村」によって形成されてきた「神話」が崩れる、あるいは動揺をきたす契機はどこに求められるであろうか。

それは皮肉なことに、安保体制の「根幹」において生起するのである。言うまでもなく、それは沖縄である。問題のありかは、二〇〇九年に誕生した民主党政権期をめぐる「日米同盟の劣化」という言説に見出すことができる。より具体的には、当時の鳩山首相が普天間基地の移設問題にかかわって「県外・国外」を主張したことによって日米同盟は深刻な危機に直面した、といった論調が政界やメディアにおいて支配的となってきた、という問題である。

たしかに、鳩山は政治家として、どこまで信用に価する人物か、大いに疑問ではある。しかし問題の本質は、鳩山個人の資質や能力にあるのではなく、実に六〇年以上にわたる、日米両政府による「沖縄タダ乗り」という安保体制の構造こそが不安定の根源にある、ということなのである。たまたま鳩山が問題を感じとって「県外・国外」の発言がなされた訳であるが、日米関係を劣化させている根源は、冷戦期を象徴するところの長期にわたる「沖縄タダ乗り」構造そのものにあり、それが「限界点」にまで達したのが今日の現実なのである。

だからこそ、十数年を経ても普天間基地の辺野古移設は実現せず、オスプレイの配備をめぐり「島ぐるみ闘争」が展開される事態になってきたのである。二〇一二年一二月の総選挙で沖縄において選出された自民党の四人の議員がいずれも「県外・国外」を主張し、二〇一三年一月二七日には沖縄の全四一市町村の首長が挙《こぞ》って上京し「六八年間の思いを込めて」、政府に対してオスプレイの即時撤退を訴えたことは、今日の沖縄で生じている「構造的な変容」を象徴しているのである。

本土においては、沖縄をアメリカの軍事戦略拠点において日米同盟を運営することを主張する政治家や研究者たちは「現実主義者」と呼ばれる。しかし、人口稠密《ちょうみつ》な小さい島にアメリカ軍基地の七割が集中し、六〇年以上にわたって日常的に生活破壊が行なわれている現状を、今後とも半永久的に沖縄の人たちが甘んじて受け入れるであろうと考えること自体、言葉のあらゆる意味において「理想主義」であり「幻想」そのものなのである。そして、まさにここにこそ、「日米同盟の劣化」の本質が存するのである。

今や沖縄は、精度を高めた中国のミサイルのターゲットとなり、「中国のミサイル基地に近い沖縄に米軍を集中させたままでは、いざというときに一撃で大打撃を受けかねない」（アメリカ国防総省高官、『日経新聞』二〇一二年二月八日）との判断から、ハワイやグアム、ダーウインなどへの海兵隊の分散配置が進められているのである。こうした「軍事的現実」は、ジャパン・ハンドラーたちが強調してきた在沖米軍の「抑止力」という「神話」が完全に破綻したことを意味している。[22]

つまり「安保村の論理」は、安保体制の根幹である沖縄において破綻を始め、逆に沖縄こそが、安保体制の最大のアキレス腱となったのである。なぜなら、そもそも沖縄は、「同意の獲得」ではなく、アメとムチという「強制」によって「安保村」に組み込まれてきたからである。今や「政冷経熱」とも言われる日中関係の「冷戦」が「熱戦」に至る場合の「最前線」にたたされ、「新たな捨て石」にされかねない沖縄が、「安保村」からの「離脱」を始めたのである。

四　構造的変容とその背景

（1）「排外的ナショナリズム」の位相

「沖縄タダ乗り」という「戦後レジーム」が安保体制の根幹を揺り動かしつつあるとき、日本本土での新たな政権の誕生が、全く別のレベルで安保体制のあり方に重大な影響を及ぼすことになってきた。それは、二〇一二年末に発足した第二次安倍晋三政権である。

安倍政権は、新自由主義を経済政策の基軸にすえる一方で、以下に述べる「領土問題」と「歴史問題」を契機に、近年の日本において広がりをみせてきた「排外的ナショナリズム」を、さらに一層刺激する役割を演じている。

その重要な背景として、グローバリゼーションの進展を背景にした国際的な政治経済構造の大きな変動をあげることができる。それを象徴するのが、中国の「大国化」であり、やや趨勢にかげりが見え始めてきたとはいえ、ブラジルやロシア、インドなどをはじめ新興諸国が急速に「成長」を遂げたことであり、結果としての欧米諸国の相対的な地盤低下である。特に深刻な財政危機をかかえたアメリカの「衰退」は、国防費という「聖域」さえ削減されるという事態となり、かくして世界をリードしたＧ７（先進国七カ国首脳会議、その後ロシアを加えて八カ国のＧ８）の「権威」もすっかり色あせ、今やＧ２０など新興諸国の「発言権」が強化されつつあるのである。

かくして東アジアでも、中国だけではなくＡＳＥＡＮ諸国に加え、何よりも韓国経済がＩＴ関係や家電、自動車などを軸に急速な成長を遂げ、もちろん内部に深刻な格差問題をかかえつつも、国際社会で「存在感」を増してきたのである。ところが日本は逆に、バブルがはじけて以来の「失われた二〇年」の長い停滞の結果、東アジアで相対的に、その「存在感」が減じてきたのである。

以上のような背景から、この間日本では、東アジアでは「目下」のはずの中国や韓国が台頭してきて日本を押しのけようとしているのは断じて許せない、という感情を背景に「排外的ナショナリズム」が急速に強まってきたのである。従って「排外」のターゲットは、何よりも中国であり韓国となり、両国の政治や経済、文化、歴史、「人種」まで、あらゆることが非難の対象に据えられ、「嫌中・嫌韓」の記事が雑誌やネットに溢れる事態となってきた。

これに対し中国や韓国からは、さらに過激なリアクションが起こされ、「排外的ナショナリズム」が相互に刺激し合って事態が悪化していくという「負の連鎖」が生みだされているのである。とりわけ、排外的感情を刺激するのが、領土問題と歴史問題なのである。

(2)「領土問題」の位相

言うまでもなく日本は、尖閣、竹島、北方領土と、三つの領土紛争を同時に抱え込んできた。竹島の場合は、韓国では「植民地問題」として認識され、韓国民にとって竹島は「民族の象徴」であり、従って韓国の政権にとっては、内部矛盾を外にそらす格好の対象であるとともに、一つ誤れば政権の死命を制しかねない重要問題なのである。

かくして、韓国による実効支配が続き、アメリカの地名委員会でさえ韓国領の表示をする竹島について、日本政府がその帰属について自らの「正当性」を主張すると、従軍慰安婦問題などの歴史問題とかかわって、韓国の側から激しい反発がひきおこされ、アメリカが北東アジアの安全保障のうえで何より期待する日韓提携が阻害される、という事態を招いているのである。

さて、この間の領土問題をめぐる排外的ナショナリズムの問題性を象徴するのが「尖閣問題」である。この問題については、すでに拙著『「尖閣問題」とは何か』(岩波現代文庫、二〇一二年)で詳述したところであるが、一歩誤れば「不測の事態」さえ危惧されるような、戦後最悪の日中関係をもたらすことになった決定的な契機は、二〇一二年九月になされた、野田民主党政権による尖閣諸島の「国有化」の決定であった。

その決定が、中国にとって対日戦勝記念日である九月三日と、満州事変勃発の日で「国辱の日」とされる九月一八日という、日中関係においてきわめてセンシティブな時期のただ中である九月一一日になされたという「極めつけの愚策」が中国指導部を刺激し、「愛国無罪」の恐るべき反日デモが中国全土の主要都市で展開されたのである。

さて問題は、なぜ野田政権がかくも愚かな政策決定に突き進んだのかということであるが、言うまでもなくその背景にあったのは、東京都知事であった石原慎太郎が二〇一二年四月に打ちあげた、尖閣諸島の東京都による「買い上げ」という方針であった。この方針は、世論に広がっていた反中国感情に火を付け、事態が感情レベルで推移していった結果、問題の最も本質的な側面が捨象されていった。例えば、尖閣諸島の一部である久場島と大正島はアメリカ軍の射爆撃の演習場として提供されアメリカ軍の管理下におかれてきたのであるが、三〇年以上にわたり使用されたことがないのである。にもかかわらず、歴代政権はアメリカに返還を求めてこなかったのであり、今に至るも両島は日本人が立ち入れない島なのである。

さらに重要な問題は、尖閣五島のうち二島までも排他的に管理下におきながらアメリカは、尖閣諸島の領有権のありかについては、一九七一年以来、「中立の立場」を貫いてきたのである。ここには、台湾との同盟関係や「米中和解」方針といった、台湾や中国への政治的配慮とともに、領土紛争の火種を残すことで、沖縄や日本本土でのアメリカ軍のプレゼンスの「正当化」をはかるという、当時のニクソン政権の狙いがあった。

ところが、自他共に日本の代表的な「ナショナリスト」とみなされる石原は、尖閣諸島をめぐるこの「米国ファクター」の問題には全く触れようとしないのである。なぜなら、都による「買い上げ」方針の真の狙いが、尖閣問題それ自体にあるのではなく、日中関係を「悪化」させ、そこにアメリカを引きずりこもうとするところにあったからである。だからこそ石原は、「買い上げ」方針を、アメリカで最も好戦的なヘリテージ財団で行なったのである。(23)

かくして、オバマ政権は野田政権による「国有化」方針に対しては、対中関係で「危機を引き起こす可能性がある」と警告し、「国有化」に踏み切らないように「非常に強い忠告」を発したのである[24]。なぜなら、今や「あいまい戦略」のツケが回ってきて、下手をすればアメリカが日中間の戦争に巻き込まれる恐れがでてきたからである。

いずれにせよ、ここで重要な問題は、アメリカからしても、野田政権による「国有化」の決定が、日中関係を決定的に悪化させるものとみなされていたことなのである。要するに問題の本質は、日本の側からの「挑発」とみなされていた、というところに存するのである。

ところが安倍政権は、こうした経緯と事態を検証することなく、ひたすら「中国の脅威」を強調し、憲法改正や集団的自衛権の解釈変更への「格好の口実」と位置づけているのである。かくして日中間では、後述する日韓間とともに、首脳会談さえ開かれない事態となっているのである。それでは、打開の糸口はどこにあるのであろうか。それは、日本の側から尖閣問題が「領土問題」であることを認め、資源問題や漁業問題で中国と実務的な協議に入ることである。

(3)「歴史問題」の位相

安倍政権のあり方が東アジアに及ぼす影響で、さらに重要な問題は、いわゆる「歴史問題」である。「信念型政治家」とも呼ばれる安倍首相は、彼が二〇〇六年から〇七年にかけて率いた第一次政権のときと同じく、今回の政権においても、改めて歴史問題を前面にかかげた。

まず、一九九五年八月一五日に当時の村山富市首相が、敗戦から五〇年目にして日本政府として初めて植民地支配と侵略への「痛切な反省の意」を表明した「村山談話」（正確には、自民・社会・さきがけ三党連立政権談話）について、「安倍内閣は村山談話をそのまま継承しているわけではない」と言明した。

それでは、なぜ「村山談話」の見直しが必要なのであろうか。それは、安倍の〝持論〟である「侵略の定義」という問題にかかわってくる。それをよく示しているのが、「侵略の定義は学界的にも国際的にも定まっていない。国と国との関係でどちらから見るかで違う」「侵略の問題は後世の歴史家に委ねるべき問題である」といった一連の国会答弁である。(25)

しかし実は安倍は、自著『美しい国へ』（文春新書、二〇〇六年）のなかで、かつてイギリスで戦時内閣を組織した首相チャーチルを称賛する文脈のなかで、「ナチス・ドイツの侵略」と明言しているのである。実はこの点にこそ、安倍の議論の核心がある。つまり、彼が「侵略の定義は定まっていない」と発言するとき、それは日本の戦争のことを言っているのであって、要するに安倍の本音は、日本の戦争は「侵略戦争ではなかった」と言いたいのである。

安倍はさらに、二〇一二年九月の自民党総裁選挙での討論会で「河野談話では日本は不名誉を背負っている。前回の安倍政権で強制性を証明する証拠はなかったと閣議決定したが国の内外で共有されていない」と述べ、第一次政権時に続いて、従軍慰安婦問題に関する「河野談話」の見直しにも乗り出す意図を明らかにした。

同じく安倍は、二〇一三年二月に国会で靖国神社に参拝する意思を問われた際に、第一次政権時に参拝できなかったことは「痛恨の極み」と述べ、「靖国問題」でも踏み込みを見せた。かくして、同年四月二一日に副首相の麻生太郎が靖国参拝を行ない、二三日には一六八名という多くの国会議員が〝集団〟で参拝を行なったのに対して、韓国政府が強い抗議を発し、予定されていた外相の日本訪問を急遽とりやめ、さらに中国政府も安倍政権を強く批判する事態となったが、安倍はこうした両国の批判に対し、「安倍政権はどんな脅しにも屈しない」と、これまでになく強硬な態度を表明したのである。

以上のような安倍政権の「歴史認識」問題をめぐる立ち位置を前に、韓国の朴槿恵大統領は同年五月八日、アメリカ上下両院合同会議で演説し、「正しい歴史認識を持てなければ明日はない」と、安倍政権をきびしく糾弾したのである。

ここで重要な問題は、安倍政権の「歴史認識」問題に対する批判が、韓国や中国にとどまらず、公然とアメリカからも強く発せられていることである。例えば同年四月下旬には、『ウォール・ストリート・ジャーナル』『ニューヨーク・タイムズ』などアメリカを代表する諸新聞がこぞって、「戦前の帝国への郷愁は、隣国との関係にも悪影響を与える」「日本は民主主義の同盟国だが、安倍首相の恥ずべき発言で友人がいなくなる」などと、安倍批判を展開した。

さらに政権レベルでも、四月二五日に国務省のベントル副報道官代理は記者会見で、安倍政権に対して「公式的な抗議をしたわけではない」と述べつつも、「韓国や中国が懸念を表している。これらの国との建設的な関係が平和と安定を増進させるという点を訴えていく」として、「日本側と対話している」ことを明らかにした。さらに五月一日には、アメリカ議会の「調査局」が「日米関係」についてまとめた報告書において、安倍首相を「ストロング・ナショナリスト」と断じ、安倍政権の言動が「地域の国際関係を混乱させ、アメリカの国益も害する恐れがある」と、きびしく指摘したのである。

以上のように、唯一無二の「同盟国」たるアメリカからもきびしく批判されたからであろうか、五月中旬になると安倍政権は、「河野談話」や「村山談話」の見直しについてトーン・ダウンをはかり始めたが、問題の核心は、第二次安倍政権の発足以来、国際社会において日本の「右傾化」への警戒が大きく広がった、というところにある。

（４）「憲法改正問題」の位相

それでは、なぜアメリカは、この間の安倍政権の言動に対し、きわめて厳しい対応を示したのであろうか。それはもちろん、東アジアの地域政治の不安定化をもたらすからである。しかし、それと共に重要なことは、「歴史問題」にかかわる安倍政権の一連の言動が、サンフランシスコ講和条約で日本が受諾した東京裁判の結果への〝本格的な挑戦〟と受けとられたからである。

かくして、「日米基軸」と「日米同盟の強化」を高く掲げる安倍政権の言動は、中国や韓国ばかりではなく、皮肉なことにアメリカからも警告と批判の目を向けられ、米紙が「友人がいなくなる」と警告するように、まさに日本の「孤立化」が危惧される事態が生みだされているのである。

しかも安倍首相にとって深刻な問題は、この「歴史問題」が、自らの最大の課題である集団的自衛権の解釈変更や憲法改正にも重大な影響を及ぼしていることである。なぜなら、中国や韓国ばかりではなくアメリカからも危惧の声が高まっているからである。例えば、大統領補佐官としてオバマ政権のアジア政策を統括したジェフリー・ベーダーは、歴史認識問題と憲法改正問題を「まぜこぜにすることは憲法改正を議論する上で、最悪の事態といえる。中国、韓国など日本の近隣諸国が指摘するように、日本の姿勢が根本的に変わっているという見方を裏づけるようなものだからだ。過去六〇年間、日本が続けた「ピースメーカー」の役割をやめ、主要な軍事的アクターとして再浮上するという見方だ」と指摘している(26)。

この発言には、アメリカの〝悩ましさ〟を見てとることができる。なぜなら、これまでジャパン・ハンドラーが声高に叫んできたように、日本が集団的自衛権を行使しアメリカの指揮下で「より早く強く走る馬」としての役割を果たすことは、国防費の削減に進まざるを得ないアメリカにとっては軍事的には望ましことなのである。しかし他方で、アジア・太平洋での日本の戦争を「侵略」と認識しないような日本が、「専守防衛」の枠を突破して、海外での軍事行動に打ってでるような事態になれば、まさに「主要な軍事的アクターとして再浮上する」ことになり、一挙に地域的な不安定が高まり、アメリカにとっても「深刻な脅威」となりかねないのである。

改めて問題を整理しておくならば、安倍政権は日米安保を強化し「積極的平和主義」の名において日本の「軍事的貢献」を飛躍的に高めるために集団的自衛権の解釈変更と憲法改正に乗り出そうとしているのである。この大前提にあるのは、中国は「日米共通の敵」であり、さらには日米同盟と米韓同盟に加えて日韓間の提携を強めて中国を包囲していく、という構図である。

しかし皮肉なことに、米中関係は様々な対立軸をかかえながらも密接な「戦略対話」を持続させうる強固な関係を構築しつつあり、韓国は中国を「仮想敵」どころか「中韓同盟」とも称されるような親密な提携関係に歩みだそうとしているのである。つまり、東アジアの国際関係はいまや、構造的ともいえる変容を遂げつつあるのであり、ここにおいて日米安保のあり方が根底からの見直しの必要性に直面しているのである。(27)

(1) 豊下楢彦編『安保条約の論理』(柏書房、一九九九年)。
(2) 豊下楢彦『安保条約の成立』(岩波新書、一九九六年)、四七頁。
(3) 同前、第六、七章参照。
(4) 坂元一哉『日米同盟の絆』(有斐閣、二〇〇〇年)。
(5) 安倍晋三『美しい国へ』(文藝春秋、二〇〇六年)。
(6) 豊下『安保条約の成立』第七章、一節。
(7) 西村熊雄『改定新版・安全保障条約論』(時事通信社、一九六〇年)、四〇、一四一頁。
(8) 豊下『安保条約の成立』一八九―一九二頁。
(9) 豊下楢彦『集団的自衛権とは何か』(岩波新書、二〇〇七年)、九三―九四頁。
(10) 山本満『自主外交の幻想』(中央公論社、一九七四年)、九七頁。
(11) 井上正也他編『外交証言録　日米安保・沖縄返還・天安門事件』(岩波書店、二〇一二年)、二六〇頁。
(12) 山本『自主外交の幻想』、九七頁。
(13) 柴田晃芳『冷戦後日本の防衛政策』(北海道大学出版、二〇一一年)。
(14) リチャード・アーミテージ、ジョセフ・ナイ、春原剛『日米同盟vs.中国・北朝鮮』(文春新書、二〇一〇年)。
(15) 豊下楢彦『「尖閣問題」とは何か』(岩波現代文庫、二〇一二年、二〇〇―二〇二頁。
(16) 豊下『集団的自衛権とは何か』第三章。国正武重『湾岸戦争という転回点』(岩波書店、一九九九年)。
(17) 江畑謙介『新軍事考――湾岸戦争にみる武力の本質』(光文社、一九九一年)。
(18) 豊下『集団的自衛権とは何か』九二―九七頁。
(19) 豊下楢彦「日本外交の「第三の道」に関する覚書」『法と政治』第六二巻第四号(二〇一一年一月)。

(20) 小出裕章『原発のウソ』(扶桑社新書、二〇一一年)。佐藤栄佐久『福島原発の真実』(平凡社新書、二〇一一年)。開沼博『フクシマ論――原子力ムラはなぜ生まれたのか』(青土社、二〇一一年)。
(21) 柴田『冷戦後日本の防衛政策』。
(22) 豊下『「尖閣問題」とは何か』第六章四節。
(23) 同前、序章、第三章。
(24) 『共同通信』二〇一三年四月一〇日。
(25) 例えば、二〇一三年四月二三日の参議院予算委員会。
(26) 『日本経済新聞』二〇一三年五月二五日。
(27) 豊下『「尖閣問題」と何か』第六章五節において、「安保村の論理」に代わる日本外交の「第三の道」について検討している。

10章

冷戦秩序の変容と日米安保体制

同盟の対等性のあり方をめぐって

中島　琢磨

一　日米の同盟内政治の論点

冷戦史において、米ソ関係と同様に重要な分析対象として位置づけられるのが、東西両陣営における同盟内政治の局面である。このうち一九五〇年代から六〇年代にかけての西側諸国の動きに関して、近年の研究は、ベルリン危機などをめぐる北大西洋条約機構（ＮＡＴＯ）内の複雑な対立と協調の実態を明らかにしている(1)。また日本と同じ敗戦国として再出発した西ドイツのデタント期の外交は、冷戦構造の克服をめざしたものとして位置づけられる(2)。こうした西側ヨーロッパ諸国の動きと比較したとき、同時期の日米の同盟内政治はどのような状況にあったのだろうか。この点は先行研究においてなおも十分な検討がなされていない。

本章の目的は、一九五〇年代から六〇年代にかけての日米の同盟内政治を方向づけた要素について、重要局面であった一九六〇年の安保改定と一九七二年の沖縄返還とを取り上げながら検討することにある。本章では、西ドイツなどヨーロッパの状況との比較を意識しながら論を進め、とりわけ、日米の同盟内政治を方向づけた要素の一つとして、日米の対等性をめざす日本側政策形成者の志向性の重要性を論じる。

一九五〇年代から六〇年代にかけて、NATO加盟国間ではドイツ問題、キューバ危機、ベルリン危機といった国際問題への対応のあり方がとくに争点化した。これに対して日米の同盟内政治においては、まずは日米安保条約の改定や沖縄返還といった、日米間の不平等な状況の是正が大きな争点となった点に特徴がある。日米安保体制は、安保改定と沖縄返還とを通じてその法制度上の枠組みを整えたと言える。この点について筆者はこれまでの研究から、その法制度上の枠組みが形成される過程においては、①米ソ冷戦構造、②日米の対等性を求める日本の政策形成者の志向性、③革新勢力と世論による政権への圧力という三つの要素が重要であったと考えている。

まず前提となるのが、①米ソ冷戦構造である。安保改定交渉と沖縄返還交渉では、いずれも冷戦下のアメリカとの安全保障協力のあり方が論点化した。本章で論じるように、二つの交渉を通じて日本は、アジアの地域紛争要因であった朝鮮半島有事と台湾有事が生じた際の政策方針をつくり、可能な範囲を公にした。いずれの有事も日本の安全に直接影響を及ぼす事態であり、またアメリカ側が日本の対応を求めたという経緯があった。

しかし、冷戦構造だけが日米の同盟内政治を定めたわけではない。本章で強調したいのは、②の日米の対等性を求める日本の政策形成者の志向性が、二つの交渉過程で重要な意味をもったことである。安保改定に関する先行研究は、日米の不平等さに対する日本国内の反発を明らかにしている。[3] 二〇一〇年より大量に公開された安保改定と沖縄返還に関する外務省文書を読むなかで、筆者が実感したのは、まずは外務省が、こうした反発に基づき安保改定に向けた検討を予想以上に細かく重ねていたことであった。またその後の沖縄返還交渉において、この志向性が、沖縄と本土との法的一元化をめざす日本側の動きとしてあらわれたことも分かってきた。

さらに③の要素、すなわち日本社会党や日本共産党をはじめとする野党や、国内の政治運動と世論による政治的圧力が、日本政府の行動に影響をおよぼしたことも等閑視できない。つまり三つの要素のどれを軽視しても、日米安保体制の歴史的展開の全体像を理解することは難しいのである。

これらを踏まえて以下ではまず、旧日米安保条約の成立後、西側陣営の形成が進むなかで、日本側がＮＡＴＯを参考にしながら対等な日米の相互防衛関係を検討したことを示す。続けて、実際には改憲が必要な相互防衛方式ではなく、日本国憲法下で実現可能とされた相互援助方式による条約改正がめざされたことを論じる。そして、日本が沖縄返還に際して、沖縄と本土との法的一元化の実現によって、日米間の法制度上の対等性をめざしたことを論じる。一方で、米ソ・デタントによる冷戦秩序の変容という国際状況にはあったが、日本が朝鮮半島有事と台湾有事が万が一生じた際の政策対応を定め、同盟の方向性を決定したことを論じる。なお本稿では史資料として、日米の公文書資料、関係者の口述記録、新聞雑誌などを用いる。

二　日米安保条約の成立とその問題点

（1）ヨーロッパ情勢とアジア情勢

第二次世界大戦後の米ソの対立は、第一にはヨーロッパの国際秩序をめぐるものであり、一般的にアジアはヨーロッパに続く第二の冷戦の舞台であると理解されてきた。しかし、近年の研究は、冷戦の起源の一つとして、戦後の日本管理をめぐる米ソ間の亀裂という点があったことを明らかにしている(4)。また国共内戦における中国共産党の勝利を受けて、米ソは次第に東南アジアを東西対立の一つの重要な舞台として見るようになった。さらに一九五〇年の朝鮮戦争が、国際政治のターニング・ポイントとなったことは重要な事実である。朝鮮戦争の結果、西側諸国はＮＡＴＯの強化、西ドイツの再軍備、米軍のヨーロッパ駐留を急いだ(5)。戦争開始後、アデナウアー西ドイツ首相は、ドイツの防衛隊（Verteidigungsmacht）の創設を主張した(6)。

これらからすれば、むしろ冷戦の展開過程を、ヨーロッパ情勢とアジア情勢との連関を意識しながら再構築することの重要性が指摘できる。朝鮮戦争の勃発により、アメリカは西ドイツと日本での米軍駐留継続の必要性を強く認識した。ソ連が東西に政治的・軍事的影響力を拡大させようとするとき、「反共の砦」となるのが西ドイツと日本であったからである。

一九五一年一月からはじまった日米の講和交渉は、こうしたアメリカの国際認識を如実に反映したものとなった。アメリカ側は、講和後の国内の米軍基地の使用と日本の再軍備が必要であると考えた。吉田茂首相は占領の終結と日本の独立を優先目標としており、国内の米軍基地の使用については事前に容認する意思を示して講和の推進を図った(7)。しかし、講和交渉で吉田は大規模な再軍備には反対した。この点で日本と西ドイツの再軍備政策には差が生じていく。大規模な再軍備に反対した吉田の判断は、①経済復興の優先、②旧日本軍（とくに陸軍）関係者の政治的復活の防止、③政治権力の安定のための世論対策という三点から理解できる。講和交渉で外務省は、「再軍備の発足について」と題した文書を通じて国家治安省と五万人の保安隊の設置案を示し、将来の再軍備を約束するにとどめたのである[8]。

一方アメリカは、中ソと北朝鮮の存在を前に、締結する日米安保条約へのいわゆる極東条項の挿入を主張した。極東条項の挿入により、極東の平和と安全を理由として、事実上、米軍が基地を自由に使用できることになった。条約局長だった西村熊雄が、後年、極東条項の挿入を「汗顔の至り」と回想したのは有名な話である[9]。しかし、講和会議を目前に控え、さらに占領国との交渉という前提を踏まえたとき、念願の講和のために極東条項を受け入れることは日本政府にとって事実上の与件であったと言える。

日米安保条約の内容に対する国内の評価は、党派を問わず大変厳しかった。革新勢力が主張した平和主義は、その道義的立場を強め、国民世論への説得力を増した。ただし、日米安保条約を批判した革新勢力や知識人には、社会主義・共産主義への政治的志向性から中国やソ連との講和を求めた側面があった。

これに対して外務省は、冷戦下、日本はアメリカと緊密な関係をつくることが必要と考えており、日米安保条約の廃止という政策には賛成しえなかった。しかし、外務省内では、日本の独立性が損なわれているという理由から、日米安保条約に対する批判が当初から存在した[10]。西側諸国との講和が、日本の政治的独立性の問題を十分に解決したわけではなかった。このように外務省は、革新勢力とは別の理由から、日米安保条約の将来的な再検討の必要性を抱いたのであった。

（2）NATO並みをめざして

冷戦下、アメリカは西側陣営の形成に力を注いでいた。すでに一九四九年、米英仏などはNATOを発足させ、ヨーロッパでは西側の集団防衛の体制が形成されていた。ソ連は西ドイツの再軍備に反対し、一九五二年三月、スターリンが西側三国に統一ドイツの中立化案を提示した。しかし、米ソが合意に至ることはなく、実現しなかった。こうしたなか一九五三年一月、NATO軍の元司令官で、トルーマン政権の対ソ政策を批判していたアイゼンハワーが米大統領に就任した。一方のソ連でも、三月にスターリンが死去し、七月に朝鮮戦争の休戦協定が結ばれている。

朝鮮戦争の休戦ののち、アメリカはヨーロッパだけでなくアジアに対しても活発な外交を展開した。アメリカは韓国や台湾とそれぞれ相互防衛条約を結び、さらに若い四〇歳のニクソン副大統領が、同年一〇月六日から約二カ月間、日本、韓国、タイ、ヴェトナム（サイゴン）、オーストラリア、ニュージーランド、インドなどを訪問して各国要人との連携を図った。アメリカのメディアは、アイゼンハワー政権が、共産主義者による次の攻撃はヨーロッパよりアジアで起こると考えているという見方を報じた[11]。ニクソンは一〇月六日にホノルルで、「アジアの中立主義を破ることが、この旅行のねらい」と説明した[12]。そしてアメリカは一九五四年には、共産主義勢力が東南アジアに前進するのを防ぐため、東南アジア条約機構（SEATO）の結成を主導した。一九五五年には、西ドイツがNATOに加盟し、ドイツの中立化というソ連のシナリオは崩れてしまった。同じ年、ソ連は東ヨーロッパ諸国との間でワルシャワ条約機構を発足させている。このようにヨーロッパとアジアでは、共に米ソによる各陣営形成の動きが目立っていた。

一方で、日米関係に目を転じると、とくに日米の不平等性の是正という問題が顕在化していたことが重要である。外務省が参考としたのがNATOであった。一九五二年に発効した日米行政協定について外務省では、一九五三年にアメリカで「北大西洋条約当事国間の各自の軍隊の地位に関する協定」（NATO協定）が発効したうえは、日本政府も日米行政協定の刑事裁判権条項（第一七条）をNATO協定における相当規定と同様の規定に改訂するための協定をアメリカ政府との間に締結すべきと考えられた。NATO協定の発効が遅延する場合には、日本国政府は行政協定第一七条第五項に基づいて、刑事裁判権問題の再考慮をアメリカ政府に要請することとした。刑事裁判権以外の条項の改定についても、今後、必要に応じて交渉することがあるとした[13]。一九五三年四月一四日、奥村勝蔵外務次官らはターナー公使（参事官）にこれらを文書で申し入れた。

吉田に代わり一九五四年末に首相に就任した鳩山一郎首相は、「自主防衛」という言葉を用いて防衛政策の重要性を打ち出した。先行研究において、鳩山ら反吉田勢力の「自主防衛」論は、吉田前内閣への対抗意識の文脈から理解され、憲法改正による明示的再軍備の側面が重視されてきた。たしかにその通りだが、一方でその防衛論に内在する、アメリカとの対等性の実現という彼らの問題意識が重要である。反吉田勢力の防衛論は、吉田との権力対立のなかで提起されたものではあったが、同時に、そもそも保守政治家の間で共有されていた、日本の政治的独立性という観点から期待された安保政策を具現化したものであった。

その具体的構想の一つが、西ヨーロッパとアメリカとの関係を参考とした、相互防衛条約の締結である。当時、若手政治家の一人だった中曽根康弘は著書『日本の主張』で、日米安保条約を改定して「米英関係の如き真に対等のものとする」べきだと論じ、アデナウアー首相は国民に堂々と防衛の必要を説いていると西ドイツの状況を紹介しながら、日本での自衛軍の設置と日米の相互防衛協定の締結を求めたのであった[14]。

（３）相互防衛方式による米軍撤退の検討

こうしたなか外務省は、日米の相互防衛関係と米軍撤退などを柱とした条約改正を検討した。一九五五年七月二一日、「日米間の相互防衛問題」と題した文書がつくられた。条約局内で練られたものと推察される。文書には、「いまや日本が対等の立場から双務的な防衛協定に参加することを許すものと認められる」と記されている。[15] 下田武三条約局長は八月五日、パーソンズ公使に新安保条約の考えを説明した。下田の条約案は、前段の相互防衛に関する規定と、後段の在日米軍の撤退に関する規定とからなっている。日米の相互防衛の範囲は西太平洋の日米の領域・施政権下にある地域とされた。アメリカの信託統治地域と沖縄・小笠原は含まれるが、韓国と台湾は含まれない。パーソンズは、ＮＡＴＯ条約では締約国所属の艦船、航空機に対する攻撃も共同防衛発動の原因としていると説明し、日米間の相互防衛条約についてはどうか尋ねた。しかし、下田は、日本国民に危惧を抱かしめるので得策でないと答えた。また下田は、ＮＡＴＯの協定と同性質の行政協定を作り直すことを主張した。

ＮＡＴＯと比べて、日米関係においては、占領終結後も日本に駐留していた米軍の撤退がより争点になったところに特徴がある。下田は、日米の相互防衛関係の樹立と米軍撤退とは、「真に独立国家たるの実を挙げるという根本命題の二つの面を現わしている」と説明した。また、外国軍にいてもらい自国を防衛することでは真の独立国ではなく、自国軍を増強して外国軍に帰ってもらうことで、「イクォール・フッティング」の相互防衛関係に入るのだと論じた。パーソンズは、新条約をフィリピン、韓国、中華民国などとの条約のように、将来の多角的集団安全保障の体制樹立への「ステッピング・ストーン」であるという考え方を挿入することができないか尋ねた。ＮＡＴＯのアジア版を意識した発言であったと言えるが、下田は日本の国内情勢を理由にあげて「時期尚早だ」と答えた。[16]

七月二七日付で外務省が残した、相互防衛に関する条約案では、極東条項が削除され、第五条では条約の効力発生とともに米軍が撤退を開始するとされた。陸軍と海軍の地上部隊は完全撤退とし、空軍部隊と海軍の海上部隊の撤退期限は別途協議することとされた[17]。ただし外務省は、冷戦下、地域紛争の可能性がある朝鮮半島と台湾の問題に対して考えを示す必要があった。条約案では、朝鮮半島有事の場合には日米の相互防衛は発動しないが、吉田・アチソン交換公文と国連軍協定に基づき、在日米軍が国連軍の資格で出撃し、日本は後方から援助することとされた。台湾出撃については、米軍が台湾に出動することは自由だが、日本には後方から援助する義務はないとされた[18]。

外務省が検討した新条約における米軍撤退の明記は、西側陣営全体の対ソ戦略という点ではマイナス要素である。フルシチョフによるスターリン批判は翌一九五六年のことである。スターリン批判とソ連の平和共存路線による国際情勢の変化の前に、このように日米の対等性の観点から相互防衛方式の条約案が示されたことは、一九五〇年代の日米の同盟内政治を象徴する出来事であったと言える。

こうした下準備のあとで、有名な一九五五年八月の重光葵外相の訪米が実施された。すでに重光訪米前、中曽根が重光に前述の考えを直接訴えている。中曽根の行動は外務省ととくに連携したものではなかった[19]。八月二九日と三〇日のダレス国務長官との会談で重光は、国防問題に関する日米の不平等の位置が、左翼勢力の反米思想鼓吹の根源をなしていると論じた。重光は、日本はＮＡＴＯやＳＥＡＴＯのある国の軍備を凌駕する軍事力を保有していると指摘し、さらに自衛隊の増強計画を説明して、それが米軍撤退を可能ならしめると論じた。こうして彼は、「相互防衛に関する規定」を含んだ新条約の締結を求めたのであった。新条約は、アメリカ、オーストラリア、ニュージーランド、フィリピン、韓国、国府などとの間に締結されている条約にならうものだとされた。しかし、ダレスは、相互防衛条約に切り替えるとかえって共産党に乗ずる機会を与えることになると反対し、まずは新条約を可能とする国内条件を整えることを提案したのであった[20]。

従来、一九五五年八月の安保改定案は、重光の個性もあり、彼の提案という印象が強く残っていた。その後の研究進展から、アメリカ側がこの重光案を参考に安保改定案を作成したことが明らかになった[21]。さらに言えば、このことは、アメリカ政府が重光の提案を、むしろ日本政府の当時の関心と期待を示したものとして受け止め、重視したことを意味している。重光の提案内容は、外務省が将来の実現目標として検討してきた相互防衛方式による新条約の考えを具体化したものとして捉え直すことができよう。

三　安保改定――相互援助方式での対等性の模索

（1）日本への期待とその実像

一方、一九五〇年代、アジア各国の首脳はそれぞれに冷戦下の日本の役割に関心を寄せていた。一九五七年二月に首相に就任していた岸信介は、東南アジア訪問中の五月二一日、ビルマのウ・ヌー首相と会談した。会談でウ・ヌーは米ソの指導者と会ったときの感想として、ソ連の指導者は、アメリカがソ連の包囲政策を行なっておりソ連を「ワイプ・アウト」するために海外に軍事基地を置いていると指摘し、一方のアメリカの指導者は、ソ連がいかに信頼し得ざるものであるかとくとくと述べていると説明した。そしてウ・ヌーは、米ソ間の相互不信を解くための日本の協力を求めたのであった。ビルマから見れば、いったん核戦争になれば勝者も敗者もなかった。

また六月三日、岸首相は蔣介石総統と会談した。「日本の現在の地位は西独に似ている」と述べる蔣介石は、アデナウアー西ドイツ首相の反共の主張を評価し、「岸総理も民主自由の基調において反共の態度を明確ならしめ、中国の解放に対して力を貸されたい」と求めた。[22] このように中立主義のビルマと、反共の立場をとる国府は、それぞれの立場から日本に期待を表明した。その期待は、戦前の日本のアジアにおける存在感の投影でもあった。

しかし、こうしたアジアの政治指導者の前での日本の立場は、日米関係においてはがらりと変わる。日本の実像はアジア首脳の期待とは異なっていた。一九五七年六月のアイゼンハワー大統領との首脳会談を前に、岸が第一に考えたのは、むしろ日米安保条約の見直しと、在日米軍を極力削減することであった。[23]

岸はオーラルヒストリーで当時の問題意識を次のように証言している。「サンフランシスコ条約（対日平和条約）によってとにかくその政治的独立が回復されたけれども、各方面において日米不平等関係、つまり占領時代の一種のしこりみたいなものが残っていました」「友好親善の日米関係を築くためには、いまいったような占領時代の滓《かす》みたいなものが両国間に残っていてはいかん。これを一切なくして日米を対等の地位に置く必要がある、ということです。いままでの占領時代の色を一掃して日米間の相互理解、相互協力の対等関係をつくり上げる、これがこの会談の目的であったわけだ」[24]。そして岸は実際に訪米時に、在日米軍陸上戦闘部隊の撤退に関する合意を獲得したのであった。

国際情勢は厳しく、同年一〇月、ソ連は人工衛星スプートニク一号の打ち上げに成功し、一九五八年八月には金門島事件（第二次台湾海峡危機）が起こった。同年からキューバ危機の発生した一九六二年にかけては、核戦争の危険が最も高まった時期である。こうしたなか、五〇年代後半に外務省が作成した文書には、「日米安全保障体制」「日米安全保障条約体制」「日米共同安全保障体制」といった言葉が登場する。冷戦構造のなか、外務省が日米の対等性を意識しながら、日米協力の「体制」のあり方に関心を寄せていた様子が読み取れる。

(2) 相互防衛方式から相互援助方式へ

外務省北米局は、条約改定の第一の方法はなおも相互防衛方式であると考えていたが、アメリカ側は受け入れないと認識していた。[25] 一九五四年には参議院で自衛隊の海外出動の禁止が決議されており、自衛隊が日本の施政権の範囲外で米軍との相互防衛を行なうことは、国内政治的に認められない状況にあった。

こうしたなか日本政府は、憲法改正を必要とする相互防衛方式ではなく、日本国憲法下で実現可能な「相互援助」という考え方に基づきながら、アメリカとの相互性・対等性をめざすことを考えた。岸首相は、旧安保条約を根本的に改めるにあたっては、日本国憲法の範囲内における日米相互援助条約を適当と考えるようになった。また外務省は、極東を対象とした米軍の基地使用と、日本への核兵器の持ち込みについては、日本政府の事前の同意を求めることでアメリカとの不平等性の是正を図った。条約局長が一九五八年八月二五日に作成した安保条約の再検討案では、のちの事前協議制度につながる交換公文案が取り上げられている。[26] これらの米軍の行動に際しての事前協議の必要性については、防衛庁も認識を共有していた。

他方、外務省は、沖縄・小笠原諸島を安保条約地域に含めれば、ＮＡＴＯと同じような北東アジア条約機構（ＮＥＡＴＯ）を結成するもので、日本を戦争の危険に近づけると野党から批判されることを懸念した。結局、外務省は沖縄・小笠原諸島を条約地域に含めない立場をとった。日本には沖縄・小笠原諸島を防衛する余力がないため、アメリカがこれらの地域に施政権を行使している限りは、アメリカに防衛の責任も取ってもらうこととした。[27] このことは、日米の対等性という点で問題を残すことになった。ただし米軍問題については、米軍駐留が益々減少することを念頭に置きながら、必要の限度で施設・区域の使用を許与する形とした。

ジラード事件などで問題となった行政協定については、交渉の結果アメリカ側が、①防衛分担金条項の削除、②米軍関係契約に従事する特殊契約者に関して新たな制限規定を設けること、③民事請求権に関する第一八条をNATO協定に準じて全面的に改善すること、を受け入れた。行政協定に対しては、占領の継続の印象があったが、外務省内では、NATOの駐留軍の地位に関する協定と大同小異の内容で、行政協定と他の諸協定との実質的相違は限られたものだと考えられた(28)。また一九五六年に日本が国連に加盟できたこともあり、外務省は、新安保条約では国連憲章との関係を明記し、国連の目的と違背するような武力による威嚇や武力の行使を行なわないこととした(29)。

一方、西ドイツの中立化がもはや不可能となるなか、ソ連はアジア方面での日本国内の中立主義の動きに期待を寄せながら、自民党政権を批判した。一九六〇年三月にアデナウアー西ドイツ首相が訪日したのに対し、二六日の『コムソモリスカヤ・プラウダ』は「新しい枢軸」という論評を掲載し、「地理的にはアデナウアーと岸は遠く離れているが現実にはそうではない」「西独と日本は政治の利害関係と政策が共通であるのは現在も変わりはない」と批判した。また三〇日の『イズベスチア』は、日本が東南アジアに、また西ドイツがアフリカに進出しようとしており、日独が「後進国の援助」という方法で共同戦線を張ろうとしていると非難した。

かつての日本のシベリア出兵やナチス・ドイツによる侵略という経験から、ソ連は旧枢軸国の西ドイツと日本が連繫するのを嫌がった。三月三一日に東京で日独共同声明が発表されたのに対し、ソ連は二五年前の日独防共協定を引き合いに出して、日独両国が今度は反共の宣言を行なったと批判した。『ソヴィエツカヤ・

アヴィアーツィヤ』紙は、日独共同声明は、「米国により育て上げられた日独両国の軍国主義者達が既に成長し侵略的同盟の復活に乗出したことを示すもの」だと批判した[30]。ユーゴスラビアや東ドイツのラジオや党機関紙も、アデナウアー訪日に際して、東京・ボンないし「日米独枢軸」に対する懸念を報じた。またソ連は、新日米安保条約を日米の関係強化の動きとして警戒した。

さて、岸たちが、日米の不平等の是正をめざして安保改定を求めたことについてはすでに述べた。しかし、こうした岸たちの問題意識は、国民には共有されなかった。岸の戦前の経歴が国民の間で強く印象づけられ、むしろ安保改定は、日本とアメリカとの軍事協力を強化するものとして国会で批判された。大衆による安保闘争が死亡者を出す事態となり、岸内閣の置かれた状況は一層深刻化した。六月一八日夜、岸は弟の佐藤栄作と首相官邸にとどまり、何とか新条約の承認が成立する一九日の午前零時を迎えたのであった。

このように安保改定は、米ソ冷戦、日米の対等性を求める日本側の志向性、および革新勢力・世論の圧力という三要素が影響を及ぼしあって実現した。対等性の実現という点では、かつての反吉田勢力の政治家達も、新安保条約には一定の満足を示した。また事前協議制度という日米間の独自の取り決めは、「朝鮮議事録」による密約をともないながらも成立したし、懸案の日米間の行政協定は、ＮＡＴＯ軍地位協定も参考にしつつ日米地位協定として新たに出発することになったのである。

他方、伝統的国家主義路線[31]が岸内閣の総辞職によって挫折したことで、日米相互防衛条約の条件となる憲法改正の可能性は日本の議会政治において事実上潰えた。それは同時に、冷戦期の日米の同盟内政治において、ＮＡＴＯ型の相互防衛条約の実現性がなくなったことを意味したのであった。

四　国際政治の多極化と日米関係

（1）両陣営内の変化

日本政治史では、一九六〇年を、池田勇人内閣による経済主義への転換という区切りの年として位置づけるのが通説である。他方、冷戦史においてこの年は、激しい米ソ対立の真っただ中である。一九六一年一月、アメリカでは若いケネディが大統領に就任した。ラスク国務長官は同年二月に上院で、米ソの闘争は西ヨーロッパにおける軍事問題から発展途上国での競争に移行したと表明した。同年にはベルリンの壁が構築され、六二年にかけてのベルリン危機は国際政治の焦点となった。危機の高まりのなか、独米関係もある種の「試験台」に立たされたのであった(32)。

一方、日米の同盟内政治においては、安保改定による政治的混乱の直後であったことから、まずは日米関係の安定化がめざされた。ケネディは日本の国内事情を踏まえ、国力に大きな差がありながらも、「イコール・パートナーシップ」という言葉で日米関係を印象づけた(33)。そのうえで、アメリカは日本に対して中国の脅威を強調し、「自由世界」への利益に貢献することを期待した(34)。マクナマラ国防長官は一九六二年一二月、志賀健次郎防衛庁長官に対して中印紛争を取り上げ、共産主義の脅威を大いに説いた。志賀は池田首相に伝えると答えている(35)。日米の政治家の間では、このように反共意識を共有しつつ、二国間関係の重要性の確認が重ねられた。

西ドイツと隣国のフランスが一九六三年に協力条約（エリゼ条約）を結び関係を強めていたのとは対照的に、日本ではようやく韓国との国交交渉が進んでいた段階で、中国との間でも、まずは政経分離方式による貿易拡大がめざされた段階であった。こうしたなか、西ドイツ以上に日本にとっては、アメリカとの二国間の安保協力が安全保障の必須の条件となっていた。

他方で国際政治を見ると、一九六〇年代の東西両陣営内では、各国による政治的独立性を意識した動きが目立っていた。東側陣営について、ソ連では一九六四年にフルシチョフが失脚し、政治局（politburo）による集団指導体制に移っていた。一九六五年二月、コスイギンはアンドロポフたちとハノイや北京を訪れた。ソ連の新しい指導層はアジアにおける対外政策の新構築をめざしたが、簡単ではなかった。ソ連首脳は毛沢東主席や周恩来首相と会談したが、中国側はソ連側に対し、修正主義であると厳しいイデオロギー批判を行なった。

また一九六五年はヴェトナム戦争がエスカレートした年だが、自国がソ連と中国のパワー・ゲームの「駒」になっていると感じていたハノイは、モスクワの助言と人的犠牲を無視してでもヴェトナム戦争で完全勝利をめざす考えに至っていた。さらにソ連は、スカルノ失脚後のインドネシアで影響力を低下させ、一九六七年六月の第三次中東戦争ではアラブ連合が敗北した。ジャカルタからカイロに至るソ連の影響力は失われてしまったように見えた。[36] そして、中ソ同盟と呼ばれる友好的な関係も一九六五年には終わりを告げていた。[37]

西側陣営内の状況も変化していた。キューバ危機の結果、アメリカは最後は自国の国益で判断するのではないかという不安がヨーロッパで生じ、ヨーロッパ各国の自立した外交が促された。[38] ド・ゴール仏大統領は西ドイツとの関係を強め、一九六六年にはＮＡＴＯの軍事機構からの脱退を表明し、また在仏米軍の撤退を要求した。フランスは独自の核保有政策を選んだのであった。英米間でもヴェトナム戦争への対応をめぐり摩擦が生じた。[39] そして西ドイツはすでにエアハルト副首相時代、奇跡と言われる経済成長を実現しており、[40] 国際的な存在感を強めつつあった。

日本でも自立を意識した動きが目立っている。日米の対等性は、一九六〇年台に入っても重要な論点であった。佐藤栄作首相は、戦後二〇周年となる一九六五年八月、ヴェトナム戦争中にもかかわらず那覇で沖縄返還の必要性を演説し、政府・与党関係者を驚かせた。当時、早期返還は大変難しいと言われたなかでのことであった。外務省では、一九六七年に国際資料部が、西ヨーロッパの状況を意識しながらアジア太平洋連帯構想を検討している。これは経済協力や開発を通じたアジア諸国への援助などを柱としたもので、太平洋先進五カ国（日本・アメリカ・オーストラリア・カナダ・ニュージーランド）が中心に考えられた[41]。ただし、軍事面は念頭に置かれていなかった。

韓国もアジア太平洋協議会（ASPAC）を提唱し、一九六六年六月にソウルで、六七年七月にバンコクで閣僚級協議を開いた。韓国の丁一権国務総理は一一月二一日の韓国議会で、共産主義侵略に対処するため集団安全保障機構の結成を考慮していることを明らかにした。それはNATOにならったアジア太平洋条約機構（APATO）ないし太平洋集団安全保障機構（PATO）と言うべき軍事同盟で、ヴェトナム参戦七カ国で結成する構想であった。しかし、タイやマレーシアなど東南アジア諸国の反応は冷淡であった[42]。

一九六九年一月に米大統領に就任するニクソンは、一九六七年に発表した論文で中国の脅威をあげながら、アジア諸国による集団安全保障の必要性を論じていた[43]。しかし一九六〇年代、西側ヨーロッパと異なり東アジアでは、日本を含める形での主要国の多国間安全保障協議の場が拡大することはなかったのである。

（2）沖縄返還交渉――本土との法的一元化問題

国際政治が多極化の様相を見せるなか、アメリカの地位は相対的ではあるが低下していた。冷戦秩序が変容の兆しを見せるなか、米ソは一九六〇年代後半、次第に戦略兵器の制限に関する合意に向かった。各国では独自の政治的動きが目立っており、米ソはそれぞれの陣営内の秩序の安定化に迫られた。

ソ連は、一九六八年のプラハの春に象徴されるように、軍事力による強硬手段で陣営内の秩序を維持した。とくにチェコスロヴァキアには重要な軍事産業やウラン鉱脈があり、ソ連にとって軽視できなかった(44)。またソ連は東ヨーロッパでのドミノ現象を恐れていた。一九六九年、ソ連は西側方面ではベルリン危機に、また東側方面では中ソ国境紛争に同時に対応しなければならなかった(45)。

陣営内のドミノ現象を恐れたのはアメリカも同じであった。アメリカは東南アジアでのドミノ現象を懸念していた。ただし、ブレジネフ・ドクトリンを発表して陣営引き締めを図ったソ連とは対照的に、アメリカは一九六九年七月にグアム・ドクトリンを発表し、むしろ西側同盟諸国の自助能力と責任分担を求めた。つまりアメリカは同盟国の政治的独立性をある程度引き出す、あるいは容認するかたちで同盟管理を図ったのであった。

西側陣営内では、西ドイツと日本の経済成長が著しく、それぞれ存在感を強めていた。その西ドイツでは一九六九年、ブラント政権が東方外交を展開している(46)。これに対して日本の佐藤政権にも中国との関係改善の意思があったが、優先課題は日米間の最大の戦後処理問題である沖縄返還であった。同じ年、佐藤政権は日米の不平等関係の是正のため、沖縄返還交渉に全力を注いだ。

佐藤政権にとっては、東側諸国との関係改善以上に、アメリカとの戦争で失った領土の回復とそれによる対等な日米関係の実現が不可欠であった。実際にホワイトハウスでは、沖縄の状況に対する日本側の不満は、対等な日米関係の実現という日米固有の問題を反映したものだと分析された(47)。アメリカにも思惑があった。ニクソン政権は、沖縄の施政権返還により日米間の障碍をなくすと同時に、沖縄の基地使用の権利を維持し、一九七〇年に固定期限を迎える日米安保条約の円滑な延長をめざしたのであった。

日本の外務省にとって沖縄返還は、安保改定と同様、敗戦後の日米関係に区切りをつける重要な機会であった。ただし、一九五〇年代に省内で検討された、相互防衛方式の実現は難しかった。世代も代わり、このころ外務省で相互防衛条約が現実の短期目標として検討された様子は確認できない。野党は国会で、政府がNATOと同様の北東アジア条約機構を検討しているのではないかと、たびたびけん制していた。国内世論は概してヴェトナム戦争に批判的で、政府・与党内には、アメリカへのモラル・サポート以上にヴェトナム戦争に関与することへの警戒感があった。

こうしたなか外務省が、日米の対等性を意識して方針化したのが、返還後の沖縄と本土との法的一元化であった。すなわち、一九六〇年に実現した日米安保条約を修正することなくそのまま沖縄に適用することで、法制度上、本土と沖縄との間で差が生じないようにすることを重視したのである。同時に、沖縄の核兵器の撤去を求めた。外務省アメリカ局は、本土と沖縄の世論から見れば、沖縄を特別扱いにした措置はできないと考えていた(48)。

しかし、そのこと自体、難しい外交目標であった。アメリカが、事前協議制度を沖縄に適用しないよう特別取り決めを交わすことを求めていたからである。その場合、返還後の沖縄が本土と法的に不平等な状況に置かれてしまう。米ソ間のデタントが進みつつあったにもかかわらず、沖縄の基地に対するアメリカの主張は強硬であった。アメリカは、沖縄の基地の最大限の自由使用と緊急時の核兵器の持ち込みなどを、返還交渉における実現目標とした。とくにアメリカは、朝鮮半島、台湾、ベトナムに対する基地の使用の保証を求めた。ちなみに台湾海峡は、イラン・グアテマラ・インドシナ・スエズ・レバノン・インドネシア・コンゴと同様に、危険な地域とみなされていた。米韓相互防衛条約と米華相互防衛条約との関係からも、米軍にとっては、沖縄の基地機能の維持が不可欠であった。

これに対して外務省は、憲法の下の法体系を変えず、現行の事前協議制度に基づき、政策権限で対応できる範囲で解決をめざした。東京で交渉を担ったスナイダー公使は、台湾を朝鮮と同列に位置づけて米軍出撃を保証するよう主張し続けたが、外務省は同列に位置づけることを拒否した。実際に有事発生の蓋然性の点で二つの地域には差があったし、中島敏次郎条約課長は、将来の日中関係改善の可能性を念頭に置き、台湾出撃については慎重に検討した。交渉の結果、アメリカが譲歩し、発表する日米共同声明のなかで、朝鮮半島有事と台湾有事とで文言を変え、日本のコミットメントの程度を区別することに同意したのであった[49]。

一九六九年一一月、日米は日米共同声明を発表し、日本側が求めた法制度上の「核抜き・本土並み」返還が実現することになった。緊急時の沖縄への核持ち込みを佐藤首相が容認した「秘密合意議事録」が作成されたが、日米安保体制は、返還後の沖縄と日本とが法的に一元化されるかたちで存続することになった。

ソ連と比べたとき、アメリカには同盟相手国の要求を受け入れて当該国との関係を維持する余裕があった。アメリカにとって、日本がソ連と政治的に接近するシナリオは避けねばならず、その分、日本の要求が通りやすい状況にあったと言えよう。

（3）二国間同盟の固定化

一九七〇年六月、日米安保条約が自動延長された。西ドイツがＮＡＴＯの集団防衛体制での安全保障政策を進めたのに対し、こうして日本は、将来的にも二国間による安全保障体制の方向を選んだのであった。この頃、ソ連はアジアでの集団安全保障体制を提案していたが、実現性は非常に乏しかった。七月一一日と一六日の社会党訪ソ代表団との会談で、ソ連共産党中央委員会政治局員のスースロフ書記は、日米安保条約、日華条約、日韓基本条約の廃棄を論じ、一九六九年一一月の日米共同声明を批判した。そのうえでアジアの集団安全保障体制の条件として在日米軍の撤退をあげ、「アジアにおいて具体化することはヨーロッパよりも難しいだろう」と観測を述べた[50]。同月、続けて中国を訪問した社会党代表団は周恩来首相と会談した。周恩来も同様に、一九六九年の日米共同声明を批判した[51]。

ところでこのとき社会党代表団に参加した石橋政嗣は、ソ連が中国の対米接近を警戒している感じを受けたと書き残している[52]。このソ連の予感は的中した。一九七一年七月、ニクソン訪中声明が発表され、世界に衝撃が走った。米中接近によって、冷戦秩序は大きく変化することになった。しかし日本は、すでに一九六九年一一月の日米共同声明と佐藤のナショナル・プレス・クラブ演説とを発表し、米軍の日本本土と沖縄からの台湾出撃に対する事前協議制度のメカニズムに関する政策方針を公にしたあとであった。さらにすでに前月の一九七一年六月には、沖縄返還協定の調印式が終わっていた。

野党だけでなく、自民党の大平正芳らも一九六九年の日米共同声明を批判した。しかし、政府としては目前の沖縄返還を予定通り実現することが優先課題であり、交渉の終わった日米共同声明や沖縄返還協定の再検討をアメリカに求めることは、現実の選択肢としてはあり得なかった。野党は沖縄の基地存続を批判したが、政府・与党は沖縄返還協定の国会承認に総力でのぞみ、その後、一九七二年五月一五日、沖縄返還が実現することになる。

基地が残ったことは世論の大きな反発を受けたが、佐藤政権は、安保改定時につくられた事前協議における日本側の拒否権を制度的に残したうえで、沖縄の施政権を取り戻した。安保改定時につくられた相互援助型の日米安保体制の枠組みは、こうして沖縄に範囲を拡大させて、かたちを定めたのであった。その後、国会承認を必要とする安保条約上の変更はなされていない。この意味で日米安保体制の法制度上の枠組みは、安保改定と沖縄返還とを通じて定まったと言える。いずれの過程でも、日米の対等性が日本側政策形成者の問題意識として受け継がれていたのであった。

（４）アメリカの対外政策と沖縄返還

ところで、デタントと多極化により冷戦秩序が変容するなか、沖縄返還はアメリカの対外政策全体のなかでどのように位置づけられるのだろうか。沖縄返還合意が実現した一九六九年、アメリカ外交全体にかかわる論点は、対中関係、対ソ関係、ヴェトナムであった[53]。すでに一九六七年、ニクソン大統領は一部の他国首脳に中国への関心を伝えていた。アメリカにとって中国との和解は、ソ連との緊張を弱めるというアメリカの全体的な戦略を補うものであった[54]。

しかし、一九六九年に限って見れば、このようなアメリカのデタント政策と、沖縄返還交渉でのアメリカの要求点が必ずしも結びつかない。一九六九年三月には中ソ間で国境紛争が起こり、アジア情勢は変化しつつあったが、翌月に作成された対日政策方針に関するＮＳＳＭ（国家安全保障検討覚書）５を読むと、全体として中国など共産主義の脅威を前提とした基調となっている。文書では沖縄返還が、デタント政策の環境づくりというよりは、日米安保条約の維持と米軍基地の権利の確保という理由から検討されている。また文書では日本の核武装の動きは防止するというアメリカの対日方針が述べられる一方、米軍の台湾への出撃・軍事支援の維持や、中国などを対象とした沖縄のボイス・オブ・アメリカ（ＶＯＡ）の保持の考えが示され、沖縄からの核撤去が、中国との大規模紛争が生じた際の核能力の低下につながらないようにする必要性が指摘されている[55]。

ニクソン政権は、デタント政策の動きにかかわらず、一九七〇年までに沖縄返還に目途をつけるという前ジョンソン政権中枢部の考えを事実上踏襲していた。国家安全保障会議（ＮＳＣ）メンバーの大部分は、四月末の時点で、基地使用の権利を条件として沖縄返還に同意している。[56] 沖縄返還方針の決定文書である五月二八日付のＮＳＤＭ（国家安全保障決定覚書）13では、沖縄から台湾などへの戦闘作戦行動と緊急時の核持ち込みが返還条件とされたが、一方で、対中政策の環境改善のために米軍の台湾への軍事コミットメントを弱めようとしたり、沖縄からの核撤去を検討したりした経緯は見えてこない。[57]

つまり、ニクソンと彼の周辺は米中接近を期待したが、それが沖縄の軍事的地位に関するアメリカ政府の政策の変化をもたらしたとは言いにくい。対中政策はなおも検討中で、初期の対中政策を主題としたＮＳＳＭ14の最終回答書がつくられたのは同年八月である。[58] 沖縄返還と比べて、ニクソン政権の対中関係の再検討は限られた関係者の間で進められた。

この意味でニクソン政権が、一九六九年前半、沖縄返還の方針を対中政策の再検討と結びつけて決定した様子は、現時点の管見の範囲では確認ができない。[59] あとから見たとき、一九六九年一一月の沖縄からの核撤去方針の発表（日米共同声明）が、米中関係の改善に有利な材料に見えた側面はあったかもしれない。しかし、政策決定者の意図と、実際の政策の結果とを分けて考える必要がある。韓国や台湾との関係を抱える沖縄の基地問題は、アメリカ政府内で相当の政策調整を要する争点であり、一九六九年五月にニクソン周辺が沖縄返還合意や核撤去検討の方針を決めた段階では、対中関係改善を同時ににらんで沖縄の基地政策に関する決定ができるほど余裕はなかったと見られる。ただし、沖縄返還方針決定後のニクソン政権の対中政策と、沖縄を含めた対日政策との関係性については、さらに検討と整理を進めていく必要がある。

一九七〇年に入り、中国はワルシャワでの米中協議再開に同意し、[60] 同年、キッシンジャーは、周恩来首相がニクソンの特使を北京に歓迎する意思を持っていることをパキスタン・ルートから把握した。[61] ただし、一九七一年六月に調印された沖縄返還協定の内容は中国を刺激した。翌七月のキッシンジャー訪中時に周恩来は、沖縄返還協定で核撤去の保証が明記されていないことや、沖縄のVOAの存続が協定に盛り込まれたことを批判した。キッシンジャーは、「もし〔周〕総理と私との会談が、あるいは毛主席と〔ニクソン〕大統領との会談が、沖縄返還交渉の前にあったなら、結果はまったく違っていたでしょう」と説明している。[62]

こうして見てくると、アメリカにとっての沖縄返還は、デタント政策の推進を当初から強く意識したものというよりは、日米安保条約の維持をはじめとする日米二国間の同盟管理の要素の強い決定であった。沖縄返還から二週間後の一九七二年五月二九日、米ソ首脳会談が行なわれ、軍縮問題が進展した。この首脳会談は、ブレジネフ書記長の政治経歴のなかでの頂点であった。[63]デタント期のアメリカは、ソ連との軍縮と同時に対中政策の再検討を進め、ヴェトナム戦争からのアメリカの威信を損ねない形での撤退をめざした。一方で日米の同盟内政治においては、沖縄返還を受け入れながらも、朝鮮半島有事と台湾有事が発生した際の日本の基地の使用の保証を得ようとした。アメリカは同盟管理政策の結果、対ソ関係で有利な国際状況を形成することができた。これらニクソン政権の各政策を束ねて理解すると、世界大で複数の外交目標を同時に実現しようとした、巨大なアメリカ外交の姿が見えてくるのである。

他方で、地域同盟としての日米安保体制の視点に立つと、それが米ソ関係の文脈と完全に一致しながら展開していたわけではないことも分かる。一九六〇年の安保改定は、米ソの核開発競争の激化という厳しい国際状況にもかかわらず実現したし、一九六九年の沖縄返還交渉では、デタントという国際状況にもかかわらず、むしろアメリカは韓国と台湾への米軍出撃と、北京などを射程に入れた核兵器の沖縄への持ち込みの保証を求めたからである。米ソ関係の次元の動きと、日米安保体制という地域同盟の次元の動きとの間には、このように一定の相違が存在していたことが見えてくるのである。

五　対等性の実現という論点

本章で論じてきたように、サンフランシスコ平和条約で独立を果たした日本であったが、アメリカとの対等性の確保という問題はなおも残り、日本の政策決定者にとって大事な課題となった。ただしその内容は、一九五〇年代から六〇年代にかけて変化した。

一九五〇年代、政府・与党内では、日米相互防衛条約と米軍撤退とによって対等性を実現するという主張があった。そして、西ドイツなど西ヨーロッパと比べて、日本では駐留米軍の撤退がより重要な争点となった。この点について岸政権は、在日米陸軍撤退という成果を得ることになる。しかしながら一方で、大衆の安保闘争から岸政権の退陣に至る政治過程のなかで、日米相互防衛条約による日米の対等性の実現というシナリオは潰えることになった。

一九六〇年代に入っても、日米の対等性という論点は残った。西ドイツが東方外交により東側陣営への外交的地平の拡大をめざしたのに対し、佐藤政権は日米間の戦後処理問題であり、かつ日米の対等性にかかわる問題である沖縄返還を優先課題とした。政府・与党は、本土と沖縄との法的一元化により、事前協議制度の変更なしでの妥結を図った。それは、可能な範囲での日米の対等化をめざしたものでもあった。一方、駐留米軍の撤退問題については、なおも争点として存在していたものの、五〇年代ほど前面には出なかった。安保改定と沖縄返還によって、日米安保体制は法制度上の枠組みを整えた。この点、西ドイツがＮＡＴＯを通じた集団防衛体制に包摂されていったのに対し、日本では、冒頭で述べた三つの要素が影響を及ぼし合いながら、むしろデタント期の一九七〇年前後に二国間型の同盟の方向性が固まったのである。

このように日米の同盟内政治においては、日米の対等性という問題が対米外交の重要論点として存在し続けたことが分かる。一般的に日本の戦後史においては、敗戦・復興・経済成長という内政プロセスが重視される。一方で、本章で取り上げた日米の同盟内政治を見たとき、もう一つの重要な歴史軸として、日本がめざした自国の国際的地位の復活・向上という外交プロセスの存在にも着目する必要がある。そしてその重要側面である日米関係の歴史を理解するにおいては、アメリカの圧力という側面のみを強調することも、日本が求めた自主性の側面のみを強調することも、正確ではない。日米がそれぞれめざした外交目標を同時に踏まえて描き出す必要がある。

最後に、被占領国と占領国として始まった戦後の日米関係だが、沖縄返還が実現した一九七〇年代前半には、すでに大国と超大国との間の関係になっていた。それでも日本外交にとって、アメリカとの対等性を確保するという論点は残っていたように見え、一方のアメリカ側も、大国となった日本の西側陣営での責任分担のあり方に強い関心を抱き続けたように思われる。本章で述べた日米の同盟内政治の特徴は、はたしてどの時代にまで広げて捉えることができるだろうか。この問題については、筆者の今後の検討課題となる。

（1）代表的研究として、青野利彦『「危機の年」の冷戦と同盟――ベルリン、キューバ、デタント　一九六一～六三年』（有斐閣、二〇一二年）、などを参照。
（2）妹尾哲志『戦後西ドイツ外交の分水嶺――東方政策と分断克服の戦略、一九六三～一九七五年』（晃洋書房、二〇一一年）。
（3）坂元一哉『日米同盟の絆――安保条約と相互性の模索』（有斐閣、二〇〇〇年）。
（4）下斗米伸夫『日本冷戦史――帝国の崩壊から五五年体制へ』（岩波書店、二〇一一年）、一八―一九頁。
（5）Robert J. McMahon, *The Cold War: A Very Short Introduction* (New York: Oxford University Press, 2003), pp. 35, 45-46, 51.
（6）岩間陽子『ドイツ再軍備』（中央公論社、一九九三年）、八八―九七頁。
（7）豊下楢彦『安保条約の成立――吉田外交と天皇外交』（岩波書店、一九九六年）、四三―四五頁。外務省編纂『日本外交文書　平和条約の締結に関する調書』第二冊（外務省、二〇〇二年）、二三頁。
（8）外務省編纂『日本外交文書　平和条約の締結に関する調書』第二冊、四四―五四、一七二―一七四、一九二頁。楠綾子『吉田茂と安全保障政策の形成――日米の構想とその相互作用、一九四三～一九五二年』（ミネルヴァ書房、二〇〇九年）、二一八―二二六頁。
（9）外務省編纂『日本外交文書　平和条約の締結に関する調書』第三冊（外務省、二〇〇二年）、二二四―二二五、二三三頁。
（10）中江要介『アジア外交　動と静――元中国大使中江要介オーラルヒストリー』（蒼天社出版、二〇一〇年）、三七―三八頁。
（11）*New York Herald-Tribune*, September 20, 1953.
（12）『朝日新聞』一九五三年一一月一四日朝刊。
（13）作成者不明「日米行政協定改訂方申入れに関する外務省発表」一九五三年四月一四日（「日米安全保障条約関係一件　第三条に基く行政協定関係　刑事裁判権条項改正関係」第三巻、B, 6.4.0.10, 外務省外交史料館所蔵）。

（14）中曾根康弘『日本の主張』（経済往来社、一九五四年）、四二―五一、三一六頁。

（15）作成者不明「日米間の相互防衛問題」一九五五年七月二一日（「日米安保条約の改正に係る経緯⑧」0611-2010-0791-08, H22-003, 外務省外交史料館所蔵）。

（16）下田記「日米相互防衛に関する件」一九五五年八月六日（同前）。下田記「日米相互防衛に関する件」一九五五年八月八日（同前）。

（17）「日本国とアメリカ合衆国との間の相互防衛条約（試案）」一九五五年七月二七日（同前）。波多野澄雄『歴史としての日米安保条約――機密外交記録が明かす「密約」の虚実』（岩波書店、二〇一〇年）、三〇―三六頁。

（18）条「日米相互防衛に関する疑問擬答」一九五五年八月二三日（「日米安保条約の改正に係る経緯⑧」0611-2010-0791-08, H22-003, 外務省外交史料館所蔵）。

（19）中曽根康弘『中曽根康弘が語る戦後日本外交』（新潮社、二〇一二年）、一二〇―一二一頁。

（20）作成者不明「外務大臣、国務長官会談メモ（第一回）」一九五五年八月二九日（「日米安保条約の改正に係る経緯⑧」0611-2010-0791-08, H22-003, 外務省外交史料館所蔵）。作成者不明「外務大臣国務長官会談メモ（第二回）」一九五五年八月三〇日（同前）。*FRUS, 1955-1957*, Vol. XXIII, Part 1, Japan, pp. 90-104.

（21）坂元『日米同盟の絆』第三章。

（22）アジア局「岸総理大臣とウ・ヌ・ビルマ総理大臣及びサオ・クン・キオ・ビルマ外務大臣との会談録」一九五七年五月（「岸総理第一次東南アジア訪問関係（一九五七・六）会談録」A'. 1.5.1.3-5, 外務省外交史料館所蔵）。アジア局「総理大臣と蔣中華民国総統との会談録」一九五七年六月（同前）。

（23）米保長「大臣より米大使に懇談すべき当面の安全保障問題について」一九五八年五月二四日（「日米安保条約の改正に係る経緯①」0611-2010-0791-01, H22-003, 外務省外交史料館所蔵）。

（24）原彬久編著『岸信介証言録』（毎日新聞社、二〇〇三年）、一三五―一三六頁。

(25) 米保「日米間の安全保障問題に関する件」一九五八年七月二一日（「日米安保条約の改正に係る経緯①」0611-2010-0791-01, H22-003, 外務省外交史料館所蔵）。

(26) 東郷「覚」一九五八年八月二四日（同前）。条約局長「安保条約改正に関する件」一九五八年八月二五日（同前）。

(27) 安全保障課「安保条約に代る新条約に関する件」一九五九年八月八日（「日米安保条約の改正に係る経緯⑤」0611-2010-0791-05, H22-003, 外務省外交史料館所蔵）。

(28) 米保長「安保条約に代る新条約に関する件」一九五九年七月一七日（同前）。

(29) 条・条「新安保条約案の要点」一九五九年八月六日（同前）。

(30) 在モスクワ法眼臨時代理大使発藤山外務大臣宛電報、第三五一号「アデナウアー首相の訪日に関しソ連紙論評の件」一九六〇年三月二六日（「ドイツ要人（西独）、本邦訪問関係雑件　コンラット・アデナウアー首相関係　第三巻」A'.1.6.3.7-2, 外務省外交史料館所蔵）。在モスクワ門脇大使発藤山外務大臣宛電報、第三六七号「アデナウアー首相の訪日に関するソ連紙論評の件」一九六〇年三月三〇日（同前）。在モスクワ門脇大使発藤山外務大臣宛電報、第三九八号「日独共同コミュニケに関するソ連紙報道の件」一九六〇年四月五日（同前）。

(31) 五百旗頭真『日米戦争と戦後日本』（講談社、二〇〇五年）、二六七—二六九頁。

(32) Klaus Larres/Torsten Oppelland (Hrsg.), *Deutschland und die USA im 20. Jahrhundert: Geschichte der politischen Beziehungen* (Darmstadt: Wissenschaftliche Buchgesellschaft, 1997), S. 151-158.

(33) 中島信吾『戦後日本の防衛政策――「吉田路線」をめぐる政治・外交・軍事』（慶應義塾大学出版会、二〇〇六年）、一八二—一八四頁。

(34) 吉田真吾『日米同盟の制度化』（名古屋大学出版会、二〇一二年）、八八頁。

(35) 作成者不明「［マクナマラ国防長官との談話聞き取り］」一九六二年一一月一三日（「海原治関係文書」一六—二—四、国立国会図書館憲政資料室所蔵）。

（36）Vladislav M. Zubok, *A Failed Empire: The Soviet Union in the Cold War from Stalin to Gorbachev* (Chapel Hill: The University of North Carolina Press, 2009), pp. 197-199.
（37）牛軍『冷戦期中国外交の政策決定』（千倉書房、二〇〇七年）、一六〇―一六一頁。
（38）MacMahon, *The Cold War*, p. 97.
（39）齋藤嘉臣「抵抗の季節のリベラルな政治――ジョンソンとウィルソン」（益田実・小川浩之編『欧米政治外交史――一八七一～二〇一二』ミネルヴァ書房、二〇一三年）、一七五、一八七―一八八頁。
（40）Christian Hacke, *Die Aussenpolitik der Bundesrepublik Deutschland: Von Konrad Adenauer bis Gerhard Schröder* (München: Ullstein, 2003), S. 100.
（41）作成者不明「アジア太平洋連帯構想」作成日不明（「アジア・太平洋地域構想」2010-4241, 外務省外交史料館所蔵）。
（42）作成者不明「五　ＰＡＴＯ（太平洋集団安全保障機構）について」作成日不明（「太平洋地域の安全保障（太平洋条約機構）」2010-4113, 外務省外交史料館所蔵）。
（43）Richard M. Nixon, "Asia After Viet Nam," *Foreign Affairs* (October 1967), pp. 115-117. Evelyn Goh, *Constructing the U. S. Rapprochement with China, 1961-1974: From "Red Menace" to "Tacit Ally"* (Cambridge: Cambridge University Press, 2005), p. 114.
（44）Zubok, *A Failed Empire*, p. 207.
（45）『東京新聞』一九六九年三月五日。
（46）Hacke, *Die Aussenpolitik der Bundesrepublik Deutschland*, S. 159-168.
（47）NSSM5, April 28, 1969, The National Security Archive, *Japan and the United States: Diplomatic, Security, and Economic Relations, 1960-1976* (ProQuest Information and Learning, 2001), No. 1061.
（48）大河原良雄へのインタビュー（二〇一〇年九月三〇日）。
（49）以上、中島琢磨『沖縄返還と日米安保体制』（有斐閣、二〇一二年）、第三、四、五章。

（50）石橋政嗣「訪ソ・東欧関係メモ」一九七〇年七月一一日、一六日の各項（「石橋政嗣関係文書」一〇一七、国立国会図書館憲政資料室所蔵）。
（51）石橋政嗣「ソ連の外交活動を終って」作成日不明（同前、一〇三二）。石橋政嗣「手帖〔訪中日誌・会談記録〕」作成日不明（同前、一〇二九）。
（52）石橋「訪ソ・東欧関係メモ」一九七〇年七月一一日、一六日の各項（同前、一〇一七）。
（53）Dan Caldwell, "The Legitimation of the Nixon-Kissinger Grand Design and Grand Strategy," *Diplomatic History*, Vol. 33, No. 4 (September 2009), pp. 633-652.
（54）Goh, *Constructing the U. S. Rapprochement with China, 1961-1974*, pp. 3, 112-113.
（55）NSSM5, April 28, 1969, op. cit.
（56）Memo, Brown to Rogers and Johnson, "NSC Meeting April 30 – Policy Toward Japan: BRIEFING MEMORANDUM," April 29, 1969, *NSA, Japan and the United States*, No. 1062.
（57）NSDM13, May 28, 1969, ibid., No. 1074.
（58）*FRUS, 1969-1976*, Vol. XVII, China, 1969-1972, pp. 56-65.
（59）中島『沖縄返還と日米安保体制』、三五一頁。
（60）Goh, *Constructing the U.S. Rapprochement with China, 1961-1974*, pp. 116-117.
（61）石井修「ニクソンの「チャイナ・イニシアティヴ」」『一橋法学』第八巻第三号、（二〇〇九年一一月）、八三七頁。
（62）毛里和子、増田弘監訳『周恩来 キッシンジャー機密会談録』（岩波書店、二〇〇四年）、四〇頁。
（63）Zubok, *A Failed Empire*, p. 192.

11章

「日米安保再定義」
日米安保体制を抱きしめて

初瀬　龍平

一　同盟の尺度

冷戦は、一九八九年一一月のベルリンの壁の崩壊と、同年末の米ソ首脳のマルタ会談を契機として、終結に向かった。一九九一年一二月にはソ連が崩壊した。冷戦期にあって、日米安保条約での基本的課題は、軍事的に仮想敵国・ソ連の対日侵攻の阻止にあり、政治的に自由主義陣営の紐帯と資本主義体制の堅持にあった。しかし、そのソ連が崩壊した後のポスト冷戦期になると、一九九〇年代半ばから日米安保体制は「日米安保再定義」として、かえって日米同盟の性格を強めている、と言われる。(1)では、どのような意味で、日米安保体制は同盟関係を進展させているか。その変化には、どのような国際的・国内的諸要因が働いているか。

また、そこには制約条件として日米関係の支配・従属構造がどのように関係しているか。さらには、日米両国にとって、日米安保体制は、外交、軍事、経済などの面で、全体的にどのようなバランスシートのうえに成立してきたか。それは、冷戦期と冷戦後で、どのように変化しているか。本章では、「日米安保再定義」を中心として、このような問題を考察してみたい。

以下、この第一節で同盟一般を考察する。第二節で日米安保体制について、日米安保条約の基本的性格、冷戦終結の影響、および日米安保再定義をめぐる視点を整理する。第三節では、日米同盟の制度化、日米の支配・従属関係、および経済的利益を検討する。第四節で日米安保体制のバランスシートを検証する。

近年、日米安保体制の研究では、第一次資料にもとづく政治過程の研究、政策論や、実務関係者の証言、政治家・官僚などのオーラルヒストリーなどが注目される。[2] 経済計算を中心とするバランスシートの研究にも、興味深い議論が提起されている。[3] 本章では、これらの研究や資料も参考にしながら、議論を進めていきたい。

まずここで、同盟とその尺度を整理してみる。

「同盟」とは、『国際政治経済辞典』（東京書籍、二〇〇三年）によれば、「国家間関係において、同盟はある国家が他国と力を結合してその力を補い、または増大させ、ある争点または問題に関してその外交的立場を強化しようとする、最も普遍的で伝統的な方法である。一般に対立する国家（群）の存在を前提にしている。国家の目的として中心的なものは安全保障であるが、経済的な目的や友好的政府の強化という国内政治的な目的からも結ばれる」（相澤淳）。この定義は、軍事関係だけでなく、外交関係、経済関係にも目配りをしている。この定義を敷延すると、同盟国間では、軍事的に共同作戦を展開するだけでなく、経済協力を通じて、それぞれの国家の経済を発展させ、政治体制の正当性を高めることが、必要とされる。換言すれば、同盟国間の経済関係の悪化は、もしもどちらかの国に致命的な打撃を与えるならば、同盟関係の存続自体を損なう恐れのあることを意味する。

同盟は、公式には、関係国間の条約があって、はじめて成立する。この条約は、基本的には安全保障条約（軍事的支援関係の条約）であるが、軍事的共同行動が始動するには、各国の国内手続きに則った政治的承認が必要である。安全保障条約の軍事的始動は、自動的ではない。同盟には、当該国の意志に反して、同盟国の戦争に「巻き込まれる」危険や、当該国の期待に反して、同盟国から「見捨てられる」危険も、つねに付きまとっている。

軍事同盟の機能については、①共通の敵に対する同盟国間の共同の作戦行動、②共通の敵に対する同盟国の個別の同時的作戦行動、③同盟国の戦闘に対する後方支援活動（補給、兵站、情報）、④同盟国に対する軍事基地の提供、⑤同盟国の戦費を助ける軍事公債の購入、⑥戦争中の同盟国に対する好意的中立、あるいは⑦同盟国からは攻撃されないことの保障などが、考えられる。これらに加えて、以上の機能への期待にもとづく⑧国民の安心感とその思い込みも、その機能の一つとして算えられよう。

同盟の共同行動については、一般に、軍事的に共通の敵に共同して、どのように戦おうとするかが問題とされ、「攻められる」ことに対して「守る」という視点が強調される。そこでは、誰から何をどのように守ろうとするかが、中心的に論じられる。しかし、同盟の共同行動には、「守る」ためと称して、「得る」ために、「攻める」ことも少なくない。すべての軍事行動と同じく、同盟においても、「守」と「攻」の区分は微妙で、その切り替えは流動的である。

安全保障条約では、条約関係を中核として、同盟国間の外交、経済、軍事関係を運用する体制が形成される。日米安保条約について言えば、それを運用する体制が日米安保体制である。日米安保体制を日米同盟と呼ぶかどうかは、各人が同盟をどのように定義するかによって、変わってくる。本章では、日米安保体制の中で軍事的要素の比重が高まってくるばあい、これを同盟（化）と呼ぶことにする。[4]

二　日米安保体制

(1) 日米安保条約の基本的性格

日米安保条約は、旧・「日米安保条約」（日米間の安全保障条約）（一九五一年九月八日調印）の段階、ついで改定後の現行「日米安保条約」（日米間の相互協力及び安全保障条約）（一九六〇年六月二三日発効）の段階、さらに冷戦終結後の橋本龍太郎首相・クリントン大統領の「日米安全保障共同宣言」（一九九六年四月一七日）に代表される日米安保再定義の段階を経ている。このうち、日米安保再定義は、手続き的に両国議会の承認・批准を得ていないが、実質的に現行安保条約の改定となっている。[5] この三段階を通じて、安保条約の目的は同じであるが、その適用地域では変化がみられる。

第一に、日米安保条約は、軍事的目的と政治的経済的目的を持つが、軍事的目的では、旧条約第二条は「日本国は、アメリカ合衆国の事前の同意なくして、基地、基地における若しくは基地に関する権利、権力若しくは権能、駐兵若しくは演習の権利又は陸軍、空軍若しくは海軍の通過の権利を〔アメリカ以外の〕第三国に許与しない」と規定していた。現行条約第六条は「日本国の安全に寄与し、並びに極東における国際の平和及び安全の維持に寄与するため、アメリカ合衆国は、その陸軍、空軍及び海軍が日本国において施設及び区域を使用することを許される」（傍点は引用者。以下同様）と規定している。さらに、日米安保共同宣言（一九九六年）は「日本が、日米安保条約に基づく施設及び区域の提供並びに接受国支援等を通じ適切な寄与を継続する」ことを宣明しており、それを承けた「日米防衛協力のための指針」（一九九七年九月二三日、日米安全保障協議委員会）は、日本が「必要に応じ、日米安全保障条約及びその関連取極に従って新たな施設・区域を提供する」ことを約束している。

このように、日米安保条約は、一貫して、日本におけるアメリカ軍の基地・駐兵・演習・通過のための条約であり、日本におけるアメリカのための基地条約である。これが、アメリカにとっての日米安保条約の第一義的な軍事的・政治的効用である。このことは、豊下楢彦がつとに指摘したダレスアメリカ大統領特使の言葉「望むだけの軍隊を望む場所に望む期間だけ駐留させる権利」（一九五一年）に象徴されている[6]。

第二に、適用地域については、現行条約第五条は「各締約国は、日本国の施政の下にある領域における、いずれか一方（日本もしくは米軍）に対する武力攻撃が自国の平和及び安全を危うくするものであることを認め、〔……〕共通の危険に対処するように行動する」と規定し、同じく第六条は「日本国の安全に寄与し、並びに極東における国際の平和及び安全の維持に寄与するため、アメリカ合衆国は、その陸軍、空軍及び海軍が日本国において施設及び区域を使用することを許される」と規定する（基地使用、基地管理、返還時原状回復義務の免除、民間空港・港湾利用、軍人・軍属の出入国、駐留経費、犯罪者引き渡し（実際の多くは不引き渡し）などの具体的運用は、日米地位協定によって規定されるが、その内容は圧倒的にアメリカ側に有利である[7]。しかし、冷戦終結後の日米安保共同宣言（一九九六年）では、「日本とアメリカとの間の堅固な同盟関係」で「アメリカが引き続き軍事的プレゼンスを維持することは、アジア太平洋地域の平和と安定の維持のためにも不可欠である」と、適用地域が拡大している。

このように、日米安保条約では、アメリカ軍が日本国土の防衛に関係するが、日本がアメリカ本土の防衛に関係を持つことは規定されていない（この意味で、片務的条約と言われる）。その適用地域は、冷戦期までは「極東」であったが、冷戦後に「アジア太平洋」へと広がった。

第三に、政治的経済的目的については、旧・日米安保条約は、前文では、軍事的安全・平和のみに言及しており、政治的経済的目的を明記していなかった。しかし、現行の日米安保条約は、その前文で「日米両国は〔……〕民主主義の諸原則、個人の自由及び法の支配を擁護することを希望し、また、両国の間の一層緊密な経済的協力を促進し、並びにそれぞれの国における経済的安定及び福祉の条件を助長することを希望し」と明記している。一九九六年の日米安保共同宣言も「我々の同盟関係は、この地域の力強い経済成長の土台であり続ける。〔……〕総理大臣と大統領は、両国の政策を方向づける深遠な共通の価値、即ち自由の維持、民主主義の追求、及び人権の尊重に対するコミットメントを再確認した」と明言していた。

このように両国間で、自由、民主主義、人権の尊重（もしくは法の支配）、および経済協力の推進が、共通の価値として認められている。このことは、日米安保条約のもとでの一貫した目的であるが、とりわけ現行の日米安保条約第二条は「締約国は、その国際経済政策におけるくい違いを除くことに努め、また、両国の間の経済的協力を促進する」と明記している。経済協力は、軍事的目的と並んで、日米安保条約の重要な達成課題とされている。

（2）冷戦終結の影響

冷戦の終結は、イデオロギー的に自由主義（民主主義と自由）の勝利、軍事的に軍事大国ソ連・ロシアの相対的弱体化、および経済的に市場経済の勝利を意味した。しかし、一九九〇年代始めに、日米安保体制は、軍事的に仮想敵国ソ連を失ったこと、および一九八〇～一九九〇年代に、経済的に日本とアメリカ（市場経済の両経済大国）の間に経済紛争が巻き上がったことで、一時「漂流」の時期に入った。[8] 冷戦の終結とソ連の崩壊は、一九八九〜九一年のことであり、日米安保再定義は、一九九〇年代半ばのことである。この間に、約五年間が経っていたが、それは日米間の対立が目立つ時期であった。

第一に、日本国内では、一九九三年八月に、非自民党、非共産党の細川護煕首相（日本新党）の八党連立政権が成立し、自民党政権の時代が断絶した。このとき、細川首相は、首相の私的諮問機関「防衛問題懇談会」（座長樋口廣太郎・アサヒビール会長、主要委員として渡邉昭夫・青山学院大学教授、西廣整輝・元防衛事務次官など）を組織し、冷戦終結後の日本の防衛政策に関しての検討を依頼した。その成果は、自民党、新党さきがけ、社会党の連立政権である村山内閣（一九九四年六月〜一九九六年一月）のときに、「日本の安全保障と防衛力のあり方――二一世紀へ向けての展望」（いわゆる樋口レポート）として、村山富市首相に提示された（一九九四年八月一二日）。その趣旨は、「多角的安全保障協力」と「日米安全保障協力関係の機能充実」を提言するものであった。日本側からみて、それほどに対米自立を宣言していると見えないレポートでも、アメリカからみれば、「日米安保協力関係」（第二章第三節）の前に、「多角的安全保障協力」（第二章第二節）をおく議論の仕方は、疑惑を抱かせるものであった。強い反撥を感じたアメリカは、樋口レポートを意識しながら、ナイ国防次官補に「東アジア戦略報告」（ナイ・レポート、一九九五年二月二七日）を作成させた。それは、冷戦後において東アジアで一〇万人規模のアメリカ軍の前方展開と、日米安保体制強化の必要を主張するものであった。これは、「日米安保共同宣言」（一九九六年）による日米安保再定義に通じるものであった。[9]

第二に、日米経済関係は、冷戦の終結する前後の一九八〇〜九〇年代に、非常な緊張関係を迎えていた。振り返ってみると、すでに一九五〇年代末〜一九六〇年代から、アメリカに対する繊維、鉄鋼などの日本製品の輸出は急増しており、一九七〇年代後半からは、カラーテレビ、自動車、半導体などの集中豪雨的輸出となり、一九八〇年代には、アメリカの対日貿易赤字は大幅に増大することになった。これに関連して、日米交渉の進むなかで、日本の対米輸出の自主規制（繊維、鉄鋼、カラーテレビ、乗用車）が行なわれた。日本側では、一九八〇年代半ばの中曽根康弘政権期（一九八二―八七年）に「前川レポート」（一九八六年四月七日、首相の諮問機関「国際協調のための経済構造調整研究会」の報告書）が提出され、日本国内の内需拡大・市場開放（住宅、都市再開発、地方社会資本、農産物輸入、関税・輸入制限撤廃、流通機構合理化）や、海外直接投資、金融の自由化などが提案された[10]。日米間でＭＯＳＳ協議（Market―Oriented Sector―Selective市場分野別協議）（一九八五～一九八六年、電気通信サービス、医薬品・医療機器、エレクトロニクス製品、木材製品など）も行なわれた。しかし、アメリカ側の強硬姿勢は続き、一九八九年には、包括通商法スーパー三〇一条の対日発動（不公正貿易品としてスーパー・コンピュータ、人工衛星、木材製品を指定）をめぐる日米交渉、さらに日米構造問題協議（一九八九～一九九〇年、アメリカ側：ブッシュ父大統領）で日本の公共投資（一〇年間で四三〇兆円の約束）、土地利用、商慣行、流通構造、大型店の規制緩和、系列企業までが、アメリカ側から問題とされた。それに続く日米包括経済協議（一九九三～一九九四年、アメリカ側：クリントン大統領）では、公共投資（最終的に六三〇兆円に増額）、政府調達（医療機器、テレコム）、保険業務、板ガラス、電気通信、医薬品、自動車部品などが争点となった。投資・金融サービスの閉鎖性も問題とされた。以上の交渉のなかで、二国間の交渉で、基本的にアメリカ側の主張が押し通された[11]。橋本蔵相（一九八九―一九九一年）によれば、「随分、横車を押しているなという感じだった」[12]。一九九四年二月一一日に細川首相が、数値目標を主張するクリントン大統領に対して、自由貿易の原則に反するとして、交渉を打ち切る一幕もあった[13]。

第三に、この間にあって、アメリカは、日本に対して、金融の自由化を執拗に求めていた。それは、一九八三年一一月のレーガン大統領の訪日時のリーガン財務長官[14]の要求から始まり、一九八四年二月からは日米円ドル委員会での、円安の是正と、アメリカの商業銀行・投資銀行の対日進出の要請となった。とりわけクリントン大統領は、自国の金融覇権を政策目標として、ドルを基軸として、国際資本取引の自由化を保障する制度の構築を目論んでいた。これと呼応したのが、橋本首相（一九九六年一月―一九九八年七月）の金融ビッグバン政策である。橋本首相は、フリー、フェア、グローバルをビッグバンの基準としたが、そのうちフリーとは、銀行、証券、信託、保険などあらゆる金融業務を金融持株会社によって統合できること等であり、グローバルとはアメリカ主導の国際取引基準（会計基準）に合わせることであった。一九九八年には、日本の外国為替・外国貿易管理法が改正され、対外取引は原則自由となった[15]。

日本ではプラザ合意（一九八五年）後の円高対策としての低金利政策とカネ余りによって、バブル経済（好況と、株価と土地・住宅価格の異常な高騰）が発生した（一九八六～九一年）。この後にやってきたのが、バブル崩壊と不況である。さらに、円高は、強い円をもとに、アメリカへの直接投資と間接投資、アジアへの直接投資を促進した。日本企業の海外展開が活発化し、産業の空洞化が進むことにもなった。バブル崩壊後には、日本全国で、第三セクターによる無用な大型施設の建築物、トイザラスなど大型量販店の隆盛、ショッピング・モールの普及や、駅前商店街のシャッター街化、全国中にコンビニの進出が、目立つようになった。一九八〇～九〇年代の経済紛争は、二〇〇〇年代以降、新自由主義経済の浸透で、日米間の摩擦としては表面化していない。二〇〇〇年代には、日米両国の経済は、ともに新自由主義へと突き進むことで、共通の利益基盤を共有するようになっている。

以上のように、一九九〇年代前半の五年間について、日米安保体制の「漂流」の時代とみる視点は、それなりに正しいが、この時期は、新しい関係の「模索」の時代であったとみることもできる。しかし、その「模索」の試みは、軍事的にはアメリカの認める範囲を超えることができず、経済的には新自由主義という均衡点で調和しているといえよう。

（３）日米安保再定義

日米安保体制は、一九九六年の「日米安保共同宣言」をもって、新しい段階に入った。これが、日米安保再定義である。これには、日米安保条約の適用地域、戦略、および自衛隊の役割の変化が伴っている。

第一に、「日米安保共同宣言」で、安保条約の適用地域は「極東」から「アジア太平洋」へと広がり、その後に、さらに適用地域は、「周辺地域」へと流動的に拡大している。

新しい「日米防衛協力のための指針」（一九九七年）は、「日本に対する武力攻撃及び周辺事態への対応」、「共同演習・訓練の強化」、「弾道ミサイル攻撃への対応」、および「米軍による自衛隊施設及び民間空港・港湾の一時的使用（自由使用）」を掲げている。このうち、「周辺事態」とは、「日本の平和と安全に重要な影響を与える事態である。周辺事態の概念は、地理的なものではなく、事態の性質に着目したものである」と説明される。これによって、日米安保条約の適用地域は、地理的に無限定なものとなった。周辺事態法（一九九九年五月二八日公布）は、「目的」として「そのまま放置すれば我が国に対する直接の武力攻撃に至るおそれのある事態等我が国周辺の地域における我が国の平和及び安全に重要な影響を与える事態（「周辺事態」）に対応して我が国が実施する措置、その実施の手続その他の必要な事項を定め、「日米安保条約」の効果的な運用に寄与し、我が国の平和及び安全の確保に資すること」と規定し、「周辺事態への対応の基本原則」として、「政府は、周辺事態に際して、適切かつ迅速に、後方地域支援、後方地域捜索救助活動その他の周辺事態に対応するため必要な措置」を実施することを明記している。ここで「後方地域支援、後方地域捜索救助活動」というのは、日米安保条約に基づく米軍の軍事的展開を支援するものである。さらに「日米同盟：未来のための変革と再編」（二〇〇五年）は「〔日米〕同盟に基づいた緊密かつ協力的な関係は、世界における課題に効果的に対処する上で重要な役割を果たしており」と述べている。ここでは、日米安保の適用地域は、ある意味では「世界」にまで広がっている。

第二に、戦略についても、重大な変化がみられる。冷戦期の日米安保体制では、基本的に日本の専守防衛[16]（基盤的防衛力）とアメリカ軍の攻撃力（核抑止を含む）の組み合わせであった。しかし、「日米安全保障条約署名五〇周年に当たっての日米安全保障協議委員会の共同発表」（二〇一〇年一月一九日、岡田外相・北沢防相・クリントン国務長官・ゲーツ国防長官）では、自衛隊とアメリカ軍の共同訓練・演習の拡大、施設の共同使用の更なる検討、情報共有や共同の情報収集・警戒監視・偵察（ＩＳＲ）活動の拡大といった日米間の軍事協力体制の構築を目指すことになっている。ここで自衛隊は、新たに「動的防衛力」の構想に基づくものとなっている。「動的防衛力」とは、新防衛大綱（二〇一〇年一二月一七日、安全保障会議・閣議決定）によって、従来の日本列島に均等に防衛力を配備する冷戦型の「基盤的防衛力」の方針を廃止し、新たに南西諸島方面への中国海軍の進出や北朝鮮の弾道ミサイル、国際テロリズムに機動的・実効的に対応できるよう「動的防衛力」の方針を打ち出したものである。そのなかには、弾道ミサイル防衛（ＢＭＤ）戦術も含まれている。

第三に、この戦略の変化を後押ししているのが、一九九〇年代以降の自衛隊の海外派遣である。それは、ペルシャ湾掃海艇（一九九一年六月～九月、自衛隊法雑則による機雷等の除去）から始まり、国際平和協力法（一九九二年八月施行、ＰＫＯで、一九九二年九月～九三年九月のカンボジア派遣、二〇〇二年二月～二

○○四年六月の東チモール派遣など）、旧・新テロ対策特措法（二〇〇一年一一月施行・二〇一〇年一月失効、二〇〇一年一一月〜二〇一〇年一月、インド洋で海上自衛隊の護衛艦（イージス艦）によるレーダー支援、補給艦によるアフガニスタン空爆作戦のアメリカ艦艇などへの給油支援）、イラク復興支援法（二〇〇三年八月施行、二〇〇九年七月失効、二〇〇四年一月〜二〇〇六年七月、イラク南部サマーワへの陸上自衛隊派遣（約六〇〇人規模、給水・医療支援・学校と道路の補修）、二〇〇四年一月〜二〇〇八年一二月、航空自衛隊の派遣、二〇〇人規模）。ソマリア沖海賊対策（ソマリア沖、アデン湾二〇〇九年三月〜海上自衛隊中心）、ジブチ活動拠点（基地）設定（二〇一〇年七月〜）、へと拡大してきたことに対応している。これらは、直接的戦闘行為を目指すものではなかった。その間、二〇〇六年一二月の自衛隊法の改正により、海外派遣が自衛隊の本来任務に付け加えられた。二〇〇七年一月には、防衛庁は防衛省に昇格した。この間に、これまで禁じられてきた集団的自衛権について、その見直しが、政界やメディアの論議で広まってきた。集団的自衛権が、具体的にどのように行使されるにせよ、それが直接戦闘行為を含むことになるのは、必至であろう。

二〇一〇年の日米安全保障協議委員会の共同発表（上述）は、「日本及びアメリカは、必要な抑止力を維持しつつ、大量破壊兵器の拡散を防止し、核兵器のない世界の平和と安全を追求する努力を強化する」と述べ、アメリカによる核抑止と、日本への核の傘を表明している。日米安保条約下で、アメリカは一貫して、日本の核武装に反対し、日本への核の傘を差し伸べる政策を採っている。日本側から言えば、核武装を放棄する代わりに、アメリカの核の傘に全面依存してきた（第三節で下述）。

第四に、軍事同盟の機能については、一般的に第一節で上述のように、①共同作戦行動、②同時的作戦行動、③後方支援活動、④軍事基地の提供、⑤軍事公債の購入、⑥好意的中立、⑦同盟国との安定関係、⑧国民の安心感を挙げることができる。これに照らして言えば、日米安保再定義は、従来の④の基地提供・利用を維持しつつ、③の後方支援活動を含むものへと変化し、さらに①の共同作戦行動の準備の方向に向かいつつある。

以上のように、日米安保再定義は、「守る」ための同盟から、「得る」ための同盟へ変質しつつある。

三　日米関係と日米同盟

(1) 日米同盟の制度化

一般的に言って、すべての政治体（国家）とその成員（国民）は、自分たちの生命と財産を守るために、軍事力を持ち、さらによりよい安全と生活を求めて、軍事力を保持、拡大しようとする。このことが意味するのは、国内・国外の条件が整わなければ、その間は自粛するということである。しかし、諸条件が充足されると、次第に軍事力強化に向かう可能性があるということでもある。これを戦後日本で言えば、平和国家から、「普通の国家」への移行ということになる。

この移行時期は、日本では、冷戦終結期と重なっている。日本社会では、冷戦後のイデオロギー対決のない時代にあって、国際関係を古典的なパワー・ポリティクスでとらえる時代感覚が強まり、軍事力信奉が復活してきた。一九八〇年代まで保守本流に残っていた戦争体験も風化し、戦後世代の増加とともに、一九九〇年代には「普通の国家」意識が政治家、官僚、ビジネス界、メディア、学者に定着してきている。「普通の国家」から構成される国際関係の見方では、中国の大国化、北朝鮮の核武装など、東アジアの新しい軍事状況への対応という政治説明は、受け入れやすくなる。これをメディアや国民感情がもり立てている。他方で一九八〇年代からの新自由主義経済の台頭によって、先進国内での経済格差が進展し、国民に不安感とナショナルな感情が高まっている。日本関係の領土問題では、日本だけでなく、韓国、中国、台湾、香港のナショナリズムが活発となり、アジアの国家間の関係は不安定となっている。

一般に軍事力の議論は、現状の軍事力情勢を前提として始まる。軍事力で守るべき価値は、「国家の安全」「国民の平和」、あるいは「民主主義、自由、人権」というように、明言されていても、抽象度は高く、現実にはむしろ軍事力の議論が独り歩きし、そのあとで具体的目標が設定されてくる。日米安保条約の例でみると、その適用地域は、「極東」から「アジア太平洋地域」へ、さらに地理的概念でない「周辺事態」、あるいは「世界」へと置き換えられてきた。仮想の敵も、冷戦期のソ連から、冷戦後の北朝鮮、あるいは中国へと置き換えられてきた。また、北方領土とか、竹島とか、尖閣諸島といった領土問題が、日本の安全への脅威とされ、日米安保体制の強化の理由として使われる。ところが、日米の共同軍事作戦の展開で、これらの問題がどのように解決されるかは、まったく不透明である。政治的に考えれば、尖閣諸島問題では、アメリカは軍事的介入よりも、米中関係の強化を重視してむしろ調停者の役を選ぶであろう。北朝鮮の核ミサイルについても、ごく近距離から発射された弾道ミサイルをＢＭＤで防御することはほとんど不可能である。とすれば、発射される以前の弾道ミサイル発射基地を日本が直接に攻撃・壊滅（予防攻撃という名の先制攻撃）するか、あるいはアメリカの核の傘に頼る、すなわち抑止力という名の核攻撃力に依存することになる。(17)後者の場合、沖縄のアメリカ海兵隊の役割は、どうなるのであろうか。(18)海兵隊を現地で展開すれば、核攻撃はできない。先制攻撃でないにせよ、核兵器を使えば、海兵隊は使えない（あるいは使う必要がない）。海兵隊の使いどころは、通常の攻撃的戦闘力という別の所にある。しかし、核の傘や海兵隊を含め、アメリカ軍の大きな軍事力に対する日本の国民一般の信頼・安心感は、高い。このことが、軍事的シナリオは不透明であっても、日米安保の制度化を進める強力な基盤となる。これは一種の保険の感覚なのであろう。

この国民感情のうえに、安全保障政策では、日常業務を積み重ねで、現状を軍事的に強化する方向に進める「慣性」がある。「慣性」の推進者は、軍産官政複合体、国防官僚（制服組、文官）、防衛産業（大企業から下請けまで）、学界、評論家、メディアである。これは、日米安保体制でいえば、「日米安保村」が日米安保や在日米軍の必要性を日米間の業務協力によって、既成事実として積み重ねていく、ということである。[19]この「慣性」は、一九九〇年代以降に正当性が増している。このことは、柴田晃芳が新「日米防衛協力のための指針」（ガイドライン、一九九七年九月二四日、日米間で合意）の作成に関して、日米防衛協力小委員会の活動（日米間の軍‐軍間の一体化、日米防衛政策調整）などに関して、細かい分析で示している。[20]この「慣性」を抑えるのは、国内の批判的勢力の声のはずである。しかし、一九八〇年代末以降のソ連東欧圏の崩壊によって、国内における批判的勢力は、政治力を失っている。この「慣性」が、日米安保体制の制度化を日常的に支えている。

日本の国内政治では、新自由主義経済の登場（一九八〇年代）もあって、一九九〇年代に五五年体制が崩壊した。一九九四年七月には、村山首相（日本社会党）が自衛隊合憲、日米安保堅持を表明し、さらに日本社会党が政治勢力としてほぼ消滅し、総評も消滅した。批判的勢力としての「平和勢力」の後退は著しい。かつては、保守党政治家も、日米安保条約問題に関連して、社会党などとの国会での攻防に神経質になっていた。しかし、一九九〇年代半ば以降、革新・批判勢力は、沖縄を除いて弱体化した。沖縄では、一九九五年九月四日のアメリカ兵三名による一二歳の少女への暴行（集団強姦）事件への怒りが、県全体で沸騰した。その後日米両国政府によって、沖縄県に関する特別行動委員会（Special Action Committee on Okinawa:

SACO）が設置され、米軍基地の整理・縮小が協議され、その最終報告（一九九六年一二月）で、アメリカ軍の施設・区域の整理・統合・縮小、返還（約二一パーセント）の方針が決まるとともに、そのなかで、普天間基地の返還、およびその代替空港（海上施設）の設置の方針が決まった。しかし、沖縄では、辺野古への基地移転に対して、全県民的に反対が続いてきた。本土では、対米従属していても、日常生活には無関係というのが、国民感情である。沖縄で「核持ち込みも航空事故も少女暴行も、国民が堪え忍ばなければならない防衛のコストなのだ」というのが、外務省と歴代自民党政権の論理であった、といえよう。[21]しかし、沖縄では、このコストが日常生活を阻害する事件として、しばしば表面化する。日米安保問題では、負担は空間的弱者、社会的弱者に押しつけられる（赤字国債や原発被害では、負担は後生世代に押しつけられるが、後生世代には、現世代の民主主義政治に対して、発言をすることはできない）。

（2）制約要因としての日米関係

日本からみて日米安保体制で選択の幅は狭い。この要因としては、アメリカによる日本の政治・経済・軍事への支配力が大きい。日本の防衛政策にたがをはめている不可視的な対米従属の関係が、日米安保体制に大きな影響を及ぼしている。日米安保条約が、対米従属の日米同盟であるかぎり、[22]日米安保再定義は、従属の傾向を強化する方向でしか進められない。日本の対米従属のなかで日米安保体制を変更できない歴史は、一九九〇年代以降にも継続している。しかし、対米従属は、沖縄での少女暴行事件のような非日常的事件が起こらないかぎり、国民からみて、日常生活に無関係と見えている。この見えにくい対米従属については、学界もメディアも、間欠的にしか目を向けない。[23]確かに自衛隊の海外展開によって、アメリカ軍との共同作戦への方向性は強められているが、共同作戦の指揮権を握る者が、共同作戦を取り仕切ることになる。この指揮権を獲得しない限り、共同作戦によって、対米従属が実体的に強化されることになろう。さらに、戦争がサイバー戦争化し、アメリカの核戦略もサイバー化するほどに、世界情報システムの構築能力を持つ国だけが、サイバー戦争も核戦争も戦えることになる。その他の国々は、その国に従属していく以外に、生きる道はないのかもしれない。(24)

アメリカは、戦後日本の対米自主路線の政治家（重光葵、芦田均、鳩山一郎、石橋湛山、田中角栄、細川護熙、鳩山由紀夫など）に対して、その必要に応じて、これを政権から遠ざけてきた。(25) その最近の例が、沖縄普天間基地の県外移転を試みた鳩山由紀夫首相（二〇〇九年九月―二〇一〇年六月）である。日本の政治家、官僚、メディアも、鳩山首相を揶揄してきた。(26) 反原発の姿勢を示した菅直人首相（二〇一〇年六月―二〇一一年九月）に対しても、アメリカの姿勢は厳しい。アメリカは、日本が脱原発を進めようとすることに対して、これを脅して、止めようとする。アーミテージ元アメリカ国務副長官とハーバード大学のジョセフ・ナイ教授は、日本で講演して、日本の原発ゼロは容認できないなどと発言している（日経速報ニュースアーカイブ二〇一二年一〇月二六日）。(27) 外務省の元高官も、アメリカに対して文句を言いにくいことを証言している。栗山尚一（次官、駐米大使）は「私はやっぱりアメリカの影響は避けられないものだとある程度割り切って、外務省にいる時はやっていました」と述べている。(28)

軍事的には、アメリカ側からみて、日米安保体制は、日本の軍事化を押さえる鍋ぶたの機能も持っている。その関連で言えば、アメリカは、日本の核武装を抑えこんできた。その代替として、アメリカから提供されたのが、核の傘である。これは、佐藤栄作政権（一九六四年一一月―一九七二年七月）の選んだ政策であった。(29) 強烈な自主防衛論者である中曽根康弘も、受け入れた政策である。(30)

アメリカは執拗に、日本に集団的自衛権の解禁を求めてきている。自衛隊が集団的自衛権を持つことで、アメリカ軍と世界的に共同作戦を展開すれば、それは、アメリカの世界的軍事戦略の一翼を担うことになる。これまでの日米安保体制の見えない効果は、ヴェトナム戦争やイラク戦争で、自衛隊が戦闘に参加していないことである。自衛隊から、これまでに戦闘死者が出ていないことは、憲法第九条と日米安保条約の下での専守防衛戦略の「効用」と言えよう。この均衡は、集団的自衛権の解禁によって、崩れるに違いない。

（３）　経済的利益

冷戦期に、日本はアメリカにとって、自由主義経済のモデル国として反共の砦であった。そのために、アメリカは、戦後直後の時期を除いて、国内市場の開放などによって、日本経済の復興を助けた。戦後の日本は国家の方針として平和国家を選び、日米安保体制のもとで専守防衛の戦略を取り、防衛費を比較的に軽減しながら、攻撃的戦力をアメリカに依存してきた。この結果として、日本の民間経済は活性化し、経済大国に成長することができた。たとえば、日本は一九八〇年代から貿易黒字国となり、一九九一年には対外純資産残高で世界一の債権国となった。この日本は、一九七一年のニクソン・ショック（金ドル交換停止）以降ドル建て預金などでドルを支え、一九八六年以降にアメリカが純対外債務国に転落するなかでも、多量のアメリカ債を引き受けるなどして、ドル基軸体制を支援してきている。この経済大国化とともに、日本国内では、日米安保反対の勢力が次第に減少し、一九七九年には日米安保条約支持者が、国民の過半に達した（五三パーセント）[31]。冷戦末期から、日米間で兵器のライセンス生産や共同開発も活発になっている。日本では、大企業から中小の下請け企業まで防衛産業が成長してきている。これらの企業には、日米軍事同盟化にストップをかける経済的動機はないであろう[32]。

冷戦期に、アメリカは、対中国政策で台湾の国民党政府を支援し、北京政府を敵視した。この結果として、日本経済は中国市場に接近できなかった。アメリカがその代償として日本に認めたのは、日本経済が東南アジアへ原料・市場の確保のために復帰・進出することであった。これによって、日本経済は大きく発展する機会を得た。ヴェトナム戦争（一九六一―七五年）では、日本の保守政治家も内面ではヴェトナム民族の独立精神を支持していたものの、表面ではアメリカの戦争を支持していた[33]。ヴェトナム戦争は、朝鮮戦争の特需ほどでないが、日本経済に大きな利益をもたらした。それは、直接の特需収入よりも、アメリカがヴェトナム周辺地域（沖縄、韓国、香港、台湾、フィリピン、タイ）に散布した巨額のドルを、これらの地域への輸出急増・大幅出超で吸い上げたことであった[34]。この時期は、日本の対米貿易も急増していた。それは、日米貿易摩擦が激化する時期に当たる。一九八〇年代後半から一九九〇年代にかけての日米構造協議は、ちょうど冷戦の終結期に相当する。

冷戦後の日米経済関係の特徴は、アメリカ発の新自由主義経済が、かなり大幅に日本経済の枠組みに受け入れられたことである。ここでは、日本の対米経済の利益は、アメリカ主導の国際経済体制に乗ることにある。たとえば、日本は、ドル支え、アメリカ国債の負担などで、アメリカに政策協力する代わりに、ＩＭＦなど国際機関で発言権を高めてもらおうとしていた[35]。

ここで少し一般論をみておくと、一国の経済（資本主義経済）と軍事の関係については、①「死の商人」（武器を売りまくる）の暗躍、②対外政策（外交、軍事）における個別の経済的利益の追求、③経済界と政治過程の関係、④軍事力の展開による経済的利益への地ならしなどが、指摘できる。アメリカの場合では、軍事産業の利益追求、軍産複合体の政治力、あるいは景気対策（軍需）と軍拡を兼ねた軍事ケインズ主義などが、経済の軍事化を進めてきた。軍産複合体や軍事ケインズ主義では、産業資本の利益追求が政府の政策形成に食い込んでいる。いずれも戦争への誘引を高めるもの、と考えられる。以上のうち、分かりにくいのは、軍事力と経済的利益の地ならしの関係である。その例を三つ挙げておくと、①かつての帝国主義国が軍事力で植民地を獲得すること、②現代において、第三国の政治的不安に軍事介入することで、市場経済の導入の安定的基盤を形成すること、③現代において、新自由主義経済に基づく国際ルールをアメリカの世界的軍事力の展開で支持することである。しかし、この最後のケースでは、軍事力と経済的利益の関係は、間接的となっており、直接には見えてこない。

アメリカが、ヴェトナム戦争を資源の獲得や市場の確保のために戦ったとは思えない。その目的は、共産主義勢力による東南アジア諸国のドミノ化を防ぐことにあった。このことは、経済的にみると、ヴェトナム経済の社会主義化を予防することにあった。周知のように、このアメリカの企図は失敗に終わったが、そのヴェトナムでは、一九八六年以降ドイモイ政策が進むことで、ヴェトナム経済の市場経済化に至っている（このことは、軍事力の効果を問い直す格好の反面教材である）。一九六五年のインドネシア九・三〇事件は、アメリカＣＩＡが支援したクーデターであると言われる。この場合、スハルト政権の樹立によって、インドネシアから共産主義勢力が抹殺され、そこに自由主義経済が導入された。このように、ヴェトナムの例も、インドネシアの例も、市場経済の確保となった。日米にとって、軍事力を使わずに、中国経済の脱社会主義と急速な資本主義化を得たことは、ある意味で日米安保体制の一つの成果であった。

ネグリとハートによれば「帝国は〔従来の〕帝国主義とは対照的に、権力の領域的中心をもたず、固定した国境や境界に依存しない。帝国は、グローバルな全領域をその開かれ、かつ拡大しつつある辺境のなかに徐々に組み込んでいく脱中心的脱領土的な支配装置である」[36]。実質的に、この「脱中心的脱領土的な支配装置」の操縦席に座っているのは、アメリカである。一九八〇年代以降、この装置は、新自由主義経済によって、動かされている。一九九〇年代以降には、日本経済はアメリカと同じく、ケインズ主義的経済から新自由主義経済に切り替えることで、アメリカ中心の支配装置に協力していこうとする面が強化されている。これが、冷戦終結後の日米安保体制の経済面の基幹となっている。アメリカ主導の新自由主義経済は世界各地で、金融の自由化（規制緩和）を実現していこうとする。これは、アメリカの多国籍企業（製造業、サービス産業）にとって、世界各地で企業展開をしていく地ならしになる。そして、日本も、この国際的枠組みを利用しようとしている。さらに、もしものことであるが、日本が集団的自衛権を解禁して、アメリカとアジア太平洋で共同作戦に出るようなことがあれば、それは伝統的な意味の資源と市場の獲得・確保だけでなく、自由主義経済圏の開拓という新しい意味での資源獲得、市場確保、投資機会の拡大という機能をもつことになるであろう。

日本にとって日米安保体制の経済的機能は、冷戦期にあっては、資本主義経済を発展させることであった。冷戦後には、その機能は、アメリカ指導の市場経済と新自由主義経済の国際ルールに相乗りすることと思われる。

最後に、アメリカにとっての経済的利益として、安保条約に関連して、日本が負担している在日米軍駐留経費がある。そのうち、接受国支援は、一九七八年に金丸信防衛長官が「思いやり予算」として認めた以降、一九八一年六月の宮沢喜一官房長官による地位協定の縛りの解除、一九八七年一月の中曽根内閣の「地位協定に基づく特別協定」の閣議決定と、[37] その対象項目と金額が拡大され、提供施設（隊舎、家族住宅、娯楽施設など）、光熱費（電気、水道、燃料など）、労務費（給与、諸手当）、訓練移転費に及んでいる。二〇一二年度で、在日米軍駐留経費は、思いやり予算一八六七億円、地域協定経費一八二二億円、国有地借上費一六五六億円、米軍再編関係経費五九九億円、沖縄に関する特別行動委員会（ＳＡＣＯ）関係費八六億円で、総計六〇三〇億円となっている。これは、米軍駐留経費の七五パーセントに相当するという試算もある。[38] 日米安保体制は、この意味でアメリカにとって安上がりである[39]。しかし、日米安保体制が解体された場合、自主防衛の総経費から日米同盟の総経費を差し引いた解体の総コストは、二三兆円前後と見積もられる（あるいは、日本の自主防衛費は現行の一三倍になる）から、日米安保体制は日本にとって大いに安上がりである、と言う計算も成り立つ[40]。

四　バランスシート

ここで、日米安保体制によって、①誰にとって、何を守ろう（得ようと）としているのか、あるいは②誰にとって、何を守って（得て）いるか、という視点を入れて、日米安保体制の全体について、バランスシートを作成してみる。

ここで、「日米安保体制は誰のために、何を守っているのか」という視点で考えてみる。まず、軍事的安全保障の一般論として、軍事力で守ろうとするのは、自国の国境（国家）なのか。「国益」なのか。あるいは自由貿易体制とか、国際的安全保障とかの国際公共財なのか。「国益」では、利益圏や支配圏なのか。人々の日常生活なのか。それとも、先進国にとっての国際経済体制なのか。覇権国にとっての世界支配なのか。ここで、国境で考えるか、国益で考えるか。その差は大きい。国境の防衛や、国家の保全であれば、政策目標は比較的に限定されるが、国益や利益圏の確保を主張すれば、政策目標は伸縮自在、適用範囲は融通無碍となる。国際公共財については、それが関係国のクラブ財である可能性は、否定できない。

このことを二国間の同盟に適用すると、両国それぞれの国境、国益①（日常生活）、国益②（利益圏・文配権)、国益③(国際経済体制)、国益④(世界支配)の確保、あるいは「国際公共財」の提供が、問題とされる。本来同盟関係は、対称的な二カ国を想定しているのであるが、現実には、同盟関係国には、非対称的側面が付きまとうことになる。では、日米安保体制ではどうか。

アメリカから考えると、その軍事力の意義は、国境防衛、国益①(日常生活)、国益②(利益圏、市場民主主義)、国益③(国際経済体制、新自由主義)、国益④(世界支配)、それに「国際公共財」(安全保障)であろう。これを日米安保体制に移し代えると、アメリカにとっての日米安保条約の意義は、国益①(日常生活)、国益②(利益圏、市場民主主義)、国益③(国際経済体制、新自由主義)、国益④(世界支配)、「国際公共財」(アジア太平洋の平和)となる。日米安保条約には、日本がアメリカの国境・国家の保全に軍事協力をすることは規定されていない。また、アメリカの国益②~④、および「国際公共財」は、アメリカの世界支配という、「得る」ものとして、不可分の一体となっている。これは、日本からみて、日米間の経済協力の推進と、アメリカが創造、管理する新自由主義を含む国際経済レジームへの参加になるのであろう。

日本からみると、日米安保体制の意義は、国境防衛、国益①(日常生活)、国益②(利益圏・市場経済)、国益③(国際経済体制、新自由主義)、国益④(アジアへの経済進出)、およびアメリカ提供の「国際公共財」(アジア太平洋の平和)の利用ということになる。周知のように、日米安保条約には、アメリカによる日本国家の安全保障への軍事的支援(アメリカ議会の承認を必要とする点で自動適用でない)は規定されているが、日本側にそれに相応する対米条項はない。その意味で、日米安保条約は片務的条約である。しかし、日本の国益①~④と「国際公共財」の利用は、アメリカの国益②~④と「国際公共財」の提供と深く関わっている。そのことが揺らいだのが一九八〇~九〇年代の日米経済摩擦である。しかし、その摩擦は、一九九〇~二〇〇〇年代に、日本の経済政策がアメリカ主導の新自由主義経済にはめ込まれることで「解決」されている。そこでは、新自由主義の結果として、日本国内には経済格差が定着してきており、この意味で、国益①（日常生活）が犠牲にされてきている。沖縄では、アメリカ軍基地によっても国益①（日常生活）が脅かされている。

以上の議論を含めて、これまでの議論を整理すると、表1（三七八頁）「冷戦期：日米安保体制のバランスシート」と、表2（三七九頁）「冷戦後：日米安保体制のバランスシート」となる。この二つの表は、「目標」、「外交」、「軍事」、「経済」、「文化」、「国内政治」、「沖縄」の各項目について、日本とアメリカがそれぞれ「提供」してきたこと、およびそれぞれが「獲得」してきたことを対照表にまとめたものである。

第一に、表1のゴチック体の部分は冷戦期に特有の特徴、表2のゴチック体の部分は冷戦後に特有の特徴を示しており、これらを合わせると、日米安保再定義に伴う日米安保体制の変質が見えてくる。

第二に、日米安保体制は、一貫して、日米間の支配・従属関係に制約されてきた。日本の防衛政策は、アメリカから安全の保障を受ける反面で、アメリカから制御され、政策の自由度を奪われてきた。そのもとで、日本は在日米軍基地を提供し続け、アメリカは日本に核の傘を約束してきた。

第三に、冷戦期に、日本は専守防衛を選び、経済成長を果たし、経済大国となったが、その結果として、国内における日米安保体制への支持が高まることになった。

第四に、日本が戦後の平和国家から「普通の国家」へ移行することが、日米安保再定義と日米同盟化の背景となっている。冷戦後には、国内で日米安保の批判勢力が弱まっており、日米安保体制は制度化し、脱政治化してきている。

第五に、経済的には、冷戦の終結期に、深刻な日米経済摩擦となったが、一面では、日本は米ドル基軸通貨体制を支えてきた。さらに冷戦後には、日本がアメリカ指導の新自由主義の国際経済ルールに相乗りすることで、摩擦問題は表面化しなくなっている。

第六に、冷戦では、資本主義経済が社会主義経済に勝利することで終わったが、その結果として、社会主義国を含めて、市場経済がアジア諸国で広まっている。この市場経済の維持、拡大が、日米安保体制の一つの目標になってきたように思われる。

最後に、ジョン・ダワーは、戦勝国アメリカと民主主義国アメリカに対する戦後日本人の、プラス、マイナスの両義的な態度について、これを「敗北を抱きしめて」と表現したが[41]、本論では、この言葉からヒントを得て、「日米安保再定義」にたいする日本人の意識を「日米安保体制を抱きしめて」と表現したい。冷戦期に、日本は、自衛隊を海外に派兵せず、戦争の犠牲者を出さなかった。日本はヴェトナム特需に与ったが、ヴェトナム戦争に参加しなかった。当たり前のことなのだが、日本は、アメリカと軍事的緊張関係に入ることもなかった。このようなことは、日本が「日米安保体制に抱きしめ」られての成果であった。日本側は、冷戦終結後の一時期に、この抱擁を緩めようとした。しかし、もう一度、アメリカから「日米安保体制に抱きしめられる」と、日本はそれならば、自らも「日米安保体制を抱きしめ」直して、経済的にも日米抱擁を再構築しようとした。これが、日本の新しい選択であった。このとき、冷戦の終結、社会主義体制の崩壊、および新自由主義経済の影響を受けて、日本の国内政治では、日米安保体制に反対する政治勢力は、大幅に弱まっていた。

表１　冷戦期：日米安保体制のバランスシート　　凡例　ゴチック体：冷戦期に特有な特徴

	日本		米国	
	提供	獲得	提供	獲得
目標	価値の共有（自由、民主主義、資本主義経済）	経済大国化	価値の共有（自由、民主主義、資本主義経済）	冷戦の勝利
	平和国家、モノ、カネ	安全感、巻き込まれる危険、見捨てられる危険	西側のリーダー、ひと（軍隊）	アジアでの軍事拠点、軍事的展開
外交	自立喪失	従属、被保護国としての安全	支配	支配の強化
	軽武装、自主防衛の自粛	経済大国化	安保下の軍事的保障	軍事大国日本への制御
軍事	米軍基地、基盤的防衛力	不確かな安全保障	軍事的展開力、日本防衛（対ソ連）の約束	基地の自由使用（極東、ヴェトナム）
	駐留米軍経費、思いやり予算（78年から）	米軍引きとめ	在日米軍	基地経費節約
	核武装の放棄	核の傘への期待	核の傘の約束	日本の非核武装化
	専守防衛	戦死者なし	米国の攻撃力	アジアでの軍事的展開
	モラル・サポート	ヴェトナム特需、ベトナム周辺国への進出	ヴェトナム戦争	経常収支の悪化、政府財政の悪化、ヴェトナム反戦、敗戦
経済	対米輸出	日米経済摩擦	米国市場	日米経済摩擦
	軍事支出の軽減	経済大国化、ドル支え	安保下の軍事的保障	日米経済摩擦、日本資金
	米国の対中敵視への支持	東南アジア市場確保	対中敵視、アジアの非共産化	アジアの非共産化・市場経済化
	経済大国としてのアジアでの貿易、投資	アジアで市場経済の利用	世界経済の市場経済化への工作	アジアの市場経済化
文化	親米と反米	日米抱擁	日米抱擁工作	日本の親米勢力
国内政治	日米安保推進勢力	日米安保批判勢力	日本の安保推進派への支援	日米安保体制の存続
沖縄	米軍基地	基地被害、基地経済、自立経済阻害	在沖米軍、基地被害	基地・演習の自由使用

表2 冷戦後：日米安保体制のバランスシート　　凡例 ゴチック体：冷戦後に特有な特徴

	日本		米国	
	提供	獲得	提供	獲得
目標	価値の共有（自由、民主主義、人権、市場経済）	日米同盟化	価値の共有（自由、民主主義、人権、市場経済）	世界支配、その一環としての日米同盟化
	普通の国家、モノ、カネ、ひと	安全感	ひと（軍隊）	アジアでの軍事拠点、軍事的展開
外交	自立喪失	従属、被保護国としての安全	支配	支配の強化
	自衛隊海外派遣、日米共同演習	日米同盟化	日米同盟化	日本の集団的自衛権解禁の可能性
軍事	米軍基地、後方支援、動的防衛力	不確かな安全保障	軍事的展開力	基地の自由使用（アジア太平洋、イラク）、補給支援
	駐留米軍経費、思いやり予算	米軍引きとめ	在日米軍	基地経費節約
	核武装の放棄、ＢＭＤ参加	核の傘への期待	核の傘の約束	日本の非・核武装化、ＢＭＤ参加
経済	日米経済摩擦	日米構造協議、新自由主義の受け入れ	新自由主義経済、日米構造協議	日本金融市場の自由化
	米国支配の世界経済体制への参加	国内格差社会	新自由主義・世界経済体制	米国国内の貧困、中国の市場経済化
文化	親米	日米抱擁	日米抱擁	日本の反米勢力減衰
国内政治	日米安保の日常業務化、批判的政治勢力の弱体化	脱政治化、日米同盟論	ジャパン・ハンドラー	日米行政共同運営
沖縄	米軍基地（やや縮小）	基地被害、基地経済、自立経済阻害	在沖米軍、基地被害	基地・演習の自由使用

（1）信田智人『日米同盟というリアリズム』（千倉書房、二〇〇七年）。中野憲志『日米同盟という欺瞞、日米安保という虚構』（新評論、二〇一〇年）。柴田晃芳『冷戦後日本の防衛政策――日米同盟深化の起源』（北海道大学出版会、二〇一一年）。吉田真吾『日米同盟の制度化――発展と深化の歴史過程』（名古屋大学出版会、二〇一二年）、参照。日米安保条約と日米同盟論との不整合性については、中野『日米同盟という欺瞞、日米安保という虚構』。

（2）政治過程については、豊田祐基子『「共犯」の同盟史』（岩波書店、二〇〇九年）。柴田『冷戦後日本の防衛政策』。中田安彦『日本再占領――「消えた統治能力」と「第三の敗戦」』（成甲書房、二〇一一年）。吉田真吾『日米同盟の制度化』。吉田敏浩『密約――日米地位協定と米兵犯罪――』（毎日新聞社、二〇一〇年）。前泊博盛編著『本当は憲法より大切な「日米地位協定入門」』（創元社、二〇一三年）。政策論として孫崎享『日米同盟の正体――迷走する安全保障』（講談社、二〇〇九年）。孫崎享『日本人のための戦略的思考入門――日米同盟を超えて』（祥伝社、二〇一〇年）。中野『日米同盟という欺瞞、日米安保という虚構』。樋渡由美『専守防衛克服の戦略――日本の安全保障をどう捉えるか』（ミネルヴァ書房、二〇一二年）。実務関係者の証言として秋山昌廣『日米の戦略対話が始まった』（亜紀書房、二〇〇二年）。田中均『外交の力』（日本経済新聞出版社、二〇〇九年）。オーラルヒストリーとして栗山尚一『外交証言録　沖縄返還・日中国交正常化・日米「密約」』（岩波書店、二〇一〇年）。中曽根康弘『中曽根康弘が語る戦後日本外交』（新潮社、二〇一二年）、参照。

（3）前田哲男『在日米軍基地の収支決算』（筑摩書店、二〇〇〇年）。武田康裕、武藤功『コストを試算！　日米同盟解体』（毎日新聞社、二〇一二年）、参照。

（4）日本政府として初めて公式に、アメリカを日本の「同盟国」である、と発言したのは、一九七五年五月に訪米したときの大平正芳首相である。福永文夫『大平正芳』（中央公論新社、二〇〇八年）、二四三頁。

（5）「日米同盟：未来のための変革と再編」（二〇〇五年一〇月二九日、町村外相、大野防衛庁長官＋ライス国務長官、ラムズフェルド国防長官、日米安全保障協議会委員会）も重要な節目であるが、これは日米安保再定義の延長線上にある。

(6) 豊下楢彦『安保条約の成立――吉田外交と天皇外交――』（岩波書店、一九九六年）、四七、一九一頁。

(7) 日米地位協定とその運用（密約を含む）については、琉球新報社編『日米地位協定の考え方（増補版）』（高文研、二〇〇四年）。吉田『密約』。前泊『本当は憲法より大切な「日米地位協定入門」』、参照。

(8) 栗山尚一『日米同盟――漂流からの脱却』（日本経済新聞社、一九九七年）。

(9) 秋山『日米の戦略対話が始まった』。柴田『冷戦後日本の防衛政策』。

(10) 日刊工業新聞特別取材班編『新「前川リポート」が示す道』（にっかん書房、一九八七年）。

(11) 宮里政玄、国際大学日米関係研究所編『日米構造摩擦の研究――相互干渉の新段階を探る――』（日本経済新聞社、一九九〇年）。萩原伸次郎『ワシントン発の経済「改革」――新自由主義と日本の行方――』（新日本出版社、二〇〇六年）。萩原伸次郎『米国はいかにして世界経済を支配したか』（青灯社、二〇〇八年）。古城佳子「国際政治と日本の規制緩和、構造改革――国際政治の変化と外圧――」寺西重郎編『構造問題と規制緩和』（慶應義塾大学出版、二〇一〇年）。http://www.esri.go.jp/jp/others/kanko_sbubble/analysis_07_02.pdf アクセス二〇一三年三月七日。

(12) 滝田洋一『日米通貨交渉――二〇年目の真実――』（日本経済新聞社、二〇〇六年）、三五一頁。

(13) 萩原『米国はいかにして世界経済を支配したか』、二〇二頁。

(14) 一九七一から一九八〇年にはアメリカの大手投資銀行メリル・リンチ社の会長兼最高経営責任者。

(15) 滝田『日米通貨交渉』。萩原『ワシントン発の経済「改革」』。萩原『アメリカはいかにして世界経済を支配したか』。

(16) 自衛隊の任務限定、戦闘能力の限定（非核三原則、ＩＣＢＭ・ＩＲＢＭ・長距離爆撃機・海兵隊・航空母艦・原子力潜水艦などを保持しないこと）、集団自衛権の不行使（国際法上可であるが、憲法上不可である）。

(17) 「攻勢防御」（弾道ミサイル発射基地への先制攻撃）については、金田秀昭、小林一雅、田島洋、戸崎洋史『日本のミサイル防衛』（日本国際問題研究所、二〇〇六年）、二三三―二六三頁。

（18）二〇一〇年五月四日に当時の鳩山由紀夫首相は「学べば学ぶにつけて、沖縄に存在している米軍全体の中での海兵隊の役割を考えたとき、それがすべて連携をしている、その中で抑止力が維持できるという思いに至った」と、普天間基地の県外移設断念の理由を説明した。しかし、二〇一一年二月には、彼は首相を辞めていて、前の説明は「方便」であった、と発言した（朝日新聞二〇一〇年五月七日、二〇一一年二月一四日夕刊）。二〇一〇年の発言で、「抑止力」を海兵隊に認めたのは、明らかには誤りであり、二〇一一年の発言の方が正しい。しかし、「抑止力」についての、この種の誤った用法は、政治家、メディアの間に、一般化して普及している。「抑止力」概念のポイントは、相手国の先制攻撃に対して、相手国を壊滅できる反撃力を示すことで、相手の先制攻撃を予防することにある。海兵隊の「抑止力」というのは、単なる攻撃力のことにすぎない。海兵隊には、相手国に壊滅的打撃を与える能力はない。

（19）「日米安保村」について内部告発サイト「ウィキリークス」が入手したアメリカ外交公電に関する菅英輝（アメリカ外交史）の所見（朝日新聞、二〇一一年六月三〇日）、参照。

（20）柴田『冷戦後日本の防衛政策』。なお、柴田が「慣性」論を展開しているのではない。これは、筆者が、同氏の研究から読み取った視点である。

（21）高野孟『沖縄に海兵隊はいらない！』（にんげん出版、二〇一二年）、一一〇頁。沖縄県における外国人の凶悪犯検挙件数で、二〇〇七年～二〇一二年の総数三〇件中二四件はアメリカ軍構成員による。この統計で見る限り、沖縄で外国人の凶悪犯（殺人、強盗、放火、強姦）といえば、主としてアメリカ軍関係者ということになる（武田、武藤『コストを試算！　日米同盟解体』一四一頁。および http://www.police.pref.okinawa.jp/johokokai/tokei/hanzaitokei/index.html　二〇一三年三月一〇日アクセス）。

（22）Gavan McCormack, *Client State: Japan in the American Embrace*（London,Verso,2007）. 孫崎『日米同盟の正体』。孫崎『日本人のための戦略的思考入門』。赤旗政治部「安保・外交」班『従属の同盟――日米安保の五〇年を検証する』（新日本出版社、二〇一〇年）、参照。

（23）孫崎享『戦後史の正体――一九四五―二〇一二――』（創元社、二〇一二年）。

(24) 谷口長世『サイバー時代の戦争』（岩波書店、二〇一二年）。
(25) 孫崎『戦後史の正体』。
(26) 中田『日本再占領』。高野『沖縄に海兵隊はいらない！』。
(27) 日米安保体制下において日本の原発政策の推進が必要というアメリカ側の主張については、Richard L. Armitage and Joseph S. Nye, *The U.S.–Japan Alliance–Anchoring Stability in Asia,* Center for Strategic and International Studies, 2012.
(28) 栗山『外交証言録　沖縄返還・日中国交正常化・日米「密約」』、二〇一頁。
(29) 太田昌克『盟約の闇――「核の傘」と日米同盟』（日本評論社、二〇〇四年）。山田康博「「核の傘」をめぐる日米関係」竹内俊隆編著『日米同盟論――歴史・機能・周辺諸国の視点』（ミネルヴァ書房、二〇一一年）。「NHKスペシャル」取材班『〝核〟を求めた日本――被爆国の知られざる真実――』（光文社、二〇一二年）。有馬哲夫『原発と原爆――「日・米・英」核武装の暗闘――』（文藝春秋、二〇一二年）。
(30) 中曽根『中曽根康弘が語る戦後日本外交』、一七二―一八三頁。
(31) NHK世論調査研究所『図説戦後世論史』第二版（日本放送出版協会、一九八二年）、一六九頁。
(32) 桜林美佐『誰も語らなかった防衛産業』（並木書房、二〇一〇年）、参照。
(33) 中曽根『中曽根康弘が語る戦後日本外交』、一六七頁。
(34) 井村喜代子『現代日本経済論［新版］』（有斐閣、二〇〇〇年）、二二七頁。
(35) 滝田『日米通貨交渉――二〇年目の真実――』、六三―六四頁。
(36) Michael Hardt and Antonio Negri, *Empire* (Cambridge, Mass.,Harvard University Press,2000) ,pp.xi-xii.
(37) 前田『在日米軍基地の収支決算』、一九八、二〇一頁。
(38) 武田、武藤『コストを試算！　日米同盟解体』、一二〇、一二三、二〇六頁。
(39) 日米安保共同宣言（一九九六年四月一七日）によると、「日本が、日米安保条約に基づく施設及び区域の提供並びに接受国支援等を通じ適切な寄与を継続する〔……〕。大統領は、アメリカは日本の寄与を評価することを表明し、日本に駐留する米軍に対し財政的支援を提供する新特別協定が締結されたことを歓迎した」。

(40) 武田、武藤『コストを試算！　日米同盟解体』、一九一―一九二頁。

(41) John W. Dower, *Embracing Defeat: Japan in the Wake of World War II* (New York, W. W. Norton, 1999).

第4部

同盟と文化・社会変容

——同盟の文化的・社会的基盤

在日アメリカ大使館提供
ケネディ駐日米国大使の歓迎昼食会（日米協会・在日米国商工会議所主催）における講演
2013 年 11 月 27 日

「50 年前、ケネディ大統領と池田首相が、同じような問題に取り組むために日米文化教育交流会議（CULCON）を創設しました。50 年たった今、私たちはこの功績を足がかりとし、2020 年までに学生の国際交流を倍増させ、語学研修と旅行を増加させる目標を達成しなければなりません。そうすれば、50 年後には、人々が今の私たちと同じような感謝の気持ちをもって過去を振り返ってくれるでしょう。」

12章

日米安保体制を支える日米「文化・教育」ネットワークの構築

「日米文化教育交流委員会」設立の歴史的背景を中心に

松田 武

「政治と文化との間に明確な線を引くことはできるでしょうか。文化事業に政治的な含みがあるのは確かです。公金が使用されている限り、その文化活動は政治的な目的を達成することと無関係ではないのです。」

文化担当駐日公使チャールズ・B・ファーズ、一九六二年

「文化交流だけでは、難しい経済問題や政治問題を解決することはできません。しかしながら、文化交流なしに相手国の題を正しく認識することはできません。その問題を理解して初めて、私たちは解決策を見つけることができるのです。」

第六回カルコンでの政治担当国務次官U・アレクシス・ジョンソン、一九七二年

筆者は、日米関係が安全保障、経済、文化の三要素から成り立っており、それら三つの要素が、「糾《あざな》える縄のごとく」縒《よ》り合わさった三位一体の関係にあると捉えている。したがって、日米関係の全体像を正しく理解するには、その関係の軍事、経済、文化のすべての面に目を配り、日米関係を世界的な広い視野と長い歴史の脈絡において総合的に考察することが重要であると考えている。

本研究の目的は、日米文化教育交流会議（The US-Japan Conference on Cultural and Educational Interchange: CULCON 以下、カルコンと略記）の活動を中心に、それを一九六〇年代以降の冷戦と日米関係の脈絡の中に位置づけ、日米同盟関係を文化面で支えてきたカルコンの実態とその歴史的意義を明らかにすることにある。カルコンとは、六一年六月二二日に行なわれたジョン・F・ケネディ大統領と池田勇人首相の日米首脳会談を受けて、「日米イコール（対等な）・パートナーシップ」の掛け声の下に日米両政府によって設立された日米三合同委員会（日米貿易経済合同委員会、日米科学協力会議、日米文化教育交流会議）の一つである(1)。

カルコンを研究テーマとして真正面から取り上げた研究はあまり多くない。これまでのカルコン研究は、解説の域を出ず、政治色が強い上に実証性にも乏しい。近年刊行された日米文化交流史の概説や研究論文においても、カルコンは簡単にしかも表面的にふれられているに過ぎない(2)。

本章では、カルコンの果たした役割とその意義を明らかにするための前段階の作業として、まず日米同盟関係の基本的な枠組みを描き、次にカルコンの設立に至るまでの時代的背景を中心に、六〇年代の日米文化交流事業と日米安保体制の関係を検討したい。

一　冷戦と日米関係の基層

第二次世界大戦後、アメリカにとって何よりも重要なことは、自国の安全を守りつつ、自由で豊かな国内のアメリカ的生活様式を維持・発展させることであった。アメリカでは、二〇世紀半ばまでに多くの企業が巨大になり、多国籍企業となっていた。したがって、アメリカの国家目標を十分に達成することができなかった。つまり、アメリカ企業の活動範囲を、歴史的にアメリカの勢力範囲である西半球に限っていては、アメリカの国家目標を十分に達成することができなかった。つまり、アメリカを取り囲む戦後の現実は、アメリカが孤立主義に戻ることを許さなかったばかりか、国際主義の選択をせざるを得なくなっていた。

アメリカの国際主義の目的は、アメリカが戦後築いた世界秩序と世界の平和を維持すること、すなわち自由で開かれたリベラルな資本主義的世界秩序を維持し、世界経済の持続的発展をめざすことであり、その秩序の中でアメリカの市場資本主義経済制度と民主主義を維持・発展させること、もう一つは、この世界秩序に反対するソ連および共産主義勢力の世界支配を阻止することにあった。そのために、東アジア地域において日本の協力が是非とも必要であると考えていた。

対日講和条約の交渉の際に、ジョン・フォスター・ダレスは、日本と寛大な条約（ソフト・ピース）を結び、日本と友好関係を維持する主な目的について、「冷戦下で日本を失うことを防止することである。我われは、中国―日本―ロシアの共産主義連合の可能性を阻止しなければならない。〔日本に〕制限をつけない対日講和条約は、これを阻止することになろう。この条約は、共産主義への転落を免れるという点で、日本にとって魅力的なものである」と述べた。[3] 続けてダレスは、「日本との解決すべき〔在日米軍基地の〕問題は、我われの好きな場所に我われの好きなだけの期間、我われの好きなだけの軍隊を駐留する権利を手に入れることではないのかね」と、彼の側近に語ったという。[4] さらに、アメリカ政府のある高官は、アメリカが日本と軍事と外交の面で緊密な関係にある理由について、「戦略的に極めて重要な、日本という名の基地へのアクセスが持続的に保証されているからである」とアメリカの本音を吐露した。[5] 以上の発言が示すように、アメリカは、五一年に対日講和条約を締結して以来、日本を重要なパートナーと捉えた。

（1）アメリカは日本に何を求めていたのか

アメリカが日本に期待したことの一つ目は、日本がアメリカの協力国として自発的にアメリカの世界戦略に協力することであった。対米協力の具体例として、①日本の防衛力の強化、②アジア・アフリカ諸国への対外援助額の増額、③貿易の自由化、④沖縄の社会的安定化、⑤繊維その他の製品の対米輸出の自己規制、⑥対共産諸国との貿易規制、⑦米原子力潜水艦の寄港地化などが挙げられる。[6]

アメリカが日本に期待したことの二つ目は、アメリカ軍基地に関する協力であった。それは、中国大陸から一〇〇〇マイル以内の近距離に位置する在日および在沖縄米軍基地の提供と、それに、前方展開基地としてのアメリカ軍基地の「自由使用」――在日米軍基地が難しい場合は、少なくとも在沖縄米軍基地の排他的な支配権――を容認ないし黙認することであった。

それは、アメリカが、日本および沖縄に軍事基地を保持することに重要な利点を見出していたからである。アメリカは、沖縄を太平洋戦争において「高価な代償」を払って手にした戦利品とみなしていた。[7] アメリカは、脅威を及ぼす国に隣接した地域にアメリカ軍を展開することにより、アメリカ国民のトラウマとなって記憶されている「真珠湾急襲型の一撃」を防ぐことができ、さらに兵站基地も手に入れることができた。というのは、日本が世界の四大産業集合地域の一つであることから、低いコストで兵器の補修ならびに生産施設を利用することができるからであった。加えて、軍事費節約上の利点も大きかった。というのは、西太平洋地域に展開する第七艦隊や他の軍隊を維持するのに必要な何億ドルもの軍事費を毎年節約できるからであった(8)。

(2)「日本を管理したい」

世界戦略上の理由の他に、アメリカは安全保障上の理由からも、日本を抱き込み西側陣営につなぎとめておくこと、そのために、日本の弱点の一つである、日本経済の依存体質に注目し、日本を「管理」しようとした。

アメリカは、一九三〇年代の大恐慌、それに続く第二次世界大戦の経験から、日本国民というのは、天皇の一声の下に「一億一心」となり、すべてのエネルギーを結集することのできる恐るべき国民であり、生きるためなら、右であろうが左であろうが、いかなる国とも手を結び、またいかなる行動も辞さない国民という紋切り型の日本人像を抱いていた(9)。

また、アメリカの指導者は、戦後、日本がアメリカと強い結びつきを持とうとする背景には、貿易問題があると捉えていた。アメリカの指導者の対日認識を明らかにするために、少し長くなるが、ケネディ大統領と駐日大使ダグラス・マッカーサー二世の間で交わされた会話の内容を紹介したい。

「日本が国益に基づいた最も強い結びつきをアメリカと持とうとする背景には貿易がある、つまり、日本が生きていくには貿易をしなければならないという現実である。もし〔……〕貿易の規制措置をとり、日本製品を市場から締め出すようなことをし始めたならば、日本は餓死という国家的自殺の道を選ぶか、共産主義陣営に歩み寄るかのどちらかを選ばざるをえなくなるであろう。しかし、日本人は自殺の選択肢を選びはしないだろう。結局は、日本の対外政策や国際関係は、生活の維持という経済的事実によって規定されることになろう。〔……〕したがって、日本は生計を立てていける地域と、生計を立てるのに役に立つ国と手を結ぶことになろう(10)」と。

さらに、アメリカの指導者は、日本の貿易依存体質を、有効な手段として対日交渉において最大限に利用した。「もし対日貿易が拡大するこの傾向を、来る一〇年間、維持することができれば、日米同盟関係および日本の西洋諸国との相互依存関係は、非常に緊密にかつ、日本の国益に資するものとなるので、日本の政権を左翼が握ろうと、右翼が握ろうと、日本政府はこの〔現在の〕路線を逆転することはできない(11)」と。

このようにアメリカは、戦後日本をアメリカおよび自由主義陣営につなぎとめ、かつ日本の単独行動を掣《せい》肘《ちゅう》するには、「日本が国民の生活を支えるのに不可欠な海外市場が得られるように、十分な注意と配慮が必要である」との結論に達した。そして、アメリカは、日本の経済協力開発機構（ＯＥＣＤ）への加盟や国際通貨基金（ＩＭＦ）第八条国への移行などを支援するなど、日本の経済的存立に不可欠な広大なアメリカ市場やヨーロッパ市場を開放することを心がけるようになった(12)。

要するに、アメリカにとって最大の関心事である、在日および在沖縄米軍基地の利用と、在沖縄米軍基地の排他的な支配権、これら二つの必要条件が満たされるためには、アメリカが常に日本の急所を握っていることが極めて重要であった。それは、政権の座にある政党の如何を問わず、軍事的（日本の安全を保障するため）にも、経済的にも（六二年当時、アメリカ市場が日本の総輸出額の四分の一を吸収）、日本が常にアメリカに依存している状態を保ち続けることを意味していた。

アメリカが日本と友好的な関係を長期的に保とうとする最大の目的は、日本政府から、できる限り自発的な対米協力を引き出すことにあった。というのは、そうなれば、アメリカは前方展開基地としての在沖縄米軍基地の「自由使用」が可能となるからである。圧倒的に有利な力関係を背景に、日本を「管理する」というアメリカ政府の基本的な対日認識は、戦後、歴代の大統領をはじめ、上級政策担当者の間での共通理解となり、対日政策を策定する際の暗黙のガイドラインとなった。

(3) 日本はアメリカに何を求めていたのか

戦後日本がアメリカに求めていたものは、日本の安全保障と経済的存立のための支援と協力である。それは、資源の乏しい日本の国家目標が、戦前と戦後を通して、国家の独立と民族の尊厳を得ながら、厳しい国際社会において日本が生き延びること、そして日本が、地域的リーダーとして尊敬され、国際社会からも一目置かれる国であり続けることであったからである。中でも、国の安全保障は、その目標を実現するための必須条件であった。

しかしながら、第二次世界大戦後の日本は、これらの国家目標を達成するには厳しい制約を抱えていた。一つは、敗戦で国土は廃墟と化していたこと、二つは、国民の間に強い非戦・反軍国主義感情が見られたこと、三つは、アメリカによる占領であった。その占領下で、日本は軍隊を放棄し、平和主義の憲法を制定した。

日本には古来より、「寄らば大樹の陰」という処世訓があり、多くの国民は、それを生き延びるための指針としてきた。講和条約を締結し、独立した後、日本は、その処世訓の下に、国の安全の保障をアメリカに委ねる決断をした。そのことは、日本が、その代価としてアメリカに基地を提供すること、それにアメリカの協力国になることを意味していた。それ以来、日本は事実上、外交上の選択肢を失い、難しい国のかじ取りを余儀なくされる。一方、保守・革新を問わず、日本の指導者の間では、アメリカが、つまり日米同盟関係が、日本の安全と繁栄のカギを握るものと捉えられるようになった。ここに戦後日本のアメリカへの依存体質の源がある。

日本の（政治、経済、文化の）指導者は、日米安保条約の下で、アメリカから国民啓発の指導力が求められた。その指導力とは、日本国民が日米安保体制を受け入れ、アメリカを支持し協力すること、つまり日本の安全ならびに東アジア地域の安全が、太平洋地域のアメリカ軍のプレゼンスによってもたらされていることを、マス・メディアや教育機関などを通して国民に説明し、説得することであった。一言でいえば、その指導力とは、親米的な国民づくりを意味した。日本のアメリカ研究が、教育・文化政策の一環として政府によって重視された所以はここにあった。

したがって、日米同盟関係を、アメリカのヘゲモニー、つまり圧倒的にアメリカに有利な力関係の上に成立した日米間の「ギブ・アンド・テーク」の関係と捉えることができよう。それを日本の視点から捉えれば、日本がアメリカに基地を提供し、事実上その「自由」使用を認めるとともに、外交においてもアメリカの世界戦略に協力する。そしてその見返りとして、アメリカからは、国の安全を含めた東アジア地域の秩序維持と、安定した国民の経済生活の保証を得るという、明示的及び黙示的な合意の上に成立した二国間関係といえよう。[13]

（4）親米「吉田路線」が日本にもたらしたもの

吉田茂首相は、日米間の安全保障の取り決めについて国会で、「わが国政府は日本の将来の運命をいかなる場合にもアメリカの運命と同一にすることを決定した」と述べた。講和条約を締結して以来、日本政府が踏襲してきたこの「日米機軸」路線（吉田路線ともいう）は、国民生活に次の二つの影響をもたらすことになった。

一つは、国民に「安全」と「経済的繁栄」をもたらしたことである。その一例として、国民生活のアメリカ化が挙げられる。「近代化理論」の普及や高度経済成長、それにマイホーム主義の影響もあって、国民は、私生活を最優先する、自由で豊かなアメリカを憧憬した。加えて、「さあ今、買いましょう、そうすれば節約することになりますよ。買うことは美徳です！」と、国民に消費を推奨する消費至上主義を、民主的でかつ一種の平等主義の表れと捉えるようになった。民主主義や平等主義の概念が物質的平等主義によって取って代わられる一方、政府も国民も消費主義の洪水にのまれ、物質第一主義に象徴されるアメリカ文化の「とりこ」になっていった。

もう一つの影響は、「安全」と「経済的繁栄」の代価を国民、特に一部の国民に払わせることになり、そのために不満と憤懣《ふんまん》が彼らの心の奥底に沈殿したことが挙げられる。国民の大半は、少数派の犠牲の下で、日本の安全と経済的繁栄の恩恵を享受している事実を知っているにもかかわらず、沖縄問題に関して、無視あるいは無関心を装い、その問題を避けて通っているように思われる。安全保障においてはアメリカに依存しつつ、地方の人々の生活を犠牲にする日本国民の姿勢は、国際社会から批判こそされ、尊敬に値するものとは言い難い[14]。

日本政府は、沖縄の住民をはじめ、本土に住む国民の理解を十分に得ていないために、在日米軍基地の対米交渉を展開することは容易ではなかった。一方、国民の多くは、時おりアメリカ政府に見られる力を背景にした、露骨で強引な対日圧力に心では苦々しく思いながらも服従の形をとり、「東洋的沈黙」を守ってきた。しかし、基地周辺住民の生命や生活に直接影響を与えるアメリカ軍基地問題になると、基地周辺の住民や少数の良心的な市民は、日米両政府に抵抗する姿勢を崩すことはなかった。日本では、五〇年代後半に、アメリカ軍基地周辺の住民による基地反対闘争が集中的に展開され、日米両政府はその対策に苦慮していた。[15] 解決すべきアメリカ軍基地の問題点として、①アメリカ空軍（板付）基地縮小に伴う日本領空の安全保障の問題、②日本人労働者解雇問題、③給付金増額要求の問題、④横田、三沢基地での核兵器搭載可能なF－105戦闘機の騒音問題などがあった。[16]

岸信介首相は五七年に訪米し、ドワイト・D・アイゼンハワー大統領と辛抱強く交渉した。その結果、同大統領から在日米地上軍の撤退の約束をやっとのことで取り付けることができた。日米両首脳は、六月一七日の共同声明において、「日米新時代」の幕開けを高らかに謳った。しかしながら、国民のアメリカ軍基地問題に対する不満と対米不信は、ますます心の奥底に積もり積もっていくことになり、その憤懣《ふんまん》が経済的苦境と重なった時、そのマグマが反米運動の形で噴出しても何ら不思議ではなかった。そして、そのような状況の中で、岸首相の強権的な議会運営手法が直接の引き金となり、国民のマグマは、六〇年に安保騒動の形で噴出することになる。

(5) アメリカ政府の対応

アメリカ政府は、安保騒動後の対日政策として、まず、日米間に緊張をもたらす在日米軍基地問題、すなわち五七年の日米共同声明の中で約束された、在日米地上軍の撤退（在日米軍基地の沖縄への移動）問題の解決を急いだ。[17] そこで、アメリカ政府は、本土のアメリカ軍基地反対闘争を分散させるとともに、日本本土と沖縄の反米軍基地闘争を切り離すために、在日米軍基地を都市部から都市周辺部や郊外へ、そして日本本土から沖縄へそれぞれ移転することにした。それは、アメリカ軍基地の問題を「不可視化」することによって、日米同盟関係の軍事的な側面を極力抑えようとする策であった[18]。というのは、日本本土のアメリカ軍基地反対闘争と沖縄のそれとが手を組めば、日米安保体制そのものを維持することが危うくなると懸念されたからである。その結果、旧安保条約が発効した五二年当時、在日米軍基地の数と面積が二八二四カ所、一三億五三〇〇万平方メートルであったのが、七〇年三月には、一二六カ所、三億六二五万平方メートルに激減し、返還されたアメリカ軍基地の九五パーセントまでが自衛隊によって使用されることになった[19]。

同時に、アメリカ政府は、日米両国の共通目標や共通利益、それに日本とアメリカをはじめとした自由世界の相互依存性を強調するとともに、対米貿易関係など、特に、日米同盟関係の非軍事的な側面を前面に押し出し、日米安保条約第二条の経済的な側面を強調する方針を採用した[20]。

(6) 文化政策

そのような中で、アメリカのソフト・パワーが、軍事力と経済力、すなわちハード・パワーを補完するものとして登場する。その役割は、日米間の緊張を解きほぐすだけでなく、将来に生起する緊張を未然に防ぎ、しいてはアメリカの軍事的プレゼンスの法的根拠となっている日米安保条約への国民の理解と支持を取り付けることにある。

対日情報・文化交流においてアメリカが重視し、最優先したことは、日本の政策策定者や知識人を含む世論形成者の説得に努め、彼らの時代遅れの世界認識をアメリカの冷戦イデオロギーに適合させることであった。政府刊行物の配布や、政府により選別された書籍の翻訳と出版などを通して、アメリカは、共産主義社会がいかに危険であるか、日本にとって自由主義陣営と手を組むことが真の日本の国益に繋がるかを強調した。これらの文化広報活動のために、アメリカ政府は、一九五四年に年間予算として一一七万一〇〇〇ドルを計上した[21]。

また、アメリカ政府は、アメリカおよび自由主義陣営に日本をつなぎとめておくために、既存の文化交流制度の機能を見直し、日米の協力関係の強化に努めた。そして、アメリカ政府は、非政府機関の協力の下に、政治理論、法律、社会科学、コミュニケーション・メディア、教育、労働の分野を中心とする人的交流、教育・文化交流計画を実施するために、一九六一年に年間四〇〇万ドルを、そしてアメリカの文化を紹介する活動に対しては年間一〇〇万ドルをそれぞれ計上した[22]。

そのような脈絡において、アメリカ政府は、日米間の友好関係の維持の点からも、それに、開発援助において開発途上国に果たす日本の役割の点からも、日本における英語教育を重視し、援助も惜しまなかった[23]。アメリカ政府は、アメリカ人教師を日本に派遣する一方、若手の日本人教師をアメリカ留学させた。アメリカが英語教育を重視したのは、アメリカの対外政策の「純粋な」目的を日本国民に理解してもらうためでもあった。その考えは、日本国民がアメリカを正しく知り理解さえすれば、日本は損得勘定からしても必ずやアメリカをパートナーとして選ぶであろうし、また、それによって日本が共産側へ傾斜するのを防ぐことができると踏んだからであった。

これらの他に、日米安保条約の反対勢力を抑え込むこと、それに彼らを懐柔することも、アメリカ政府の文化政策の重要な柱であった。その反対勢力とは、少数ではあるが、共産主義者、社会党左派、総評などの左翼勢力や「進歩的知識人」を指していた。アメリカ政府は、反対勢力による、在日米軍基地周辺の住民を巻き込んだアメリカ軍基地反対闘争、ベトナム反戦運動、それに世論に強い影響力を持つ進歩的知識人を、長期に及ぶ安定した日米友好関係を構築する上での障害要因と捉えていた。

また、日本の共産化を断固として阻止するアメリカの決意は固く、強かった。アメリカのシナリオによれば、もし日本が共産化すれば、ソ連は日本から技術力を手に入れ、それを基盤に世界規模で拡張主義路線を展開することになるという。そのような事態になれば、東アジア地域のパワー・バランスは、ソ連に有利に崩れ、その結果、アメリカの安全は脅かされるだけでなく、仮にソ連と干戈《かんか》を交えた場合は、ソ連に敗北を喫する確率が高くなることが懸念された(24)。

アメリカは、日本が中立主義に傾斜することにも強く反対した。それは、アメリカ政府が中立主義を共産化への一歩手前の段階、つまり一種の「共産化のカムフラージュ」と捉えていたからである。アメリカの指導者は、もし日本が中立主義を採用することになると、他のアジア諸国も日本に続き中立主義を採用し、やがてはアジア諸国の大半が共産化することになるという懸念を抱いていた。そのような理由から、駐日アメリカ大使エドウィン・O・ライシャワーは、日本の中立主義を「呑気で、無責任」と呼んで批判し(25)、また、ロサンゼルス日米協会のジョージ・L・イーストマン会長も、道徳再武装の活動を紹介する講演の中で、価値中立的な態度を取ることに対して嫌悪感を露わにした。イーストマンいわく、「この激しいイデオロギー闘争のさなかにあって、私たちが明記すべきは、中立というものが存在しないということだ(26)」と。

以上、アメリカの対日政策を要約すれば、日米安保条約の反対勢力を抑え込むことが、その「消極的な」側面であるとすれば、その「積極的な」側面は、①日本国民との対話の範囲を大幅に広げ、アメリカの支持者や親米派の数を増やすこと、すなわち共産主義者を除き、穏健的な左翼の指導者や大学生を含む、幅広い様々な層と積極的に対話を積極的に行なうこと、②カルコンの設立を通して、日米二国間の文化教育交流の制度化をはかることなどを挙げることができよう。ダレスやジョン・D・ロックフェラー三世に代表されるアメリカの指導者は、「日本の知的風土にある親ソ傾向を改善しなければ、日米関係はよくならない。そのために、日米の文化交流ができないだろうか」と、問いかけ、アメリカのソフト・パワーに大きな期待を寄せたのであった。国際文化会館の松本重治専務理事らも、ダレスやロックフェラーの意見に同感であった。[27]

二　ライシャワーとその時代

一般にカルコンの生みの親は、ハーヴァード大学のライシャワー教授であったといわれている。[28]ライシャワーは、日本研究家だけでなく、駐日アメリカ大使としても広く名の知られた人物である。[29]そのライシャワーが、なぜ一九六〇年代に「カルコン」の設置が必要であると考えたのか。その理由を明らかにするために、彼の世界認識および時代認識から検討することにしたい。

（1）ライシャワーの時代認識と「安保騒動」観

五〇年代に冷戦が世界各地で激しく戦われるに伴い、アメリカの世界戦略における日本本土および沖縄のアメリカ軍基地の重要性がますます高まっていった。そのような中で、ライシャワーの対日認識を揺るがす事件が起きた。それは、日米安保条約の改定をめぐる安保闘争であった。六〇年五月から六月にかけて日本の政治を大きく揺るがした安保騒動は、アイゼンハワー大統領の訪日中止を余儀なくさせただけでなく、岸信介内閣を退陣に追い込んだ。ライシャワーは、六〇年の安保騒動を戦後日本史における重要な転換点と位置づけるとともに、この事件を「戦後日本の政治と日米関係にとって最大の危機」と捉えた。[30]というのは、彼は、中国共産主義革命の成功と、それに続く朝鮮戦争後の東アジア地域における新しいパワー配置を目の当たりにし、地政学上極めて重要な位置にある日本との関係を重視していたからである。彼は、外交問題評議会の季刊誌『フォーリン・アフェアーズ』に、"The Broken Dialogue with Japan"（日本との断たれた対話）という題名の論文を投稿し、その中で「安保騒動」から学んだ教訓と日米関係の重要性を読者に訴えた[31]。

では、ライシャワーは、どのような意味で六〇年を戦後日本史の重要な転換点と呼んだのか、そして、六〇年代およびそれ以降の日米関係をどのような方向へと導こうとしたのか。次に、ライシャワーの「安保騒動」観について検討したい。

ライシャワーは、安保騒動の原因が、アメリカ側の日本に関する情報把握が不十分であったことと、アメリカ大使館と日本の社会との対話、特に、世論に強い影響力を持つメディア関係者や知識人、それに野党的勢力との接触や対話が欠如していたことにあると分析した[32]。

ライシャワー、それに、彼が後に文化広報担当公使に推薦する日本専門家のチャールズ・B・ファーズによれば、アメリカの日本理解は極めて不十分であるという。それは、アメリカ大使館に、（東京大学の高木八尺名誉教授などの）知識人や、（『朝日新聞』の笠信太郎論説主幹などの）報道関係者と対話のできる人材がいないからであるという[33]。さらに、彼は、「安保条約反対」を叫ぶ日本人を十把一からげにマルクス主義者と見なしてきたこれまでの在日アメリカ大使館を厳しく批判した。ライシャワーは、ダグラス・マッカーサー二世駐日アメリカ大使のように、「むき出しのパワーと敵意」を背景にした短絡的な捉え方では、潜在的に親米的な多くの日本人を反米的にするだけでなく、彼らを共産主義陣営に追いやってしまうことを恐れていた。彼は、在日アメリカ大使館の活動について、「おそらく一番大切なのは情報の面、文化交流、〔……〕それに知識人との接触であろう。インテリという言葉はあまり喜ばれないが、一番大切なのはこの面であり、アメリカ文化情報局（ＵＳＩＳ）とその活動一般であろう。〔……〕大使館全体がアメリカ文化情報局の仕事をしているといってもよい[34]」と述べ、文化交流の重要性を強調した。

そこで、ライシャワーは、日米新時代において日本から「自発的な対米協力」を引き出せるようにするためのアメリカの最重要課題が、「長期にわたる恒久的安全保障上の協定」（"a long-term durable security arrangement"）を結ぶことであるとの結論に達した。彼は、「六〇年五月と六月の出来事〔安保騒動〕ですでに立証されたように、国民の支持が得られて当然と、軽く考えるわけにはいかない――努力して勝ち得なければならない。」というのは、「〔在日米軍基地の自由使用という〕日米安保条約の有効性は、最終的には、日本国民の圧倒的過半数の支持を獲得し、それを維持することにかかっている」と考えていたからである。[35]

(2) ライシャワー駐日大使の行動計画と「日本の知識人」観

ライシャワーの行動計画は、大きく分けて次の二つが挙げられよう。一つは、アメリカに批判的な左翼勢力と対決し、日本における彼らの影響力を弱める計画である。この計画は、一般に「ライシャワー攻勢」と呼ばれている。[36] ライシャワーおよび在日アメリカ大使館員が「ライシャワー攻勢」の目標と定める左翼勢力とは、マルクス主義の影響を強く受けた進歩的知識人や、全学連、総評、日教組などに多い急進的社会主義者、それに根っからの共産主義者などを指していた。

ライシャワーや日本研究者のファーズ、それにサクストン・ブラッドフォードらのアメリカ外交官の間では、日本の知識人、特に「進歩的知識人」と呼ばれる左翼系知識人に対する評価は低かった。それは、日本の知識人のアメリカに対する無知や無理解、それに「アメリカの現実について誤り伝えられた誤解に基づく」彼らの言動が、アメリカが世界戦略を展開する上で大きな障害になっていると捉えられていたからである。[37]

ライシャワーは、東京での記者会見において、「極めて好戦的で、恐るべき軍事力を有する勢力によってアメリカは危険にさらされていると見ており、だからアメリカは嫌々ながらも軍事態勢を取らざるを得ない。アメリカは平和を維持し、真に平和な世界を作り出すためにのみ、こうしたことをしているのである」[38]と説明し、世界各地に軍事基地を張り巡らしているアメリカの動機の純粋さを強調した。彼は、左翼系知識人がそのようなアメリカの善意や動機の純粋さを正しく理解もせず、誤解していることに残念がったのである。

ライシャワーが指摘するように、もし世界各地に展開するアメリカ軍基地を、「基地租借帝国」（Leasehold Empire）とか、帝国主義と呼んでアメリカを批判する左翼系知識人の捉え方が誤解に基づく一面的な捉え方であるとすれば、ライシャワーの説明も、同じように一面的であったと言わざるを得ないだろう。というのは、ライシャワーは、アメリカの世界戦略のもう一つの側面――アメリカ多国籍企業が世界規模で実利を追求していることや、アメリカの発展の過程において他者を抑圧し、排除し、差別してきたことを――すなわちアメリカ国民にうしろめたさを感じさせるものを、意識の上で隠ぺいしているからである。

また、ファーズは、日本を共産主義の侵略から守り、真の中立と独立を維持するには、日本は再軍備するしかないということを、真剣に考える知識人が日本にはほとんどいないと指摘した。だから知識人は、六〇年の安保条約の改定が、世界平和を唱道する「アメリカの善意」に基づいたものだと理解することができないのだ、と彼は説明した。彼は、このような「現状を理路整然と説明できない左翼系知識人」を、「非現実的」で「無責任」と呼んだ。特に彼は、社会党支持派の知識人に厳しかった。ファーズいわく、「日本が、ある程度守られているのは、アメリカが知らないからである。もしアメリカ国民やアメリカ議会が、日本国内の発言や出版の内容をもっと知っていたならば、日本の貿易は深刻な影響を受けるかもしれない[39]」と。ファーズの発言の裏には、多くのアメリカ国民が、日米安保条約を「一方的に日本に有利な条約」と捉えていた事実があった[40]。

(3)「ライシャワー攻勢」

「ライシャワー攻勢」の狙いは、日本国民のマルクス主義への信用を失わせ、日本における左翼勢力の影響力を弱めることにあった[41]。イエール大学のジョン・ホール教授は、「日本人は意識的にせよ無意識的にせよ、社会変化についてマルクス主義者が設定した諸法則に依存している形跡があり、他方アメリカ人は、このような法則の一般的妥当性について懐疑的な態度を示している」と述べた[42]。

ライシャワーは、近年の日本の国政における社会党の躍進に鑑みて、六〇年代初頭のアメリカの重要課題が、東アジアにおいてアメリカの防衛システムを維持することの他に、日本を末永くアメリカの側に引き留めておくこと、左翼による日本の支配を阻止すること、そして社会党の唱える中立主義に歯止めをかけることである、と理解していた[43]。というのは、もし社会党が政権を奪取すれば、現在の日米友好の傾向が逆転するだけでなく、アジアにおいて、共産主義勢力に有利な方向にパワーシフトが起きると、ライシャワーは考えていたからである[44]。

ライシャワーは、日本史学会においてこれまで支配的であったマルクス主義史観と対決する中で、それに代わる日本史を再評価する新しい解釈を展開した。多少引用が長くなるが、日本の左翼勢力との戦いについて、ライシャワー自身に語ってもらおう。

ライシャワーいわく、「〔日本の封建主義の影響に関する〕この理論、それに歴史研究において私が取り組んでいる他の多くの問題は、政治的に重要な意味合いを持っております。というのは、それらがマルクス主義史観に対する私の全般的な挑戦の一部であるからです。私は、今もなおこのマルクス主義史観がこの国、日本における私たちの最大の敵であると考えております。核心においてマルクス主義を論駁している私の歴史観〔「近代化理論」に基づく歴史観〕が、日本で受け入れられつつあるのを目の当たりにして、私は元気づいております[45]」。

(4)「イコール(対等な)・パートナーシップ」の構築

ライシャワーのもう一つの行動計画は、「イコール(対等な)・パートナーシップ」に基づく新しい日米関係を構築する計画であった。それは、リベラル派の知識人、穏健的社会主義者(民社党員)や労働組合指導者(全労)の中から、政策決定に影響力のある親米勢力を育成する計画でもあった。その主たる目的は、日本をアメリカに繋ぎとめておくこと、すなわち対話を通して日本国民の国際化を促し、国際社会における責任を分担する姿勢を養うことにあった。日本のナショナリズムの高まりから新しい時代のニーズを敏感に感じ取っていたライシャワーは、全幅の信頼と尊敬の念でもって日本を対等なパートナーとして扱うよう、アメリカ政府に進言した。そのキー・フレーズが、日米「イコール・パートナーシップ」であった[46]。

このフレーズには、次の二つのメッセージが込められていた。一つは、アメリカ国民に向けてのメッセージであり、もう一つは日本国民に向けてのメッセージであった。アメリカ国民へのメッセージに関して、ライシャワーは、対日占領時代にアメリカ国民の言動にしばしば見られたパターナリズム(温情主義)や、日本人を見下したような態度を今後改めるよう、アメリカ国民に訴えた。アメリカ人の人種差別的な言動の例として、五一年にアメリカ議会上院の公聴会で、日本国民を「一二歳の子供」にたとえたダグラス・マッカーサー元帥の発言を挙げるだけで十分であろう。

一方、日本国民向けのメッセージは、日本国民が、これまでの近視眼的な態度を改め、国際問題に対してより現実主義的に対応できるようにするにはどのような措置が必要であるかについて考えをめぐらし、考え出されたものであった。そして、ライシャワーが、「イコール・パートナーシップ」のフレーズを採用したのは、「日本人は軍事的なことに非常に敏感であったので、軍事的な含みのある「アライアンス」（同盟）より「パートナーシップ」のほうが受け入れられやすい」という判断に基づいていた(47)。

「イコール・パートナーシップ」のフレーズは、ようやく敗戦から立ち直り、経済成長の真っただ中にあって自信を取り戻してきた日本国民の耳に心地よく響くとともに、自尊心を大いにくすぐるものであった。日本のナショナリズムが高まっていく中で、ライシャワーは、日本国民に全面的にアメリカに依存するこれまでのような態度を改めさせ、国際社会の一員としての責任感を植え付けようとしたのである。その際に、彼が好んで用いたキーワードは、「自覚と責任」の言葉であった(48)。

同時に、「イコール・パートナーシップ」は、アメリカが、日本に「大国」の名にふさわしい義務と責任を果たすことを求めること、言い換えれば、日本がそれまで用いてきた「弱者の恐喝」という有効な武器も、これからは効き目がないことを意味していた。

アメリカ政府は、六〇年初めから、アメリカのヘゲモニーを支える最重要基盤である経済力、つまり貿易収支問題に注意を払うようになった。特に、ドル防衛問題に関して、ケネディ大統領は、国際収支の赤字を理由にドル防衛措置に関する法案を六一年二月二四日に発表した。そのようは事情から、「イコール・パートナーシップ」のフレーズには、東アジアの秩序の維持に要する国防費の一部を日本に分担させようとする、アメリカの現実主義的な計算に基づく思惑も秘められていた。

これまで国の安全保障の方法に関して、現実主義的で軍事力を重視するアメリカと、経済主義的で非軍事的手法を選ぶ日本との間で議論が大きく分かれていた。それは国際関係論者や歴史研究者の間では日米の安全保障観の違いと表現されてきた。しかし、議論の本質は、日本が、いわゆる「弱者の恐喝」の手法を用いて、富めるアメリカからできるだけ多くの「財」や技術・情報を引出して、それを自国の国益に資するように利用しようとするのに対して、アメリカの方は、日本の分担額を増やし、それによって少しでもアメリカの負担軽減をはかろうとする相克にすぎなかった。要するに、日米の違いは、国際秩序の維持に必要な公共財の負担額をめぐる立場の違いに過ぎなかったと言えよう。アメリカは、高度経済成長の道を歩む日本に国防費の一部を分担させることにより、アメリカの国防予算の削減が期待できるだけでなく、それがドル流出の問題や貿易赤字問題の解決にも役立つものと考えていた。このアメリカの考えは、後に人口に膾炙する「負担の分担」論や、日本の「ただ乗り論」の嚆矢でもあった。

また、ライシャワーは、日本の中立主義への傾斜に歯止めをかけるだけでなく、その傾向を逆転させるにはどのような策が必要であるかについても熟慮した。その重要な対応策が、日本国民との「対話」であった。それは、駐日大使として自らが先頭に立ち、日本国民とアメリカ大使館員がもっと幅広く接触をもつことが重要であると考えた。国民の幅広い層との「対話」により、アメリカ理解が深まり、親米的な日本人が増えることが期待された。ライシャワーがいかに「対話」を重視していたかは、バーバード大学時代からの友人で日本専門家でもある、ロックフェラー財団のチャールズ・B・ファーズ人文科学部門長を、在日アメリカ大使館の文化広報担当公使に起用したことにもよく表れている。在外公館に属する公使には、政治担当と経済担当の公使がいるが、外交分野において広報文化担当の公使の任命は、ファーズが最初のケースであった。

新しい時代感覚と世界認識の下に、ライシャワーは、日米両国の指導者、ならびに文化人や知識人の関係の強化をはかるために、新しい「イコール・パートナーシップ」を経済、文化、科学の三分野において築くことを、アメリカ政府に献言した[49]。このライシャワーの献言は、六一年六月二一日のケネディ＝池田会談の内容に沿ったもので、日米新時代の到来を象徴するものでもあった[50]。その結果、六一年一一月に日米貿易経済合同委員会と日米科学委員会が、それに六二年一月にはカルコンがそれぞれ設置されることになった。これらの三合同委員会が設置されたそもそもの理由は、「日本人の神経を逆なでしかねない日米関係の軍事色を薄める」ことにあったと、ライシャワーは後に『ライシャワー自伝』のなかで語った。[51] そして、第一回カルコン会議が、六二年一月二五日から三一日まで、日米両国の政府機関、教育界、学界、政界、財界、マス・メディア界、芸術界、アメリカ研究者および日本研究者など多くの分野の代表を集めて外務省で開催された。

カルコンは、日米両国の政府機関、教育界、学界、政界、財界、マス・メディア界、芸術界、および相手国研究の専門家（アメリカ研究者および日本研究者）など多くの分野の代表者によって構成される文化教育交流に関する包括的な協議体である。日米文化教育交流委員会は、二年に一度、日本とアメリカで交互に開催され、六二年の設立から半世紀を経た現在も活動を続けている。同会議では、芸術交流、学術研究、相手国研究、ジャーナリズム交流、教育研究・教育交流、映画・TV交流、翻訳・通訳、シンポジウム開催などの多岐にわたるテーマが取り上げられる。会議の後、文化交流に関する勧告が日米両政府になされる。

カルコンは、これまで多種多様な日米文化交流事業を支援してきた。筆者が、文化面から日米同盟関係を下支えするカルコンの活動に注目するのは次の理由からである。その一つ目は、カルコンの財源の性格にある。カルコンの主たる財源は、一九六二年にそれがスタートした初期の段階では、日本政府がアメリカに支払った占領期の対米債務の返還金を原資とするガリオア基金であった。しかし、七五年からは同年一〇月の日米友好法に基づいて設立された日米友好基金になった。同友好基金は、沖縄が日本に返還される時に、日本政府が米軍施設等を買い上げるためにアメリカに支払った返済金を原資としている。どちらの基金もその原資の出所は日本であり、これら両基金は日米同盟と密接な関係にある。言い換えれば、カルコンの活動が日米同盟関係に資金面で支えられる一方で、カルコンの活動は日米同盟関係を文化面で支えてきたという点で、両者は補完的な関係にあると考えるからである。

第二次世界大戦後にスタートしたアメリカへの留学制度に、ガリオア＝フルブライト奨学金制度（現在のフルブライト計画）がある。ガリオア基金は、同奨学金の名前が示すように、フルブライト計画も資金的に支えてきた。フルブライト計画は、二〇世紀初頭の義和団事件賠償金留学生派遣制度からヒントを得て、W・J・フルブライト上院議員のイニシアティブの下に実現したものである。

義和団事件賠償金留学生派遣制度とは、一九〇八年にセオドア・ローズヴェルト大統領が、「中国の青年を教育することに成功する国は、将来その捧げた努力に対し、道徳的、知的、並びに経済的影響において最大の報酬を得る国となるだろう」という考えの下に、義和団事件賠償金の未使用の残高を中国人学生の中国および米国における教育補助の基金として発足させた官費留学生派遣事業である。しかし、今日、義和団事件賠償金米国留学制度は、アメリカの中国に対する慈悲心の象徴的な表れであるとか、教育・文化交流による親米派の育成というアメリカ指導者の先見性ならびにアメリカの長期的戦略の側面がしばしば強調される。しかし、義和団事件賠償金の返還額が、中国に対する処罰的な賠償額として取り立てられた中国のカネであったこと、それに返金額はアメリカの損害賠償要求と費用を一切弁済した後の残額であったこと、これらの事実にこれまで十分な注意が払われてこなかった。筆者がガリオア基金や日米友好基金に注目するのは、両基金がその性格において義和団事件賠償金返還基金とあまり大差がないと考えるからである。

カルコンの活動に注目する二つ目の理由は次の事実にある。上述のように、カルコンの文化事業が、対日占領および日米同盟と切っても切れない密接な関係にあったにもかかわらず、あるいはそれゆえに、さらには在日米軍基地および在沖縄米軍基地の問題が日米関係の「本質」であるにもかかわらず、カルコンでは「沖縄問題」が議題に取り上げられることはこれまで一度もなかった点にある。「沖縄問題」が教育文化交流と直接関連性がないとはいえ、筆者は、この不思議というよりも奇妙な事実がカルコンの活動の性格を理解する重要な手掛かりになると考えている。

アメリカは、占領期以来、日本という他者に対して、一方で「憧憬を抱き」、他方で「恐れる」というアンビヴァレントな（互いに矛盾した）感情を抱きながら、日本との関係を発展させてきた[52]。その感情は、ちょうど日本がアメリカに対して抱く感情とよく似ていた。既に述べたように、アメリカが期待する日本とは、アメリカと価値を共有し、アメリカと歩調を合わせながらアメリカに協力する国際主義の日本であった。それに対して、アメリカは「自立しない」日本に対しても不満を抱いていた。それは、アメリカの「寛大さ」に甘え、アメリカに過度に依存する日本、国際貢献においても行動が遅く、小出しする日本であった。同時に、アメリカは、「自立する日本」にも不安を抱いていた。それは、日本のナショナリズムの台頭とともに、アメリカ軍基地問題が政治問題化し、その結果、穏健保守勢力に代わる新政権が誕生してアメリカ離れが進み、核武装して独立路線を歩む「自立した日本」であった。このようにアメリカの対日政策は、日本に対する「一方で期待、他方で不安と不満」のはざまを絶えず揺れ動くことになった[53]。それは、アメリカの対日感情の底流に、日本を管理し、支配したいという欲求と、思うようにそれができないことへの不満があったからである。

六〇年は、偶然にも日米両国において国の指導者が交代した年であった。日本では七月一七日に池田内閣が成立し、アメリカでは一一月八日にケネディが大統領選挙で第三五代アメリカ大統領に選ばれた。その年に幕を開けた六〇年代は、日米の国家的利益が基本的に一致し、互いを求めあった時期でもあった。というのは、アメリカにとって六〇年代は、軍事、経済、政治・文化の全ての領域で他国の追随を許さないヘゲモニー国としての絶頂期で、ソ連と激しく冷戦を戦う上で、また戦後構築した国際秩序を維持する上で、アメリカが財政的負担を軽減するために日本の協力を積極的に求めた時期であった。アメリカは、日本の自発的な協力を引き出すためには、日米の対話を通して日本国民の国際化を促す、すなわち国際的責任を分担する姿勢を養う必要があった。

一方、日本にとって六〇年代は、経済復興を通して戦後の荒廃から立ち直り、国家として、また民族としてようやく自信を取り戻した時期であり、また技術革新を通しての生産力の飛躍的増大により「離陸」し、新しい産業社会へと転換した時期でもあった。この一〇年間に、そしてそれ以降も、日本は初期の占領期に目指した民主化よりも、むしろ経済発展重視の路線を突っ走ることになる。

日本は、更なる経済発展のために、また自力による軍事技術の開発をめざして、新しい技術および新しい情報の提供をアメリカに求めていた。その具体例として、アメリカの軍需会社レイセオン社（Raytheon）との地対空ミサイル・ホーク（ＨＡＷＫ）の共同開発事業などがある。日本の知識人は、国家的要請を受けて、新しい「知」や科学技術への期待もあって、新しい学問をアメリカから輸入することに邁進した。その制度的な受け皿を提供したのが、日米「イコール・パートナーシップ」の掛け声のもとに設置された日米貿易経済合同委員会、日米科学委員会、それにカルコンであった。

（1）Charles B. Fahs, "The Problems in American-Japanese Cultural Exchange," The University Seminar on Modern East Asia: Japan, held at Columbia University, February 23, 1962, Charles B. Fahs Papers, Rockefeller Archive Center, Sleepy Hollow, New York.

（2）前者の例としては、カルコンの成立を日本におけるアメリカ帝国主義の文化侵略と捉える岩間正男「日米教育文化交流の正体と文教政策の反動性をつく」『前衛』一九六巻（一九六二年）、一〇四―一一二頁などがある。後者の例として、渡辺靖『アメリカン・センター――アメリカの国際文化戦略』（岩波書店、二〇〇八年）や、社団法人日米協会編『もう一つの日米交流史――日米協会資料で読む二〇世紀』（中央公論新社、二〇一二年）がある。近年の歴史研究としては、管見によれば、能登路雅子「日米文化教育交流会議（カルコン）の成果と課題」瀧田佳子編『太平洋世界の文化とアメリカ――多文化主義・土着・ジェンダー』（彩流社、二〇〇五年）、一六三―一八四頁があるのみである。

（3）古関彰一『「平和国家」日本の再検討』（岩波書店、二〇〇二年）、八八頁。

（4）Quoted in Michael Schaller, "The United States, Japan, and China at Fifty," Akira Iriye and Robert Wampler, eds. *Partnership: United States and Japan, 1951-2001* (Tokyo: Kodansha International, 2001), p. 39.

（5）"Proposed Transfer of F-102 Squadron " April 26, 1966, Japan and United States: Diplomatic, Security and Economic Relations, 1960-1976, Japan-US, NSA -00558.（Published by Bell & Howell Information and Learning, Ann Arbor, MI, U.S.A.）Japan-US, National Security Archives, George Washington University Library, Washington, D.C.（以後、Japan-US, NSA と略記）

（6）Aviation Negotiations with Japan, July 1964, Japan-US, NSA -00330.

（7）Charles A. Sullivan, Senior Interdepartmental Group, Report on "Our Ryukyu Bases", September 12, 1965, Japan-US, NSA -00600. John Welfield, *An Empire in Eclispe* (London: The Athlone Press, 1988), p. 222. 菅英輝「ベトナム戦争と日米安保体制」『国際政治』一一五巻（一九九七年五月）、九〇頁。

（8）U.S. Policy toward Japan, National Security Council, NSC 6008/1, June 11, 1960, Japan-US, NSA-00052; "Proposed

"Transfer of F-102 Squadron" April 26, 1966.

（9）Edwin O. Reischauer, "Japan-America-Prospects as of Late Summer, 1962," September 21, 1962, Japan-US, NSA -00171.

（10）Memorandum of Conversation between President John F. Kennedy and Ambassador Douglas MacArthur II, April 8, 1961, Japan-US, NSA -00090.

（11）Guidelines of U.S. Policy toward Japan, May 3, 1961, Short Objectives（1961-1963）, Japan-US, NSA -00098.

（12）Edwin O. Reischauer, "Japan-America-Prospects as of Late Summer, 1962". Department of State Policy on the Future of Japan, June 26, 1964, Japan-US, NSA -00329. Aviation Negotiations with Japan, July 1964.

（13）ここでいう「自由」使用というのは、日米両国は、六〇年の日米新安保条約において事前協議制度を設けたが、その条項はこれまで一度も援用されたことはなく、同制度は、日米の力関係からして形式的なものに過ぎない。というのは、事前協議制度設置の狙いが、日米間のイコール・パートナーシップを強調して、国民の間に日米対等の幻想を抱かせるとともに、安保騒動の時にも見られた高まる日本国民のナショナリズム感情を慰撫し、それが制御できなくなるのを防止することにあったからである。

（14）新崎盛暉他「脱「沖縄依存」の安全保障へ」『世界』八二二号（二〇一一年一〇月）、一八八―二〇〇頁。

（15）アメリカ軍基地反対闘争の例としては、石川県内灘村の米軍試射場反対運動である一九五二～五三年の内灘事件（五七年一月に全面返還される）、東京都立川米軍基地の拡張に反対する砂川住民の反対運動である五四～五五年の砂川事件、米軍北富士演習場での住民の座り込み運動である五五年の富士山麓基地反対運動、群馬県相馬ヶ原の米軍演習場で農婦がアメリカ兵に射殺された五七年のジラード事件などが挙げられる。

（16）Japanese Reaction to Proposed Readjustment of US Air Force in Japan, October 7, 1963, Japan-US, NSA -00274.

（17）六一年の時点で、在日米軍は四万七一八二人の軍人が、また、沖縄には三万八六五八人の軍人が駐留していた。ジョージ・R・パッカード『ライシャワーの昭和史』（講談社、二〇〇九年）、二八四頁。

（18）United States Policy toward Japan, July 1, 1960, Japan-US, NSA -00060.

（19）吉川勇一「東京に基地があること」『世界』（一九七一年四月）、一六〇—一六一頁。
（20）Guidelines for US Policy toward Japan, November 17, 1961, Japan-US, NSA -00136.
（21）"Survey of American Activities Relating to Asia" Annexes I & II, 1954, Rockefeller Family Archives, RG 5; Series 1-OMR Files; Box 45; Folder 411, Rockefeller Archive Center.
（22）Guidelines for US Policy toward Japan, November 17, 1961.
（23）Ambassador Reischauer's Conversation with Foreign Minister, August 8, 1961, Japan-US, NSA -00129.
（24）松田武『戦後日本におけるアメリカのソフト・パワー』（岩波書店、二〇〇八年）、九〇—九二頁。
（25）Edwin O. Reischauer, "Japan-America-Prospects as of Late Summer, 1962."
（26）George L. Eastman, "MRA-Insurance Against Communism," April 4, 1958, Bulletin, 6-5. February-April; 1958, pp. 5-6. 楠綾子「戦後日米関係の再生、一九四八—一九六〇年」社団法人日米協会編『もう一つの日米交流史——日米協会資料で読む二〇世紀』（中央公論新社、二〇一二年）、一七八頁からの引用。
（27）松本重治『聞書・わが心の自叙伝』（講談社、一九九二年）、一八四頁。
（28）"CULCON was his（Reischauer's）inspiration." Personal letter from Eric Gangloff to Takeshi Matsuda, November 12, 2011. Tadashi Yamamoto, Akira Iriye, and Makoto Iokibe, eds., Philanthropy & Reconciliation: Rebuilding Postwar U.S.-Japan Relations（Tokyo: Japan Center for International Exchange, 2006）, p. 90.
（29）ライシャワー自身による自伝を含め、ライシャワーに関する伝記は少なくない。Reischauer, Edwin O. *My Life Between Japan and America*（New York: Harper & Row, 986）. ライシャワー『ライシャワー自伝』（文藝春秋、一九八七年）。パッカード『ライシャワーの昭和史』など。
（30）Edwin O. Reischauer, "Japan-America-Prospects as of Late Summer, 1962."
（31）『フォーリン・アフェアーズ』三九巻（一九六〇年一〇月—六一年七月）、一一—二六頁。
（32）ライシャワー『ライシャワー自伝』、二三六頁。
（33）Entry of April 29, 1960, Charles B. Fahs Diaries, Rockefeller Archive Center.

(34) 蔵原惟人「ライシャワー氏の哲学とアメリカの「平和戦略」」『文化評論』二七巻（一九六四年一月）、五頁より引用。

(35) パッカード『ライシャワーの昭和史』、二八七頁。

(36) 福田恒存「ライシャワー攻勢ということ」『文藝春秋』（一九六三年一〇月）、七〇—八〇頁。「真理のキャンペーン」については、松田『戦後日本におけるアメリカのソフト・パワー』、一九二—一九四頁を参照。

(37) Saxton Bradford, AMEMBASSY, Tokyo to U.S. Department of State, "Attitude of Japanese Intellectuals towards the United States," June 4, 1952, 511.94/6-452, U.S. Department of State, National Archives, Maryland, U.S.A.

(38) 蔵原惟人「ライシャワー氏の哲学とアメリカの「平和戦略」」『文化評論』二七号（一九六四年一月）、一五頁より引用。

(39) Entry of April 8, 1959, Charles B. Fahs Diaries.

(40) Secret Memorandum of Conversation. U.S. Department of State, Bureau of East Asian and Pacific Affairs, Office of Japanese Affairs, November 29, 1966, Japan-US,NSA- 00613.

(41) Reischauer's Assessment of U.S.-Japan Relations, August 7, 1961, Japan-US, NSA -00126.

(42) 中村茂夫「アメリカの対日文化政策（1）——その危険な微笑」『歴史評論』一四四巻（一九六二年）、四頁。

(43) Edwin O. Reischauer, "Japan-America-Prospects as of Late Summer, 1962."

(44) Guideline of US Policy toward Japan, May 3, 1961.

(45) Edwin O. Reischauer, January 27, 1963, Folder: Personal Notes, January 1, 1963-July 4, 1963, (Edwin O. Reischauer Papers), quoted in Rudolf V. A. Janssens, "Power and Academic Culture: The Founding and Funding of Japanese Studies in the United States," p. 54. USJP Occasional Paper 96, Program on U.S.-Japan Relations, Harvard University. John Whitney Hall Papers, Manuscripts and Archives, Yale University Library.

(46) Edwin O. Reischauer, "Japan-America-Prospects as of Late Summer, 1962."

(47) ライシャワー『ライシャワー自伝』、三二一—三二二頁。

（48）Edwin O. Reischauer, "Japan-America-Prospects as of Late Summer, 1962." 孫崎享『戦後史の正体一九四五―二〇一二』（創元社、二〇一二年）、二二六頁。

（49）Visit of Prime Minister Ikeda to Washington, June 20-23, 1961, June 16, 1961, Japan-US, NSA -00114.

（50）Charles B. Fahs, RG 2A 44, Series 4, Box 11, Folder 184, Charles B. Fahs Papers, Rockefeller Archive Center.

（51）ライシャワー『ライシャワー自伝』、三二〇―三二一、三六七頁。

（52）オリエンタリズムについての理論的研究はかなりの数に及ぶ。その入門書として、エドワード・サイード『オリエンタリズム』（平凡社、一九八六年）が参考になる。

（53）昇亜美子、玉置敦彦「パートナーシップの形成と変容――一九六〇年代」社団法人日米協会編『もう一つの日米交流史――日米協会資料で読む二〇世紀』（中央公論新社、二〇一二年）、第四章、一九一―二六三頁。

13章

冷戦とアメリカ社会の変容

反戦ヴェトナム帰還兵による「冬の兵士」調査会開催（一九七一年）と「正義の戦争」観への挑戦

藤本　博

一　本章の目的と課題

「冷戦とアメリカ合衆国（以下、アメリカ）における社会の変容」を考える場合、冷戦政策の帰結として展開されたヴェトナム戦争期において、ヴェトナムにおける軍事介入の長期化とその挫折が明らかになり、アメリカ国内でアメリカの冷戦政策を長らく支えていた「冷戦コンセンサス」が崩れるなどアメリカ社会の変容が生み出されたことを無視できない。また、対外的にも、アメリカの「信頼性の低下」と同盟国内部における軋轢がもたらされた。ここで注目したいのは、国内的に見れば、ヴェトナム戦争期において、アメリカ史上最大の反戦運動・戦争批判が展開されるなかで、わけても戦時において帰還兵ならびに現役の兵士によって自らの体験にもとづき「アメリカの戦争犯罪」の告発がなされて、アメリカ社会に根強く存在してきた、自国が常に正義の側にあるとの理想的理念に裏付けられる「正義の戦争」観に挑戦する動きが出てきたことである。とくに戦争に従事した経験をもつ帰還兵の間で、戦争が依然として進行している最中に、組織的な規模で政府の戦争政策に顕著な形で批判をする動きが見られたことは、アメリカ国内はもとより、それまでの世界史上においても稀有なことであった。

本章では、一九七一年初頭に反戦ヴェトナム帰還兵によって「アメリカの戦争犯罪」の告発の象徴的な場として開催された「冬の兵士」調査会（Winter Soldiers Investigation）を対象に、「正義の戦争」観への挑戦がいかになされ、その挑戦がアメリカ社会にいかなる影響をもたらしたのかを考察することで、「冷戦とアメリカ社会の変容」を考える一助としたい。以下、最初に、反戦帰還兵による「戦争犯罪」告発と「冬の兵士」調査会開催に至る経緯について言及し（第二節）、次いで、「冬の兵士」調査会における帰還兵の証言の問いかけの内容について検討する（第三節）。その後、「冬の兵士」調査会開催の歴史的意義と調査会後における戦争の道義性への問いかけをめぐる相剋について考察し（第四節）、最後に、「冬の兵士」調査会の遺産について言及することにしたい（第五節）。

二　反戦帰還兵による「戦争犯罪」告発と「冬の兵士」調査会の開催への道

(1) ヴェトナム反戦運動の展開と帰還兵による戦争批判の位置[1]

ヴェトナムに対するアメリカの軍事介入への批判は、アメリカ軍が一九六五年二月にヴェトナム民主共和国（北ヴェトナム）に爆撃を開始し（翌三月からは恒常的爆撃開始）、同年三月にアメリカ戦闘部隊が派遣されて「アメリカの戦争」の様相を呈すると、同年初頭以降、まず学生運動の中心的組織であった「民主的社会を求める学生」（Students for a Democratic Society）などの白人中産階級出身の学生や大学を中心に展開された。一九六六年に入ってアメリカ軍派遣が拡大され派遣米兵数が二〇万人を上回ると、戦争批判はアメリカ議会にも拡大し、同年一月末から二月にかけてフルブライト上院議員が委員長を務めるアメリカ上院外交委員会で「ヴェトナム問題公聴会」が開催されて、議会のなかで「ハト派」が形成された。アメリカ議会における戦争批判は、主として「過剰介入」論や「国益」論に立脚した「現実主義」的立場からの批判であった。

六七年に入ると反戦運動は一層拡大を見せるとともに質的な変化が見られた。なかでも六七年四月に行なわれたニューヨークとサンフランシスコにおける反戦デモはそれまでで最大の反戦デモとなり、この反戦集会に黒人指導者のキング牧師が参加するなど、運動に黒人などのマイノリティも参加するようになった。そして、同年一〇月には「徴兵拒否週間」のもとに帰還兵も参加して国家に対する忠誠を疑問視する徴兵拒否運動が組織的に展開された。戦争批判も、ヴェトナムの民族的抵抗に理解を示して政府のヴェトナム政策を根底から批判する議論が展開された。このようなアメリカ国内における反戦運動の規模拡大と質的変化のなかで、一九六七年六月にヴェトナム帰還兵によってその独自の反戦組織として結成されたのが、本章で考察の対象とする「冬の兵士」調査会を主催した「戦争に反対するヴェトナム帰還兵の会」(Vietnam Veterans Against the War: VVAW) であった。(2)

ヴェトナムにおけるアメリカ軍の戦争政策の特徴は、南ヴェトナムの「共産化を阻止する」ことを目的に、南ヴェトナム解放民族戦線による抵抗運動の根源が北ヴェトナムからの指令と支援にあるとみなして北ヴェトナムへの爆撃を強化するとともに、南ヴェトナムにおいては、「索敵撃滅」(Search and Destroy) 作戦を展開して広範な民衆を基盤とする民族的抵抗の抑圧を目指すことにあった。アメリカ軍によって「索敵撃滅」作戦が本格的に展開される一九六五年半ば以降、派遣米兵の拡大と戦争の長期化の様相が顕著となるにともなって、アメリカ軍によるこの「索敵撃滅」作戦のもとで南ヴェトナムの村落における家屋の破壊や民間人への暴力的行為が行なわれていることが少なからず明らかにされるようになった。しかしながら、このような戦場の現実がアメリカ社会の中で広範囲に明らかにされるのは、一九六九年秋における「ソンミ虐殺」の露見を待たねばならなかった。

(2) アメリカ国内外における「アメリカの戦争犯罪」告発の開始と「冬の兵士」調査会開催

南ヴェトナムにおいてアメリカ軍による「索敵撃滅」作戦のもとで村落における家屋の破壊や民間人への暴力的行為が行なわれていることの実態については、国際的には一九六七年にイギリスの哲学者バートランド・ラッセルの提唱によって二回にわたって開催された、アメリカのヴェトナムに対する戦争犯罪を裁く「戦争犯罪国際法廷」(以下、「ラッセル法廷」) によって明らかにされた。(3) しかしながら、アメリカ国内においては、一九六九年一一月に「ソンミ虐殺」が露見されるまで、大きな問題となることはなかった。アメリカ国内のメディアに関して言えば、早くも一九六五年八月五日にCBS『イブニング・ニュース』においてアメリカ軍の「索敵撃滅」作戦のもとでのアメリカ海兵隊による「村の焼き討ち」の場面が現地記者のモウリィ・セイファーによって報道された[4]。しかし、このような報道がなされたのは稀なことであった。ヴェトナムから帰還した兵士が個人レベルで戦場の実態を告発することはあったものの[5]、軍の厳しい規律もあり、一九六九年末までは、帰還兵が組織的に公の場で戦場の実態を語ることはなかった[6]。また、反戦ヴェトナム帰還兵独自の組織として一九六七年六月に結成されたVVAWの中心的メンバーが、上院外交委員長のフルブライト上院議員に対し、ヴェトナム戦争の聴聞会を開催する際には帰還兵に証言の機会を与えるよう要請したが、この機会は与えられないままであった[7]。

前述したように、アメリカ国内でアメリカ軍の戦争行為の道義性が広く問われ始めるのは、一九六九年一一月にヴェトナム中部クアンガイ省ソンミ村でアメリカ軍が行なった村民に対する無差別殺戮の実態が新聞紙上で明るみになってからである（「ソンミ虐殺事件」として知られる。アメリカにおいては、虐殺が起こった村が当時のアメリカ軍が使用した地図では「ミライ（My Lai）第四地区」に位置していたことから、「ミライ虐殺」（My Lai Massacre）と言われる。この「事件」においては、露見する約一年半前の一九六八年三月一六日、アメリカル師団第一歩兵師団チャーリー中隊のカリー中尉率いる約一〇五名の小隊のアメリカ兵がソンミ村の村人五〇四名を無差別に殺害。本章では以下、「ソンミ虐殺」の言葉を使用する）。

当初、主要な新聞は沈黙を守っていたものの、同年一一月一三日にCBSテレビのマイク・ウォーレスによる影響力のあるインタビュー番組で、この「ソンミ虐殺」に関与したアメリカ兵の一人ポール・ミードロが小隊による女性、子どもに対する無差別の殺戮があったことを赤裸々に証言し、また「ソンミ虐殺」に立ち会った従軍カメラマンのヘイベリのカラー写真が『ライフ』誌等に掲載されると[8]、民間人に対する無差別殺戮の事実が明白にあったものとして国民の間に認識されることになった。ここで注目すべきは、アメリカ国民の間では従来、アメリカが常に正義の側にあるとした理想的理念が根強く抱かれてきたが、「ソンミ虐殺」の時点で、たとえば『タイム』誌などで、民間人への無差別殺戮の事態によってアメリカの戦争政策の道義性がかつてないほど問われたことである。また、「ソンミ虐殺」発生の背後にはアメリカ兵のヴェトナム民衆に対する人種的偏見が存在するとの指摘がなされたことも重要であった。[9]

この「ソンミ虐殺」に対し、ニクソン大統領は、「ソンミ虐殺」が露見した直後の一九六九年一二月八日に記者会見の場で、「見た限りでは、確かにこれは虐殺だ。いかなる事情のもとでも、こうしたことは正当化できるものではない。〔……〕こうした行為に係わって言えば、これは孤立した事件であると私は信じる」と述べるとともに、ヴェトナムに駐留のアメリカ兵の大部分がヴェトナムの人びとを何らかの仕方で助けてきたことを強調した。[10]ニクソン政権内では、「ソンミ虐殺」の波紋が広がることを恐れ、「ソンミ虐殺」の影響を最小限にとどめようとした。たとえば、同年一一月二一日、当時のレアード国防長官はニクソン大統領とキッシンジャー大統領補佐官と個人的に話をし、「〔この虐殺の〕全容を闇にほうむることを私は望んでいる」と述べていた。[11]また、同じ一一月二一日には、レアード国防長官の指示を受け、ホワイトハウスの広報担当責任者のハーバート・クラインがハルデマン首席補佐官に対して「ミライ〔ソンミ虐殺〕の事件はニュルンベルク裁判にほぼ匹敵する裁判に発展する可能性があり、世論にも大きな影響を与えかねない」と警鐘を鳴らしていた。[12]そしてニクソン政権は、「ジェノサイド」（集団殺害）の性格をもつアメリカの戦争行為を調査するため民間調査委員会の設置を求めた海外の著名な弁護士・法律家による要請を拒否したのだった。[13]

他方で、反戦ヴェトナム帰還兵で組織されたＶＶＡＷを始めとする平和・反戦団体の間で、ニクソン政権の対応により「ソンミ虐殺」の調査が軍内部に留まってしまうことへの危惧から、「ソンミ虐殺」が「孤立した事件」ではなく、程度の差はあれ、そのような虐殺事件が日常的に起こっていることを独自に明らかにしようとする動きが出てくることになる。こうして「ソンミ虐殺」が露見された直後の六九年末には、「ラッセル法廷」のアメリカ版として「ヴェトナムにおけるアメリカの戦争犯罪市民調査会」（Citizens' Commission of Inquiry on U.S. War Crimes in Vietnam: CCI）が結成される。[14] CCIは、VVAWも含め帰還兵、聖職者や弁護士、クエーカーの平和団体、学生組織を中心とするもので、戦争の実態を明らかにし、組織的な共同行動を通じて反戦運動の昂揚をもたらそうとした。なかでも戦争体験をもつ帰還兵や現役の兵士を反戦運動に取り込むことが強調された。CCIは、当初、全国規模ではなく、とくに東部や中西部の地方都市で地方規模での帰還兵による一般公開の証言集会や記者会見を行なった。証言集会や記者会見ではもとより帰還兵が発言したが、単発的なもので、また全国的な関心を呼んだとは言えなかった。ただ、こうした地域的レベルにおける一連の証言集会や記者会見を通して、戦争批判の立場に加わる帰還兵が次第に増大していった。こうして、CCIは、これらの証言集会や記者会見をふまえ、一九七〇年一二月一日から三日にかけて、約三〇名の帰還兵を証言者として招き、最初の全米規模での「戦争犯罪公聴会」（War crimes hearings）とも言うべき「ヴェトナムにおけるアメリカの戦争犯罪全米帰還兵調査会」（National Veterans Inquiry on U.S. War Crimes in Vietnam）を開催したのだった。[15]

こうしたなか、VVAWは、その活動として、一九七〇年九月に「米軍即時撤退作戦」（Rapid American Withdrawal, 以下RAW作戦）を展開し、その成果により、VVAWの会員数が約二〇〇〇名にのぼるなど組織が拡大したことで、「冬の兵士」調査会開催に向けた準備を促進した。RAW作戦とは、ニュージャージー州モリスタウンからペンシルヴェニア州バレーフォージュまでの約一四〇キロの道程で四日間にわたり疑似「索敵撃滅」作戦を行なって、戦地でのヴェトナム民間人に対する暴力的行為を再現し、「ソンミ虐殺」

に見られるアメリカ軍による残虐行為が、ニクソン大統領が言うように「孤立的」なものではなく、アメリカ軍の戦争政策の帰結であることを沿道の住民に知らせるものであった。

以上の経緯を経て、ヴェトナム反戦帰還兵の全国組織であるＶＶＡＷが独自に主催する全米規模の公聴会の開催が準備され、一九七一年一月三一日から二月二日にかけて、「冬の兵士」調査会の名称のもとデトロイトで開催されることになる。[16] ＶＶＡＷは一九七〇年半ばには約三〇〇〇名のアメリカ兵士を組織化していたが、その後、前述の活動の展開・発展をもとに組織を拡大させ、「冬の兵士」調査会が開催される前後の一九七一年初頭にはＶＶＡＷに加わるアメリカ兵の数は約一万一〇〇〇名に達していた。そして、その中にはインドシナ地域で従軍する現役兵士約七〇〇名も含まれていた。[17]

当初、全国的な関心を集める目的からワシントンＤＣでの開催も考えられたが、最終的に開催地がデトロイトになった。その理由は、デトロイトがカナダとの国境近くで、カナダに住むヴェトナム人が自らの体験をカナダで証言でき、そしてそれらを有線放送のテレビ放送を通じて聴くことができることと、とくにデトロイトが産業労働者の象徴的な居住地域であり、政府よりも一般大衆に訴えかけようとしたからであった。[18]

三　「冬の兵士」調査会開催と反戦帰還兵による問いかけ

（1）「冬の兵士」調査会開催の目的

一九七一年一月三一日から二月二日の三日間にかけてデトロイトで開催された「冬の兵士」調査会では、一二五名のヴェトナム帰還兵と一六名の民間人専門家が証言した。[19] 「冬の兵士」調査の目的は、この調査会における「開会のステートメント」で帰還兵のウィリアム・クランデルが述べているように、主には次の三点にあった[20]。

第一は、ヴェトナムにおけるアメリカ軍の戦争行為が、実際には、国際法に照らして戦争犯罪にあたる行為を行なっていること。たとえば、「捕虜の故意の殺戮や拷問」や「軍事目的なしの民間共同生活体の意図的破壊」、「ある種の武器、軍備、およびガスの使用」、「人口の強制的隔離収容」等、戦争犯罪的な行為が行なわれていることについて、これらを目撃し、また参加した兵士の生の証言によって明らかにする点にあった。第二に、上記の戦争犯罪行為が「国家の政策の非情な結果」でもあることを示すことであった。それと同時に、ニクソン大統領が言うように「ソンミ虐殺」がけっして「孤立した事件」ではなく、「ソンミ虐殺」に携わった「アメリカル師団の政策が、陸軍・海兵隊の他の師団の政策でも」あり、「ソンミ虐殺」のような残虐行為が戦争政策の帰結として日常化していることを証明しようとした。そして第三に、アメリカ社会において根強く存在する人種差別的態度を背景に、アメリカ軍の「戦略・戦術が人種差別で充満していること」を明らかにしようとした。

こうして「冬の兵士」調査会は、上記の目的のもとに、戦争行為の実態とその戦争行為の非道徳性を明らかにして、「南ヴェトナム人民に自決権を保証《ママ》する」としたアメリカの戦争目的の正当性と欺瞞性を批判し、クランデルも述べているように、「アメリカを邪道に陥らせている政策決定者に反対」の意志を突き付けようとしたのだった。

(2)「冬の兵士」調査会における証言の構成とその特徴

「冬の兵士」調査会で語られた具体的内容について言及する前に、三日間の証言の構成とその特徴について言えば、第一に、ヴェトナム帰還兵の証言は、相互に関連して聞けるよう、基本的にはヴェトナムに従軍した主要な部隊ごとに証言が行なわれたことである。一日目の一月三一日には第一海兵師団や第一航空騎兵師団、第三海兵師団、第二日目の二月一日には第一〇一空挺師団と第五特殊部隊、そして最終日の二月二日には第二五歩兵師団や第一、第四、第九の歩兵師団、アメリカル師団に所属していた兵士がそれぞれ証言した。

そして第二に、ヴェトナム帰還兵による戦場での実態についての報告以外に、ヴェトナム帰還兵も加わって、ヴェトナム（北ヴェトナムも含め）を訪問して調査経験等を有する民間人専門家を中心とした、兵器や捕虜、戦争の医学的・精神的影響に関する問題の特別パネルディスカッションがいくつか組まれた。たとえば、「兵器に関するパネル[21]」（Weapon Panel）では、枯れ葉剤散布や対人殺傷兵器の使用、生物・化学兵器の使用の実態が語られ、さらには北ヴェトナムとラオスへの爆撃の影響についても発言がなされた。枯れ葉剤散布については、モンタナ大学の動物学が専門のバート・ファイファー教授が一九六九年から七〇年におけるカンボジア、ラオス、南北ヴェトナム訪問をもとに証言した。アメリカ国内で枯れ葉剤被害の実態が公の場で語られるのはこれが最初のことであった。ファイファーは、過去七年間の枯れ葉剤散布で南ヴェトナムにおける五分の一から二分の一のマングローブ林が枯死したとのデータを紹介し、アメリカ軍の枯れ葉作戦の展開が、作物の破壊を禁じた一九二五年のジュネーヴ議定書に違反していることに警鐘を鳴らした[22]。また、民間人の専門家を交えて、ヴェトナム帰還兵が帰国後に抱える精神的問題のパネル[23]（What We Are Doing to Ourselves）や戦争がヴェトナムに与える環境的影響や文化的影響についてのパネル[24]（What We are Doing to Vietnam Panel）が組まれた。なかでも帰還兵の精神的問題については、当時イエール大学教授であった著名な心理学者のロバート・リフトンがインタビュー調査に基づき帰還兵の精神的後遺症に関する詳細な報告を行なったことが注目される[25]。

以下、いくつかの問題に限定して、帰還兵が「冬の兵士」調査会の証言の具体的内容について紹介し、「冬の兵士」調査会で帰還兵が問いかけたことを検討しておきたい。

(3)「冬の兵士」調査会における具体的証言と帰還兵の問いかけ

(a) アメリカ政府の政策の帰結としてのアメリカ軍による戦争犯罪的行為

「冬の兵士」調査会の目的は、戦争の真相を知らせ、「ソンミ虐殺」で起こったような行為が程度の差はあれ日常的に行なわれており、しかもそうした戦争行為がアメリカの戦争政策の帰結であることを示すことにあった。早い時期の一九六四年から六五年にかけて第五特殊部隊に従軍した経験をもつドナルド・ダンカンは「冬の兵士」調査会の「閉会ステートメント」において、三日間の証言を振り返って、広範囲にわたる戦争犯罪的行為が「系統的に、故意に、不断に」行なわれ、「この国の政策決定者たちは、このことを完全に知って」おり、「やめさせるための積極的な措置は、なにひとつとられ」なかったことを強調した。加えて、「すべての戦争は絶滅戦」で「非工業化社会――ヴェトナムのような農業社会では、絶滅戦と言う場合、ただひとつのことを意味し」、それは、「抵抗の手段の破壊、すなわち人びとを抹殺すること」だと述べ、「ジェノサイド」的な戦争であることにヴェトナム戦争の本質がある点に注意を促した[26]。アメリカの戦争行為がヴェトナム民衆に対する「ジェノサイド」の罪にあたるとの見解は、前述の第二回「ラッセル法廷」において提示されたもので、同法廷執行会長であったサルトルが「民族抹殺戦争」の歴史的・哲学的な観点を提示していた[27]。

付言すれば、「冬の兵士」調査会における「戦争犯罪」の証言は、一九六三年から一九七〇年までのものであるが、ダンカンがこの「閉会ステートメント」の中で述べているように、この「冬の兵士」調査会では、「一九六三年にすでに、〔……〕人びとを強制移住させ、捕えられたものを虐殺し、捕虜を拷問の対象にしていたこと」、そして「一九七〇年になっても、依然としてつづけて」いたことに注意を促し、アメリカ軍による「戦争犯罪行為」が一貫して継続性をもっていることが強調されたのだった。[28]

以下、上記の点に関する「冬の兵士」調査会における二人のアメリカ兵士の証言を紹介する。

たとえば、第一日目に行なわれた第一航空騎兵師団に従軍していた帰還兵による証言の中で、衛生兵の仕事をしていたケネス・ルースは、証言者の皆が多くの残虐行為を目にし、その一例として、村人を無差別に「ヴェトコン容疑者」と見なし、「近代的で手のこんだ戦争機構で使われている諜報と近代的尋問方法」のもとで、「ヴェトコン容疑者」に対して無差別的な残虐行為が日常的に行なわれていることを以下のように証言した。

われわれが頼らなければならなかった唯一の根拠は、ただその男が容疑者だと他の村人から聞いていたことだけでした。〔……〕だれかを容疑者にしたてあげなければならなかったのです。そこで、隊員たちはその男を尋問します。「お前はこの地域の敵部隊のことをなにか知っているか?」男が「知らない」と答えると、糸をもっているものがその糸をいやというほどきつく、ぐいぐい一〇回ぐらい引っぱる。〔……〕これが兵隊たちの使った手口です。〔……〕そしてこの部屋にいるGIはだれでも、私の話と同じようなことをしゃべることができます。〔……〕カリー中尉だけではないのです。〔……〕アメリカのこうしたヴェトナム政策全体にまきぞえになっているものが他にも実に多くいるということを、私は知っています。[29]

ケネス・ルースが述べた「ヴェトコン容疑者」への無差別的な残虐行為とともに、顕著な日常的残虐行為として多くの兵士が証言したのが、「ソンミ虐殺」におけるのと同様の、非武装の無辜《むこ》の村人に対する無差別の殺戮行為であった。このような無差別的な殺戮は、「索敵撃滅」作戦の一環として「自由砲撃地帯」に設定された地域で日常的に見られた現象であった。この点に関連して言えば、同じく一日目に証言した第三海兵師団第一二海兵連隊第一大隊A砲兵中隊に所属し、上等兵として戦場で前哨偵察要員の任務についていたポール・ウィリアムズが象徴的な証言をしている。ウィリアムズは、「自由砲撃地帯」であった北ヴェトナムと南ヴェトナムの臨時境界線付近の非武装地帯内での作戦（ヒッコリー作戦、Operation Hickory）の一環であったカトリック避難民の疎開に従軍していた。彼の証言では、移動させられていた避難民に対してアメリカ兵が「たのしみ」として無差別に発砲したこと、しかもその発砲をやめるようにとの命令は上官からは出されなかったことを次のように述べた。

わが軍の陣地の前方約一〇〇〇メートルの地点に、難民が南に移動していくのを見ました。〔……〕彼らはみな家財道具を背負った人たちでした。〔……〕中隊の、あるいはわが小隊の何人かがこの避難民に発砲しました。〔……〕銃撃をやめるようにとの命令はまったく出ませんでした。銃撃は兵隊たちがそのたのしみに飽きるまでつづきました。(30)

また、ウィリアムズがその証言で「村民は疎開の予定を事前に通告されていた気配はなく、明らかに、疎開させられるのを望んでもいないようでした」と言及しているように、避難民のこのような疎開は住民の要請ではなく、強制的なものであった。[31] 南ヴェトナムにおける難民の発生については、「冬の兵士」調査会二日目の夜の特別パネル（What We Are Doing to Vietnam Panel）でアメリカ国際開発局の仕事に一時従事した経験をもつジム・クラークが詳細な報告を行ない、南ヴェトナムの総人口の約二五パーセントが強制的に移動させられ、こうした前例のない規模での難民の発生の半数は「アメリカ軍・同盟軍の直接介入によって発生」していることを強調したのだった。クラークが指摘するように、このようなアメリカ軍の人為的な難民政策は、南ヴェトナムの農業経済の土台を掘り崩すなど、アメリカの戦争政策の限界をもたらすものであった。[32]

（b）アメリカ軍の「戦争犯罪」的行為の背後にあるアメリカの人種主義と兵士の「人間性喪失」

「冬の兵士」調査会の一つのパネルとして設けられたのが「人種主義についてのパネル」（Panel on Racism）であった。[33] ダンカンは、前述の「閉会ステートメント」の中で、「冬の兵士」調査会の証言をふまえ、兵士が「人間性喪失」の状況に置かれていることを述べた。そして、正常な人間が拷問や虐殺など理不尽な行動をとることができるのは、兵士が「軍隊にはいってはじめて人種差別主義者になるのでは」なく、兵士たちは「人種差別とともに成長」してきたからだとして、アメリカ軍の「戦争犯罪」的行為の背後にあるアメリカにおける人種主義を告発した。[34] さらに、「冬の兵士」調査会では、兵士たちがヴェトナムの人びとに対して人種主義的態度をとっていたばかりでなく、軍隊内でもマイノリティ出身の兵士に対する人種主義的態度が見られたことが明らかにされた。

以下、ダンカンの発言をふまえ、ヴェトナムの人びとに対して人種主義的態度をとっていたことを象徴的に示す証言をまず紹介し、次に軍隊内でのマイノリティ出身兵士への人種主義的態度を明らかにした証言を紹介する。

まず、ヴェトナムの人びとに対して人種主義的態度をとっていたことを象徴的に示すものとして、先にも紹介した第一航空騎兵師団で仕事をしていたケネス・ルースの証言がある。ルースの以下の証言から、軍の態度としてヴェトナム人を人間以下のものとみなし、こうした人種主義をもとに無差別殺戮が展開されていたことを知ることができる。

われわれの多くは、茂みのむこう側に、われわれの前方に、人のいる村がひとかたまりになっていて、もし実際に火器の試し射ちをやればこの人たちが危険にさらされることを知っていました。そこで私は小隊長と小隊軍曹のところへ行って、茂みのむこうの村の片側に民間人がいることを報告しました。まず小隊長はそんなことはかまわないといい、〔……〕他のだれもやはり気にしませんでした。〔……〕ヴェトナム人は人間ではなく、標的なのです。[35]

次に、軍隊内でのマイノリティ出身の兵士に対する人種主義的態度についての証言を取り上げる。[36]「人種主義のパネル」では三名の兵士が証言したが、そのうちの一人、第三海兵師団第一三連隊第一大隊C中隊に従軍していた日系人兵士のスコット・シマブクロ上等兵が上記のルースと同じくヴェトナム人（ひいてはアジア人全体）を人間以下とみなしていること、しかも軍隊入隊以前からそうした人種差別的態度が見られることを指摘した。そして軍隊内で「グーク〔gook、ヴェトナム戦争時にアジアの人びとに対する侮辱の言葉として使用された〕のモデルに使われ」、差別的態度を受けた経験を次のように述べている。[37]

軍人はみな、グークはグークだという態度でいることは明らかです。そしてアメリカでは軍隊に行く以前から、アメリカに住むアジア人にたいして、こうしたひどい人種差別的態度があることもたしかです。〔……〕いったん軍隊にはいると洗脳されて、アジア人は人間以下だという考えをうえつけられてしまいます。〔……〕新兵兵舎ですごした全期間、私はグークのモデルに使われたのです。教室へ行くと、諸君はVC、北ヴェトナム軍とたたかうのだと教えられます。そして教官は私を見て「ほら、あそこにいるやつは、まったくやつらにそっくりだ」というのです。(38)

以上のように、「冬の兵士」調査会でヴェトナム民衆ならびに軍隊内のマイノリティに対する人種差別的態度が強調されたのは、「ソンミ虐殺」の責任をカリー中尉個人に背負わせるのではなく、人種差別主義を生み出すアメリカ社会を問題にし、ヴェトナム民衆を人間以下のものとみなすことで民間人に対する無差別殺戮が軍の政策として展開されていることを明らかにしようとしたからであった。このような状況のもとでは、「冬の兵士」調査会において、ロバート・リフトンが語っていたように、「ヴェトナムにおいてアメリカ軍兵士は、被害者（victim）であるとともに、加害者（executioner）でもある」存在なのであった。(39)

四　「冬の兵士」調査会開催の歴史的意義と調査会後における戦争の道義性への問いかけをめぐる相剋

（1）「冬の兵士」調査会開催の歴史的意義

「冬の兵士」調査会開催の歴史的意義については、別稿ですでに言及したことがある、(40)ここでは、一部重複するが、この別稿で述べた論点を補足する形で再論しておく。

「冬の兵士」調査会開催の意義として第一に指摘できることは、上記に紹介した証言にて帰還兵が問いかけたように、ヴェトナムにおけるアメリカの戦争政策の展開のなかでは、アメリカ軍および南ヴェトナム軍に捕えられた「ヴェトコン容疑者」や捕虜に対する拷問と殺害、非武装民間人に対する無差別的な殺害等が日常的に行なわれており、しかもこれらの行為が戦争行為に関するジュネーヴ議定書などに違反する「戦争犯罪」行為であることを明らかにすることで、ヴェトナムにおけるアメリカの戦争政策の非道義性、犯罪性を告発した点にある。帰還兵が提起したことは、アメリカが常に正義の側にあるとした理想的理念にもとづく「正義の戦争」観への挑戦であった。加えて、アメリカ社会やアメリカ軍内において人種差別が制度化されていることを背景に、こうした「戦争犯罪」行為やヴェトナム民間人を人間以下と考える精神状況が生み出されていることを、帰還兵は自らの体験に基づいて明らかにしようとしたのであった。

第二に、「冬の兵士」調査会での証言活動は、帰還兵にとっては、「軍人」（warriors）から「公的証言者」（public witness）へと自らの役割を変え、人前で自らの体験を話すことで、人間回復のプロセスとなった。この意味で、ダンカンは、「冬の兵士」調査会後も、人びとに話しかけ、戦争の真実を語り続けることで、「われわれは、元復員軍人になり、そしてふたたびふつうの国民にもどれる」と訴えていた。(41)

第三に、「冬の兵士」調査会での帰還兵の証言は、マクガバン上院議員やハットフィールド上院議員、デラムズ下院議員など何人かの反戦派議員の支持を得たことである。たとえば、ハットフィールド上院議員の提案で、上院は一九七一年四月五日、「冬の兵士」調査会における全証言をアメリカ議会記録の補遺として記録に残すことを承認した。ハットフィールドは、この提案にあたり、①国防総省と国務省における、証言に含まれる証拠と告発に関する調査、②証言で問われた「戦争犯罪」行為に係る議会における聴聞会と特別委員会の開催、を要求したのだった。[42] また、「冬の兵士」調査会開催直後の同年二月五日には、マクガバン上院議員が、「冬の兵士」調査会の証言をふまえ、ヴェトナム戦争の本質とヴェトナムの無辜《むこ》の民衆に与えている人的被害を理解することが不可欠だとして公的な全面的調査を呼びかけたのだった。[43]

ハットフィールドやマクガバンの呼びかけにもかかわらず、上下両院においてアメリカのヴェトナムにおける戦争犯罪について公聴会やアメリカ議会の中で調査委員会が設けられることはなかった。しかしながら、インフォーマルなものではあったが、一九七一年四月二六日に、デラムズ下院議員他の三名の下院議員の提唱により、下院の議員会館の一室にて、デラムズ下院議員を含め二一名の下院議員も参加して、「冬の兵士」調査会と同じ趣旨と目的で、アメリカの「戦争犯罪」に関する帰還兵による証言集会が開催されたことが注目される。[44] この証言集会は事前に一定のメディアの関心を集め、『ニューヨーク・タイムズ』紙や『ワシントン・ポスト』紙が事前に関連記事を掲載した。[45]

(2)「冬の兵士」調査会以後——戦争の道義性への問いかけをめぐる相剋

(a)「冬の兵士」調査会に対するメディアの反応、調査会後のVVAWの活動

以上述べたように、「冬の兵士」調査会の開催を契機として「正義の戦争観」が問われることになった。しかし、「冬の兵士」調査会直後、戦争の道義性への問いかけは、全国的なレベルでアメリカ市民の間に浸透したとは言えない。メディアに関して言えば、「冬の兵士」調査会について、会場の所在地であるデトロイトやシカゴなど中西部の一部の新聞を除き大部分の新聞は「冬の兵士」調査会の証言の重要性を過小評価する扱いであった。たとえば、『ニューヨーク・タイムズ』紙は、「冬の兵士」調査会終了後一週間を経た一九七一年二月七日に関連記事を掲載したが、「証言で語られた大部分の内容は新聞で掲載され、テレビでも

放映されたことである」として「冬の兵士」調査会での証言を過小評価していた。そして、全国ネットのCBSは、そのニュース番組で自ら撮影した映像を放映することは全くなかった。[46] こうしたなか、ダンカンは、「閉会ステートメント」のなかで、人びとはメディアや宣伝によって判断をくもらされており、メディアに期待できないが故に、全米に「冬の兵士」調査会での証言を知らせる仕事を続けることを強調したのであった。[47]

VVAWはその後、帰還兵の要望をより効果的にアピールするために、「冬の兵士」調査会が終わって数カ月後の一九七一年四月一八日から首都ワシントンで「デューイ・キャニオンⅢ作戦」の活動を展開した。この中で、VVAWのリーダーの一人であったジョン・ケリーが二二日、上院外交委員会で証言し、「冬の兵士」調査会での帰還兵と同じく、アメリカ軍の戦争行為の非道義性、犯罪性を告発した。[48] その直後の二三日には約二〇〇〇名の帰還兵が参加するなかで多くの帰還兵が勲章を議会に投げ返し、二四日にはワシントンで約五〇万人が参加するアメリカ史上最大の反戦集会が開催された。VVAWの会員数は七二年末には二万人に及び、VVAWは全米規模の大衆組織として発展していった。

（b）ニクソン政権による反戦運動に対する監視強化、戦争批判鎮静化の試み

筆者は、「ソンミ虐殺」露見を契機とするアメリカの戦争政策への道義性への問いかけがアメリカ国民に浸透しなかった背景として、「冬の兵士」調査会が開催された一九七一年初頭からアメリカ軍戦闘部隊が撤退する七三年三月までの時期における反戦運動の分散化・衰退化の状況があり、加えて、「ソンミ虐殺」に係わる軍内部の軍事裁判において唯一罪に問われたカリー中尉を免罪しようとしたニクソン大統領の措置を支持する国民意識の状況があった点について、かつて論じたことがある。[49] 本章では、この論考では言及でき

なかった当時のニクソン政権による反戦運動に対する監視強化、戦争批判鎮静化の試みについて述べる。この点も、アメリカの戦争政策の道義性への問いかけがアメリカ市民の間で希薄化していく重要な一つの要因であり、ニクソン政権の対応については以下の三点が重要であると考える。

第一に、ニクソン政権は、ヴェトナム戦争政策の非人道性、残虐性への問いかけが戦争批判の世論拡大につながることを危惧して、「冬の兵士」調査会で証言した兵士たちの信憑性を貶めることを目的とする攻勢的なキャンペーンを展開するとともに、ＦＢＩを中心とするＶＶＡＷに対する監視活動を強化したことである。たとえば、ニクソン政権は、ニクソン大統領の特別顧問をしていたチャールズ・コルソンにＶＶＡＷの調査を指示した。コルソンは、「ＶＶＡＷに対抗する措置」（Plan to Counteract Viet Nam Veterans Against the War）と題する秘密覚書のなかで、かれらが実際に戦闘に従事した兵士かどうか、確認の調査をする必要があることを述べていた。[50] そして、ニクソン大統領は上院外交委員会でヴェトナムにおける戦争犯罪を告発したジョン・ケリーの発言を脅威と認識し、ＶＶＡＷに対抗するために組織され、ニクソン政権のヴェトナム政策を支持する保守派の帰還兵団体である「正義の平和を求めるヴェトナム帰還兵の会」（Vietnam Veterans for a Just Peace）のスポークスマンであったジョン・オニールを抱き込んでケリー攻撃の先峰に立たせたのだった。[51]

第二は、新聞やマスメディアへの監視を強めたことである。ニクソン大統領はメディアが人びとを戦争反対に導いていると信じ、「ソンミ虐殺」が初めて公になった一九六九年の秋時点から新聞とテレビ局のコメンテーターや反戦勢力がその出来事を利用して政府の努力を骨抜きにするために「ソンミ虐殺」を利用していることに憂慮の念を示していた。そこでニクソンは、政府批判の報道への対抗措置の一つとして、国民がそうした報道に批判的であることを示すために組織的な「投書運動」を指示した。たとえば、ＮＢＣテレビの番組でマクガバン上院議員がヴェトナムからのアメリカ軍の即時撤退を提唱した際に、ホワイトハウスは共和党員の一部にマクガバンに抗議する旨の手紙を書くよう指示したのだった[52]。

第三は、戦争批判をかわすために、大統領のヴェトナム政策を国民が支持していることを意図的に示そうとした。ニクソン大統領は、一九六九年一一月三日の演説において「サイレント・マジョリティ」（the silent majority）という言葉を使用し、反戦運動や戦争批判に組みしないアメリカ国民の大多数は大統領のヴェトナム政策に決して反対はしていないことを示そうとした[53]。

以上に述べたニクソン政権の対応が一定の成功を収め、全体として反戦運動・戦争批判が鎮静化していくなかで、「冬の兵士」調査会で帰還兵が問いかけたヴェトナムにおけるアメリカの戦争行為の犯罪性と道義性に係る問題は、アメリカ社会において国民意識から次第に希薄化していくことになる。また、アメリカ陸軍内の軍法会議で唯一人罪を問われたカリー中尉の裁判において、上官たちの責任が一切問われることなく、一九七四年に入って、最終的に、ニクソン大統領の介入によってカリーが釈放され、自由の身になったことにより、戦争の道義性、犯罪性を広く議論する場は失われることになった。

五　「冬の兵士」調査会の遺産

（1）「冬の兵士」調査会が問いかけたこと

「冬の兵士」調査会において反戦帰還兵が問いかけたことは、ヴェトナムにおけるアメリカの戦争政策の展開の帰結として「戦争犯罪」的行為が日常的に行なわれ、そして、アメリカ社会やアメリカ軍内において人種差別が制度化されていることがその背景にある点であった。帰還兵は戦争政策の道義性に疑問を投げかけ、ヴェトナム戦争は「正義の戦争」とは言えず、戦争それ自体の非人道性をアメリカ国民に広く知らしめようとしたのであった。

「冬の兵士」調査会における帰還兵のスタンスは、「閉会ステートメント」でダンカンが「われわれがここに集まっているのは、アメリカを敵とする証言をするためではなくて、アメリカを邪道に陥らせている政策決定者に反対の証言をするためです」と述べているように、戦争犯罪を起こさない国のありかたにアメリカを戻すことにあった。[54]この意味で、「帝国主義的な侵略」としてアメリカの戦争行為を批判する帰還兵は一部にはいたが、多くの帰還兵による戦争批判は、「敵」の人びとのみならず、自国兵士自らの人間性を失わせる「戦争」の非道徳性を問題視していたという意味で「非戦」の立場にたつものであった。そして、「冬の兵士」調査会で「開会ステートメント」を読み上げたクランデルは、「冬の兵士」調査会から約二〇年以上経った一九九四年に書いたエッセイ「われわれは「冬の兵士」調査会から何を学んだのか」なかで、「われわれが学んだことは、残虐行為は権力をチェックできていない状況のもとで生まれた」点を想起すべきだとして、権力に身を委ねることの危険性を自覚する必要を述べている。このクランデルの発言からもわかるように、アメリカの「戦争犯罪」的行為を個人の責任に矮小化する政府を批判して、「政策決定者」の責任を問いかけることを「冬の兵士」調査会は重視したのであった。[55]

「冬の兵士」調査会以後のニクソン政権の対応、そして一九七五年のヴェトナム戦争終結を経て、その後一九八〇年代に外国に対する軍事的介入を肯定的にとらえる当時のレーガン政権による「ヴェトナム症候群」の克服の動き、さらには二〇〇一年の「同時多発テロ」後のアフガニスタンやイラクにおける「対テロ戦争」の展開という歴史的過程のなかで、「冬の兵士」調査会における帰還兵による問いかけが、アメリカ社会に広く定着し、その問いかけを契機にアメリカの外国における軍事介入政策の転換が促されるまでには至っていない。

(2)「冬の兵士」調査会の今日的継承——文化的・思想的影響

しかしながら、一九六〇年代のアメリカにおける社会運動全般の歴史的意義についても言えることであるが、帰還兵による「戦争犯罪」の告発は、体制的な変革を生み出すことはなかったものの、民間人の犠牲を生み出す戦争の実相に敏感に反応する意識がその後定着することにつながったという意味で、文化的・思想的な影響を後のアメリカ社会に与えたと言える。たとえば、イラク戦争開始から約一年半を経た二〇〇四年七月、イラクからの帰還兵が「戦争に反対するイラク帰還兵の会」(Iraq Veterans Against the War: IVAW)を結成し、「冬の兵士」調査会の発想から学んで、ＩＶＡＷの主催にて二〇〇八年三月には「冬の兵士　イラクとアフガニスタン　占領の目撃証言」と題する公聴会を開催した。この公聴会では、「冬の兵士」調査会と同じく、イラクにおける非武装民間人に対する殺害の実態を明らかにし、そのことがアメリカ占領軍の行動の帰結であることを明らかにしたのであった。(56) このことから、「冬の兵士」調査会で問われた、「非人間的状況」をもたらす戦争の現実への注視とこうした戦争の現実を生み出す政策決定者への責任を問うことが、今日でも「冬の兵士」調査会の遺産として継承されていると考えることができる。(57)

（1）アメリカにおける反戦運動の展開については、藤本博「公民権運動と反戦運動」歴史学研究会編『講座世界史一〇　第三世界の挑戦』（東京大学出版会、一九九六年）参照。

（2）ＶＶＡＷをはじめとする帰還兵の反戦運動について詳しくは以下を参照。Gerald Nicosia, *Home to War: A History of the Vietnam Veterans' Movement*（New York: Crown Publishers, 2001）; Andrew E. Hunt, *The Turning: A History of Vietnam Veterans Against the War*（New York: New York University Press, 1999）; Jonh Prados, "The Veterans Antiwar Movement in Fact and Memory," in Marilyn B. Young and Robert Buzzanco, eds., *A Companion to the Vietnam War*（Malden,MA: Blackwell Publishers, 2002）, pp. 403-415.

（3）「ラッセル法廷」に関して詳しくは、藤本博「ジョンソン政権と「ラッセル法廷」（ベトナム戦争犯罪国際法廷）」日本国際政治学会編『国際政治』第一三〇号（二〇〇二年五月）、七六―九一頁参照。

（4）ＣＢＳのモウリィ・セイファーによる報道については、Peter Brush, "What Really Happened in Cam Ne? "（2004）http://www.library.vanderbilt.edu/central/Brush/Cam-Ne. htm 参照。

（5）この代表的な人物がドナルド・ダンカンである。ダンカンは、一九六五年七月に除隊後、左翼雑誌『ランパーツ』（*Ramparts*）誌の編集委員に加わり、同誌の一九六六年二月号で、ヴェトナム人捕虜の殺害などの「戦争犯罪行為」やアメリカ軍内における南ヴェトナム兵に対する人種差別について告発した"The Whole Thing is a Lie !" *Ramparts*, Vol. 4, No. 10（Feb. 1966）, pp.12-24. その後、ダンカンは、「ラッセル法廷」の場で証言するとともに、後述する「冬の兵士」調査会において閉会の挨拶を行なうなど、帰還兵による「戦争犯罪」告発の中心人物として活躍する。

（6）ヴェトナムに従軍したアメリカ軍兵士がアメリカ軍の戦争行為の実態とその非人道性を組織的な場で最初に告発したのは、アメリカ国内ではなく、一九六七年にスウェーデンとデンマークで開催された民衆法廷の場としての「ラッセル法廷」であった。詳しくは、藤本博「アメリカにおけるヴェトナム反戦運動とその遺産――ヴェトナム帰還兵・「アメリカの戦争犯罪」・国際的連関――」油井大三郎編『越境する一九六〇年代――米国・日本・西欧の国際比較』（彩流社、二〇一二年）、七五―七六頁参照。

（7）Jan Barry, Joe Urgo and Barry Romo, "The Winter Soldier Hearings," in Richard Stacewicz, *Winter Soldiers: An Oral History of the Vietnam Veterans Against the War* (Chicago: Haymarket Books, 1997), p. 233.

（8）ヘイベリのこの衝撃的写真は『ライフ』誌の一九六九年一二月五日号に掲載された。

（9）「ソンミ虐殺」露見の経緯とその波紋については、藤本博「アメリカ合衆国の「世界体験」としてのベトナム戦争——「ソンミ虐殺」をめぐる記憶の変遷とその遺産を中心に——」歴史学研究会編『二〇世紀のアメリカ体験』（青木書店、二〇〇一年）、三六七—四〇三頁参照。

（10）*Public Papers of the Presidents of the United States, Richard Nixon, 1969*（Washington, D.C.: Government Printing Office, 1971）, pp. 1003-1004.

（11）Nick Turse, *Kill Anything That Moves: The Real American War in Vietnam*（New York: Metropolitan Books, 2013）, p.228 から引用。

（12）*Ibid*。

（13）"Call to the Winter Soldier Investigation," Vietnam Veterans Against the War Records, 1967-2006, Box 18, Folder 31, Wisconsin Historical Society, Madison, Wisconsin, USA.

（14）ＣＣＩ開催に至る経緯について詳しくは、藤本「アメリカにおけるヴェトナム反戦運動とその遺産」、七八—八二頁参照。

（15）「ヴェトナムにおけるアメリカの戦争犯罪全米帰還兵調査会」における帰還兵を中心とする証言は、後に一九七一年三月にカリフォルニア州選出下院議員のデラムズの努力によって議会記録に入れられた。*Congressional Record*, 92nd Cong. 1st Sess., 117, pt.4, March 1st, 1971, pp. 4238-4271.

（16）「冬の兵士」調査会開催までの経緯についても詳しくは、藤本「アメリカにおけるヴェトナム反戦運動とその遺産」、七八—八二頁参照。

（17）「冬の兵士」調査会開催直後におけるＶＶＡＷのフィラデルフィア支部によるプレスリリース（一九七一年三月二一日付）参照。The Vietnam Veterans Against the War/Winter Soldiers Organization Collected Records,

Swarthmore College Peace Collection, Swarthmore, Pennsylvania, USA.

（18）"The Winter Soldier Investigation,"（「冬の兵士」調査会への参加をよびかける小冊子）Vietnam Veterans Against the War Records, 1967-2006, Box18, Folder 37, Wisconsin Historical Society, Madison, Wisconsin, USA.

（19）「冬の兵士」調査会における証言の全ては、U.S. Congress, *Congressional Record*, 92nd Cong., 1st Sess., April 6, 1971. pp. 9947-10055. 参照。この議会記録の簡約版として以下のものがある。Vietnam Veterans Against the War, ed., *The Winter Soldier Investigation: An Inquiry into American War Crimes*（Boston: Beacon Press, 1972）. そして、議会記録をテキストとして、ビーコン・プレス版にはない証言も含めて編集して訳出したものが、陸井三郎編訳『ベトナム帰還兵の証言』（岩波新書、一九七三年）である。以下にとりあげる帰還兵の証言で、『ベトナム帰還兵の証言』に掲載されているものについては、『ベトナム帰還兵の証言』の訳文を使用した。

（20）以下のクランデルの発言については、*Congressional Record*, 92nd Cong., 1st Sess., April 6, 1971, pp.9947-9948. 陸井編訳『ベトナム帰還兵の証言』、二二―二六頁参照。

（21）*Ibid*., pp. 9959-9967.

（22）*Ibid*., p.9960. バート・ファイファー教授による証言が枯れ葉剤散布についての公的な場での最初の証言であったことについては、「開会ステートメント」を述べたクランデルが以下のエッセイにおいて言及している。William F. Crandell , " What Did America Learn from the Winter Soldier Investigation,"（March1994）. http://www2.iath.virginia.edu/sixties/HTML_docs/Texts/Narrative/Crandell_Winter html

（23）*Congressional Record*, 92nd Cong., 1st Sess., April 6, 1971, pp. 9977-9988.

（24）*Ibid*., pp. 10013-10022.

（25）*Ibid*., pp. 9978-9979.

（26）*Ibid*., pp.10054-10055. 陸井編訳『ベトナム帰還兵の証言』、七―二二頁。

（27）Jean Paul Sartre, "On Genocide," in *Against the Crimes of Silence: Proceedings of the International War Crimes*

Tribunal, ed. by John Duffett（New York, A Clarion Books, 1968）, pp.612-626. ベトナムにおける戦争犯罪調査日本委員会編『続ラッセル法廷』（人文書院、一九六八年）、三〇一―三二〇頁。

（28）*Congressional Record*, 92nd Cong., 1st Sess., April 6, 1971, p. 10054. 陸井編訳『ベトナム帰還兵の証言』、九頁。

（29）*Ibid*., p. 9958. 陸井編訳『ベトナム帰還兵の証言』、九三―九四頁。

（30）*Ibid*., p. 1004. 陸井編訳『ベトナム帰還兵の証言』、一〇八―一〇九頁。

（31）*Ibid*., 陸井編訳『ベトナム帰還兵の証言』、一〇八頁。

（32）*Ibid*., p, 10013-10019. 陸井編訳『ベトナム帰還兵の証言』、一七四―一八八頁。

（33）*Ibid*., pp. 9973-9977.

（34）*Ibid*., p. 10055. 陸井編訳『ベトナム帰還兵の証言』、一二一―一二三頁。

（35）*Ibid*., p. 9958. 陸井編訳『ベトナム帰還兵の証言』、九一―九二頁。

（36）証言した帰還兵の中には黒人兵士は少なからずいたが、黒人以外では日系人出身の兵士二名、チカノ出身の兵士一名、先住アメリカ人出身兵士一名にすぎなかった。

（37）「冬の兵士」調査会で証言したもう一人の日系人兵士であるナカヤモも、シマブクロと同様、新兵出身で「グーク」のモデルに使われた体験を証言している。*Congressional Record*, 92nd. Cong., 1st Sess., April 6, 1971, p. 10011-10012.

（38）*Ibid*., p. 9974. 陸井編訳『ベトナム帰還兵の証言』、四五―四六頁。

（39）*Ibid*., p.9978.

（40）藤本「アメリカにおけるヴェトナム反戦運動とその遺産」、八四―八五頁。

（41）*Congressional Record*, 92nd. Cong., 1st Sess., April 6, 1971, p. 10055. 陸井編訳『ベトナム帰還兵の証言』、一二一頁。

（42）*Ibid*., p. 9947. 陸井編訳『ベトナム帰還兵の証言』、六頁。

（43）"Statement by Senator George McGovern (D-S.D.) on Allegations Concerning War Crimes." Vietnam Veterans Against the War Records, 1967-2006, Box 18, Folder 35, Wisconsin Historical Society, Madison, Wisconsin, USA.

(44) この証言集会の証言記録については、The Citizens Commission of Inquiry, ed., *The Dellums Committee Hearings on War Crimes in Vietnam: An Inquiry into Command Responsibility in Southeast Asia*（New York: Vintage Books,1972）がある。

(45) "4 in House Plan Hearings on War," *New York Times*, April 7, 1971; "4 Congressman to Hold Inquiry on War Crimes," *Washington Post*, April 7, 1971.

(46) Hunt, *The Turning*, p.72 参照。

(47) *Congressional Record*, 92nd. Cong., 1st Sess., April 6, 1971, p.1054. 陸井編訳『ベトナム帰還兵の証言』、八頁。

(48) ケリーの証言に関する内容は *Congressional Record*, 92nd. Cong., 1st Sess., April 22, 1971, pp.179-200 参照。

(49) 藤本「アメリカ合衆国の「世界体験」としてのベトナム戦争」、三八一―三八三頁。

(50) Hunt, *The Turning* , p.73 参照。

(51) Brian Williams, "Nixon Targeted Kerry for Anti-War Views," *NBC News*, March16, 2004. http://www.Nbcnews.com/id/4534274/

(52) この点については、Michael Bilton and Kevin Sim, *Four Hours In My Lai*,（London: Penguin,1992）, pp.315-322 に詳しい。

(53) *Public Papers of the Presidents of the United States, Richard Nixon, 1969*（Washington, D.C: Government Printing Office, 1971）, p.909.

(54) *Congressional Record*, 92nd. Cong., 1st Sess., April 6, 1971, p.9948. 陸井編訳『ベトナム帰還兵の証言』、二五―二六頁。

(55) William F. Crandell, "What Did America Learn from the Winter Soldier Investigation."

(56) この点詳しくは、藤本博「ヴェトナムにおける「アメリカの戦争犯罪」再考」『アジア・アフリカ研究』第五〇巻第四号（二〇一〇年）、二六―二八頁。

（57）　ここではＶＶＡＷ主催の「冬の兵士」調査会における帰還兵の証言に考察の対象を限定したため、本章においては、ＶＶＡＷを中心とする帰還兵の運動とともに現役兵士（ＧＩ）による反軍活動の展開を契機として徴兵制から志願制への転換に象徴される軍内部のシステムがいかに変化したか、そしてひいては同盟関係の軍事的体制にどのような影響を及ぼしたかについては考察できなかった。この点については、今後の課題としたい。アメリカでは、一九七三年にヴェトナム戦争期に採用していた徴兵制から志願兵制度へと転換した。この経緯とその歴史的意味については、Beth Bailey, *America's Army: Making All-Volunteer Force*（Cambridge, Mass, Harvard University Press, 2009）に詳しい。

14章

大西洋同盟の文化的基盤
NATOの発信するテクストとその変遷

齋藤　嘉臣

一　同盟の表象学

(1)　同盟と文化的基盤

第二次世界大戦後、ヨーロッパでは「鉄のカーテン」の東と西に別個の軍事同盟および政治経済秩序が構築された。このうち西側では、北大西洋条約の調印（一九四九年）によって大西洋同盟が構築され、その軍事的意義や政治的機能にはこれまでに大きな焦点が当てられてきた。一方で、この大西洋同盟の意義や必要性について加盟国内外に広く周知させることで、同盟を下支えするような文化的基盤を構築する試みについてはあまり知られていない。一般に、同盟は軍事的要因から構築されるが、その必要性に対する加盟国世論の認識は必ずしも一様ではなく、さらに国際環境の改善とともに軍事的脅威が主観的に減退すれば、同盟の存在は批判の矛先になりやすい。そこで、同盟が長期的に持続するためには、その存在を正当化し、同盟の必要性について加盟国社会の広範な合意（文化的基盤）を調達するような不断の努力が必要となる。

大西洋同盟を構成する米欧諸国間の結束と反共意識を高める試みとして、既存研究が明らかにしてきたのが、一九五〇年六月に設立された文化的自由会議（Congress for Cultural Freedom: CCF）の活動実態である。(1) パリに拠点を置くＣＣＦは、アメリカ中央情報局（Central Intelligence Agency: CIA）の非公然的な支援を受けた非政府組織であり、ＣＩＡからの潤沢な財政支援を背景に、知識人を動員して米欧間の文化的紐帯を高めるとともに、反共プロパガンダを展開した。名誉総裁には、ラッセル、ヤスパース、クローチェ等の哲学者が名を揃えた。ＣＣＦは、「自由」な知的活動が西側でのみ保障されていることも訴えた。設立時の綱領第一項では、「知的自由は侵害することのできない人権の一つ」として知的独立が宣言され、いかなる哲学や経済理論、国家や人種も自由を侵害できないと述べられている。(2) だが、西側を「自由」の約束された世界として発信するＣＣＦがＣＩＡの非公然的な支援を受けていたことが一九六七年に明るみになると、社会からの大きな批判にさらされることとなった。ＣＣＦの活動には、「自由」な世界として自らを表象し続けた西側の言論空間が、必ずしも政府関与から自由でなかった実態が映し出されている。

既存研究を念頭に置きながら本章が焦点を当てるのは、北大西洋条約機構（North Atlantic Treaty Organization: NATO）を舞台に展開された、同盟の文化的基盤を構築する試みである。ＮＡＴＯは、必ずしもソ連の軍事的脅威だけで存在が加盟国社会から自動的に承認されると考えていたわけでなく、西側の価値体系を擁護する組織として積極的に自己を表象し、同盟の意義や必要性を発信し続けた。「平和の擁護者」「自由の砦」「加盟国の調和のシンボル」といった言説によって、非軍事的な観点からも存在を正当化し、その結果として、国際環境の変化に呼応した多様な同盟像を創り出したのが、ＮＡＴＯであった。

具体的に本章は、大西洋同盟がその意義や必要性を発信するさいに利用した媒体と、発信されるテクストの変遷を考察する。それにより、ＮＡＴＯという本質的に軍事的な組織がいかにして文化的基盤を構築しようとしたのかを、一九五〇年代から一九七〇年代前半までの時期を対象に明らかにしたい。

（2）ＮＡＴＯにおける情報部の設立

一九五〇年代以降に本格化する同盟の文化的基盤を構築する試みを検討する前作業として、当該試みに従事する組織がＮＡＴＯ内部に設立される過程を、英米両国の姿勢に着目して検討しておきたい[3]。

戦後ヨーロッパで高まる共産主義諸国からの軍事的脅威に対抗し、西欧へのアメリカの軍事的関与を担保するのが、一九四九年四月に調印された北大西洋条約であった。だが、西側の価値を発信して米欧間の結束を促すための多国間協力が必要と主張する声は、条約調印以前から米欧諸国の中で挙がっていた。その背景として、西欧諸国で共産主義イデオロギーの社会的影響が高まっていたことを指摘することができる。たとえば、イタリアやフランスでは一〇〇万人を越える共産党員が存在したほか、共産党が連立政権にも参加して政治的に重要な地位を占めていた。この事態を憂慮する英米両政府は、西欧諸国において独自のプロパガンダに従事し、一九四八年四月のイタリア総選挙では保守政党に反共的な情報を提供する等の介入を行ない、イタリア共産党の抑え込みが図られている。

西側の首脳たちは、共産主義諸国からの反西側プロパガンダに結束して対応する必要性を強く認めていた。一九四八年一〇月、マーシャル米国務長官、ベヴィン英外相、シューマン仏外相は、同問題について協議を行なった。その際ベヴィンは、「ロシア人は一つの声で主張する一方で、われわれは多様かつ矛盾した見解を示す傾向にある」との問題意識を述べるとともに、西側が「戦争屋」だと世論から認識されるのを防ぎ、「われわれは単に自らと生活システムと友人を守ろうとしているだけ」だと示す必要性を語り、西側諸国の緊密な協力関係の構築を提案している(4)。

それから半年を経て北大西洋条約が調印された直後、「イデオロギー的防衛」の分野において各国が協力を進めるため、西側の価値の発信に従事する組織を大西洋同盟内に設置することを求める声がイギリス政府内で挙がった。同じ時期、アメリカ政府内でも、共産主義プロパガンダへの対抗と加盟国との活動調整のため、同盟内に組織を設置することが検討されていた。情報発信に関して自負を持ち、自国の役割を信じる英米両国が同じ見解を有していたことは、この後ＮＡＴＯにおいて同分野での活動に従事する組織が設立される原動力となる。

こうして一九五〇年一一月、ＮＡＴＯ情報部（NATO Information Service: NATIS）が設立された。ＮＡＴＩＳは、攻撃的な反共プロパガンダには直接従事せず、ＮＡＴＯの存在理由や東西間の緊張緩和に向けた取り組みを加盟国内外に発信することを、活動の中心に据えることとなる。

二　ＮＡＴＩＳの発信する一九五〇年代のＮＡＴＯ

（１）ＮＡＴＯの周知

一九五二年四月、前年の「イギリス博覧会」（Festival of Britain）の実行委員長を務めたイズメイ卿が、ＮＡＴＯ事務総長に就任した。このイズメイ卿の下で、ＮＡＴＯは加盟国内外に向けて自らの存在を周知させるさまざまな活動に従事し始める。

直後に設置された情報政策作業部会（Information Policy Working Group: IPWG）は、同盟の大義やその防衛的性格について国民に周知させる手法を加盟国政府に助言することを任務とし、共産主義プロパガンダに関する情報共有や協議の場としても機能することが期待された。ＩＰＷＧの下、一九五三年には月刊一万部の『ＮＡＴＯレター』が発行され、加盟国内で広く配布された[5]。この他にも、『ＮＡＴＯハンドブック』は一九五四年までに一〇万部が配布され、ＮＡＴＯ旗の採用、加盟国によるＮＡＴＯ切手の発行等もなされた[6]。やがて、ＩＰＷＧは情報文化関係委員会（Committee on Information and Cultural Relations: CICR）へと発展的に解消する。ＣＩＣＲの任務は、加盟国相互の文化関係の進展を促し、同盟イメージの刷新と理解の普及を図るとともに、反ＮＡＴＯプロパガンダに関する情報共有を容易にすることであった[7]。

それでは、ＣＩＣＲはどのような手段を通じて同盟の大義発信に従事し、イメージ刷新に務めたのであろうか。たとえば、ジャーナリスト、国会議員、知識人のような、ＮＡＴＯの本部訪問者へのツアー実施が挙げられる。ツアーでは同盟の大義を説明した書類が配布され、ＮＡＴＯスタッフとの会談の場が設けられた。訪問者の数は、一九五四年の八グループから一九五七年には一三二グループ（四五七四人）、一九六〇年には三九二グループ（一万五〇八四人）へと急増し、対象もやがて教育者、学生、青年組織や労働組合にまで拡大した。特に学生や青年組織に対して、ＮＡＴＯは大きな焦点を当てた。また、ＣＩＣＲは文化交流事業にも深く関与したが、その具体例としてはＮＡＴＯフェローシップ、各地の大学（オックスフォード、プリンストン、フライブルク等）におけるセミナー、高等学校・大学生向けのエッセー賞の創設等を挙げることができる。さらに、ＣＩＣＲと加盟国政府の協力の下にＮＡＴＯバンが西欧諸国を回遊し、ＮＡＴＯ関連の写真が展示されたほか、大西洋同盟の意義を説明するポスターの展示も行なわれた。これは一回で、一五〇万人ほどの来場者を集めたようである。[8]

共産主義者による反NATOプロパガンダに関しては、イギリス政府から多くの情報が提供された。それによれば、反NATOプロパガンダの典型的内容は、NATOはアメリカにより支配された組織であり、国家主権と抵触する存在で、攻撃的で国際的な緊張の原因でもあり、軍拡と生活の質の低下を招いているといったものであった。[9] このような情報を基に、加盟国内の共産主義者の活動について対策を調整するのも、CICRが従事した活動に含まれていた。スターリン死後のソ連が文化攻勢に訴えたことで、親共産主義組織を通して多くの文化団体が加盟国を訪れていたためであり、よって加盟国内で同種の組織が国際会議を開催するのを防ぐことが課題とされていた。とくにイギリス政府は、親共産主義組織の活動手法を理事会に報告する等したが、その「成果」として、CICRでの議論以降、少数の例外を除き、加盟国内において親共産主義組織による大規模な国際会議は開催されていない。[10]

（２）　非軍事化するテクスト

ここで重要なのは、NATOがいかなるテクストを用いて自らを表象したのかという点である。発信されるテクストから浮かび上がる同盟像は、国際環境の変化に応じてさまざまに変化したからである。

NATOが当初狙いを定めた対象の一つは、ともに活動することになる各国の部隊であった。そこで、NATOの一員であることによる恩恵や、軍事協力について焦点を当てたドキュメンタリーが制作された。加盟国の中には旧敵国同士の関係も見られたため、このような観点から同盟の存在意義を提示することが必要と考えられたのである。ドキュメンタリー『アトランティック・レビュー』では、NATO地上部隊や空軍に焦点が当てられ、その軍事的意義が示されている。一方、他のドキュメンタリーでは、第二次世界大戦後に武装解除した西側諸国とそれを拒否したソ連が対比され、ヨーロッパの地図上で共産化された東欧諸国が次々に黒塗りとなり、最後には西ベルリンを除いて画面上がすべて黒塗りとなる。ここに見出せるのは、ソ連の軍事侵攻の脅威に直面した西側が、最後の手段として軍事力を整備せざるを得なかったというストーリーである。(11)

一方、スターリン死後のソ連が「平和共存」を訴え、さらに西側との積極的な文化交流に乗り出すと、NATOの発信するテクストから軍事的な要素が薄まり、次第に政治協議の場や社会統合の媒体といった、同盟の政治的、社会文化的機能を強調する建設的テーマが主流となる。一九五五年の閣僚会議では、「近年、冷戦の焦点が非軍事的分野に移ったことは、NATO加盟国の側に新たなイニシアティヴを取ることを求めている」ことが確認されている。(12)一九五六年に作成された覚書では、「多くの人々、おそらく加盟国のほとんどの人々はNATOを純粋に軍事同盟だとみなしている」との懸念が示され、NATOが軍事以外の領域でも「多くの可能性を持っていることを強調する多大な努力を払わなければならない」ことが指摘された。(13)このような懸念を反映して、同年には同盟の非軍事的性格を調査する「三賢人委員会」が組織され、作成された報告書ではNATOの政治的意義が訴えられた。(14)

一九五五年にNATISが制作したドキュメンタリーの冒頭部分では、ロイヤル・フィルハーモニック管弦楽団が演奏する音楽を背景に、新しくデザインされたNATO旗がはためく。その後、北大西洋条約の調印を前にして西欧各国を訪問するアイゼンハワー将軍の様子が映し出されるのであるが、オランダ訪問時には伝統衣装を着た幼い少女がスケートをする様子に、イタリア訪問時にはローマの街頭をすり抜けるベスパにまたがった少年に焦点が当てられる。加盟国の文化的多様性が強調されているのである。これらのドキュメンタリーは、各国の部隊の他にも、NATO本部を訪問する人々に向けて上映された。また、教育機関を通して無料で配布され、テレビでも放映された。一九五五年にNATOが主催した会議では、「この媒体はヨーロッパの大衆と接触する極めて大きな機会をもたらしつつあり、NATOとしても逃すわけにはいかない」ことが認められている(15)。

その後もNATOは、国際環境の変化に応じて、ある時には自らを「加盟国間の文化的調和のシンボル」として、別の時には「ヨーロッパ統合の基盤」として表象する。それは、共産主義の軍事的脅威だけでは同盟の存在を正当化できないと考えた、NATOなりの模索から生まれたものであった。同盟を通した西側的価値の発信は、多様な存在意義を持つNATO像を作り出し、米欧間の共同体意識を醸成することで、西側世界を文化的に支える機能を持っていたのである。

三　デタントの到来と一九六〇年代のNATO

（1）同盟像の再構築

NATOにとって、一九六〇年代は自らの存在の正当性を加盟国の世論に示すことが、以前にも増して切迫した課題となった一〇年であった。その主たる要因としては、東西関係が改善したこと、大西洋同盟の変化を求める声が高まったこと等が挙げられよう。その結果、NATOは従来のテクストに加えて新しいテクストを発信することで、新たな同盟像を再構築する必要性に迫られた。

まず、一九六〇年代前半に加盟国政府に対してその発信が推奨されたテクストについて検討してみたい(16)。この時期の文書から確認できるのは、以下の三点である。第一に、NATOの消極的（防衛的）機能である。

具体的には、共産主義諸国からの軍事侵攻の可能性と、その脅威から西側の自由を守る砦としてのNATOの役割である。たとえば、ソ連が軍事力を維持する限り軍事侵攻の可能性は常にあり得ると社会に確信させることや、NATOの任務は共産主義諸国への軍事的攻撃ではなくあくまでも西側の防衛にあること、西側への侵攻に対してはあらゆる武力を用いて抵抗する用意があることを発信することが、ここでは重視される。

第二に、NATOの積極的（社会文化的）機能である。つまり、西側の繁栄の基盤、「自由」や「民主主義」の砦としてのNATO像である。北大西洋条約が西側の繁栄と平和を保障してきたことが、ここでは重要なテクストとなる。同時に、NATOの目的と理想は高邁なものであること、教条的なマルクス主義よりも自由な社会の方が歴史の流れの中にあること、NATOは加盟国の主権を損なうことなしに経済、社会、科学その他の領域での結束を促す機能を持っていることも、積極的に発信されるテクストとされる。

第三に、東西間のデタントにおけるNATOの意義である。デタントは東西間の軍事的均衡の成果であること、軍縮については効果的な国際管理が担保されるのであればいつでも歓迎することが、一九六〇年代の新たなテクストとして登場する。ここでは、ソ連側が「真の軍縮」を阻害する限りNATOが軍事力を維持する必要性や、デタントの前提としての軍事的均衡を維持する必要性について発信することも重視される。NATOは必ずしもデタントを手放しで歓迎するのではなく、NATOの存在がデタントを促すことが訴えられているのである。

それでは、この時代におけるテクストの発信対象は誰なのであろうか。NATOが重視したのは世論形成者、たとえば知識人や各種メディアの編集者であった。くわえて、軍人、産業組織、女性団体、教育機関も重視された。発信活動は、大きく広報活動（public affairs）とメディア対策（media operations）に分類された。

前者の例は対面接触、NATOの本部訪問者に対するツアー実施、各地での講義やセミナーの実施および支援である。後者の典型例としては、出版物の配布や映画制作、ラジオ放送が挙げられる。とくに『NATOレター』は当該分野の予算の四分の三が費やされた。ラジオに関しては、同盟国が持つネットワークを活用し、NATOについての番組を放送するよう促され、そのような番組制作のための施設が提供された。移動式の情報センターも存在し、NATO制作の映画上映や印刷物の配布が行なわれた。

(2) デタントと世論への懸念

デタントの兆候がいよいよ明らかとなる一九六〇年代の後半にかけて、NATOはさらに深刻な課題に直面した。デタント自体が望まれていなかった訳ではないが、デタントの結果として、同盟の必要性について加盟国の社会から疑念を抱かれる可能性が懸念されたのである。

具体的には、若年層や教育者がデタントへの期待を高めていること、同盟の必要性に対する加盟国社会の認識が弱まっていることが、この時期のNATOの懸念材料であった[17]。デタント自体は歓迎すべきとしても、それは加盟国社会の「あまり情報を得ていない人々に政治的現実を忘れさせ、〔東西間の懸案について〕解決への過度に楽観的な期待を高め」かねないという懸念があったのである。とくに、「戦時の占領や戦後のソ連の拡張期を個人的に経験していない若年層」がそうした人々の典型例であることが、指摘されていた。NATOは同時期、加盟国の指導層を対象に聞き取り調査を行なっているが、そこでも「世論は同盟設立の時期よりもNATOに懐疑的であり、西側文明と大西洋間の結束はとくに若い世代で感情的な魅力を失っている。彼らはソ連世界や途上国での出来事により多くの関心を持つ」との評価結果が出た。そのため、世論に対しては厳しい現実と冷静な議論によって同盟の継続的な必要性を示さなければならない」という。

一九六八年に加盟国政府から情報政策担当者が集結して開催されたNATO会議では、「われわれの第一優先は、同盟が必要であるということを世論に永遠に思わせること」である旨が指摘された。NATOの加盟国はソ連と地理的に近接しており、加盟国が独立、安全保障、平和を維持したければ集団的防衛組織に依存する他に手段はない。しかし、「多くの人々は、感情的であれ合理的であれ、これらの事実を受け入れる準備がない」。このような厳しい情勢認識が、NATOをして積極的な世論対策に向かわせた。たとえば、若年層を対象にしたセミナー開催や、若い指導層および若年層向け雑誌の編集者あるいは歴史の教員等をNATO本部へ訪問させること、中等教育においてNATO制作の映画の使用を試みること等が提案された。加盟国の世論は合理的あるいは知的な議論ではなく、間接的で時には感情にも影響されるとの評価は、スポーツ大会や民族音楽の祭典といった、スペクタクル性の強いイベントの開催提案にも結びついた[18]。

一九六九年九月にNATO事務総長ブロジオが行なった演説にも、デタントへの警戒感が如実に表れている。「かなりの教育を受けた人々の中にも、同盟に対する巨大な無知が存在する」と考えるブロジオは、無知や無関心が存在する所にNATOの敵対者は着実に増加する、とくに若年層に増加すると訴えた。「成人しつつある若者の多くが、同盟の必要性を当然視する理由を持っていない〔……〕同盟の継続が彼らの独立と自由にとって必要不可欠のものであると説得しなければならない」。一九六〇年代の「対抗文化」がNATOに対して与えた影響については慎重に吟味する必要があるが、「すべて若者は前の世代が構築した制度に疑問を投げかける傾向にあるが、彼らには同盟設立に導いた出来事を伝える必要がある」と述べるブロジオの演説には、世代間の認識の差を見てとることができる。

ブロジオの懸念をより深刻にしていたのは、演説が行なわれた一九六九年が北大西洋条約の調印から二〇周年に当たるためでもあった。条約第一三条には、「締約国は、この条約が二〇年間効力を存続した後は、アメリカ合衆国政府に対し廃棄通告を行なってから一年後に、締約国であることを終止することができる」ことが明記されている。当然、ＮＡＴＯの存在を疑問視する国内勢力が当該条文を利用することや、共産主義諸国からの反ＮＡＴＯプロパガンダが、加盟国の世論に強い圧力をかけて同盟からの撤退を要求することも予想された。実際に一九六七年、チェコスロヴァキアの保養地、カルロヴィ・ヴァリィでの共産党会議宣言がこれを要求していた。対して、ＮＡＴＯでは北大西洋条約調印の二〇周年を記念する広報プログラムを策定し、同盟の過去二〇年を振り返る広報物を発行することや、加盟国の民間出版社に同様のテーマで何らかの企画を行なうよう動機づける必要性等が指摘された。

くわえて、デタントの時代にＮＡＴＯは必要ないとする主張が加盟国政府からも挙がったことで、新しい国際環境＝デタントにも柔軟に適応できる有機的な組織としての同盟像を創出することが、ＮＡＴＯの切迫した課題となった。ＮＡＴＯの存在の正当性については、ド・ゴール仏大統領が一九六〇年代の半ばから、一貫して疑問として批判し続けていたものであった。ド・ゴールの主張に対し、フランスを除いたＮＡＴＯ加盟の一四カ国は、ベルギー外相であったアルメルの発案によって、ＮＡＴＯ内部で「将来の同盟の任務に関する研究」と題する協議を開始した。一九六七年のことである。一年間続いたこのアルメル研究は最終的にアルメル報告書に結実し、ＮＡＴＯの任務として「抑止とデタント」が規定された。[19] 当然、このアルメル報告書は加盟国の内外に積極的に発信される必要があった。「ＮＡＴＯは環境に適応でき、前向きで、その政策は抑止とデタントという二つの柱から成立している。ただ、これは公的な文書であり、世論がその意味を十分に理解するためには、説明しコメントを付される必要性がある」からであった。[20]

アルメル報告書でデタントにおける同盟の役割が確認されたことを受けて、ＮＡＴＯは一九六八年の閣僚会議で共産主義諸国に対し、中欧における通常戦力の上限を定めるための相互均衡兵力削減（Mutual and

Balanced Force Reduction: MBFR）交渉の開始を提案した。これは、デタントに同盟が積極的に貢献する象徴として発信された。この他、ＮＡＴＯ内部では「三賢人委員会」報告書以来のテーマである同盟の政治的役割についても、あらためて強調する意義が唱えられた。アメリカの存在についても、西側同盟への貢献や、孤立主義的政策への回帰がもたらす危険性が、発信されるべきテクストとして取り上げられた。

これら一連のテクストを発信する媒体として、ＮＡＴＯの本部訪問者向けに実施されていたツアーには、一九六八年を例にとれば一万二四三人が参加しており、そのうち若年層と教員が四割と最大の割合を占めた。ＮＡＴＯに批判的な主張に対抗するため、加盟国の世論形成者に対して情報を提供し、理論武装させることも以前と同様に重視された。出版物については、月刊一一万部を発刊する『ＮＡＴＯレター』が代表的であり、『ＮＡＴＯ——事実と統計』と題する冊子が英語で一万部、フランス語で五〇〇〇部発刊されたほか、『ＮＡＴＯの諸側面』と題する冊子も英語で八万五〇〇〇部、フランス語で二万五〇〇〇部発刊された。各国の世論形成者が利用できるような事実情報を掲載した『スピーカーズ・ノート』と題する小冊子については、チェコ事件後に「チェコスロヴァキア」「ブレジネフ・ドクトリン」といった特集があるほか、「大西洋同盟とワルシャワ機構——比較研究」「世界共産主義会議、モスクワ」と題するものも作成された。(21)

四　「交渉の時代」と一九七〇年代のNATO

（1）「抑止とデタント」の再発信

一九七〇年代に入り、戦後ヨーロッパの懸案事項が東西間の多国間交渉で議論される中、NATOは依然として厳しい世論認識を抱えていた。「交渉の時代」にも軍事的均衡を保つことが必要不可欠と考えるNATOは、それに批判的な世論にいかに対処しようと考えていたのだろうか。

まず、一九七一年に事務総長ブロジオが行なった、NATOイメージに関する演説を概観したい[22]。ブロジオによれば、「NATOに関する世論の状況は一つか二つの国家では改善したものの、全体的な印象では、過去四年の間に軍事的なものすべてに対する抵抗は一貫して高まっており、適切な軍事費の支出に対する支持調達はますます困難になっている」という。なぜならば、社会の大部分にとって、「NATOなる語は何らの意味をも持たない。それは何かしら保護を与えるものを思い浮かばせるかもしれないが、ほとんどの場合、それは何か危険なもの、消極的なイメージである」からである。

このような認識は、事務総長に限定されていた訳ではない。加盟国世論の傾向に対しては、各国の情報政策担当者の間でも以下のような見解が指摘されている[23]。第一に、若年層のNATOイメージに対する依然として厳しい見解である。「時の経過とともに同盟の起源を思い起こす人は少なくなり、その正当性を問う若年層が増加している」。一九六〇年代以降の「対抗文化」を創りだした若年層は、「国家の独立に対する脅威を知覚できないので、社会に対する他の脅威（より緊急のものと考える環境汚染等）を重視する」という。第二に、教養のある中年層でさえも、同盟の存在・不在に関係なく「核の手詰まり」が平和を保障するのに十分だとする信条を持っているとする見解である。反NATOプロパガンダが程度の差はあれ成功しているのが、その一因であると推察されていた。また、核戦争という考えがあまりに恐ろしいので、ほとんどの人々には防衛問題について自ら考えることを止めてしまうような埋め込まれた「思考停止装置」が備わっているとの見解、さらには同盟の有無にかかわらず米ソが物事を解決するだろうとの考え方があるとする警戒感もあった。

「交渉の時代」においては、加盟国社会の過度の期待を抑制することも課題とされた。ソ連提案に起源を持つヨーロッパ安全保障協力会議（Conference on Security and Cooperation in Europe: CSCE）の準備会議は一九七二年に始まり、翌一九七三年にはNATO提案に起源を持つMBFR交渉の準備会議が開始されたが、これら多国間交渉の直前、NATO事務総長が行なった演説では、「世論が極端なものにならないように管理し、現実的な路線に沿わせておくことが必要不可欠である」との認識が示されている。[24] 彼によれば、「われわれは防衛とデタントの政策に関して、国民との間にますますコミュニケーション上の問題を抱えているように思われる。多くの加盟国において、若年層はとくに、真のデタントの基盤としての信頼できる軍事的態勢を維持する必要性を受け入れる準備ができていないように思われる」ためであった。アルメル報告書以来の「抑止とデタント」を両輪とする同盟像が、必ずしも加盟国社会のとくに若年層には受け入れられていない事態への焦燥感を、ここに読み取ることもできる。

発信されるテクストには必然と、あらためてアルメル報告書の趣旨を伝え、多国間交渉の時代におけるNATOの役割を明確化することに主眼が置かれた。つまり、すべての加盟国において「抑止とデタント」の二つの柱は、NATOの任務として積極的に発信されるべき重要テクストであった。よって一方では、アルメル報告書の採択以来NATOはよりよい東西関係を模索していること、とくにNATO側の提案であった

MBFR交渉により、同盟が「デタントの唱道者」として国際環境の改善に誠実に貢献している旨を発信することが、この時期のNATO表象において重要であった。他方では、「交渉の時代」に防衛体制を維持することの必要性も語られ、とくに海軍に関してはワルシャワ条約機構諸国が軍備増強中であること、柔軟反応戦略が適切な戦略であること、共産主義諸国からの軍事的脅威に対して唯一実効的で経済的な対抗手段として、集団防衛機構としてのNATOが存在することを発信する意義が示された。

一九七〇年代に入っても、NATO本部訪問者の数は年間一万人超と多く、そのうち三分の一は大学生であった。このことは、若年層への情報発信を重視する方針に変化がなかったことを示している。参加者の出身国は、多い順に西ドイツ、アメリカ、オランダ、イギリスであった。この本部訪問は、「極めて効果的で高い優先度を与えられ続けるべき」と評価された。他に、大学教員や中等教育の教員が本部を訪問するよう促す必要性が認められているが、教員はNATOの存在意義に懐疑的であると認識されており、若年層に影響を与える重要な地位にあると考えられていたためであった。訪問者への本部ツアー実施以外にも、NATOに関する会議の開催や、関連セミナーの開催支援は「有用」であると評価された。実際に約二〇のセミナーや会議が開催されており、大学生や政治指導者を対象にした国際会議も頻繁に開催された。会議タイトルには、大西洋同盟とワルシャワ条約機構、ヨーロッパ安全保障会議、米欧関係といったものが含まれた[25]。

『最近のNATO』や『NATOポケット・ガイド』をはじめ、多様な冊子も刊行された。『NATOハンドブック』は「重要で人気のある参考書籍、世論形成者に可能な限り広く配分すべき」とされ、「三賢人委員会」報告書もNATOにおける非軍事的協力を解説する『知られざるNATO』としてパンフレットに利用することが求められた。アルメル報告書も広く配布された。テレビについても、オランダの皇太子のNATO本部訪問や州知事時代のレーガンの訪問の様子が、放送用素材として編集されている。西ドイツのテレビ局への映像提供の多さは際立っており、「NATOの紹介」「ベルリンの背景」「地中海」「トルコの将来」といったテーマが選別されて提供された。映画については、短編映画の制作が重視され、テレビ報道の際の背景情報としても利用された。この他、一九五〇年代より続いていたNATOバンについては有用性が低いとして廃止されたが、貿易フェア等の際の移動式展覧会として同種活動は継続された。テクスト発信媒体の間での優先度については、本部ツアーおよび若年層への発信が最優先であり、テレビ、映画、ラジオを通した一般向けの情報発信がこれに続いた。

（2）多国間交渉とNATO

さて、実際に多国間交渉であるCSCEおよびMBFR交渉が開始されると、NATOはどのような対応を行なったのであろうか。発信されるテクストについて、確認しておきたい。

まず、CSCEについてはソ連側から提案された経緯があったため、ソ連側はかなりの広報を行なっていたが、当初のNATOの反応は慎重であった[26]。NATOは、交渉の成果について加盟国の社会に過度な期待が生まれ、軍事費の維持が困難になることで軍事的均衡が阻害されないよう慎重であったのである。よって、「正当化されない社会的な楽観を抑える必要について、特段の強調がなされるべき」ことが確認された。だが、CSCE開催後のNATOは、その成果に必ずしも否定的な評価を下さなかった。

CSCEが採択したヘルシンキ最終議定書は、一〇項目からなる、参加国が尊重すべき「国家間関係を律する諸原則」を定めている。東側は、この中に武力不行使や国境の不可侵、領土保全といった諸原則を盛り込むことで、分断された戦後ヨーロッパの現状を西側に承認させることを試みた。だが一方のNATOは、最終議定書が平和的な国境変更の可能性を否定しておらず、戦後ヨーロッパの現状が承認されなかったと肯定的な評価を下したのである。また、人権の尊重や自決権等、ソ連側を困惑させうる原則が最終議定書によって承認されたことも、交渉の成果に数えられた[27]。

「鉄のカーテン」をまたぐ文化交流や人・情報・思想の移動に関する障害を取り除くことについては、ＣＳＣＥ交渉の成果として最も高い評価をＮＡＴＯが与えたものであった。たとえば人の移動の自由に関しては、従来東側諸国が内政干渉として避けてきた議題であったにもかかわらず交渉で堂々と議論されたこと、最終議定書に規定されたこと、その結果として西側諸国が後の二国間交渉で当該規定を利用することが可能となったことが重要な成果として評価された。東西ヨーロッパの分断の結果として生じていた離散家族の問題についても、家族の再結合や国籍の異なるもの同士の結婚を容易にする具体的措置を講ずることが合意されたことが評価された。

次に、ＭＢＦＲ交渉についてはＮＡＴＯ側のイニシアティヴで開始されたため、この事実を最大限に広報することに主眼が置かれ、軍縮に対するＮＡＴＯの「積極的アプローチ」が発信された[28]。これは、ＭＢＦＲ交渉が西側の提案に起源を持つという事実と、粘り強い西側の呼びかけがソ連側を交渉に導いたとする見解を加盟国の社会に向けて訴えるものであった。また、ヨーロッパにおける平和、安全保障、相互信頼を強化すると同時に、ソ連が安全保障問題とデタントに誠実に対応するか否かを量る舞台としてＭＢＦＲ交渉を提示することも重視された。交渉に際するＮＡＴＯの目的については、中欧において安定した軍事的均衡を維持することにあると、加盟国内外に示す必要性が認められた。くわえて、ソ連の軍事力はＮＡＴＯ諸国にとって最も重要な安全保障問題であり、東欧における大規模なソ連軍の展開がＮＡＴＯに大きな防衛費を注がせていると発信する意義が指摘された。最後に、アルメル報告書に規定されたＮＡＴＯの二重の機能を発信する必要性が、ここでも確認された。つまり、「抑止とデタント」というＮＡＴＯの基本政策がＭＢＦＲ

交渉に体現されていること、ＮＡＴＯは一九七〇年代の新しい環境に積極的に応える能力を持っていることと、デタントの時代に同盟は必要であることが発信されなければならなかったのである。なお、ＭＢＦＲ交渉は一九八〇年代まで続いたものの、東西間の思惑の相違から成果をあげることなく終結することになる。

五　大西洋同盟の文化的基盤と同盟表象の政治作用

本章では、戦後ヨーロッパにおける西側の軍事的基盤であったＮＡＴＯに焦点を当て、その存在の正当性を支えた文化的基盤を構築する試みについて考察した。ＮＡＴＯが同盟の大義や必要性を発信し続けたのは、ソ連の軍事的脅威だけでは同盟の存在を正当化できないとの認識があったためであった。

一九五〇年代以降、ＮＡＴＯからはさまざまなテクストが多様な媒体から発信された。パリ（後にブリュッセル）のＮＡＴＯ本部を訪問するグループに対してはツアーが実施され、加盟国内外の世論に向けては小冊子や映画によるＮＡＴＯの紹介が行なわれ、学生向けにはエッセー賞が設けられ、大学では各種セミナー開催への支援が提供され、さらには加盟国中をＮＡＴＯバンが周遊して同盟の意義の周知が図られた。とくにＮＡＴＯが重視したのは、若年層や教員の見解であった。彼らは軍事力の維持や同盟に批判的であると問題視されており、無視し得ない世論として捉えられていたためである。

ＮＡＴＯの発信するテクストが同盟をいかに表象し、その表象が国際環境の変化に応じていかに変遷したのかについても、本章は検討した。軍事的要請から設立された後、ＮＡＴＯは「自由」「民主主義」「平和」の守護者、あるいは「文化的調和のシンボル」といった観点から自己を表象し、多様な存在意義を持つ同盟像を創出した。一九五〇年代半ばに組織された「三賢人委員会」は、報告書において同盟の政治的な役割を強調し、同盟の非軍事的な機能が加盟国内外に発信された。一九六〇年代以降は、デタントにおける同盟の新たな役割を発信することが大きな課題となった。国際環境の改善とともに東側の軍事的脅威が減退したことで、同盟と軍事力の維持に批判的な加盟国世論に対処するような、新たな同盟像が求められたためである。ド・ゴール大統領によるＮＡＴＯ批判はＮＡＴＯを正当性の危機に直面させたが、この時ＮＡＴＯはアルメル報告書を採択することで「抑止とデタント」の二つの柱からなる同盟の役割を確認し、「デタントの唱道者」として自らを発信した。加盟国の内外に同盟の新たな役割を発信し、同盟や高額な軍事費に批判的な声を抑え込む試みは、一九七〇年代に多国間交渉が始まり東西間の懸案事項が議論の俎上に載る中、ますます必要となった。

ここに挙げた一連のＮＡＴＯによる活動が、加盟国世論にどの程度の影響を実際に与えたのか、評価することは困難である。東欧の共産化や朝鮮戦争、ハンガリー動乱への介入や二度のベルリン危機が、ソ連に対するイメージを悪化させてその軍事的脅威を西側で高めたこと、デタントの機運が高まる一九六〇年代以降も冷戦が持続していたことを念頭に置けば、ＮＡＴＯが存続した理由を、文化的基盤を構築する試みのみに帰することは出来ないだろう。ただ、加盟国に一貫して存在した同盟への批判的論調に対処するために、ＮＡＴＯが自己を多様に表象し、反ＮＡＴＯプロパガンダを論破する言説を生み出して反論の機会を加盟国政府に与えたという点で、本章が考察したＮＡＴＯの活動は決して無視できない効果を持ったことが推察できる。

同盟に懐疑的な世論を問題視し、小冊子や映画をはじめとするさまざまな媒体を利用して同盟の意義や必要性を発信し続けたのがＮＡＴＯであった。加盟国の内外に向けてＮＡＴＯが自らの役割を多様に発信し続けたことが、同盟の存在を広範に周知させ、同盟や高額な軍事費に対する反論を抑え込む効果を持ったとするならば、その是非は措くとしても、ＮＡＴＯ支持の論調は決して純粋に自発的に生まれたものではなかったということを意味する。その意味で、「自由」の守護者としての同盟像が、どこまで同盟の実態を反映したものであったのかという問題は、今後検討されなければならない課題であろう。

（1）ＣＣＦの活動実態については多くの研究がある。たとえば以下を参照。Peter Coleman, *The Liberal Conspiracy: The Congress for Cultural Freedom and the Struggle for the Mind of Postwar Europe*（New York: Free Press, 1989）. Frances Stonor Saunders, *The Cultural Cold War: The CIA and the World of Arts and Letters*（New York: New Press 2000）. Hugh Wilford, "Unwitting Assets?: British Intellectuals and the Congress for Cultural Freedom," *Twentieth Century British History*, vol.11 no.1（2000）. Giles Scott-Smith, *Politics of Apolitical Culture*（Routledge, 2001）. Hugh Wilford, *The CIA, the British Left and the Cold War: Calling the Tune?*（London: Routledge, 2003）.

（2）Scott-Smith, *Politics of Apolitical Culture*, pp.109-10. 綱領は以下に全文が掲載されている。Coleman, *The Liberal Conspiracy*, pp.249-51.

（3）ＮＡＴＯ情報部の設立背景について、以下を参照。齋藤嘉臣『文化浸透の冷戦史——イギリスのプロパガンダと演劇性』（勁草書房、二〇一三年）。

（4）The National Archives, London（hereafter referred to as TNA）, FO800/502, 'Extract from Record of Meeting at the Quai d'Orsay on 4th October, 1948, at 3.30 p.m.,' undated. Andrew Defty, *Britain, America and Anti-Communist Propaganda*（Cambridge: Cambridge UP, 2007）, p.114.

（5）『ＮＡＴＯレター』は、その後一九六〇年には英語で四万部とフランス語で二万部を発刊し、英語版はイギリス、アメリカ、カナダ、西ドイツ、東側の大使館等に送付された。TNA, FO1110/1349, Minute by Carless, 23 December 1959.

（6）NATO Archives, Brussels（hereafter referred to as NATO Archives）, C-M（54）52, 'Problems of Enlightening Public Opinion,' 21 June 1954. Linda Risso, "'Enlightening Public Opinion': A Study of NATO's Information Politics between 1949 and 1959 Based on Recently Declassified Documents," *Cold War History*, vol.7 no1, 2007, p.49. Defty, *Britain, America and Anti-Communist Propaganda*, pp.200-2.

（7）NATO Archives, C-M（53）118, 'Committee On Information and Cultural Relations, Draft Terms of Reference,' 26

密約」に関する史料開示問題が世論の注目を集めていたときだけに、研究会メンバーの関心も高く、有益な知見と示唆を得ることができた。編者は、戦後の日米関係におけるアメリカの対日政策を理解しようとするにあたって、日本のナショナリズムの管理という視点の重要性を指摘してきたが、「核密約」を同盟管理という観点から説明する太田氏の見解には大いに共感するところがあった。

折しも、二〇一〇年に M. P. Leffler and O. A. Westad eds, *The Cambridge History of the Cold War*（全三巻）が刊行されたことから、研究動向を知る上で最適の書物であると考え、全員で読み進めた。清水さゆり教授（ミシガン州立大学）が、たまたま在外研究のため来日されていたことから、知見提供者としてお招きし、第一巻に「日本、合衆国、冷戦、一九四五―一九六〇年」を執筆された経緯、二人の編者の意図などについて報告してもらった。同書の編集方針が、①国際化、②トランスナショナリズム、③「カルチュラル・ターン」、④ローカル・エイジェンシー、⑤人種とジェンダー、⑥歴史的偶発性（「構造」重視への反省）を重視して編まれたことをご教示いただいた。

本研究プロジェクトが開始されてまもなく、注目を集めていた Westad, *The Global Cold War* (2007) の邦訳が刊行された。そこで、O・A・ウェスタッド『グローバル冷戦史』（名古屋大学出版会、二〇一〇年）の監訳者である佐々木雄太氏（名古屋経済大学学長）をお招きし、ウェスタッドの冷戦史研究の特徴と意義を報告してもらった。佐々木報告は訳書の紹介に止まらず、先行研究との関連で、ウェスタッドの著書をどう読み解き、位置づけるのかという観点から行なわれ、極めて有益であった。同氏は、これまでの冷戦史研究を（1）冷戦起源論、（2）冷戦体制変容期に関する研究、（3）冷戦本質論の三つに分類したうえで、ウェスタッドの冷戦論を、（1）「近代性」に係わるイデオロギー対立に求め、ヨーロッパによる植民地支配の延長線上にあるとの見方、（2）冷戦史の時期区分において、七〇年代から八〇年代を重視する「冷戦後期」

論、（3）第三世界における米ソの角逐と、介入に対する第三世界諸勢力の追随や反抗のダイナミズムを描きだしたグローバルな冷戦論の三点に整理した。最後に、佐々木氏は、今後の研究課題として、「米ソ冷戦」、「ヨーロッパ冷戦」、「第三世界における冷戦」の相関関係・相互関係のメカニズムを明らかにしたうえで、この時代の冷戦の特質を「第三世界への介入」に求める論理が示されるべきではないか、と締めくくった。全体として、科研のメンバーにとっても、大きな宿題を突き付けられる恰好となった。

研究プロジェクトの最終年度の冒頭の研究会では、アジア冷戦史研究の第一人者毛里和子早稲田大学名誉教授をお招きし、「七〇年代―後期冷戦論」と題して報告していただいた。毛里報告は、ウェスタッドの「冷戦後期」論に触発されながらも、アジアにおける冷戦を長年研究してきた蓄積と知見を踏まえて、独自の「冷戦後期」論を展開したものであった。毛里氏は、六〇年代末までを「冷戦前期」、七〇年代から八〇年代を「冷戦後期」と捉え、この時期を世界が冷戦構造からポスト冷戦構造に変わる過渡期だと位置づけた。そうした主張の背景には、七〇年代初めの米中接近によってアジアでの冷戦状況は基本的に消え、中ソ対立を軸とする新構造に変わったとの認識がある。同氏は、ウェスタッドと同様、冷戦は第三世界からみれば超大国による「介入と干渉」以外の何物でもなかったという見方を示したうえで、七九年二月の中越戦争と七九年一二月のソ連のアフガニスタン侵攻を分析し、これらの紛争を、九〇年代に冷戦の終焉をもたらした大事件として位置づけた点が注目される。さらに毛里報告は、「冷戦後期」の米ソ中三国関係において、対ソ自立、対ソ対立・米中和解のイニシアティブをとった中国こそ、世界構造変容の肝心なアクターだったのではないか、との新たな解釈を示した。「冷戦後期」二〇年のアジアを論じた毛里報告もまた、ウェスタッドのそれとは一味違う冷戦論として、参加者の知的好奇心を刺激するに十分であった。

以上の他に、本プロジェクトでは、気鋭の若手研究者を招聘した。青野利彦（一橋大学）、小野沢透（京都大学）、国吉知樹（早稲田大学）、妹尾哲志（専修大学）の四人は、各々、「キューバ・ミサイル危機の再検討：ベルリン問題と同盟要因」、"U.S Policies for the Middle East: Formative Years"、"Britain and the Origins of the U.S.-Japan Alliance"、「冷戦の変容とブラントの東方外交」と題して報告を行なった。上記四人はいずれも、博士論文をベースにした注目すべき研究書をすでに刊行しているか、現在単著の刊行に向けて執筆中であり、報告内容はいずれも最新の研究動向を踏まえたもので、刺激的かつ有益であった。なお、付言するならば、小野沢、国吉報告は、マクマン教授を招聘して法政大学市ヶ谷キャンパスで開催した国際ワークショップ（二〇一一年一〇月一日～二日）での英語報告であり、当日は、水本義彦氏（獨協大学）も参加し、有意義で活発な議論が行なわれた。水本氏および、研究会会場の提供と準備をされた森聡氏にもお礼を申し上げたい。

冷戦史研究の国際化という点では、海外の冷戦史研究者との知的交流も欠かせない。このたびもまた、マクマン教授とアンドリュー・ロッター教授（コール・ゲート大学）にお世話になった。二〇一〇年四月にワシントンDCで開催されたアメリカ歴史学会（OAH）年次大会分科会では、清水さゆり、藤本博、それに菅の三名が報告を行ない、マクマン教授が司会を務めた。大会終了後は、アメリカ外交史学会（SHAFR）会長を務めていたロッター教授ご夫妻とマクマン教授ご夫妻招待の夕食会で歓談することができた。常日頃、意見交換に快く応じてくれているお二人には、この場を借りて、謝意を表したい。

また、OAH大会への参加にさいしては、北海道大学スラヴ研究センターの宇山智彦先生にも大変お世話になった。宇山氏は新学術領域研究「ユーラシア地域大国の比較研究」の第四班（比較帝国論）の責任者で、菅は連携研究者として参加したが、研究会や国際ワークショップで報告の機会を与えていただいただけでなく、これらの会合を通してアメリカ以外の帝国についても勉強する貴重な機会を得た。また、二〇一二年一二月二〇日〜二二日に三日間にわたって南京大学で開催された国際ワークショップ「帝国の再検討と脱植民地化」（"Reconsidering Empires and De-Colonization"）では、秋田氏と菅は、宇山氏の司会の下に報告を行なったが、このような機会を与えていただいたお二人には、心よりお礼申し上げたい。

国際的な冷戦史研究の交流という面では、上海にある華東師範大学と早稲田大学現代中国研究所が中心になって毎年交互に開催されている「冷戦史国際ワークショップ」のメンバーに対してもお礼を申し上げたい。二〇一三年度は三月三日に早稲田大学現代中国研究所で開催され、菅も報告する機会を得た。日本側の中心メンバーである毛里先生、天児慧早稲田大学現代中国研究所所長、両大学のかけ橋的な存在である青山瑠妙先生には殊のほかお世話になっている。また、事務と報告のまとめを担当された鄭成先生にもお礼を申し上げたい。二〇一二年度は、三月三日に華東師範大学で開催された研究会で報告させていただくと同時に、同年九月六日には、同大学の権威あるフォーラム、大夏講座で講演の機会を与えていただいた。招聘の労をとられた華東師範大学冷戦史研究部門の主査である崔丕教授には衷心より謝意を表したい。また、戴超武教授、梁志先生、徐顕芬研究員にも、日頃のご協力とご厚意に感謝申し上げたい。

その他にも、渡辺昭一教授（東北学院大学）を代表とする科研研究会とそのメンバーからも多くを学ばせていただいている。通称「コロンボ・プラン」研究会に続き、現在は、戦後アジアにおける欧米諸国の開発援助がアジアの経済発展と自立化に果たした役割に関して研究を行なっているが、渡辺科研に参加するようになって、かれこれ一〇年になる。メンバーもほぼ固定しているので、お互いに気心が知れていることもあり、自由闊達な議論が交わされ、多大な刺激を受けている。経済史や帝国史を研究しているメンバーが多いこともあり、渡辺科研からは、長期的な視野でテーマに接近することの重要性や、経済と政治の相互作用という視点から考える習性が身についた。渡辺科研のメンバーである横井勝彦先生（明治大学）からは出版に際して、貴重な助言を頂戴した。お礼を申し上げたい。

最後になったが、出版事情が厳しい中、急なお願いにもかかわらず、出版を快諾していただいた松籟社と編集を担当された夏目裕介氏にお礼申し上げたい。先ごろ東京で行なわれた贈賞式に出席したさい、ある大手出版社の社長が、近年出版社は商業主義に走り、学術書の刊行が困難になっていると警鐘を鳴らしておられたが、そういうご時世に学術書として編まれた本書の刊行をお引き受けいただいたことに対して、心から敬意を表したい。

冷戦史研究では、史料の山の中から、研究テーマに関する有意な史料を発掘できるか否かが、研究の成果を大きく左右する。海外での史料収集は、多くの時間と労力を要するだけでなく、財政的支援も欠かせない。日本学術振興会の助成がなければ、このプロジェクトは始まらなかったし、このような形で成果を公表することもできなかっただろう。このたびの研究助成に対して、日本学術振興会ならびに審査に携われた方々にも衷心よりお礼申し上げたい。

二〇一三年一二月二五日　合馬の郷にて

編者

マ行

ヤ行

ラ行

ワ行

タ行

ナ行

ハ行

サ行

事項索引

数字・アルファベット

ア行

カ行

マ行

ヤ行

ラ行

ワ行

433-434, 441
テルチク、ホルスト（Horst Teltschik） 272
鄧小平 206
ド・ゴール、シャルル（Charles de Gaulle） 26, 235-236, 238, 240-241, 254, 336, 458, 466
トルーマン、ハリー（Harry S. Truman） 81-82, 84, 153-154, 170, 172-174, 182-184, 215, 326

ナ行

ナイ、ジョセフ（Joseph Nye, Jr.） 297-298, 302, 359, 369
中島敏次郎 295, 340
中曽根康弘 295, 327, 329, 360, 369, 373
ナジ、イムレ（Nagy Imre） 139-140, 142, 150, 157
ニクソン、リチャード（Richard M. Nixon） 23, 103, 143-145, 149, 193-194, 296, 299, 312, 326, 337-338, 341-344, 370, 422, 424-425, 435-438
西村熊雄 34, 293, 325
ヌー、ウ（U Nu） 330
ネルー、ジャワハルラール（Jawaharlal Nehru） 54, 56-57, 117-118, 134, 147, 179
ネルー、ブラジ・クマール（Braj Kumar Nehru） 57

ハ行

パウエル、コリン（Colin Powell） 271
バオ・ダイ（Bao Dai） 173
朴正熙（パク・チョンヒ） 189
朴憲永（パク・ホニョン） 203, 220
橋本龍太郎 356, 360-361
ハッセル、カイ=ウヴェ・フォン（Kai-Uwe von Hassel） 240
ハットフィールド、マーク（Mark O. Hatfield） 433-434
鳩山一郎 327, 369
鳩山由紀夫 308, 369, 382, 472
ハルデマン、ハリー（Harry R. Haldeman） 422
バンディ、マクジョージ（MacGeorge Bundy） 238-239, 241-243, 245
ピブーン・ソンクラーム（Phibun Songkhram） 173-174
ヒューム（Alexander Frederick Douglas-Home） 240
ヒル、チャールズ（Charles Hill） 129, 131,
ファーズ、チャールズ（Charles B. Fahs） 387, 401-403, 407
フォスター、ウィリアム（William C. Foster） 239
ブッシュ、ジョージ・H.W.（George H. W. Bush） 29-30, 259, 263-268, 270-274, 277-281, 283, 285, 296, 360
ブラックウィル、ロバート（Robert Blackwill） 263, 270, 272, 285
ブラッドフォード、サクストン（Saxton Bradford） 402
ブラント、ウィリー（Willy Brandt） 338, 475
ブルガーニン、ニコライ（Nikolai A. Bulganin） 205
フルシチョフ、ニキータ（Nikita S. Khrushchev） 24-25, 41, 45, 94, 139-140, 204-207, 225, 329, 336
ブルック、ヘンリー（Henry Brook） 124
フルブライト、ジェームズ・ウィリアム（James William Fulbright） 409, 419, 421
ブレジネフ、レオニード（Leonid I. Brezhnev） 18, 338, 344, 459
ブロジオ、マンリオ（Manlio Brosio） 457, 460
ベイカー、ジェームズ（James A. Baker Ⅲ） 259, 261-262, 265-271, 274, 277-279
ベヴィン、アーネスト（Earnest Bevin） 449
ベリヤ、ラヴレンチー（Lavrentii P. Beriya） 204
ベン=グリオン、ダヴィド（David Ben-Gurion） 118
ボヴィ・ロバート（Robart R. Bowie） 27-28
ホー・チ・ミン（Ho Chi Minh） 212
ボール、ジョージ（George W. Ball） 26, 234, 239, 245
ホール、ジョン（John Hall） 404
ポーレー、エドウィン（Edwin W. Pauley） 86

28, 39, 94, 125, 181, 187-188, 193, 232, 234-239, 243, 251, 335, 388, 391, 406-407, 410, 479
ケリー、ジョン（John Kelley） 435-436, 444
ゴー・ケンスイ（Goh Keng Swee） 60-61, 64, 69, 71
ゴー・チョクトン（Goh Chok Tong） 74
コスイギン、アレクセイ（Aleksei N. Kosygin） 336
コッククロフト、ジョン（John Cockcroft） 126-128
コリンズ、ジョセフ・ロートン（Joseph Lawton Collins） 184
ゴルバチョフ、ミハイル（Mikhail Gorbachev） 19, 29-30, 258-263, 266-269, 273-275, 277-281, 283, 285, 300

サ行

サッチャー、マーガレット（Margaret Thatcher） 271-272, 274
佐藤栄作 31, 34-35, 97-98, 106, 190, 334, 337-338, 340-341, 345, 369
サリット・タナラート（Sarit Thanarat） 187-188
サルトル、ジャン=ポール（Jean-Paul Sartre） 427
重光葵 34, 294, 329-330, 369
下田武三 328
シャストリー、ラール・バハードゥル（Lal Bahadur Shastri） 117
周恩来 185, 211, 216-218, 220-221, 225, 229, 336, 341, 343-344
シューマン、ロベール（Robert Schumann） 449
シュトラウス、フランツ・ヨーゼフ（Franz Josef Strauß） 120, 240
シュレーダー、ゲアハルト（Gerhard Fritz Kurt Schröder） 240, 243
シュワルナゼ、エドゥアルド（Eduard Shevardnadze） 261-262, 267-269, 274-275, 279, 282
蔣介石 185-186
ジョンソン、U．アレクシス（U. Alexis Johnson） 387
ジョンソン、リンドン（Lyndon B. Johnson） 26-27, 96-100,102-103,181,187-189,191-193,232,238-239,242-243,245,247-248,253,342
スースロフ、ミハイル（Mikhail Suslov） 340
スコウクロフト、ブレント（Brent Scowcroft） 263, 271, 283
スターリン、ヨシフ（Iosif V. Stalin） 24-26, 41, 45, 139, 142, 204-206, 208-211, 213-215, 220-221, 224, 226, 228-230, 326, 329, 452-453
スタッセン、ハロルド（Harold E. Stassen） 179
スタントン、エドウィン・F・（Edwin F. Stanton） 174
スナイダー、リチャード（Richard L. Sneider） 340
スハルト（Suharto） 101, 372
ゼーリック、ロバート（Robert Zoellick） 265

タ行

高木八尺 401
高碕達之助 90-91
タナット・コマン（Thanat Khoman） 187-188, 190, 192
ダレス、アレン（Allen Dulles） 142
ダレス、ジョン・フォスター（John Foster Dulles） 28-29, 34, 37, 48, 86, 142, 171, 175-178, 180, 183, 185, 290, 293-294, 329, 357, 389-400
チェイニー、ディック（Richard Bruce "Dick" Cheney） 271
チェルニャエフ、アナトリー（Anatoly Chernyaev） 274-275
チトー、ヨシップ・ブロズ（Josip Broz Tito） 116, 118, 218
チャーチル、ウィンストン（Winston S. Churchill） 18-20, 62, 179, 314
デービス、アーサー（Arthur C. Davis） 180
ディーフェンベーカー、ジョン（John Diefenbaker） 118
デサイ、モラルジー（Morarji Desai） 57
デラムズ、ロナルド（Ronald R. Dellums）

人名索引

ア行

アイゼンハワー、ドワイト（Dwight D. Eisenhower） 21, 26-28, 90, 93-94, 108, 144, 159, 170-171, 175-180, 184-186, 207, 225, 233, 251, 326, 331, 396, 400, 453
アインシュタイン、アルバート（Albert Einstein） 115, 126
アチソン、ディーン（Dean G. Acheson） 173, 182, 215, 236, 329
アデナウアー、コンラート（Konrad Adenauer） 26, 38, 235-237, 240, 324, 327, 331, 333-334
アフロメイエフ、セルゲイ（Sergei Akhromeyev） 262, 283
安倍晋三 32, 292, 294, 309-310, 313-317
アルメル、ピエール（Pierre Harmel） 41-42, 458, 461-462, 464, 466, 470
アンドレオッティ、ジュリオ（Giulio Andreotti） 271
アンドロポフ、ユーリ（Yuri V. Andropov） 336
イーストマン、ジョージ L.（George L. Eastman） 399
池田勇人 39, 96-97, 99, 109, 335, 388, 407, 410
石橋政嗣 341
イズメイ、ヘイスティングス（Hastings Ismay） 405
李承晩（イ・スンマン） 184
ヴィシンスキー、アンドレイ（Andrei Y. Vyshinskii） 216
ウィルソン、アーチボルド・ダンカン（Archibald Duncan Wilson） 128-129
ウィルソン、ハロルド（Harold Wilson） 66-67, 242, 244
ウィンセミウス、アルバート（Albert Winsemius） 65
ヴェルナー、マンフレート（Manfred Wörrner） 271,274
エアハルト、ルートヴィヒ（Ludwig W. Erhard） 26, 237-238, 240-241, 243-247, 336
エリツィン、ボリス（Boris Yeltsin） 262, 283
エンクルマ、クワメ（Kwame Nkrumah） 116,117
王稼祥 212
大平正芳 106, 341, 380

カ行

カーン、アユブ（Mohammad Ayub Khan） 116, 175, 193
金丸信 373
カリー、ウィリアム（William Calley） 421, 428, 432, 435, 437
ガルシア、カルロス（Carlos P. Garcia） 187
カルステンス、カール（Karl Carstens） 246-247
菅直人 369
岸信介 38, 83, 89, 91-94, 97, 105-106, 330-334, 345, 396, 400
キッシンジャー、ヘンリー（Henry Kissinger） 343-344, 422
金一（キム・イル） 210
金日成（キム・イルソン） 203-204, 211, 220, 224, 230
キング、マーティン・ルーサー（Martin Luther King,Jr.） 144, 419
クーデンホーフ=カレルギー、リヒャルト（Richard Coudenhove-Kalergi） 156
グラムシ、アントニオ（Antonio Gramsci） 39, 304
クリュチコフ、ウラジミール（Vladimir Kryuchkov） 261
クリントン、ビル（William Jefferson "Bill" Clinton） 296, 356, 360-361
クローチェ、ベネデット（Benedetto Croce） 305, 448
グロムイコ、アンドレイ（Andrei A. Gromyko） 212
ゲーツ、ロバート（Robert M. Gates） 265, 270, 363
ケナン、ジョージ（George F. Kennan） 158
ケネディ、ジョン（John F. Kennedy） 22, 26-

倉科　一希（くらしな　いつき）［第7章］
1971年生まれ。現在、広島市立大学准教授。専攻はアメリカ外交史、国際関係史。主な著書に、『アイゼンハワー政権と西ドイツ――同盟政策としての東西軍備管理交渉』（ミネルヴァ書房、2008年）、『欧米政治外交史　1872-2012』（共著、ミネルヴァ、2013年）など。

森　聡（もり　さとる）［第8章］
1972年生まれ。現在、法政大学教授。専攻は現代アメリカ外交、国際政治。主な著書に、『ヴェトナム戦争と同盟外交――英仏の外交とアメリカの選択、1964-1968年』（東京大学出版会、2009年8月）。

豊下　楢彦（とよした　ならひこ）［第9章］
1945年生まれ。前関西学院大学教授。専攻は国際政治論、外交史。主な著書に、『集団的自衛権とは何か』（岩波新書、2007年）、『「尖閣問題」とは何か』（岩波現代文庫、2012年）など。

中島　琢磨（なかしま　たくま）［第10章］
1976年生まれ。現在、龍谷大学准教授。専攻は日本政治外交史。主な著書に、『沖縄返還と日米安保体制』（有斐閣、2012年）、『現代日本政治史３　高度成長と沖縄返還1960-1972』（吉川弘文館、2012年）など。

初瀬　龍平（はつせ　りゅうへい）［第11章］
1937年生まれ。現在、京都女子大学客員教授。専攻は国際関係論。主な著書に、『国際関係論――日常性で考える』（法律文化社、2011年）、『国際関係論入門――思考の作法』（編著、法律文化社、2012年）など。

松田　武（まつだ　たけし）［第12章］
1945年生まれ。現在、京都外国語大学教授、学長、理事。専攻はアメリカ史、アメリカ対外関係史、日米文化交流史。主な著書に、*Soft Power and Its Perils: U.S. Cultural Policy in Early Postwar Japan and Permanent Dependency* (Woodrow Wilson Center Press and Stanford University Press, 2007)、『戦後日本におけるアメリカのソフト・パワー――半永久的依存の起源』（岩波書店、2008年）など。

藤本　博（ふじもと　ひろし）［第13章］
1949年生まれ。現在、南山大学教授。専攻はアメリカ外交史、国際関係史。主な著書に、『越境する1960年代――米国・日本・西欧の国際比較』（共著、彩流社、2012年）、『アメリカの戦争と世界秩序』（共著、法政大学出版局、2008年）など。

齋藤　嘉臣（さいとう　よしおみ）［第14章］
1976年生まれ。現在、京都大学准教授。専攻はイギリス外交史、国際政治学。主な著書に、『冷戦変容とイギリス外交――デタントをめぐる欧州国際政治、1964-1975年』（ミネルヴァ書房、2006年）、『文化浸透の冷戦史――イギリスのプロパガンダと演劇性』（勁草書房、2013年）など。

筆者一覧（執筆順）★は編著者

菅　英輝（かん ひでき）★［序章］

1942年生まれ。現在、京都外国語大学客員教授。専攻はアメリカ外交史、国際関係論。主な著書に、『アメリカの世界戦略——戦争はどう利用されるのか』（中公新書、2008年）、『東アジアの歴史摩擦と和解可能性——冷戦後の国際秩序と歴史認識をめぐる諸問題』（編著、凱風社、2011年）、『冷戦史の再検討——変容する秩序と冷戦の終焉』（編著、法政大学出版局、2010年）、『アメリカの戦争と世界秩序』（編著、法政大学出版局，2008年）、『アメリカ20世紀史』（共著、東京大学出版会、2003年）、訳書、ジョン・ルカーチ『評伝 ジョージ・ケナン 対ソ「封じ込め」の提唱者』（法政大学出版局、2011年）など。

秋田　茂（あきた　しげる）［第1章］

1958年生まれ。現在、大阪大学教授。専攻はイギリス帝国史、グローバルヒストリー。主な著書に、『イギリス帝国の歴史——アジアから考える』（中公新書、2012年）、『アジアからみたグローバルヒストリー——「長期の18世紀」から「東アジアの経済的再興」へ』（編著、ミネルヴァ書房、2013年）など。

鄭　敬娥（じょん　きょんあ）［第2章］

1970年生まれ。現在、大分大学准教授。専攻は東アジア関係史、国際関係論。主な著書に、『東アジアの歴史摩擦と和解可能性——冷戦後の国際秩序と歴史認識をめぐる諸問題』（共著、凱風社、2011年）、『グローバル秩序という視点——規範・歴史・地域』（共著、法律文化社、2010年）など。

芝崎　祐典（しばざき　ゆうすけ）［第3章］

1970年生まれ。現在、筑波大学准教授。専攻は国際関係史、国際関係論。主な著書に、『イギリスとヨーロッパ——孤立と統合の二百年』（共著、勁草書房、2009年）、『帝国の長い影——20世紀国際秩序の変容』（共著、ミネルヴァ書房、2010年）など。

都丸　潤子（とまる じゅんこ）［第4章］

1963年生まれ。現在、早稲田大学教授。専攻は戦後国際関係史、国際移動論、国際文化論。主な著書に、*The Postwar Rapprochement of Malaya and Japan, 1945-61: The Roles of Britain and Japan in South-East Asia*（Macmillan, 2000）、『国際文化関係史研究』（共著、東京大学出版会、2013年）など。

ロバート・J・マクマン（Robert J. McMahon）［第5章］

1949年生まれ。現在、オハイオ州立大学教授。専攻はアメリカ外交史。主な著書に、*Dean Acheson and the Creation of an American World Order* (Potomac Books, 2009); *The Limits of Empire: The United States and Southeast Asia since World War II* (Columbia UP, 1999)。

松村　史紀（まつむら　ふみのり）［第6章］

1978年生まれ。現在、宇都宮大学講師。専攻は東アジア国際政治史、国際政治論。主な著書に、『「大国中国」の崩壊——マーシャル・ミッションからアジア冷戦へ』（勁草書房、2011年）、『東アジアにおける二つの「戦後」』（編著、国際書院、2012年）など。

冷戦《れいせん》と同盟《どうめい》——冷戦終焉《れいせんしゅうえん》の視点《してん》から

2014年3月1日初版発行　　定価はカバーに表示しています

編著者　菅《かん》　英輝《ひでき》

発行者　相坂　一

〒612-0801 京都市伏見区深草正覚町 1-34

発行所（株）松 籟 社

SHORAISHA（しょうらいしゃ）

電話：075-531-2878

FAX：075-532-2309

URL：http://shoraisha.com

振替：01040-3-13030

印刷・製本　モリモト印刷（株）

Printed in Japan

ISBN978-4-87984-325-8　C3031